MÉMOIRES

DE TAVANNES

ET DE

BALTHAZAR

Paris. — Imprimé par E. Thunot et Cie, rue Racine, 26,
avec les caractères elzeviriens de P. Jannet.

MÉMOIRES
DE JACQUES DE SAULX
COMTE
DE TAVANNES.

Suivis de

L'HISTOIRE

DE LA

GUERRE DE GUYENNE

PAR BALTHAZAR

Nouvelle Édition, revue et annotée

PAR C. MOREAU

A PARIS

Chez P. Jannet, Libraire

—

MDCCCLVIII

PRÉFACE

Nous réunissons dans ce volume les *Mémoires* de deux personnages que les éditeurs des grandes collections ont toujours négligés, nous ne savons pas pourquoi. Outre qu'ils ont joué tous deux des rôles, secondaires sans doute, mais très-actifs, dans les guerres de la Fronde, le premier, arrière-petit-fils du maréchal de Tavannes, petit-fils de Guillaume de Saulx, comte de Tavannes, et petit-neveu de Jean de Saulx, vicomte de Tavannes, a continué, en quelque façon, l'œuvre que son grand-oncle et son grand-père avoient commencée pour les temps de la Huguenoterie et de la Ligue. On ne trouve pas dans toute notre histoire un autre exemple de trois membres de la même famille recueillant ainsi leurs souvenirs pour témoigner successivement des faits qui se sont accomplis par eux et autour d'eux pendant un siècle et demi et plus. A cause de cela seul, Jacques de Tavannes auroit mérité qu'on prît plus de soin de répandre les récits qu'il nous a laissés. Le second personnage est l'auteur de la relation la plus détaillée et la plus étendue que nous ayons des campagnes du parti des princes en Guyenne, dans les années 1651, 1652 et 1653. Il n'y a point d'écrits contemporains qui puissent dispenser de la lecture du petit livre dû à la plume de Balthazar.

Deux raisons principales nous ont déterminé à donner de leurs *Mémoires* une nouvelle édition qui les rassemble. D'abord, ils racontent tous deux la guerre de la Fronde des princes, Tavannes autour de Paris, Balthazar dans les provinces aux environs de Bordeaux ; de sorte qu'ils se complètent l'un par l'autre. Ensuite, ils sont deux types des agens supérieurs de toute guerre civile en France sous l'ancienne monarchie.

Tavannes avoit été nourri, comme on disoit énergiquement alors, dans la maison de Condé ; il avoit succédé à son père dans la charge de capitaine-lieutenant des gendarmes du prince, dont il étoit ainsi le premier officier ; il exerçoit les fonctions de cette charge quand les événemens de la Fronde entraînèrent le vainqueur de Rocroy à rompre avec la cour. La tradition lui faisoit un point d'honneur de suivre la fortune de son maître ; il devoit obéir sans examen, sans hésitation, à la volonté qui le jetoit dans la sédition et dans la guerre. Les mœurs publiques l'absolvoient d'avance ; elles l'auroient condamné s'il avoit seulement cherché à se soustraire à l'obligation qui lui étoit imposée, même en brisant, par une démission pure et simple, les liens qui l'attachoient à sa condition de serviteur d'un prince en révolte contre le roi. Quand, à la fin de 1652, il se décida, pour des mécontentemens particuliers, à rentrer dans son devoir de sujet et de gentilhomme, Loret, qui n'étoit plus frondeur, écrivit, dans la 43ᵉ lettre du livre 3 de la *Muze historique* :

« *De Tavannes, ne croyant pas,*

Que ses jours, ses travaux, ses pas,
Ses campagnes, ses faits de guerre,
Qui sont sus de toute la terre,
Ni tous ses services passez
Fussent considérés assez
(Comme il croyoit qu'ils dussent être)
De Monsieur le Prince, son maître,
Depuis quelque temps l'a quitté;
Mais si c'est avec équité,
Je n'en sais rien en conscience,
Et cela passe ma science. »

Loret, n'osant ni absoudre ni condamner l'officier qui abandonnoit son maître, étoit plus indécis ou plus indulgent que l'opinion ; mais ses paroles, n'eussent-elles été que l'écho du sentiment public, montreroient encore assez ce qu'étoit la condition de serviteur des princes, quelle nécessité de dépendance elle comportoit, surtout si on veut prendre garde que le maître de Tavannes venoit de passer aux Espagnols avec son armée.

A cette époque, la féodalité vaincue avoit été chassée des institutions politiques ; mais les mœurs retenoient quelque chose de ses préceptes et de ses conseils. Ce n'étoit plus comme vassal qu'on se donnoit aux princes et aux grands du royaume; c'étoit comme officier, comme gentilhomme, comme domestique. On n'en étoit pas moins tenu aux mêmes devoirs d'obéissance et de fidélité; en retour, on avoit droit aux mêmes priviléges de protection et de défense. On se poussoit ainsi à la cour et dans les armées. La puissance et l'influence qu'on avoit acquises de la sorte, on devoit les reporter au maître par qui on les avoit obtenues; et le maître, bien souvent, empruntoit tant de force à l'autorité de son patronage qu'il pouvoit, dans les temps d'agitation et de trouble, se rendre redoutable au roi lui-même. C'est toute l'histoire des factions et des conspirations sous Henri III, sous Henri IV, sous Louis XIII et sous Louis XIV. La noblesse, bien longtemps avant ce dernier monarque, avoit quitté ses maisons des champs pour suivre la cour ; mais, au lieu d'entourer uniquement le prince, son chef naturel et légitime, elle s'étoit choisi des maîtres dans les maisons de Condé, de Guise, de Vendôme, de Longueville; elle avoit cherché la fortune auprès du maréchal de Biron, du comte de Soissons, du grand écuyer Cinq-Mars, du duc de Beaufort. Elle avoit été un peu dans tous les hôtels où la faveur étoit entrée, où elle étoit désirée et attendue, où on s'efforçoit, ici de la gagner par l'intrigue, et là de la saisir par la violence. Louis XIV la rappela au Palais-Royal, au Louvre, à Versailles; il l'enleva aux princes et aux grands, pour la grouper autour de lui; il l'attacha au trône par le double lien de la reconnoissance et de la crainte. Ce fut toute son action. Encore ne put-il pas faire qu'il n'y eût qu'une seule cour; mais sa cour domina, éclipsa toutes les autres, elle fut la Cour comme il étoit le Roi. Nous avons dit ailleurs [1] que les premières réformes qui ont signalé son règne avoient été conçues et ordonnées sous l'influence des mouvemens de la Fronde; c'en est un nouvel exemple.

Balthazar nous fournit l'occasion d'en signaler un autre. Il étoit né en Allemagne, dans le Palatinat. Il s'engagea au service de la France, dans l'armée du duc Bernard de Saxe-Weymar, après la bataille de Nordlingen, en 1634. Sa première campagne, qu'il fit en Picardie, fut marquée par plusieurs actions d'éclat; il y conquit l'estime de Gassion. Sa fortune fut rapide: en 1651 il étoit mestre de camp d'un régiment de cavalerie et maréchal de camp. Il servoit en Catalogne lorsque la Fronde de Bordeaux arma

---

[1]. Préface des *Courriers de la Fronde*.

pour le prince de Condé. Balthazar laissa son régiment suivre Marsin dans la Guyenne; mais, en même temps, il demanda, de Montpellier où il s'étoit retiré, à être employé sous le comte d'Harcourt. Le refus qui repoussa ses sollicitations et celles du prince lorrain ne paroît pas fort étonnant. Il en fut pourtant très-irrité. Il se plaignoit, d'ailleurs, de n'avoir pas reçu d'argent pour la levée de son régiment, de n'être payé ni de sa pension de maréchal de camp, ni de ses appointemens de colonel. Il se jeta dans la révolte. Il auroit pu prendre, pour cela, des prétextes moins spécieux : alors il suffisoit de disposer de quelque force militaire pour avoir la liberté, sinon le droit, de choisir, entre les partis, celui qu'on croyoit le plus utile d'adopter; l'esprit de faction et le caprice y pouvoient autant, et ils n'étoient pas moins admis que le ressentiment et l'intérêt.

Ce qui avoit été cause de la tentation et de la chute de Balthazar, c'étoit son régiment. S'il n'avoit eu à offrir au prince de Condé que sa personne, il n'auroit pas été recherché sans doute, et sans doute il ne se seroit pas présenté. Soldat mercenaire, il étoit facile à séduire par l'appât de l'argent et des emplois; mais la séduction n'avoit toute sa valeur que par les hommes qu'il commandoit. Dans ce temps-là, les généraux de divers grades avoient soin de s'entourer, en campagne, des régimens dont ils étoient propriétaires. C'étoit, pour le gouvernement, toujours un embarras, et quelquefois un danger. Louis XIV le vit à la lumière des événemens de la Fronde; il y pourvut par une simple mesure d'administration : il décida que les généraux n'emploieroient plus leurs régimens dans les armées dont ils auroient le commandement.

On voit comment des *Mémoires* de Tavannes et de Balthazar il ressort de hauts enseignemens qui vont au même but : celui de montrer l'influence qu'exercèrent sur le gouvernement de Louis XIV les mouvemens de la Fronde. De ce côté, encore, ils ont une relation assez étroite pour qu'il ne soit pas sans utilité de les publier ensemble.

Nous n'aurons que peu de chose à dire ici de nos deux auteurs, les *Mémoires* faisant amplement connoître les principaux événemens de leurs vies.

Jacques de Saulx, comte de Buzançois, de Beaumont et de Tavannes, seigneur d'Arc-sur-

Tille et de Suilly, naquit en 1620. Il avoit dix-huit ans quand il perdit son père, mort à Bayonne en 1638, au retour du siége de Fontarabie. Le roi lui accorda, la même année, par des lettres patentes en date de Saint-Germain le 11 octobre, la succession de la charge de grand bailli de Dijon, et le prince de Condé, celle de la lieutenance de ses gendarmes. On peut croire qu'il avoit déjà fait quelques campagnes, au moins comme volontaire. Néanmoins, nous le trouvons, pour la première fois, en Roussillon, dans l'année 1639. La *Gazette* raconte que d'Épernon, allant investir Salces, rencontra quatre compagnies espagnoles qui se retiroient à Perpignan ; « il se mit à la tête de la compagnie des gendarmes du prince de Condé, conduite par le comte de Tavannes, et poussa l'ennemi avec tant de vigueur qu'il lui tua sur la place trente maîtres, et en fit vingt prisonniers. » Elle dit encore qu'en 1641, la garnison de Perpignan ayant fait une sortie contre le camp françois, que commandoit le maréchal de Brézé, elle fut battue : « Les troupes du prince de Condé se firent remarquer, en faisant fort vaillamment, comme son infanterie avoit fait au combat du 22 (décembre); le comte de Tavannes y a fait paroître son courage. » Quand le duc d'Enghien reçut le commandement de l'armée qui étoit opposée dans la Flandre aux Espagnols, le comte de Tavannes le suivit, et combattit vaillamment à Rocroy, sous les yeux du prince. Il eut, en 1643, le bras percé d'un coup de carabine devant Thionville. En 1645, à la bataille de Nordlingen, il commanda les gendarmes et les compagnies franches. Pour récompense de sa valeur, il fut nommé maréchal de camp le 2 septembre de cette année. Il n'est guère permis de douter qu'il n'ait continué de servir sous le duc d'Enghien; mais il n'eut plus l'occasion d'être cité. C'est dans l'exercice de fonctions civiles qu'il reparoît au mois de mars 1648 : il présidoit alors, pour la noblesse, l'assemblée des États de Bourgogne.

Il tenoit, en ce temps, le parti de la cour. En 1650, après l'arrestation des princes de Condé et de Conty et du duc de Longueville, il se jeta hardiment dans la faction pour la délivrance de son maître. Les *Mémoires* commencent là. Nous n'avons plus qu'à renvoyer le lecteur aux récits de Tavannes. Toutefois, il est un fait dont l'auteur ne parle pas et qui mérite d'être relevé. Nous l'empruntons au *Journal contenant ce qui se passe de plus remarquable dans le royaume, pendant cette guerre civile, à Paris, le 23 août 1652; Paris,*

1652, in-4. Suivant l'écrivain de la Fronde, après que Turenne eut décampé de Villeneuve-Saint-Georges, à la vue de l'armée des princes, Tavannes reçut un brevet de maréchal de France. Il seroit assez difficile d'établir la vérité de cette assertion ; mais il ne suffit pas, pour la nier, du silence des *Mémoires*. Tavannes prétend que, si les troupes royales ont échappé à une défaite, si, dans leur retraite, elles n'ont pas même été attaquées, c'est qu'il l'a bien voulu. On comprend qu'il ne pouvoit pas, en même temps, rappeler que sa conduite avoit été récompensée par un brevet de maréchal ; il auroit, en effet, par ce souvenir inopportun, détruit toute l'autorité de son témoignage.

Si l'assertion du *Journal* est vraie, elle donne lieu à une curieuse remarque : c'est que les deux Tavannes qui, infidèles à la cause du roi, ont servi la Ligue et la Fronde, ont, tous deux, été élevés à la dignité de maréchal, et qu'ils n'ont, ni l'un ni l'autre, joui de cet honneur. On sait que le vicomte de Tavannes, nommé par le duc de Mayenne, confirmé même par des lettres patentes de Henri IV, en date du 12 juin 1595, ne fut pourtant jamais admis à prendre rang parmi les maréchaux.

Quand le prince de Condé, vaincu avec la

Fronde, abandonné du Parlement et du peuple, se fut décidé à continuer la guerre avec les Espagnols, Tavannes lui resta fidèle jusqu'au siége de Sainte-Menehould; mais après la prise de cette place il se retira, pour ne pas partager le commandement des troupes rebelles avec le prince de Tarente. Ayant donc quitté l'armée, il se rendit dans sa terre du Pailly, où il reçut bientôt, par l'entremise de son beau-père, le duc de Tresmes, des lettres de restitution datées du 3 janvier 1653. « Il y est toujours demeuré depuis, sans emploi du côté de la cour, et sans reconnoissance de la part du prince. » C'est la dernière phrase de ses *Mémoires*. Pourtant il ne paroît pas qu'il ait été exilé, puisqu'il dit que ses lettres de restitution étoient accompagnées d'une lettre du cardinal Mazarin « qui l'invitoit à revenir à la cour aussitôt qu'il se seroit remis en possession de ses terres et de ses revenus, et qui lui promettoit qu'il y auroit des emplois proportionnés à sa qualité et à son mérite. »

Les *Mémoires* ont été terminés certainement, au plus tôt, dans le courant de 1672, puisqu'il y est parlé de la mort du chancelier Séguier, qui arriva le 28 janvier de cette année. Par conséquent, Tavannes vécut vingt ans sans sortir de sa retraite. Il mourut le 22 décembre

1683, à Paris apparemment; car il fut enterré dans l'église de Saint-Roch. Il étoit âgé de 63 ans.

Une double pensée l'a déterminé à écrire ses *Mémoires* : c'est d'abord de ressaisir ce qu'il croyoit sa part légitime dans les événemens dont il a voulu être l'historien; puis, c'est de se défendre d'avoir fait tirer sur le roi, devant Étampes, le coup de canon qui fut, suivant lui, la cause de son éternelle disgrâce. Sur ce dernier point, on peut admettre sa justification, qui paroît, en effet, assez bien établie; mais il y a, de l'oubli dans lequel l'a laissé la cour, une autre explication que la *Gazette* nous fournit. Nous lisons dans le numéro du 22 août 1654 une lettre datée de Dijon, le 15, où il est dit : « Sur l'avis donné au duc d'Épernon que le comte de Tavannes s'étoit saisi des châteaux de La Marche et de Gournay, sur la frontière du comté de Bourgogne, du côté de Bellegarde, même qu'il avoit quelque dessein sur celui de Sully, il y envoya aussitôt de ses gardes, avec ordre de faire assembler les communes pour s'y opposer; ce qui a obligé le comte à se retirer. » Or, l'année 1654 est justement celle de la condamnation du prince de Condé et de ses adhérens par le Parlement de Paris. Il est naturel de croire que le cardinal Mazarin et Louis XIV se souvinrent mieux de cette équipée de Tavannes que du coup de canon d'Étampes. En tout cas, l'une ne put qu'ajouter au ressentiment de l'autre; l'entreprise de 1654 étoit bien suffisante pour faire retirer les promesses de la lettre de 1653.

Pour la part qui revient à Tavannes dans les événemens de la guerre, nous abandonnerons au lecteur le soin d'en juger. Toutefois, nous dirons volontiers que les relations du siége d'Étampes qui ont été publiées par les pamphlétaires de la Fronde font l'éloge de sa valeur, et que l'*Esprit de guerre des Parisiens* contre l'*Esprit de paix du Corinthien, réfuté article par article*, s. l., 1652, in-4, cite la *vigilance de Tavannes* parmi les grandes qualités des chefs du parti « qui obligent le peuple à suivre une si juste cause. »

Vaillant et vigilant guerrier, Tavannes ne fut ni un homme d'État, ni un homme d'intrigue. Il se contenta de servir le prince de Condé avec la fidélité d'un soldat, jusqu'au moment où sa tante, la comtesse de Tigery, le plaça entre les obligations de la charge qu'il exerçoit dans la maison du prince et l'espérance de sa succession. Nous ne voyons pas qu'il ait jamais eu le secret de son maître, qui avoit sans doute ses motifs pour en user de la sorte avec lui, mais qui, souvent aussi, se donna le tort de ne pas le ménager avec assez de prudence. Néanmoins, on ne consultera pas les *Mémoires* sans utilité sur les dispositions et les desseins du héros de la dernière Fronde; non que Tavannes, aigri par le souvenir de ses griefs et par l'oisiveté de sa retraite, se joigne aux ennemis du prince de Condé et qu'il prête à leurs haines la voix de sa vengeance, mais, quoiqu'il reste toujours dans l'esprit du rôle qu'il a joué contre le cardinal Mazarin et la cour, il lui échappe des aveux qu'on ne recueille pas sans profit : il suffira, certainement, de citer le récit de l'entrevue du prince de Condé avec le duc de Longueville à Trie, au temps de la majorité du roi.

Tavannes est partout simple et sincère; quand il se trompe, c'est de bonne foi : il n'a pas assez de dextérité dans son langage pour qu'il soit possible de le soupçonner d'artifice. La bonne opinion qu'il a de lui-même est la cause la plus ordinaire de ses erreurs; mais elle se montre si naïvement qu'elle ne sauroit surprendre le lecteur le plus inattentif. Elle ne laisse guère Tavannes s'arrêter longtemps sur les intérêts et les mouvemens de la politique. Nous l'avons déjà dit, ce qu'il s'est proposé, avant tout, c'est de revendiquer ses droits d'officier expérimenté, de général habile et résolu, à l'admiration de la postérité. Aussi les relations de combats et d'escarmouches tiennent-elles la plus grande place dans ses *Mémoires*. Il faut y lire celles de la bataille de Bleneau, du siége d'Étampes, du combat du faubourg Saint-Antoine. Il faut y lire encore ce qu'il raconte des agitations de la Bourgogne après l'arrestation des princes, et de l'état de Paris après le premier exil du cardinal Mazarin. Quand les mémoires ne contiendroient que ces pages, très-dignes d'attention, ils mériteroient encore d'être recherchés.

On ne connoît ni la date de la naissance ni celle de la mort de Balthazar. Comme il nous apprend lui-même qu'après avoir quitté le service de la France il s'étoit retiré dans le canton de Berne, en Suisse, on peut croire qu'il y a terminé ses jours. Nous avons déjà dit qu'il étoit né dans le Palatinat. Au reste, sa vie est assez exactement racontée dans l'*Histoire de la guerre de Guyenne*. Les dernières pages de la seconde partie sont consacrées au récit abrégé de ses campagnes avant et après cette guerre. Nous avons relevé, dans les notes, tout ce qu'en a publié la *Gazette*. A peine pouvons-nous ajouter ici qu'il fut fait gouverneur de Solsona en 1655.

Balthazar a servi la France pendant vingt ans, avec une grande distinction. On n'est pas obligé de souscrire aux éloges qu'il se donne avec une verve quelque peu gasconne, mais il faut reconnoître que tous ses grades ont été gagnés à la pointe de son épée. Excellent général d'avant-garde, il avoit à un haut degré le courage, la résolution, l'audace, l'activité, la patience. Nul ne s'étoit emparé plus absolument que lui de l'attention des Parisiens pendant la guerre de Guyenne; et Marsin lui-même, qui avoit cependant le commandement général de l'armée des princes, n'a peut-être pas autant exercé la verve des pamphlétaires. Loret est surtout soigneux de recueillir, pour sa *Muze historique*, les nouvelles qui lui arrivent de Balthazar. Ainsi, après avoir fermé la lettre du 2 juin 1652, il ouvre une apostille, et dit :

Quoiqu'en Gascogne Balthazar
Soit redouté comme un César,
Le sieur marquis de Folleville
S'est encor montré plus habile,
Ayant occis cent de ses gens,

Et pris prisonniers quatre cens,
Tant soldats que cavalerie;
Et ceci n'est point raillerie.

En janvier 1653, il apprend que Balthazar a été battu près de Tartas, et il se hâte d'écrire à mademoiselle de Longueville, le 11 :

Peu s'en est fallu que Candale
N'ait troussé Balthazar en male;
Pour le moins fit-il de grands tas
De ses gens morts près de Tartas.
Ce colonel, craignant la touche,
Encor qu'il soit fier et farouche,
Tourna dos au victorieux,
Et jamais on ne piqua mieux.
Mais son équipage et ses vivres,
Et pour plus de cent mille livres
De biens qu'il avoit mal acquis,
Furent bravement reconquis;
Et lui seulement quatorzième,
Ayant le front tant soit peu blême,
Dans Bazas se claquemura,
Gronda, soupira, murmura,

Et jura qu'il auroit revanche
Avant qu'il fût trois fois dimanche.

Quand enfin la paix de Bordeaux est annoncée, Loret ne nomme, entre les généraux du parti des princes, que Balthazar et Marsin, dans sa lettre du 9 août :

Les Marsins et les Balthazarts,
Ayant plié leurs étendarts,
Se retirent dans leurs familles,
N'ayant ni soldats ni soudrilles.

Cette distinction n'étoit point sans raison, certes. Balthazar avoit obtenu les plus nombreux succès contre l'armée royale, et une sorte de terreur s'attachoit à son nom, surtout dans le pays des Landes. Une relation manuscrite de Saint-Sever, que M. Pascal Duprat a citée dans l'*Histoire des villes de France*, nous apprend qu'on le tenoit pour sorcier et magicien : « Ledit Balthazar est si puissant et si cruel que tout le monde le craint. Il est Allemand, et non point noble, sinon pour ses armes. Il n'a point aucune religion de bonne. On dit qu'il est magicien. Il ne parle familièrement à personne; mais il parle toujours de tuer et de pendre. »

Disons-le bien vite, l'*Histoire de la guerre de Guyenne* ne justifie pas cette idée qu'on s'étoit faite à Saint-Sever du caractère de son auteur. Balthazar s'y montre plein d'orgueil, mais sans cruauté et sans tyrannie. Tout entier au récit de ses opérations militaires, il ne paroît pas, à la vérité, s'être inquiété de ce que la guerre entraîne de dommage, de souffrance et de servitude pour les populations; il n'a réellement soin que de raconter les marches qu'il a faites, les combats qu'il a livrés, les siéges qu'il a dirigés, et il écrit sans hésiter que « la France lui est particulièrement obligée, puisque son épée lui a conquis tous les jours de nouvelles palmes. » Le reste ne lui semble guère digne de son attention, si ce n'est qu'il veut bien entrer dans quelque détail des négociations pour la paix de Bordeaux, en 1653. Tel qu'il est pourtant, nous le répétons, ce livre est un des élémens les plus nécessaires d'une bonne histoire de la Fronde.

Les *Mémoires* de Tavannes ont été publiés pour la première fois en 1691, huit ans après la mort de leur auteur, sous le titre de : *Mémoires de messire Jacques de Saulx, comte de Tavannes, lieutenant-général des armées du roi, contenant ce qui s'est passé de plus remarquable depuis* 1649 *jusqu'en* 1653; Paris, Jean-Baptiste Langlois, 1691, in-12 de 378 pages. Le privilége est daté du 29 septembre 1690. Il a été registré sur le livre de la communauté des imprimeurs et libraires le 13 janvier 1691. Une mention inscrite au même livre, et répétée au bas du privilége, constate que l'ouvrage fut achevé d'imprimer le 18. Dès la même année, 1691, il parut en Hollande une contrefaçon de 247 pages, format petit in-12. Le titre en est beaucoup plus développé; le voici : *Mémoires de messire Jacques de Saulx, comte de Tavannes, lieutenant-général des armées du roi, où l'on rapporte avec une exacte fidélité les causes, les motifs et les divers mouvemens des factions des princes, du parlement et de Paris, durant les derniers troubles qui ont affligé la France, jusqu'en l'année* 1653; Cologne, Pierre Marteau, 1691, à la Sphère. Nous avons confronté les deux textes, et nous les avons trouvés parfaitement semblables, un seul mot excepté : Tavannes raconte l'entrée du duc de Nemours en France, dans l'année 1652, et il dit : « Ces quatre mille hommes, joints au premier corps que commandoit Tavannes,... en faisoient un d'environ huit *cents* hommes. » La contrefaçon a corrigé la faute de l'édition ; elle a mis huit mille.

Malgré cette double publication, les *Mémoires* de Tavannes sont devenus rares. l'*Histoire de la guerre de Guyenne* est plus rare encore ; nous croyons savoir que, des bibliothèques publiques de Paris, celle de l'Arsenal est la seule qui en possède un exemplaire.

Elle n'a eu, il est vrai, qu'une édition, intitulée : *Histoire de la guerre de Guyenne, commencée vers la fin de septembre 1651 et continuée jusqu'en 1653* ; Cologne (Hollande), Corn. Egmont, 1694, petit in-12 ; mais, au siècle dernier, le marquis d'Aubais a jugé que, « devenue très-rare, elle méritoit de reparoître. » Il l'a comprise, en conséquence, dans la deuxième partie du volume second de ses *Pièces fugitives pour servir à l'histoire de France, avec des notes historiques et géographiques* ; Paris, Chaubert et Hérissant, 1759, in-4. Dans les quelques lignes qui précèdent sa reproduction, il fait remarquer que « l'édition que l'on en a est pleine de fautes, surtout à l'égard des noms de lieux et de personnes. » Cela est de la plus exacte vérité. Puis il dit : « On les rétablira. » Cette promesse n'a été remplie que très-imparfaitement. Il a, sans doute, rétabli quelques noms; mais il en a laissé plus encore dans leur forme défectueuse, et il a ajouté bien des fautes aux fautes de l'édition. Nous espérons avoir mieux réussi. Les notes historiques et géographiques du marquis d'Aubais se réduisent à quatre; malgré leur étendue, elles sont tout à fait insuffisantes.

MOREAU.

SOMMAIRE

Mémoires de Tavannes.

État de la cour, 2. — Projet d'établissement pour les nièces de Mazarin, 9. — Le prince de Condé s'oppose au mariage du duc de Mercœur, 10. — Il marie le duc de Richelieu avec la veuve du marquis d'Albret, 13. — Motifs de l'arrestation des princes, 14. — 1650. Les princes sont arrêtés, 20. — Tavannes propose d'enlever la nièce de Mazarin, 25. — Il se rend en Bourgogne, 26. — Il conduit des troupes à Stenay, 28. — Il bat en passant son oncle, le marquis de Tavannes, 30. — Il revient à Belgarde, 31. — La duchesse de Longueville et Turenne à Stenay, 34. — Les princes sont transférés à Marcoussy, 39. — Tavannes se jette dans Montrond, 40. — Translation des princes au Havre, 43. — Bataille de Rethel, 44. — Négociations avec les frondeurs pour la liberté des princes, 47. — 1651. Le cardinal Mazarin sort de Paris, 51. — Le roi est en quelque sorte assiégé dans le Palais-Royal, 53. — Le cardinal Mazarin ouvre aux princes les portes du Havre, 57. — Les princes arrivent à Paris, 61. — Le cardinal Mazarin se retire à Breuil, 63. — Le projet de mariage entre le prince de Conty et mademoiselle de Chevreuse est rompu, 65. — Le prince de Condé est abandonné de plusieurs de ses amis, 70. — Tavannes, mécontent, veut aussi quitter le service du prince, 70. — Le prince de Condé se retire à Saint-Maur, 72. — Tavannes va commander les troupes du prince en Picardie, 73. — Plaintes de la Reine contre le prince de Condé devant le parlement, 78. — Réponse du prince, 83. — Affaire des *Barbons*, 87. — Le prince de Condé chez le duc de Longueville, 91. — Majorité du roi; nouveau ministère, 93. — Le prince de Condé se retire en Guyenne, 96. — Tavannes conduit les troupes du prince aux Espagnols, 100. — Situation de la cour, 106. — 1652. Le cardinal Mazarin rentre en France, 108. — Prise d'Angers, 110. — Le duc de Nemours entre en France avec quatre mille Espagnols, 111. — Querelle du duc de Nemours et du duc de Beaufort, 117. — Attaque de Gergeau, 119. — Combat de Bleneau, 121. — Le prince de Condé revient à Paris, 131. — L'armée des princes se retire à Étampes, 133. — Siége d'Étampes, 138. — Tavannes se défend d'avoir fait tirer le canon sur le roi, 140. — Levée du siége d'Étampes, 147. — Le duc de Lorraine sort de France, 149. — Retraite de Saint-Cloud, 151. — Combat du faubourg de Saint-Antoine, 156. — Incendie de l'hôtel de ville, 166. — Le duc d'Orléans chef de la Fronde, 171. — Le cardinal Mazarin sort encore une fois du royaume, 173. — Reddition de Montrond, 179. — L'armée du roi postée entre la Marne et la Seine, 183. — Assemblée du Palais-Royal, 187. — Nouveau mécontentement de Tavannes, 191. — Turenne opère sa retraite à la vue de l'armée du prince, 201. — L'armée du roi campe dans la plaine de Chaumes, 206. — Celle du prince va se porter à Dammartin, 209. — Le roi rentre dans Paris, 213. — Le duc d'Orléans retire ses troupes au prince de Condé, 216. — Tavannes quitte le service du prince, 218. — Duel avec le marquis de Quintin, 220. — Il se retire dans ses terres, 222.

Histoire de la Guerre de Guyenne.

PREMIÈRE PARTIE. Origine de la guerre de Guyenne, 289. — Marsin quitte la Catalogne, 291. — Balthazar prend le parti des princes, 294. — Il rejoint le prince de Condé sur les bords de la Charente, 296. — Combat de Saint-André, 302. — Défaite de Sauvebœuf près de Périgueux, 308. — Prise de Saintes par les troupes du roi, 310. — Défaite du marquis de Biron par Marsin, 313. — Naissance du duc de Bourbon, 314. — Affaire de Miradoux, 315. — Agen refuse de recevoir le régiment de Conty ; 321. — Le prince de Condé quitte la Guyenne, 322. — Le prince de Conty est obligé de sortir de Clérac, 323. — Il se retire à Bordeaux, 324. — Combat de Montclar, 326. — Balthazar s'assure de Bergerac, 329. — Il prend Saint-Astier et Grignols, 331. — Combat de Montancé, 334. — Levée du siége de Villeneuve-d'Agen, 338.

DEUXIÈME PARTIE. Bougy est fait prisonnier, 344. — La Serre pris, 344. — Prise de Castelnau, 345 ; — de Casteljaloux, 346. — Cartel de Sauvebœuf, 348. — Prise du Mas-d'Agénois, 349 ; — de Gontaut, 350. — Balthazar se retire en Gascogne, 352. — Le duc de Candale lui enlève deux régimens, 353. — Soulèvement de la garnison de Sarlat, 356. — Soumission du Périgord, 358. — Prise du château de Saint-Justin, 362. — Défaite du régiment de Sainte-Mesme, 362. — Balthazar est battu près de Saint-Sever, 363. — Prise de Cauna, 364. — Marsin à Bordeaux, 366. — Balthazar va à Bordeaux, 368. — Situation du parti dans la ville, 368. — Balthazar fait son accommodement, 373. — Soulèvement de Périgueux, 375. — Siége de Lerida en 1646, 379 ; en 1647, 390. — Secours de Roses en 1654, 381. — Balthazar envoyé au couronnement de l'empereur d'Allemagne, 394. — Nommé généralissime des troupes de l'électeur palatin, 394.

TROISIÈME PARTIE. La princesse de Condé quitte Bordeaux à bord du *San Salvador*, 398.— Marsin se prépare à continuer la guerre, 399. — Il va en Espagne, 400.— Instruction du roi d'Espagne à ses généraux, 402. — Marsin s'empare de Mortagne, 406. — Les Espagnols refusent d'attaquer l'île de Cazau, 408. — Prise d'un vaisseau espagnol dans a Gironde, 412.

MÉMOIRES

DE M. LE COMTE

DE TAVANNES

Il est rare que ceux qui se mêlent de donner des mémoires au public le fassent avec toute la sincérité qui est nécessaire dans l'histoire. Ce sont, la plupart, des écrivains intéressés, qui traitent les choses bien moins selon la vérité que selon le désir et la passion des personnes que la fortune met en état de bien récompenser le travail de leur plume. Ainsi on ne doit pas s'étonner si d'ordinaire la gloire des belles actions est ôtée à ceux qui l'ont plus justement méritée, et qu'au contraire on en rejette tout l'éclat sur d'autres qui souvent y ont le moins de part, en sorte que les malheureux sont presque toujours regardés comme les plus coupables.

Mais il arrive aussi quelquefois, pour la consolation des honnêtes gens, qu'il se trouve parmi eux des hommes sincères et amis de la vérité, qui laissent à leur vertu et à leur mérite les marques d'honneur qui leur sont dues, et qui, ne pouvant faire une meilleure fortune aux malheureux, leur font au moins une meilleure réputation, et leur sauvent l'honneur, malgré l'infidélité de ces écrivains mercenaires et l'injustice de ceux qui les font servir à leur vanité. C'est aussi principalement dans cette vue qu'on a pris le soin de mettre au jour ces mémoires, et de n'y renfermer précisément que les choses que l'on a sues avec certitude, et où l'on a même eu le plus de part, durant les troubles qui ont affligé la France, et particulièrement depuis la prison de MM. les princes jusqu'en l'année 1653.

On n'a pas estimé qu'il fût à propos de s'étendre ici sur les diverses raisons qui ont pu porter la feue reine mère [1] et son conseil à entreprendre sur la liberté des princes et à s'assurer de leurs personnes. Il suffira, pour en comprendre assez, de savoir quel étoit alors l'état de la cour; et pour cela il ne faut que faire un peu d'attention à ce que l'on va dire de celui de M. le prince [2] en particulier.

Ce jeune héros s'étoit acquis une réputation incroyable dans les armes, et les grands services qu'il avoit depuis peu rendus à l'État, par tant de victoires qu'il avoit remportées sur ses ennemis, lui avoient attiré l'estime et les

---

1. Anne d'Autriche.
2. Louis II de Bourbon, prince de Condé.

cœurs de toute la France. Il avoit les acclamations de tout le peuple, qui ne parloit que de ses louanges; et tout ce qu'il y avoit de gens de cœur, de marque et de mérite, se faisoient honneur d'être de sa cour. Il étoit, outre cela, très-fidèlement attaché à la couronne, et préféroit l'honneur et les intérêts de l'Etat à ses propres avantages.

C'est ce que la feue reine reconnut fort bien elle-même durant la négociation de la paix qui fut conclue à Saint-Germain le onzième de mars 1649[1]; car, le prince de Conti[2], son frère, et le duc de Longueville[3], avec la duchesse[4] sa femme, s'étant liés avec la faction, qu'on appeloit des *Frondeurs*, il méprisa généreusement les offres que le parlement et les chefs de cette faction lui faisoient de lui mettre entre les mains toutes leurs forces, s'il vouloit se joindre à eux, se déclara contre sa propre maison, et travailla si fortement à réduire les uns et les autres dans leur devoir, que Sa Majesté même lui rendit ce

---

1. La paix fut d'abord signée à Ruel le 11 mars; mais il y eut des plaintes du prince de Conti et des généraux de la Fronde, par suite, de nouvelles négociations, qui ne furent terminées que le 30 du même mois à Saint-Germain : *Déclaration du roi pour faire cesser les mouvemens et rétablir le repos et la tranquillité de son royaume, vérifiée en parlement le 1er avril 1649.* Paris, par les imprimeurs et libraires ordinaires du roi, 1649, in-4. La vérification eut lieu en la Chambre des Comptes le 3 avril. Les conférences de Ruel avoient commencé le 28 février, celles de Saint-Germain le 16 mars.

2. Armand de Bourbon, prince de Conti.

3. Henri II d'Orléans, duc de Longueville.

4. Anne-Geneviève de Bourbon-Condé, duchesse de Longueville.

témoignage de son estime, qu'elle le regardoit comme le principal défenseur de l'autorité du roi son fils[1].

Voilà quel étoit au vrai l'état de M. le Prince à la cour, surtout après qu'il se fut acquitté de la parole qu'il avoit donnée à Leurs Majestés de les ramener de Compiègne[2] à Paris, avec le car-

---

[1]. Les frondeurs ne tomboient pas d'accord que le prince de Condé les eût toujours refusés ; ils l'accusoient de n'avoir pris le parti de la cour qu'après avoir vu qu'il y auroit plus d'avantages. Voici le portrait qu'en a fait l'auteur des *Visages qui se démontent en la cour italienne et espagnole*; s. l., 1649, in-4 :

> *Pour le prince de Condé....*
> *Veut avoir toujours son compte,*
> *En visage qui se démonte...*
> *Tantôt turc ou luthérien,*
> *Tantôt chrétien, tantôt payen.*

> *Le prince de Condé prend tout,*

a dit à son tour le pamphlétaire qui a écrit *le Tout en tout du temps*; s. l., 1649, in-4.

En 1652 encore, quoiqu'il combattît avec la Fronde, on lui déclaroit dans le *Visage de la cour et la contenance des grands, avec leur censure et le dialogue du roi et du duc d'Anjou avec la maman, en proverbes*, Paris, 1652, in-4, que « qui ne fait que pour soi, ne mérite pas de remerciemens. »

Au reste, on peut voir ce que les partisans du prince de Condé pensoient du rôle qu'il étoit appelé à jouer pendant la régence, ce qu'en pensoit peut-être le prince lui-même, dans *le Politique du temps touchant ce qui s'est passé depuis le 26 août 1648 jusques à l'heureux retour du roi dans sa ville de Paris, discours qui peut servir de mémoire à l'histoire, dédié aux curieux*; s. l., 1648, in-4, et tome 1er, page 248, des *Courriers de la Fronde*, Paris, P. Jannet, 1857, Bibliothèque elzevirienne.

[2]. Après la conclusion de la paix, le roi resta à Saint-Germain jusqu'au 30 avril. Il en partit ce jour-là, et se rendit à Compiègne avec toute la cour, pour y veiller de plus près sur la frontière de Flandre, que menaçoient les Espagnols, appelés par les généraux de la Fronde entre les deux

dinal[1], au péril de sa vie. Mais peu de temps après, il survint entre son Altesse et cette éminence un différend qui fit beaucoup de bruit et d'embarras à la cour, et qui néanmoins ne servit qu'à faire éclater davantage l'estime qu'on y devoit faire de son amitié et de ses services.

Son Altesse, dans le traité de paix de Saint-Germain, avoit demandé le Pont-de-l'Arche[2]

conférences. A la nouvelle de ce voyage, les Parisiens se lamentèrent, et les pamphlétaires publièrent à l'envi des *Gémissemens*, des *Lamentations*, des *Vœux*, des *Souhaits et soupirs*. Nous ne citerons que quatre vers du *Vœu des Parisiens à la Vierge pour le retour de Leurs Majestés dans leur bonne ville de Paris*; Paris, 1649, in-4. La poésie n'en est pas irréprochable; mais quelle ardeur, ou plutôt quelle hardiesse de sentimens!

> *Comme des bienheureux la joie en paradis*
> *Est la vision de Dieu, de même dans Paris*
> *L'allégresse et la joie du peuple parisien*
> *Est voir le roi, la reine, au soir et au matin.*

Le roi ne revint à Paris que le 18 août. Les pamphlets alors furent remplis d'allégresse. Nous en avons compté trente et un. Il y en a un qui remercie le duc d'Orléans « pour le retour du roi et de la reine. » Nous n'en connoissons pas qui s'adresse au prince de Condé. Un sieur N. Rozard, Champenois, a régalé le roi de ce fin madrigal :

> *Sans vous, la France étoit sans nous;*
> *Nous étions sans France sans vous;*
> *Sans vous, nous étions sans nous-mêmes.*

(*Le Triomphe royal et la réjouissance des bons François sur le retour du roi, de la reine et des princes, avec la harangue qui leur a été faite à leur entrée, le 18 de ce mois, ensemble l'explication du feu artificiel de la Grève, dédié à Mademoiselle.* Paris, veuve Jean Remy, 1649, in-4.)

1. Jules Mazarin, cardinal en 1641, premier ministre en 1643, mort en 1660.
2. Ville avec château en Normandie; aujourd'hui chef-lieu de canton dans l'arrondissement de Louviers, département de l'Eure. Son pont étoit alors un des passages les

pour M. de Longueville, son beau-frère. Le cardinal le lui avoit promis, mais en des termes ambigus, dont il se servoit d'ordinaire lorsqu'il ne pouvoit ouvertement refuser ce qu'il n'avoit pas dessein d'accorder, afin de les expliquer ensuite à son sens dans les occcasions. Le prince, qui s'en défioit, se mit à poursuivre lui-même auprès de lui l'exécution de sa parole ; le cardinal lui demande du temps ; M. de Longueville presse le prince de sa part ; le prince redouble ses poursuites envers Mazarin ; et après plusieurs instances, il prend enfin les longueurs de Son Éminence pour des refus, et déclare hautement qu'il ne veut plus aller à la cour tant que cet étranger y dominera. A l'instant on voit tous les grands déserter la cour, et s'en aller en foule à l'hôtel de Condé[1] pour offrir leurs services au prince. Le parlement même et les frondeurs le font de nouveau solliciter par madame de Longueville, sa sœur, qui avoit beaucoup de partisans, de joindre ensemble leurs forces et de les employer contre Mazarin. MM. de Beaufort[2] et le coadjuteur[3] y accourent

plus importans de la Seine. Il est aisé de comprendre pourquoi le duc de Longueville, qui étoit gouverneur de la province, vouloit avoir le gouvernement du Pont-de-l'Arche ; mais on comprend aussi pourquoi Mazarin le lui refusoit. C'est après une discussion assez vive sur ce sujet que le prince de Condé dit au cardinal, en sortant du conseil : « Adieu, Mars. » Cette parole hautaine étoit grosse de l'emprisonnement du prince et de la guerre civile.

1. Il étoit entre le Luxembourg et la Seine, sur l'emplacement que limitent aujourd'hui les rues de Condé et de Monsieur-le-Prince.
2. François de Vendôme, duc de Beaufort.
3. Jean-François-Paul de Gondi, archevêque de Corinthe

dans le même dessein de profiter de l'occasion pour ruiner tous ensemble ce cardinal ministre, et le chasser hors du royaume; mais il rejeta comme auparavant toutes leurs recherches, et retourna à la cour.

Et ce fut alors que la feue reine, qui n'avoit rien oublié pour l'y faire revenir, employa jusqu'aux paroles tendres et jusqu'aux larmes pour l'y retenir. Et le cardinal, se rabaissant à tout ce que Son Altesse vouloit, lui accorda le Pont-de-l'Arche pour M. de Longueville [1], avec plusieurs autres choses qu'il n'avoit pas même demandées, lui promit d'être toute sa vie dépendant de ses volontés, et se mit à lui faire mille basses soumissions en toutes rencontres; en sorte que le prince étoit alors comme l'arbitre de la fortune de tous ceux qui la cherchoient à la cour; et on peut dire même que, selon l'état des choses, il ne lui manquoit rien, pour s'en rendre le maître absolu, que d'accepter les offres que le Parlement et les frondeurs lui faisoient avec instance de se joindre à eux contre le cardinal [2].

C'étoit, en effet, la pensée de plusieurs, et ce qui tenoit ce ministre dans une étrange peine d'esprit. Quelque soin que le prince eût de faire paroître son éloignement pour ce parti, il ne servoit qu'à jeter davantage la crainte et la défiance dans l'esprit de ce cardinal, qui ne

---

et coadjuteur de l'archevêque de Paris, depuis cardinal de Retz.

1. Le duc de Longueville y mit aussitôt pour gouverneur le baron de Chamboy, capitaine lieutenant de ses gendarmes.
2. C'est à peu près vers ce temps-là qu'on put lire dans

manquoit pas d'en insinuer ses sentimens dans celui de la feue reine contre Son Altesse, par les déférences et les soumissions mêmes qu'il lui rendoit en apparence. Ainsi, toutes choses étant bien considérées, on trouvera que les services que le prince avoit rendus à Leurs Majestés, et les obligations qu'il avoit acquises sur ce cardinal, pour être trop grandes et importantes, sont devenues la source et l'origine de toutes ses disgrâces, comme on le verra dans la suite.

La cour ayant commencé à respirer un peu, depuis son accommodement avec M. le Prince, on se mit à parler de réjouissances et de fêtes galantes, et l'on y fit en même temps diverses propositions de mariage. La feue reine, qui jusqu'alors s'étoit toujours vue traversée dans le dessein qu'elle avoit d'élever le cardinal

---

le *Nouveau* De profundis *de Jules Mazarin au prince de Condé*, s. l., 1649, in-4 :

> *Le roi est trop aimé en France.*
> *Ne songez plus à barre à bas ;*
> *Et afin qu'ils ne jugent pas*
> *Le procès à votre naissance,*
>   *Requiem dona eis, Domine.*

Et dans *la Passion de la Cour*, Anvers, 1649, in-4 :

Les Parisiens : *Secundùm legem debet mori.*
Mazarin : *Peccavi, tradens sanguinem justum.*
Le peuple : *Tolle, crucifige eum.*
M. le Prince : *Quid enim mali fecit ?*
Les Parisiens : *Regem te facit.*

Il est à remarquer que ce pamphlet fit quelque impression sur le cardinal ; car le carnet de Mazarin qui est daté, à la page première, du 16 octobre 1649, contient cette curieuse note : « Un libelle intitulé : *la Passion de la Cour*, dit de M. le prince, se servant des mots de la passion de Jésus-Christ, qu'il veut être roi...

au point où on l'a vu depuis, crut que le moyen le plus assuré pour l'établir solidement dans une haute fortune étoit de lui procurer quelque grande et puissante alliance à la cour. Dans cette vue elle résolut, sous le prétexte de divers mariages dont on avoit parlé, de proposer la charge d'amiral pour celui qui épouseroit la Mancini, nièce du cardinal [1].

Cette proposition ayant été faite, le duc de Vendôme [2] et le duc de Mercœur [3], son fils aîné, qui n'alloient presque point à la cour, s'y montrèrent aussitôt les plus assidus à rechercher l'amitié de cette Éminence pour avoir cette charge. Le duc de Beaufort, au contraire, condamnant le procédé de son père même et de son frère, détestoit publiquement la recherche qu'ils faisoient de cette alliance; et comme il gouvernoit le peuple à son gré avec le Coadjuteur, la faction des frondeurs, dont ils étoient les chefs, ne manqua pas de renouveler tous ses efforts avec le Parlement contre le cardinal, et de poursuivre son éloignement et sa ruine avec plus de chaleur et de bruit qu'auparavant [4].

---

1. Laure-Victoire Mancini, qui fut plus tard duchesse de Mercœur.

2. César, duc de Vendôme, fils légitimé de Henri IV.

3. Louis de Vendôme, duc de Mercœur, fils aîné du duc de Vendôme.

4. Les pamphlétaires ne publièrent pas moins de dix pièces contre ce projet de mariage, et le Parlement lui-même ne dédaigna pas de s'en occuper. En 1651, pendant que le cardinal étoit hors de France, le duc de Mercœur fut sommé de comparoître devant la Cour pour avoir à déclarer s'il avoit, ou non, épousé la nièce du Mazarin, comme on disoit alors. Il subit, le 7 août, un interrogatoire en forme, et le lende-

M. le Prince s'appliqua aussi fortement à traverser cette prétendue alliance du duc de Mercœur avec la nièce du cardinal; mais son dessein étoit en cela bien différent de celui des frondeurs. L'état de soumission et de dépendance dans lequel ce cardinal avoit témoigné vouloir toujours être à l'égard de Son Altesse faisoit qu'il le regardoit comme un ministre fort commode pour faire du bien à ses amis, quand il s'en présenteroit des occasions à la cour; de sorte que, bien loin de rechercher les moyens de l'en éloigner et de le perdre, comme faisoient les factieux, il étoit de son intérêt de le maintenir dans le ministère, tandis qu'il n'entreprendroit point de dominer sur lui et les autres princes. C'est pourquoi, sans se mettre en peine de l'éloignement du cardinal, il se contentoit de lui couper les ailes, pour l'empêcher de s'élever au-dessus de lui.

Ce fut donc seulement dans cette vue qu'il se déclara si ouvertement contre cette prétendue alliance de Mazarin avec la maison de Vendôme; et comme rien ne pouvoit mieux ôter au duc de ce nom la pensée de poursuivre ce mariage que le refus de l'amirauté, M. le Prince la fit

---

main 8, le parlement ordonna que le duc de Mercœur présenteroit à la cour son contrat de mariage, pour être communiqué, avec sa déclaration, au duc et à la duchesse de Vendôme; que cependant défenses seroient faites à la dite Mancini d'entrer dans le royaume sous prétexte dudit mariage, et d'y séjourner, si elle y étoit, sous les peines portées par les arrêts. *Voir*, pour les pamphlets, la *Bibliographie des Mazarinades*, 3e vol., liste chronologique, année 1649, 5 septembre.

demander au maréchal de Brézé[1], son beau-père, et l'obligea en même temps à vendre son gouvernement d'Anjou à son ami Chabot[2]; et, pour en détourner encore davantage le duc de Mercœur, il lui faisoit entendre que cette alliance étoit indigne du rang qu'il tenoit en France, que c'étoit renoncer à sa qualité de prince du sang royal que d'y consentir pour s'acquérir une charge, et que sans cela il sauroit bien le faire amiral.

Tout cela, joint à l'affaire du Pont-de-l'Arche, irritoit sans doute le cardinal et donnoit à la reine beaucoup d'embarras et d'inquiétudes, de voir ainsi tous ses desseins traversés par le prince en la personne de son ministre. Mais ce qui acheva de le rendre tout à fait suspect à la cour fut l'obstacle qu'il apporta encore à une autre alliance que Mazarin voulut faire d'une de ses nièces[3] avec le duc de Candale[4], lorsque la Guyenne étoit en armes par la mauvaise intelligence du duc d'Épernon[5], son père, qui en étoit

1. Urbain de Maillé, marquis et maréchal de Brézé, mort le 13 février 1650.
L'amirauté avoit appartenu à son fils, Armand de Maillé, duc de Brézé, tué en 1647 au combat d'Orbitello. Le prince de Condé la demanda pour lui-même; et ce fut un des griefs articulés pour justifier son arrestation. (*Lettre du roi sur la détention des princes de Condé, de Conti, et duc de Longueville, envoyée au parlement le 20 janvier 1650.* Paris, par les imprimeurs et libraires ordinaires du roi, 1650, in-4.)

2. Henri de Chabot, duc de Rohan par sa femme, la célèbre Marguerite de Rohan.

3. Anne-Marie Martinozzi, qui plus tard épousa le prince de Conti.

4. Louis-Charles Gaston de Nogaret de La Valette, duc de Candale, mort à Lyon en 1658.

5. Bernard de Nogaret de La Valette, duc d'Épernon.

gouverneur, et du Parlement de Bordeaux, qui s'étoit joint, comme celui de Provence, au Parlement de Paris, contre le cardinal ; car, Son Altesse, voyant bien que ce mariage ne se pourroit faire sans assurer le gouvernement de la Guyenne à ce duc, que le Parlement et le peuple en vouloient chasser, il se servit de l'affection particulière des Bordelois pour l'empêcher, et se déclara hautement pour eux dans le conseil, afin de les fortifier davantage à demander un autre gouverneur.

Cette déclaration si ouverte du prince en faveur du parlement et des révoltés de la Guyenne ne laissa plus douter qu'il ne fût d'intelligence avec eux, et par conséquent avec tous les autres factieux auxquels ils s'étoient liés ; et l'on se trouvoit en même temps fort embarrassé à la cour, sur la demande que ces peuples faisoient de Son Altesse pour gouverner cette province, en la place du duc d'Épernon. Mais il survint de nouveaux troubles à Paris, au sujet des rentes de l'hôtel de ville [1], qui obligèrent M. le Prince à faire éclater plus que jamais son zèle à soutenir l'autorité du roi et à mépriser de nou-

---

1. Le 11 décembre 1649. Guy Joly, un des syndics des rentiers de l'hôtel de ville, fit tirer un coup de pistolet dans son carrosse, et accusa le ministère d'avoir voulu le faire assassiner. La Fronde avoit voulu ranimer par là cette affaire des rentes, qui duroit depuis le mois de septembre, et qui commençoit à s'apaiser. Elle y réussit assez mal. Il y eut pourtant quelque tumulte, qui fut aussitôt comprimé. (*Lettre du roi à sa cour de parlement de Paris, tant sur ce qui s'est passé à Paris le 11 décembre dernier, que sur les entières satisfactions que Sa Majesté témoigne d'avoir reçues de la fidélité du peuple et bourgeois de sa bonne ville de Paris.* Paris, Antoine Estienne, 1649, in-4.)

veau toutes les recherches et les sollicitations
des frondeurs, jusqu'à se déclarer leur ennemi;
ce qui rassura un peu les esprits et les fit changer,
ou du moins suspendre pour quelque temps les
résolutions qu'on avoit déjà prises au conseil
contre Son Altesse.

Mais en servant ainsi la couronne, il étoit toujours fort résolu à ne point souffrir que Mazarin
dominât sur lui et, pour l'en empêcher, il s'appliquoit même avec soin à le rabaisser et à détruire
à la cour tout ce qu'on y entreprenoit pour son
élévation. C'est pourquoi, le prince ayant reconnu
que le cardinal avoit encore dessein de faire
épouser une de ses nièces au duc de Richelieu [1],
il se mit aussitôt à traverser ce mariage, comme
il avoit déjà fait les deux autres, et l'empêcha
effectivement, en engageant ce jeune seigneur
à la veuve du marquis d'Albret [2], qu'il lui fit
épouser à Trie [3], qui appartenoit au duc de

1. Armand-Jean de Vignerot du Plessis, duc de Richelieu, général des galères. Il n'avoit que vingt ans.

2. Anne Poussart, fille de François Poussart, baron du Vigean, et veuve de François-Alexandre d'Albret, sire de Pons.

3. Le 26 décembre 1649. Ce fut encore un des griefs qui servirent à motiver l'arrestation du prince. «Ce qui, en dernier lieu, lui (au cardinal Mazarin) a été extrêmement sensible, est-il dit dans le *Factum pour messieurs les princes* (s. l., 1650, in-4), est le mariage du duc de Richelieu avec madame de Pons, que ce prince avoit favorisé. Ce coup lui ravissoit ses espérances et le fruit du projet qu'il avoit fait depuis longtemps d'attirer le duc de Richelieu dans son alliance, et par un mariage de se rendre maître de la fortune, maison et places du feu cardinal.... Quel crime a-t-il commis d'aider à l'avancement d'une dame confidente et amie particulière de sa sœur, auparavant cette rencontre la favorite et la mignonne même de la duchesse d'Aiguillon,

Longueville, où il les mena lui-même dans son carrosse.

Le soin particulier que le prince avoit pris de hâter lui-même l'exécution de ce mariage ne manqua pas de le rendre encore plus suspect à la cour que s'il eût entrepris contre l'autorité du roi même. Le cardinal et ses partisans firent entendre adroitement qu'il ne l'avoit procuré que pour faire voir son crédit et pour attirer dans ses intérêts le gouvernement du Havre, et prirent de là occasion de persister dans le conseil à hâter sa prison.

M. de Longueville même, qui s'étoit depuis

---

qui adressoit et envoyoit incessamment son neveu à l'école de ladite dame, pour se former, par ses entretiens, à la grâce et gentillesse qu'il devoit avoir? Ce prince a conseillé au duc de Richelieu de posséder ce que sa tante vouloit seulement lui faire imiter... Est-ce agir contre les lois de l'État que de déplaire à ladite duchesse d'Aiguillon, avec laquelle il étoit en procès?... Le duc de Richelieu n'a pu se marier sans le consentement du roi et de la reine; cela est vrai s'il eût fait quelque alliance hors du royaume, mais non pas pour celles qui se contractent en France. Pourquoi maintenant le duc de Richelieu lui auroit-il promis le Havre? Ne payoit-il pas bien ce bon office sur-le-champ, sans lui donner encore de retour la place? »

Dans le *Discours au parlement sur la détention des princes* (s. l., 1650, in-4), l'auteur s'adresse à Mazarin : « N'y a-t-il que vous qui ayez le droit de marier vos parentes? Jugez qui vous êtes et qui sont vos nièces; regardez s'il n'y a rien de plus grand dans le royaume que M. de Mercœur, à qui vous en destinez une. Je n'ose penser aux autres, puisque votre premier vol va si loin. Que ne ferez-vous point quand vous aurez l'aile plus forte? »

Trie est dans le Vexin normand, à peu de distance de Gisors. C'est aujourd'hui Trie-le-Château, canton de Gisors, arrondissement de Senlis, département de l'Oise. Le vieux château a été détruit, il n'en reste que des ruines.

peu de jours réconcilié avec le cardinal, fit beaucoup de bruit de ce que ce mariage s'étoit fait dans une de ses maisons sans son consentement, et il rompit tout à fait pour cela avec M. le Prince. Mais madame la douairière de Condé[1], qui avoit un extrême soin d'entretenir toujours l'union dans sa famille, s'étant aperçue de cette division, fit aussitôt venir MM. le Prince son fils, et le duc de Longueville, son gendre, dans son cabinet, et les remit si bien dans leur première amitié, qu'ils se jurèrent une mutuelle assistance contre tous leurs ennemis; ce qui ayant été rapporté au cardinal par Chabot, il résolut de s'en assurer aussi, et de lui faire tenir compagnie à M. le Prince dans sa prison.

M. le prince de Conti étoit aussi fort ardent à s'opposer à la trop grande élévation de Mazarin. Cela parut particulièrement lorsque feu M. d'Orléans[2] se fut retiré à Limour[3], mal content des longueurs qu'on apportoit à la cour à tenir parole à l'abbé de la Rivière[4] pour le chapeau de cardinal qu'on lui avoit promis; car, ce jeune prince, voyant que ce ministre disposoit toutes choses à la cour et à Rome, pour contenter là-

---

1. Charlotte-Marguerite de Montmorency, princesse de Condé, morte à Châtillon-sur-Loing le 2 décembre 1650.
2. Gaston de France, duc d'Orléans, frère de Louis XIII.
3. Petite ville avec titre de comté, non loin de Versailles; aujourd'hui chef-lieu de canton dans le département de Seine-et-Oise. Son château étoit le lieu ordinaire de retraite du duc d'Orléans dans toutes ses bouderies contre la cour.
4. Louis Barbier, abbé de La Rivière, évêque de Langres. Il avoit bien servi le cardinal Mazarin pendant la première année de la Fronde, et les pamphlétaires l'avoient rudement traité; mais le ministre d'Anne d'Autriche ne devoit pas être pressé d'obtenir le chapeau pour le favori de Gaston.

dessus Son Altesse Royale, et qu'il ne manqueroit pas de s'acquérir par là son amitié et de l'engager dans ses intérêts, il s'avisa, pour empêcher l'un et l'autre, de demander pour lui-même le chapeau que Monsieur, oncle du roi, attendoit avec impatience pour son favori, en faisant adroitement entendre à la cour qu'il se vouloit mettre dans les ordres sacrés. Il avoit outre cela presque toujours eu quelque liaison avec les frondeurs et les autres ennemis du cardinal, et il étoit encore dans les intrigues de madame la duchesse de Longueville, sa sœur, qui en avoit de très-grandes et ne manquoit pas de partisans. Il n'en falloit pas davantage pour obliger Son Éminence à mettre M. de Conti de la partie avec le prince son frère et le duc de Longueville.

Cependant Son Altesse de Condé, qui s'étoit si hautement déclaré ennemi des frondeurs, les poursuivoit sans relâche et ne pensoit qu'à ruiner toute cette faction; mais il n'en étoit pas pour cela moins suspect à la cour, car la reine n'ayant rien de plus à cœur que d'élever Mazarin jusqu'à le rendre maître absolu des affaires du royaume [1], et M. le Prince ne tendant au

---

1. L'auteur de la *Lettre d'un gentilhomme désintéressé à messieurs les députés des États sur les mouvemens présens, et des moyens qu'ils doivent tenir pour les pacifier*, Paris, 1852, in-4, dit que la reine avoit choisi Mazarin pour premier ministre parce qu'il n'étoit d'aucune cabale, et il ajoute : « Ce sont les propres paroles de cette princesse. » « Les mieux sensés, lit-on dans un autre pamphlet du même temps (*la Cheute de la tyrannie faisant voir la fausseté de la Décadence de la royauté par un examen des cinq points proposés*, s. l., 1652, in-4), les mieux sensés considéroient le

contraire qu'à l'empêcher au moins de dominer sur les princes, toutes les démarches que Son Altesse faisoit contre l'élévation de ce ministre passoient pour autant d'entreprises contre l'autorité du roi même, qu'il défendoit avec tant de vigueur et de fidélité contre tous ses ennemis.

C'est pourquoi il étoit aisé au cardinal de trouver souvent des occasions et des prétextes pour faire passer M. le Prince, dans l'esprit de leurs Majestés, pour un ennemi qui avoit de pernicieux desseins, et pour presser en même temps au conseil l'exécution de celui qu'on y avoit pris contre lui et contre MM. de Conti et de Longueville.

M. le Prince avoit l'estime et l'affection du peuple, et, pour peu qu'il eût voulu se ménager avec le parlement et les frondeurs, on n'auroit jamais osé rien entreprendre sur sa liberté. C'est pourquoi l'on n'y pensa tout de bon à la cour que lorsqu'on le vit attaché à les poursuivre.

On commença par disposer ceux de cette faction même à faciliter cette entreprise, par la haine et l'aversion que son zèle trop ardent pour le salut de l'État leur avoit déjà inspiré contre lui; et comme on avoit besoin de cette haine des frondeurs contre le Prince pour leur faire aimer sa disgrâce, on crut qu'il falloit le commettre encore davantage avec eux, et pour le faire on usa d'artifice.

On lui donna avis qu'il y avoit sur le Pont-Neuf, par où il alloit chez lui, des gens armés

---

cardinal Mazarin pour servir d'entre-deux à ces deux princes (Orléans et Condé), et qu'il n'a eu l'autorité du gouvernement que pour éviter quelque querelle qui pouvoit arriver entre eux. »

qui l'attendoient avec quelque mauvais dessein. Pour s'en assurer sans péril, il envoya par ce chemin son carrosse avec les rideaux fermés, et cependant il se retira chez un baigneur pour en attendre l'issue. Le carrosse ne manqua pas d'être attaqué, et l'on tua un valet de pied qui s'étoit mis dedans, pensant que ce fût le prince même [1].

Son Altesse, en étant avertie, court à l'instant en demander justice. Le président Molé [2], qui étoit de ses amis, embrasse l'affaire avec chaleur ; on en fait grand bruit à la cour. M. d'Orléans, qui s'y étoit depuis peu réuni, fit toutes les mines qu'il devoit de rendre service au prince, quoique d'ailleurs il fût bien aise de le voir aux prises avec les frondeurs. La reine et le Mazarin détestent le crime en apparence. Et bien que tout cela ne fût, au sentiment de plusieurs, qu'un artifice du cardinal pour ruiner le prince, on ne laissoit pas de faire courre le bruit que c'en étoit plutôt un de M. le Prince pour perdre plus facilement les frondeurs.

Quoi qu'il en soit, il est toujours certain que, tandis que le prince s'appliquoit à les poursuivre [3],

---

1. Cela se passa le 11 décembre 1649, le même jour que le coup de pistolet de Guy Joly. Le marquis de la Boulaye, qui appartenoit à la faction du duc de Beaufort, s'étoit porté sur le Pont-Neuf en criant : Aux armes ! Saint-Julien dit à cette occasion, dans le *Courrier burlesque de la guerre de Paris, envoyé à Monseigneur le prince de Condé pour divertir Son Altesse dans sa prison...* Paris, 1650, in-4 :

> ... Ce n'est que par la tête
> Qu'il est fou, quand il l'est parfois,
> Notamment les onze des mois.

2. Mathieu Molé, premier président du parlement de Paris.
3. La Boulaye et Portail, conseillers au parlement, furent

le cardinal joua si bien son personnage, que, sans être suspect de leur division, il s'en servit avantageusement à préparer toutes choses pour la prison des princes. Il en vint dehors quelque bruit aux oreilles de Son Altesse de Condé; mais le soin qu'il voyoit que ce ministre sembloit prendre de le venger lui en faisoit perdre la défiance. Toutefois il ne laissa pas, depuis cet avis, de mener toujours quelqu'un de ses amis avec lui au Palais-Royal; le comte de Tavannes, en qui il avoit le plus de confiance, étoit aussi celui qui avoit accoutumé de l'y accompagner le plus souvent.

Cependant le cardinal fait enfin résoudre la chose au conseil, et prendre jour pour l'exécution, qui fut le 19 de janvier 1650. On en donne à M. le Prince plusieurs avis le même jour, sans qu'il y veuille ajouter foi. Et ce qui est de plus étrange, depuis environ deux mois que Son Altesse avoit commencé à se faire accompagner par quelqu'un de ses plus fidèles amis lorsqu'il alloit au Palais-Royal, il ne lui étoit pas encore arrivé d'y aller seul que ce jour-là même qu'il fut arrêté.

La difficulté étoit de s'assurer en même temps et d'un même coup du duc de Longueville. Il

---

décrétés de prise de corps. Un procès s'engagea contre le duc de Beaufort, le coadjuteur et le président Charton, procès très-long, très-compliqué d'incidens, qui donna naissance à beaucoup de pamphlets, et qui fut terminé, en avril 1650, par la *Déclaration du roi portant abolition générale de ce qui s'est passé en la ville de Paris l'onzième décembre dernier* 1649, *vérifiée en parlement le douzième mai* 1650, Paris, par les imprimeurs et libraires ordinaires du roi, 1650, in-4. Le roi étoit alors à Dijon.

étoit à Chaillot, séparé de sa femme. Pour l'obliger à venir, on lui manda qu'il s'agissoit de prendre Couturier [1] et quelques autres suspects d'avoir attenté à la vie de M. le Prince, et que sa présence étoit nécessaire pour empêcher la sédition du peuple. Sous ce prétexte, il vint à Paris, sans se défier aucunement que c'étoit lui et les princes à qui on en vouloit; il s'y rendit même avec diligence, afin de demander en même temps la lieutenance du gouvernement de Normandie pour le fils de Beveron [2].

Sur le soir, le prince se rendit à son ordinaire auprès de la reine. L'abbé de La Rivière, qui ignoroit le dessein de la cour, lui dit que M. d'Orléans ne viendroit point au conseil. Le prince crut d'abord que c'étoit qu'on vouloit abandonner sa cause au parlement; ce qui l'obligea de quitter plus tôt la reine, pour entrer dans la chambre du conseil. Le prince de Conti et le duc de Longueville y arrivèrent presque en même temps. Le cardinal s'étoit retiré dans sa chambre et y avoit emmené avec lui l'abbé de La Ri-

---

1. Il est appelé Descoutures dans la *Lettre d'un marguillier de Paris à son curé sur la conduite de Monseigneur le coadjuteur*, Paris, 1651, in-4 : « Quelqu'un dit... que c'étoit lui (le coadjuteur) qui avoit pris soin de servir de parrain à Descoutures; qu'il l'avoit recommandé au curé de Saint-Jean en Grève; qu'il le tint caché dans le clocher de son église durant tout le procès; que c'étoit M. le coadjuteur qui avoit sollicité l'amnistie de Descoutures, de Desmartinaux, Canto et Sociando; enfin que depuis ce temps-là on avoit vu M. le coadjuteur en parfaite intelligence avec les ennemis de M. le prince. »

2. François III de Harcourt, marquis de Beuvron, mort en 1705 lieutenant général pour le roi en Normandie. Son père étoit François II de Harcourt, marquis de Beuvron.

vière; de sorte qu'il n'y avoit que MM. le chancelier [1], Servien [2], Le Tellier [3], et quelques autres du conseil, avec les princes, lorsque Guitaut [4], entrant dans la chambre, s'approcha respectueusement de Son Altesse de Condé et lui dit à l'oreille de la part de la reine qu'il falloit entrer en prison. Le sieur de Comminge [5] en dit autant au prince de Conti, et de Croissy [6] au duc de Longueville.

M. le Prince reçut d'abord cela comme une plaisanterie; mais ayant reconnu que c'étoit tout de bon : « Est-ce donc là, dit-il, la reconnoissance de ma fidélité et de mes services ? » Puis s'adressant au chancelier, il le pria d'aller de sa part demander pour lui à la reine un moment d'audience; il fit demander la même chose au cardinal par Servien. Le chancelier revint sans avoir rien pu obtenir, et Servien ne lui rendit point de réponse; il se contenta d'avertir le cardinal que la chose étoit faite; et alors Son Éminence la fit savoir à l'abbé de La Rivière, qui en fut étrangement surpris, et ne put s'empêcher de lui dire qu'assurément M. d'Orléans ne souffriroit point cette injure faite aux princes. Le cardi-

---

1. Pierre Séguier, mort le 28 janvier 1672, à l'âge de quatre-vingt-quatre ans.
2. Abel Servien, marquis de Sablé, secrétaire d'État.
3. Michel Le Tellier, secrétaire d'État, plus tard chancelier de France.
4. François de Guitaut, comte de Comminges, capitaine des gardes de la reine.
5. Jean-Baptiste Gaston de Puechpeirou, comte de Comminges, neveu de Guitaut, et lieutenant des gardes de la reine.
6. Il étoit cornette des gardes de la reine.

nal lui répondit que l'on n'avoit rien fait que par l'avis de Monsieur même. Là-dessus cet abbé se retira pour en parler à Son Altesse Royale; mais il en fut rebuté de telle sorte qu'il crut que c'étoit fait de sa fortune [1].

Le vieux Guitaut, qui n'étoit sorti de la chambre du conseil que pour y faire entrer son escorte, revint aussitôt avec vingt hommes armés, qui, regardant les princes de travers, sembloient les menacer de quelque chose de plus funeste que la prison. Cette troupe les conduisit par un escalier dérobé dans le jardin, où le duc de Longueville étoit déjà qui les attendoit. Guitaut, les ayant fait monter tous trois dans un même carrosse, les fit conduire par ses gens jusqu'à la porte de Richelieu, où Miossans [2] les attendoit avec les gendarmes du roi pour les mener à Vincennes.

Ce fut donc sur le soir du mardi 19 janvier 1650 que MM. les princes de Condé, de Conti et de Longueville, furent ainsi arrêtés [3] au Palais-Royal, dans la chambre du conseil, par le vieux Guitaut, capitaine des gardes du corps de

---

1. Il fut en effet peu de temps après contraint de se retirer à Petitbourg. Un pamphlétaire publia à cette occasion : *La Rivière à sec au cœur de l'hiver pendant les plus grandes pluies*, s. l., 1650, in-4. Ce n'est pas le plus mauvais calembour de la Fronde.

1. César Phœbus d'Albret, comte de Miossens, mort en 1676.

2. Quand on annonça au duc d'Orléans la nouvelle, Son Altesse Royale dit : « Voilà un beau coup de filet! On vient de prendre un lion, un singe et un renard. » (*Les Entretiens mystérieux des trois princes en cage dans le bois de Vincennes sous les figures du lion, du renard et du singe; dialogue*, Paris, 1650, in-4.)

la reine, et conduits au château de Vincennes par le sieur Miossans, lieutenant des gendarmes du roi, que cette action rendit si considérable à la cour qu'on lui promit pour cela le bâton de maréchal de France, et qu'il le reçut en effet en 1653, sous le nom de maréchal d'Albret.

Il faut avouer aussi que jamais entreprise ne fut exécutée avec plus de bonheur ni avec plus de diligence que celle-là. Le carrosse où étoient les princes se rompit au milieu du chemin, entre la porte de Saint-Antoine et le bois de Vincennes; mais cela n'empêcha pas qu'ils ne fussent conduits dans le château, lorsqu'on les croyoit encore dans le conseil. Cela est si vrai que le comte de Tavannes, qui avoit ce jour-là donné à manger à quelques-uns de ses amis, n'ayant pu se rendre à temps auprès de M. le Prince pour aller avec lui au Palais-Royal selon sa coutume, s'y rendit à peu près dans le temps qu'il croyoit le pouvoir rencontrer chez la reine à la sortie du conseil, sans avoir le moindre soupçon de ce qui lui étoit arrivé. Il ne fut pas plus tôt au bas du degré qu'il rencontra le duc de Saint-Simon [1], qui lui dit que le prince venoit d'être arrêté. Le comte de Tavannes eut d'abord de la peine à le croire. Il monta promptement à l'appartement de la reine, et trouva que la porte de la salle de ses gardes étoit fermée; il y frappa, et les gardes, ne l'ayant qu'un peu entr'ouverte, la refermèrent aussitôt qu'ils eurent reconnu que c'étoit Tavannes, et ne voulurent pas seulement lui parler.

---

1. Claude de Rouvroy, duc de Saint-Simon, gouverneur de Blaye; le père de l'auteur des *Mémoires*.

Cela l'obligea à se retirer plus vite, pour aviser à ce qu'il y auroit à faire ailleurs pour le service du prince.

Comme il savoit que La Moussaye [1], gouverneur de Stenay [2], et par conséquent le plus en

[1]. Amauri de Goyon, marquis de La Moussaie. Il se rendit en effet à Stenay; car on lit dans le *Temple de la déesse Borbonie* (s. l., 1651, in-4) : « Comme un monument si précieux doit être exactement gardé et défendu contre les violences et les surprises des ennemis, les clefs et la garde de ce temple se rencontrent heureusement déposées et confiées à la valeur de M. le marquis de La Moussaie, qui en est le Polémique Agaton souverain pontife, qui ne manquera pas ni de bonté pour régir ses habitans, ni de générosité pour les défendre, et qui sans doute par un excès de piété, qui est inséparablement attaché à la gravité de cette pontificature, s'efforcera de ne donner moins d'éclat à votre superbe temple qu'il ne reçoit de lustre et d'honneur par une charge si éminente. » On a compris que la déesse Borbonie étoit la duchesse de Longueville, et son temple la place de Stenay. Le marquis de La Moussaie mourut dans le mois de novembre 1650. Loret croit que ce fut du chagrin que lui causa l'emprisonnement du prince de Condé :

> *Il s'étoit toujours fait paroître*
> *Pour son incomparable maître*
> *Plein d'ardeur et d'affection;*
> *Et depuis sa détention,*
> *Qu'il trouvoit un peu trop barbare,*
> *Ce serviteur fidèle et rare,*
> *Sans se réjouir un seul brin,*
> *Avoit toujours quelque chagrin;*
> *Et cela, comme on conjecture,*
> *L'a fait aller en sépulture.*

[2]. « Que si on a donné à M. le prince les domaines de Clermont et de Stenay, ç'a été pour lui adoucir les amertumes d'une si belle dépouille (l'amirauté), qu'il méritoit bien et pouvoit obtenir à tant de titres, par la qualité de beau-frère, par celle de sa naissance et par celle de la justice publique. » (*Factum pour messieurs les princes*, s. l., 1650, in-4.) Stenay, place forte sur la Meuse, appartenoit à la France depuis le traité de Nancy. Louis XIV, qui la reprit

état de servir M. le Prince, alloit tous les soirs chez mademoiselle de Bussy[1], il y alla droit le trouver et l'avertir de ce qu'il venoit d'apprendre. La Moussaye étoit accusé de n'être pas des plus fermes du monde. Il parut tout alarmé et comme entrepris de cette nouvelle, et demanda à Tavannes ce qu'il y avoit à faire. « Il faut, Monsieur, lui répondit brusquement le comte, que vous alliez au plus tôt vous jeter dans votre gouvernement ; et si vous n'avez rien à faire ailleurs, vous trouverez là de la besogne, et vous m'y verrez bientôt. »

De là il se rendit à l'hôtel de Condé, où il trouva madame la princesse douairière toute en pleurs, avec quantité de gens qui ne prenoient aucune résolution. Il y avoit aussi dans le jardin un assez bon nombre d'officiers du prince, qui avoient résolu entre eux d'aller au Val-de-Grâce enlever les nièces de Mazarin et de les mener en diligence dans quelqu'une des places de Son Altesse, pour se le faire rendre ou du moins pour assurer sa vie, pour laquelle sa naissance et son grand mérite faisoient appréhender[2]. Mais

---

en 1654 sur le prince de Condé, l'a fait démanteler. Elle n'est plus aujourd'hui qu'un chef-lieu de canton dans l'arrondissement de Montmédy, département de la Meuse.

1. Honorée de Bussy. Elle étoit de Saumur. Après avoir été maîtresse du maréchal de Brézé et de Villemontée, intendant du Poitou, « elle s'alla éprendre de La Moussaye, dit Tallemant des Réaux, et elle avoit quelque espérance qu'il l'épouseroit. » (*Historiette du maréchal de Brézé.*)

2. L'auteur du *Factum pour messieurs les princes* a exprimé d'une façon singulière ces appréhensions : « Autrefois on les condamnoit quelquefois à mort (les princes du sang) ; mais on ne les mettoit pas en prison. »

un moment après on sut que le cardinal, ayant bien prévu qu'on pourroit prendre ce parti-là, les avoit envoyé quérir dans le temps même qu'on arrêtoit les princes, de sorte que tous ces officiers furent obligés de s'en retourner chacun chez soi, sans avoir rien pu résoudre pour le service de Son Altesse, sinon que dès le lendemain ils se retireroient tous, comme ils firent, les uns à Bellegarde et les autres à Stenay.

Le comte de Tavannes, voyant cela et craignant d'être lui-même arrêté, ne retourna pas en son logis; il envoya seulement quérir des chevaux, qu'on lui amena à l'hôtel de Condé, d'où il s'en alla toute la nuit droit à Milly[1] en Gâtinois, qui étoit pour lors à lui. De là il se retira en Bourgogne, espérant qu'il y auroit bien des choses à faire pour M. le prince, qui en avoit le gouvernement. Mais il n'y eut d'abord que le déplaisir de voir que tout le monde lui tournoit le dos, et que les amis de Son Altesse étoient plus contre lui que pour lui.

Il ne laissa pas de les voir tous à Dijon et de leur parler à l'oreille, mais inutilement; et ce qui lui parut plus étrange fut qu'étant allé au château de la ville, qui appartenoit à M. le Prince, les commandants que Son Altesse même y avoit mis, et qui étoient deux de ses domestiques[2],

---

1. Ville avec bailliage dans le Gâtinois françois, sur le ruisseau d'École, diocèse de Sens, parlement et intendance de Paris; aujourd'hui chef-lieu de canton, arrondissement d'Étampes, département de Seine-et-Oise.

2. Mailly (*Esprit de la Fronde*) les appelle Bussière et Comeau. Ils commandoient par semestre. Comeau avoit pris le commandement depuis huit jours, lorsque la nouvelle de

s'excusèrent froidement auprès de lui sur ce qu'ils ne pouvoient rien faire, n'ayant point de monde dans leur place. Tavannes leur proposa d'y faire entrer soixante mousquetaires. Ils lui promirent de les y recevoir. Le comte, ayant fait venir, deux jours après, les soixante mousquetaires, fit avertir ces commandans de leur ouvrir la porte de derrière du château pour les y faire entrer; mais ils dirent pour toute réponse qu'ils ne le pouvoient plus, et qu'ils avoient donné parole à la ville de n'y recevoir personne. Cette infidélité, jointe à l'avis qu'on donna au comte de Tavannes qu'on le vouloit arrêter à Dijon, l'obligea à se retirer en diligence à Bellegarde [1].

Il trouva cette place dans un état si négligé qu'il étoit aisé à juger, en la voyant, que M. le Prince, à qui elle appartenoit, étoit fort innocent des mauvais desseins qu'on lui imputoit contre le service du roi.

Il n'y avoit dedans nulle sorte de munitions; elle étoit même dégarnie de toutes armes, et le

---

l'arrestation du prince de Condé parvint en Bourgogne. C'est donc sur lui que portent les plaintes de Tavannes.

1. Saint-Micaut s'y étoit jeté avec Du Passage dès qu'il avoit su les princes prisonniers. Il en garda le commandement jusqu'à la capitulation; mais Tavannes eut assez d'autorité pour le gêner au moins, sinon pour le diriger.

Bellegarde, autrefois Seurre, étoit une ville ancienne et forte sur la Saône, qui avoit été érigée en duché-pairie pour Roger de Saint-Lary, duc de Bellegarde, grand écuyer de France, mort en 1646. Elle dépendoit du gouvernement général de la province de Bourgogne. Louis XIV l'a fait démanteler. Elle a repris son premier nom; elle est aujourd'hui chef-lieu de canton, arrondissement de Beaune, département de la Côte-d'Or.

peu de canon qui s'y trouvoit étoit démonté et sans aucun affût. Tavannes, voyant que cette place étoit dans un si grand désordre, résolut de s'en aller à Stenay, où M. de Turenne [1] s'étoit déjà retiré pour le service du prince. Et comme il avoit envoyé deux compagnies françoises de Son Altesse avec deux autres compagnies du régiment de Meille dans des quartiers proches de sa maison du Pallié, à deux petites lieues de Langres, il y alla pour les joindre.

Il ne fut pas plus tôt arrivé en cette maison, qu'il eut avis de Bellegarde que les régimens de cavalerie de Condé et d'Enghein y devoient arriver avec les gardes du prince. Celui qui les commandoit [2] lui écrivit aussi pour recevoir ses ordres. A l'instant il leur envoya Guitaut [3] pour les presser de le venir trouver au Pallié, pour s'en aller de là droit à Stenay trouver M. de Turenne. Guitaut, étant arrivé à Bellegarde, ré-

---

1. Henri de la Tour d'Auvergne, vicomte de Turenne.
2. C'étoit Jean de Saligny, comte de Coligny, mort, le 16 avril 1685, gouverneur d'Autun et lieutenant général. On a de lui des *Mémoires*, qui ont été publiés par M. de Montmerqué pour la Société de l'histoire de France.
3. Cornette des chevau-légers d'ordonnance du prince de Condé. Il s'appeloit Guillaume de Puechpeirou-Comminges, comte de Guitaut. Il devint successivement lieutenant des chevau-légers de Condé, chambellan du prince de Condé, et gouverneur des îles de Sainte-Marguerite. La *Gazette* du 6 juillet 1652 nous apprend qu'il fut blessé dans la retraite de Saint-Cloud. La faveur dont il jouissoit auprès de son maître fournit à un pamphlétaire de la Fronde le sujet de l'infâme libelle qui a pour titre : *le Jeu de dames que M. le prince de Condé joue avec M. Guitault*, s. l., 1651, in-4. Madame de Sévigné, dont il étoit l'ami, parle souvent de lui dans ses lettres. Le comte de Guitaut mourut le 28 janvier 1684.

crivit au comte de Tavannes que tous les officiers lui avoient dit qu'il falloit quelques jours de repos à leurs chevaux, et que beaucoup de leurs cavaliers avoient déserté.

Le comte, impatient de mener ces troupes à M. de Turenne, renvoya en diligence pour presser encore ces régimens de le venir trouver, et pour leur faire entendre que le plus grand service qu'ils pouvoient rendre à M. le Prince étoit de hâter leur marche pour se joindre au plus tôt à Stenay.

Cependant, Tavannes, malgré tous ses soins et ses instances, ne laissa pas d'être trois jours sans avoir aucune nouvelle de ces régimens; ce qui l'ayant obligé d'aller lui-même jour et nuit les chercher, il les trouva heureusement en marche entre Genlis [1] et Arc-sur-Tille [2], qui étoit à madame sa mère. Il se mit d'abord à embrasser tous les officiers, fit prêter le serment à tous les cavaliers pour le service du roi et de M. le Prince contre le Mazarin, et leur répondit de l'argent qu'il leur promettoit de leur faire toucher en arrivant à Stenay.

Cela fait, on se mit en marche pour y aller. Le comte, avant que passer Arc-sur-Tille, où

---

1. Dans l'Ile-de-France, diocèse et élection de Noyon, parlement de Paris, intendance de Soissons; Genlis avoit été érigé en marquisat dans l'année 1645 pour Florimond Brulart, lieutenant des gendarmes du duc d'Orléans; aujourd'hui commune de Villequier-Aumont, canton de Chauny, arrondissement de Laon, département de l'Aisne.

2. En Bourgogne, diocèse, parlement et intendance de Dijon; aujourd'hui canton et arrondissement de Dijon, département de la Côte-d'Or. C'étoit un marquisat qui appartenoit à la mère de Tavannes.

étoit alors madame de Tavannes, sa mère [1], eût été bien aise de prendre congé d'elle et de lui rendre en partant ses devoirs; mais elle ne voulut pas seulement en entendre parler. Après environ une demi-heure de marche au delà de cette maison, un parti vint avertir Tavannes qu'on voyoit devant eux sur leur route des troupes de cavalerie et d'infanterie. C'étoit le marquis de Tavannes [2], lieutenant de roi de la province et oncle du comte, qui avoit assemblé de la noblesse, avec les prévôts et leurs archers, quelques compagnies de cavalerie de troupes réglées et un régiment d'infanterie, pour s'opposer au passage de son neveu et l'empêcher d'aller avec ses troupes joindre M. de Turenne.

Tavannes, les ayant fait promptement reconnoître, résolut de les charger sur-le-champ. Cela réussit, mais si bien qu'il tailla en pièces toute la cavalerie; et ayant aussi pris tout le régiment d'infanterie prisonnier, il lui fit prêter le serment pour le service du roi et de M. le Prince, toujours contre Mazarin [3]; puis il racheta de ses cavaliers mêmes les chevaux du marquis son oncle, pour les lui renvoyer avec ses bagages. Mais le déplaisir d'avoir été si bien

---

[1]. Françoise Brûlart, fille de Nicolas Brûlart, seigneur des Bordes, premier président du parlement de Dijon, et femme de Claude de Saulx, comte de Tavannes et de Beaumont, lieutenant général, bailli de Dijon, capitaine lieutenant des gendarmes de Henri II, prince de Condé.

[2]. Noël de Saulx, comte de Beaumont, marquis de Tavannes et de Mirbel, mort en 1679.

[3]. C'étoit le régiment de Persan, qui, déjà gagné à la cause des princes, avoit abandonné le marquis de Tavannes dès le commencement de l'action.

battu l'avoit tellement outré, qu'il rejeta avec beaucoup d'aigreur et d'emportement cette honnêteté d'un si brave neveu ; et au lieu que cette action devoit augmenter l'estime qu'il avoit déjà pour lui, il s'en fit un sujet de chagrin si violent, qu'il jeta au feu un testamemt qu'il avoit fait en sa faveur.

Cette défaite du lieutenant de roi de Bourgogne jeta l'épouvante dans toute la province, et particulièrement dans Dijon, qui en fut si fort alarmée qu'on y obligea jusqu'aux capucins à prendre les armes ; ce qui fit changer à Tavannes le dessein qu'il avoit pris d'aller joindre M. de Turenne à Stenay.

Il fit tourner toute sa cavalerie et son infanterie du côté de cette grande ville, étant comme assuré de la prendre et de la faire déclarer, si ceux qui commandoient dans le château, qui appartenoit au prince, lui en vouloient ouvrir les portes.

Lorsqu'il en approchoit, il envoya devant un officier dire au commandant du château de lui ouvrir les portes, et qu'il avoit dessein de prendre la ville, et des forces suffisantes pour l'exécuter, pourvu qu'il rendît au prince son maître le service qu'il lui demandoit. Mais on tira sur l'officier, sans lui vouloir permettre d'approcher. Le comte ne laissa pas de camper deux jours devant Dijon ; puis il se retira à Bellegarde, dans l'espérance que les Comtois ne manqueroient pas de l'assister de poudre, d'armes et des autres choses dont il auroit besoin, comme ils le lui avoient fort promis.

Tous ces mouvemens et ces expéditions du

comte de Tavannes firent de grands effets pour le service du prince : car en obligeant, comme il fit, le roi, la reine, le cardinal et toute la cour à venir en Bourgogne [1], cela donna lieu à Bordeaux, à Montron [2] et à la Normandie de se déclarer pour Son Altesse de Condé, surtout pendant que l'armée royale étoit occupée au siége de Bellegarde.

Cette place, comme il a déjà été dit, étoit dans le plus pitoyable état du monde, dépourvue de toutes choses, et destituée de tout secours ; car les Comtois n'ayant rien voulu faire de tout ce qu'ils avoient promis au comte de Tavannes, et les princesses de Condé même, ni la douairière, ni la jeune, ne lui ayant fourni aucun argent, il se trouva tout à fait hors d'état de la pouvoir défendre, n'y ayant pas même une seule pièce de canon qu'on pût faire tirer. Les troupes qui étoient dedans s'y révoltèrent si fort à la vue de l'armée du roi, qu'il n'y avoit plus lieu d'en attendre aucun service pour les princes,

---

1. La cour partit pour la Bourgogne le 5 mars. (*Lettre du roi envoyée à MM. les prévôt des marchands et échevins de sa bonne ville de Paris sur le sujet de son départ de sadite ville pour aller en sa province de Bourgogne, du quatrième mars 1650.* Paris, Pierre Rocollet, 1650, in-4.) Elle s'étoit auparavant, et dès le 2 février, rendue en Normandie, d'où elle avoit forcé de sortir la duchesse de Longueville, et dont elle avoit assuré la soumission.

2. Montrond ou le Vieux-Château, en Bourbonnois, sur la frontière du Berry, diocèse et intendance de Bourges, parlement de Paris. Son château avoit été fortifié par Henri II, prince de Condé. C'étoit une des meilleures places de l'intérieur du royaume. Montrond fait partie de la ville de Saint-Amand, chef-lieu d'arrondissement dans le département du Cher.

de sorte qu'il fut contraint de la rendre bien plus tôt qu'il n'auroit fait, pour conserver au service de M. le Prince quantité de braves gens qui s'y étoient retirés[1].

Les troupes de Tavannes, après la reddition de la place, furent licenciées, et les officiers avec tout ce qu'il y avoit de braves gens, avant que d'en sortir, lui donnèrent parole de se trouver pour le service de Son Altesse, les uns à Montrond, les autres à Bordeaux, et d'autres encore à Stenay; ce qu'ils exécutèrent tous avec beaucoup de fidélité. Le comte de Tavannes prit le parti d'aller *incognito* se joindre à M. de Nemours[2], qui étoit à Paris, pour y appliquer avec lui ses soins à pratiquer des amis à MM. les princes, et à ménager toutes sortes de moyens pour les tirer de prison.

Tandis que la cour étoit ainsi occupée dans la Bourgogne, la duchesse de Longueville remuoit tout en Normandie pour engager le Parlement de cette province, avec les amis et les places du duc, son mari, à prendre le parti des princes, et pour s'assurer même du Havre-de-Grâce. Mais tout le fruit de ses intrigues, qui étoient néanmoins très-puissantes, fut d'avoir seulement obligé la cour à quitter la Bourgogne plus tôt

---

[1]. La capitulation fut conclue le 9 avril au soir, entre le comte du Passage et le duc de Navailles. Tavannes avoit eu auparavant une conférence avec Bossuet, conseiller au parlement de Dijon. Il obtint d'être maintenu dans sa charge de bailli de Dijon par un des articles du traité. (*Gazette* extraordinaire du 23 avril.)

[2]. Charles-Amédée de Savoie, duc de Nemours, tué en duel le 30 juillet 1652 par le duc de Beaufort.

qu'elle n'auroit voulu, pour marcher avec toutes ses forces en Normandie [1]; car elles n'y furent pas plus tôt arrivées, qu'on vit cette princesse réduite à s'embarquer à Dieppe, pour s'enfuir par la Hollande à Stenay, où elle traita avec les Espagnols pour la liberté des princes [2].

M. de Turenne, qui s'y étoit retiré dès le commencement de leur prison, devoit commander toutes les troupes que donnoient les Espagnols; et comme ce maréchal régloit toutes choses en Flandre avec la duchesse de Longueville, le duc de Bouillon [3] étoit de même à Bordeaux avec la princesse de Condé, qu'il y avoit menée de Montrond avec le duc d'Enghien, son fils [4], et disposoit avec elle par toutes sortes de moyens le parlement et le peuple de Guyenne

1. Nous avons déjà dit que la cour étoit partie de Paris pour la Normandie le 2 février. Nous ajoutons ici qu'à la fin du même mois, la duchesse de Longueville étoit en Hollande. (*Lettre de madame la duchesse de Longueville au roi*, Rotterdam, 1650, in-4, datée de Rotterdam le 28 février.) Il y a donc dans ce passage une erreur manifeste; mais elle s'explique peut-être par la date de la *Déclaration* du roi contre madame la duchesse de Longueville, les sieurs duc de Bouillon, maréchal de Turenne, prince de Marcillac et leurs adhérens, vérifiée en Parlement le 16 mai 1650. Paris, Antoine Estienne, 1650, in-4.

2. *Article principal du traité que madame de Longueville et M. de Turenne ont fait avec Sa Majesté catholique.* S. l., 1650, in-4. *Manifeste de madame la duchesse de Longueville.* Bruxelles, Jean Rosch, 1650, in-4. Villefort n'ose pas en affirmer l'authenticité; mais il déclare que, si madame de Longueville ne l'a pas fait elle-même, elle étoit bien capable de le faire.

3. Frédéric-Maurice de la Tour d'Auvergne, duc de Bouillon, mort en 1652.

4. Henri-Jules de Bourbon-Condé, duc d'Enghien.

à prendre de nouveau les armes pour la liberté de MM. les princes [1].

Cependant M. de Turenne, à la tête des troupes espagnoles, entra en Picardie, prit le Catelet [2] et assiégea Guise [3]; de sorte que la cour, qui n'avoit pas encore eu le temps de reprendre haleine depuis les voyages de Bourgogne et de Normandie, se vit obligée à faire tourner toutes ses forces de ce côté-là, et à se rendre elle-même à Compiègne [4] pour faire lever le siège de Guise; ce qui ne fut pas plus tôt exécuté que Bordeaux se révolta plus que jamais, et força, pour ainsi dire, la cour à quitter tous les avantages que les apparences lui promettoient d'avoir bientôt sur le maréchal, pour marcher en diligence contre les Bordelois.

Cet éloignement de la cour donna le loisir à M. de Turenne de prendre encore la Capelle [5], Rethel [6] et Château-Porcien [7] sur l'Aisne; et par un surcroît d'avantage, Grandpré, de la maison de Joyeuse [8], qui avoit le gouvernement de

---

1. La guerre recommença en Guyenne dans le mois de mai, et la cour s'y rendit le 4 juillet.
2. Attaqué le 10 juin, le Catelet fut rendu le 15.
3. Le siége de Guize fut levé le 1er juillet.
4. Ville avec château royal, en Valois, sur la rive gauche de l'Oise, au gouvernement général de l'Ile de France, diocèse de Soissons, parlement et intendance de Paris; aujourd'hui chef-lieu d'arrondissement, département de l'Oise.
La cour étoit partie pour Compiègne dès le 2 juin.
5. C'étoit la première place de la frontière de Picardie.
6. Place forte sur l'Aisne, capitale du Rethelois; aujourd'hui chef-lieu d'arrondissement dans le département des Ardennes.
7. Ville capitale du Portien, en Champagne; aujourd'hui chef-lieu de canton, arrondissement de Rethel.
8. Jean-Armand de Joyeuse, comte de Grandpré, plus

Mouzon, Stenay et Sédan sur la Meuse, embrassa le parti des princes avec chaleur, et, la garnison de la place ne l'ayant pas voulu suivre, il la fit assiéger par le comte de Fuensaldagne et par Don Estevan de Gamarre, qui la prirent en peu de temps.

Il s'étoit persuadé que ces chefs espagnols ne manqueroient pas de lui en rendre le gouvernement; mais il fut trompé, et en tomba dans un chagrin qui le rendit malade.

Après la prise de Mouzon [1], Fuensaldagne se retira en Flandre, et le maréchal de Turenne, qui se voyoit maître des meilleures places qui sont sur l'Aisne et sur la Meuse, mena ses troupes entre ces deux rivières. L'effroi de leur marche étant venu jusqu'à Paris, on y fut obligé à penser tout de bon à la sûreté de la prison de MM. les princes. Chacun tomboit d'accord qu'il étoit nécessaire de les transférer de Vincennes ailleurs; mais la difficulté étoit de convenir du lieu où on les pourroit mettre plus sûrement.

Les amis du cardinal, suivant ses intentions, opinoient pour le Havre; le coadjuteur proposoit

---

tard maréchal de Joyeuse. « MM. les comtes de Grandpré.... tiendront ici le rang de Télamon, père d'Ajax, roi de l'île de Salamanie, qui assista Hercule au fameux siège de Troie, qui, pour récompense de ses services, lui donna pour femme la fille de Léomédon; et ces fameux héros, ayant si fortement appuyé vos généreux desseins en la conquête de la liberté de MM. les princes dans l'île de Limicaritos, pourront espérer à bon droit la récompense due à leurs mérites. » (*Apothéose de madame la duchesse de Longueville, princesse du sang.* S. l., 1651, in-4.) On verra plus loin que le comte de Grandpré ne reçut pas cette récompense, et qu'il rentra dans le parti de la cour.

1. Mouzon fut pris le 6 novembre.

de les amener à la Bastille, et M. de Beaufort, qui étoit de son avis, soutenoit à M. d'Orléans que de les mettre ailleurs, c'étoit les livrer au cardinal et lui donner moyen de s'en servir quand il voudroit contre lui-même. Les châteaux de Pontoise et de Saint-Germain-en-Laye furent encore proposés; mais on les estimoit trop foibles pour une garde de cette importance: de sorte que Monsieur, qui étoit naturellement assez irrésolu, ne pouvoit prendre aucune résolution.

Mais enfin le péril augmentant par la marche de M. de Turenne et des Espagnols au-deçà de la rivière d'Aisne, le sieur de Laigue[1] fut, à onze heures du soir, au palais d'Orléans, où ayant trouvé Monsieur seul, il l'assura que les ennemis avoient dessein d'avancer un grand corps de cavalerie pour investir Vincennes, et que les amis de MM. les princes étoient en grand nombre dans Paris, fort résolus de se joindre à eux, et n'attendoient plus que leur arrivée pour lever le masque; que s'il différoit leur translation, dans vingt-quatre heures il ne seroit plus en état de la pouvoir faire, et qu'on reprocheroit infailliblement à sa complaisance les malheurs qui suivroient la sortie des princes, si elle leur étoit procurée par les ennemis.

1. Il étoit de la faction du coadjuteur, mais par et pour la duchesse de Chevreuse. L'auteur de la *Relation de tout ce qui s'est passé au conseil de M. le Prince depuis son départ jusques à présent, envoyée à Son Altesse royale*; S. l., 1652, in 4, dit que « c'étoit lui qui commandoit les soldats du régiment des gardes envoyés pour garder M. le coadjuteur », dans l'audience du 21 août 1651. L'année suivante, en 1652, le cardinal de Retz lui obtint, pour récompense de ses services, le gouvernement du Mont-Olympe.

Monsieur, vaincu par ses raisons, lui dit qu'il étoit assez persuadé de la nécessité de cette translation, mais que la diversité des opinions sur le lieu qu'on devoit choisir l'embarrassoit; que de la faire à la Bastille, ce seroit offenser la reine, avec laquelle il ne vouloit pas rompre, et que de souffrir qu'elle se fît au Havre, qui étoit néanmoins la place qui lui sembloit la plus sûre, il ne pouvoit non plus s'y résoudre, parce que MM. de Beaufort et le coadjuteur y résisteroient.

De Laigue lui répliqua que pour le Havre il ne trouvoit pas étrange que ces messieurs s'y opposassent, parce qu'il n'étoit pas juste de transférer MM. les princes dans une place dont Son Altesse royale ne fût pas le maître; mais que, dans l'état présent des affaires, c'étoit une nécessité de les transférer dans un autre lieu que Vincennes, tel qu'il lui plairoit; et qu'au reste ce qu'il lui venoit de dire du dessein de leurs partisans étoit très-assuré, et qu'il en verroit bientôt des effets.

Il est vrai que M. de Nemours, que l'amour avoit engagé dans le parti de MM. les princes [1], et le comte de Tavannes, qui étoit revenu *incognito* à Paris depuis la reddition de Bellegarde, s'étoient fort appliqués à ménager des amis à Leurs Altesses, et que sur le bruit qui couroit alors qu'on les devoit transférer de Vincennes ailleurs, ils en avoient assemblé dans Paris le plus qu'ils avoient pu pour monter à cheval avec

---

1. Il étoit fort amoureux de la belle duchesse de Châtillon, Isabelle de Montmorency-Bouteville, sœur de François-Henri de Montmorency, comte de Bouteville, depuis duc et maréchal de Luxembourg.

eux au besoin ; mais d'assiéger Vincennes avec les Espagnols pour les délivrer, c'est à quoi ils n'avoient pas seulement pensé.

Monsieur ne laissa pas d'en être si bien persuadé que, dès le lendemain, il résolut de les transférer au château de Marcoussy [1], situé au delà des deux rivières [2], fermé de bons fossés pleins d'eau, et assez fort pour se parer des entreprises, tant des ennemis de l'État que des amis de MM. les princes ; et ils y furent effectivement conduits avec tant de troupes, que, les sieurs de Nemours et de Tavannes, ne jugeant pas à propos de paroître, congédièrent tous ceux qui s'étoient venus joindre à eux de la campagne pour sauver les princes.

Ce coup étant ainsi manqué, les sieurs de Tavannes, Chateleu [3], Gouville [4], Chavagnac [5], de

1. A six lieues de Paris, près de Montlhéry. Il appartenoit à la maison d'Entraigues. La translation des princes eut lieu le 2 septembre. Il y a là encore une erreur de Tavannes. C'est au Havre que les prisonniers du cardinal et de la Fronde furent transférés après la prise de Mouzon.
2. La Seine et la Marne.
3. César-Philippe, comte de Chastelus, lieutenant des gendarmes du prince de Condé, mort le 8 juillet 1695.
4. Michel d'Argouges, marquis de Gouville, colonel du régiment de Condé, cavalerie. Il fut tué, le 2 juillet 1652, au combat du faubourg Saint-Antoine, où il faisoit les fonctions de maréchal de camp. *L'Apothéose de madame la duchesse de Longueville*, etc., le met, avec le comte de Grandpré, « au rang de Télamon, père d'Ajax..., qui assista Hercule au fameux siège de Troie. »
5. Gaspard, comte de Chavagnac. Il fut un de ceux qui accompagnèrent le prince de Condé à son retour de la Guyenne, en 1652 ; et aussi un de ceux qui l'abandonnèrent la même année. On a sous son nom des *Mémoires* qui ne sont pas sans intérêt, et qui, malgré trois éditions suc-

Bussy[1] et Châteauneuf[2], partirent en poste de Paris pour s'aller jeter dans Montrond, château appartenant au prince, et que feu son père avoit extrêmement fortifié. En y allant, ils avoient tous changé leurs noms; ce que voyant un volontaire de Bretagne nommé Launayliais[3], obscur et glorieux, qui s'étoit attaché au sieur de Bussy, il crut qu'il étoit d'un homme de qualité de changer son nom. Pendant qu'il en cherchoit un autre que le sien, Tavannes, qui le tourmentoit toujours sur la vanité, le trouvant en cela fort ridicule : « Eh ! mort-Dieu, lui dit-il, vous vous moquez de craindre que votre nom soit connu ! Si vous voulez prendre celui que j'ai pris, je m'appellerai Launayliais; et je suis assuré, sous ce nom, d'être plus caché que pas un de la compagnie. » Cela fit rire tous ces messieurs; mais le volontaire faillit à s'en désespérer.

Ces messieurs, étant arrivés à Montrond, trouvèrent que madame la princesse y avoit établi Persan[4] gouverneur. Tavannes résolut avec eux

---

cessives, sont rares aujourd'hui. Il mourut le 11 février 1695.

1. Roger de Rabutin, comte de Bussy. Il étoit alors lieutenant des chevau-légers du prince de Condé.

2. Jean de Rieux, comte de Châteauneuf, vicomte de Donges, tué au 1669, au combat de Kerment, en Hongrie.

3. Il avoit été recommandé à Bussy par madame de Sévigné. (Ludovic Lalanne, *Mémoires de Bussy.*)

Bussy raconte cette anecdote exactement dans les mêmes termes. Nous n'hésitons pas à dire qu'il l'a empruntée à Tavannes. Nous donnerons plus loin les raisons de notre opinion à propos d'un passage beaucoup plus étendu et dont l'origine assurément n'est pas douteuse.

4. N. Vaudeter, marquis de Persan. Il étoit, en 1649, pour la cour avec le prince de Condé. Il prit Lagny sur les

de faire la guerre en Berry; mais voyant par la suite que la princesse douairière de Condé ne leur pouvoit fournir de l'argent pour faire des troupes, et estimant qu'il pouvoit rendre ailleurs plus de services au prince, il se retira dans la vicomté de Turenne, où il assembla environ cent maîtres, qu'il mena lui-même à Bordeaux à travers les troupes du roi; et Bussy prit le parti de commander un corps de cavalerie qu'ils avoient à Saint-Amand [1], petite ville au-dessous du château de Montrond, et peu de temps après, il ouvrit la guerre dans le Berry par l'enlèvement du régiment d'infanterie de Saint-Aignan [2], que le roi y avoit envoyé pour commander dans la province.

Cependant MM. les Princes étoient toujours prisonniers, et les prises du Catelet, de Réthel, de Mouzon et de quelques autres places en Picardie et en Champagne, n'avançoient pas beaucoup leurs affaires. Elles servoient seulement à

frondeurs, pendant le blocus de Paris. On peut voir ce qu'en dit Saint-Julien dans le second *Courrier françois* en vers burlesques, tome 1er des *Courriers de la Fronde en vers burlesques*, page 320. Paris, P. Jannet, 1857, Bibliothèque elzevirienne. Le marquis de Persan fut compris, en 1654, dans l'*Arrêt de la cour du parlement rendu, toutes les chambres assemblées, le roi séant et président en icelle, contre les sieurs Viole, le Net, le marquis de Persan, Marchin et autres adhérens du prince de Condé.* Paris, par les imprimeurs et libraires ordinaires du roi, 1654, in-4.

1. Saint-Amand-Montrond, chef-lieu d'arrondissement dans le département du Cher.

2. François-Honorat de Beauvilliers, comte, puis duc de Saint-Aignan. On a une *Lettre de madame la princesse de Condé à la reine*, S. l., 1650, in-4, contre le comte de Saint-Aignan, qui avoit tenté de l'arrêter et qui ménaçoit de l'assiéger dans Montrond.

soutenir les espérances et les bonnes résolutions de leurs amis, et à les consoler des avantages que la cour eut en même temps en Guyenne [1]. Elle revint de Bordeaux à Fontaine-belle-eau au commencement d'octobre, et se rendit à Paris sur la fin du même mois [2]. Le cardinal, n'y ayant trouvé que beaucoup de désordres et peu de sûreté pour lui, résolut de se mettre lui-même en campagne avec les troupes du roi, pour arrêter les progrès des ennemis dans la Champagne et remédier aux extrêmes misères de cette province, qui étoient un continuel sujet de plaintes et de reproches contre la conduite de Son Éminence.

1. La cour étoit partie pour la Guyenne le 4 juillet. La paix de Bordeaux fut conclue le 1er octobre. (*Déclaration du roi accordée au parlement de Bordeaux, du 1er octobre 1650, portant amnistie générale de ce qui a été fait depuis la dernière déclaration de Sa Majesté du 26 décembre 1649, enregistrée en ladite cour le 7 janvier 1650, ensemble les propositions de Monseigneur le duc d'Orléans, registres du parlement de Paris, lettre de Sa Majesté portant approbation d'iceux et révocation de M. le duc d'Épernon du gouvernement de Guyenne, avec l'arrêt d'enregistrement et de publication.* Bordeaux, L. Mongiron Millanges, 1650, in-4.) Il faut joindre à cette pièce, qui ne tient pas toutes les promesses de son titre, la *Suite de la déclaration du roi, ensemble les propositions de Monseigneur le duc d'Orléans*, etc., Paris, Sébastien Martin, 1650, in-4, et la *Vraie suite de la déclaration du roi accordée pour la pacification des troubles à Bordeaux, du 1er octobre 1650, à Bourg-sur-la-Mer, portant amnistie générale*, etc., et actes de protestation de serment faits par madame la princesse pour elle et M. le duc d'Enguyen, son fils, les ducs de Bouillon et de La Rochefoucault, de demeurer dans le service du roi; Paris, par les imprimeurs et libraires ordinaires du roi, 1650, in-4.

2. Partie de Bordeaux le 14 octobre, la cour arriva à Fontainebleau dans les premiers jours de novembre, et rentra à Paris le 15 du même mois.

Mais parce que la faction des frondeurs devenoit de jour en jour plus animée pour la liberté des princes, qu'on avoit depuis trois mois transférés de Vincennes à Marcoussy, il voulut, avant son départ, les faire mettre au Havre; et ils y furent en effet conduits le quinzième de novembre par le comte d'Harcourt[1] même, qui n'estima pas cet emploi indigne de sa naissance et de son courage. Et peu de jours après, le cardinal prit le chemin de Reims, où l'armée du roi se devoit rendre, au nombre de douze mille hommes, sous la conduite de M. le maréchal du Plessis[2], toujours brave et fidèle à Mazarin, mais aussi toujours mal récompensé à proportion de ses services.

Il fut reçu dans les villes de Champagne avec des marques d'honneur et de déférence étonnantes aux serviteurs de MM. les princes, et y trouva partout beaucoup de disposition à avancer ses desseins. Il séjourna quelques jours à Châlons pour y hâter les provisions nécessaires, pendant que les troupes s'assembloient[3]. Lors-

---

1. Henri de Lorraine, comte d'Harcourt, grand écuyer de France.

2. César de Choiseul, maréchal du Plessis-Praslin. Dans le *Tarif du prix dont on est convenu dans une assemblée de notables, en présence de MM. les princes, pour récompenser ceux qui délivreront la France du Mazarin, qui a été justement condamné par arrêt du parlement*; Paris, Nicolas Vivenay, 1652, in-4, Marigny promet «à celui des maréchaux de Villeroy, du Plessis, de Turenne, de la Ferté et d'Hocquincourt, qui, après l'avoir fait assommer, ramènera le roi dans sa bonne ville de Paris, l'épée de connétable. »

3. Le soin que Mazarin prenoit de l'approvisionnement des troupes étoit un sujet de raillerie pour les pamphlétaires de la Fronde. On lit dans le *Courrier du temps apportant ce*

qu'elles furent toutes arrivées aux environs de Reims, M. de Turenne les fit harceler par de si fréquentes escarmouches et par de si chaudes attaques qu'on fut contraint de les faire camper dans la ville même, où elles demeurèrent plusieurs jours sans rien faire, en attendant le cardinal. Aussitôt qu'il fut arrivé, on résolut de marcher droit à Rhetel et de l'assiéger. Cela réussit plus tôt et mieux qu'on n'avoit pensé. Le sieur d'Elponty [1], qui commandoit dans la place avec deux cents chevaux et quinze cents fantassins, la rendit par composition, dans le temps même que M. de Turenne, qui attendoit de lui une plus longue résistance, marchoit à la tête de l'armée d'Espagne pour la secourir; ce qui fut cause qu'il s'avança tellement qu'il ne put éviter la bataille de Somme-Suip, proche de Rethel, qui se donna le quinzième de décembre, avec beaucoup de bonheur pour le cardinal, à qui on en attribua toute la gloire [2].

qui se passe de plus secret en la cour des princes de l'Europe; Amsterdam, Jean Santonius, 1649, in-4 : « De Saint-Quentin, du 10 août 1649 : A l'arrivée du cardinal Mazarin en cette ville, notre bourgeoisie s'est mise en armes, et l'on a crié : Vive le roi!... Il a beaucoup travaillé à marchander lui-même les blés, les faire mettre au moulin, faire cuire le pain de munition. C'étoit sa principale occupation, si ce n'est qu'il se délassoit de ses grandes fatigues à quelques reprises de hoc. »

1. Jean d'Egli Ponti, maréchal de camp dans l'armée espagnole.

2. *Lettre du roi envoyée à Monseigneur le maréchal de Lhospital, seul lieutenant général pour Sa Majesté en Champagne et Brie, contenant la relation véritable de tout ce qui s'est fait et passé à Rethel et à la bataille faite en la plaine entre Saint-Étienne et Cemide en Champagne, avec la prise de cinq cents charriots et trois mille huit cents prisonniers,*

La prise du sieur de Boutteville [1] n'étoit pas le moindre des avantages que Son Éminence se promettoit du gain de cette bataille, parce qu'elle lui donnoit lieu de négocier avec madame de Châtillon [2], sous prétexte de traiter de la liberté de son frère, et que ce traité ne pouvoit manquer de donner de nouvelles inquiétudes à ses ennemis, s'il pouvoit une fois la conclure avec cette duchesse, que l'amour et la parenté engageoient dans les intérêts du prince, et qui y retenoit encore M. de Nemours, dont elle disposoit absolument comme sa maîtresse.

Après cette victoire, on donna le bâton de maréchal à MM. d'Aumont [3], d'Hocquincourt [4],

huit pièces de canon et toutes leurs munitions et bagage, et le nom des prisonniers, par le maréchal du Plessis-Praslin, et l'ordre que Sa Majesté veut être observé en ses villes de Champagne et Brie au sujet de l'heureuse victoire remportée sur ses ennemis. Paris, Guillaume Sassier, S. d., in-4. Au bas de la lettre, on lit la date de Paris le 30 décembre 1650. La relation dont le titre suit justifie dans une juste mesure le dernier membre de la phrase de Tavannes : *La Nouvelle extraordinaire contenant tout ce qui s'est passé en Champagne depuis l'arrivée de l'armée du roi, commandée par Monseigneur le cardinal Mazarin, avec la prise des château et garnison de Chemery — par le sieur de La Marre, envoyée à M. le maréchal de Lhospital, gouverneur de la ville de Paris et seul lieutenant général pour le roi en Champagne et Brie par le sieur de Saint-Sauflieu, gouverneur de Donchery. Paris, Guillaume Sassier, 1650, in-4.*

1. François-Henri de Montmorency, comte de Bouteville, depuis maréchal et duc de Luxembourg.

2. Isabelle de Montmorency, veuve du duc de Châtillon, tué devant Charenton en 1649, et depuis princesse de Meckelbourg.

3. Antoine, marquis de Villequier, puis maréchal et duc d'Aumont.

4. Charles de Monchy, marquis et maréchal d'Hocquincourt.

et de la Ferté-Senecterre ¹. La Ferté-Imbaut ²
l'obtint aussi en même temps, à la sollicitation
de Monsieur, oncle du roi, et Grancey ³, n'ayant
pas reçu cet honneur que l'on rendoit si com-
mun, se retira dans Gravelines ⁴, dont il étoit
gouverneur, et fit si bien par ses menaces qu'il
obligea la cour à le faire aussi maréchal de
France. C'étoit là le moyen d'obtenir alors ce
qu'on vouloit.

La princesse douairière de Condé étant morte
à Châtillon ⁵ au commencement de décembre.⁶,

1. Henri de Senectère, maréchal de La Ferté.
2. Jacques d'Étampes, marquis et maréchal de La Ferté-Imbaut.
3. Jacques Rouxel, comte de Grancey. « C'est ce Vulcain malheureux et ce misérable boiteux qui a l'âme encore moins droite que le corps et que Dieu atteindra le premier, aussitôt que sa justice sera satisfaite de notre persécution. » (*Lettre du Père Michel, religieux hermite de l'ordre des Camaldoli, près Grosbois, à Monseigneur le duc d'Angoulême, sur les cruautés des Mazarinistes en Brie.* Paris, 1649, in-4.)
4. Place forte en Flandre, sur la rivière d'Aa; aujourd'hui chef-lieu de canton, arrondissement de Dunkerque, département du Nord.
5. Châtillon-sur-Loing, petite ville avec château dans le Gatinois-Orléanois, sur le canal de Briare, que traverse en cet endroit la rivière de Loing, diocèse de Sens, parlement de Paris, intendance d'Orléans; aujourd'hui chef-lieu de canton, arrondissement de Montargis, département du Loiret.
6. Le 2 décembre. (*Relation et procès-verbal de ce qui s'est passé du depuis la mort de feue madame la Princesse en toutes les cérémonies et pompes funèbres pour icelle.* Paris, Charles Chenault, 1651, in-4.) Le sieur Deschamps, conseiller, aumônier, prédicateur du roi et chanoine en l'église royale et collégiale de Saint-Maur-les-Fossés, prononça l'*Oraison funèbre de feue madame la princesse douairière de Condé... sur le corps de Son Altesse... le vingt et unième jour de décembre 1650...* Paris, 1651, in-4. Charles de Sercy a publié, dans le même format, le *Panégyrique funèbre de très-haute, très-puissante, très-excellente princesse madame Charlotte-Mar-*

la jeune princesse sa belle-fille, qui s'étoit retirée de Bordeaux auprès d'elle, fort affligée de n'avoir pu profiter de l'affection des Bordelois pour le prince son mari, se rendit aussitôt à Montrond, avec tous ceux qui l'avoient suivie en Guyenne. Ce fut là qu'elle apprit avec douleur la perte de la bataille de Rethel, qui fut d'abord un sujet d'affliction au parti des princes; mais bientôt après les suites en devinrent plus fâcheuses à Mazarin que la guerre même, et l'on peut dire en effet que cette perte fut la principale cause de leur liberté : car les frondeurs, craignant que le gain de cette bataille ne rendît ce ministre trop puissant, détachèrent Monsieur des intérêts de la cour, et tous ensemble résolurent de faire sortir MM. les princes de leur prison, et de chasser ensuite le cardinal.

Ils eurent aussitôt pour cela plusieurs entrevues avec les sieurs président Viole [1] et Arnaud [2].

---

guerite de Montmorency, veuve de feu très-haut, très-puissant et très-excellent prince Monseigneur Henri de Bourbon, prince de Condé, premier prince du sang et premier pair de France, duc d'Anguien, Châteauroux, d'Albret et Montmorency, prononcée le 2 janvier 1651 en l'église des filles de la Providence, par M. François Hédelin, abbé d'Aubignac. Enfin on a le Codicile et suite du testament de très-honorable, très-illustre et très-puissante princesse Charlotte-Marguerite de Montmorency, princesse douairière de Condé, duchesse de Montmorency et de Châteauroux, dame de Chantilly, de Merlou et autres terres et seigneuries, décédée à Châtillon-sur-Loing le deuxième décembre 1650. Paris, 1651, in-4.

1. Pierre Viole, président aux enquêtes du parlement, un des frondeurs les plus bruyans, quoiqu'un peu entaché de maltôte, et un des plus fermes partisans du prince de Condé. Il fut compris nominativement dans l'arrêt de 1654.

2. Arnauld, général des carabins. Il s'appeloit Arnauld de Corbeville.

Monsieur remit au coadjuteur le soin d'ajuster les conditions sous lesquelles on pouvoit penser sûrement à la liberté des princes. Le coadjuteur commença par assurer ses propres intérêts, et voulut que madame de Longueville y intervînt comme caution. Là dessus on dépêcha en diligence à Stenay. Elle offrit de signer, du consentement même des Espagnols, et le seizième de janvier, MM. les princes ayant envoyé leurs procurations à madame la princesse palatine [1], le traité du coadjuteur fut achevé [2].

Il contenoit plusieurs articles tant pour sa propre sûreté que pour celle de ses amis; et parce que de sa part et de celle de madame de Chevreuse [3] il s'agissoit de se précautionner contre le souvenir d'un très-sensible outrage fait à un prince aussi rempli d'esprit que de cœur, et qu'il ne falloit rien moins que les plus forts liens de la société civile pour réunir des intérêts si détachés, et pour effacer la mémoire d'une si cruelle injure, on y demanda encore le mariage de mademoiselle de Chevreuse [4] pour M. le prince de Conty, un raccommodement sincère avec le coadjuteur, le duc de Beaufort

---

1. Anne de Gonzague.
2. Le traité ne fut signé que dans les premiers jours de janvier 1651; mais déjà le coadjuteur avoit concerté chez la princesse palatine, avec Croissy et Viole, et minuté chez le premier président, la *Requête de madame la princesse de Condé à MM. du parlement pour la justification de MM. les princes, le 2 décembre 1650*. Paris, 1650, in-4.
3. Marie de Rohan, veuve du connétable de Luynes, femme de Claude de Lorraine, duc de Chevreuse.
4. Charlotte-Marie de Lorraine, mademoiselle de Chevreuse, morte en 1652, au mois de novembre.

et leurs amis, un oubli général du passé et une fidèle union pour l'avenir.

M. de Beaufort demanda aussi pour madame de Montbazon[1] une somme notable, que M. le Prince seroit obligé de lui faire donner par la cour, ou de lui payer de son propre bien; et pour ce qui regardoit ses propres intérêts, il n'oublia pas de le faire renoncer à l'amirauté.

Ces propositions furent acceptées, et en même temps insérées dans le traité de Son Altesse royale, avec d'autres qui n'étoient pas moins rigoureuses. Madame la princesse palatine en donna aussitôt avis à M. le Prince, qui promit de signer tout; et la résolution étant prise d'y admettre madame de Longueville, on dépêcha à Stenay pour en apprendre ses intentions.

Le courrier qu'on avoit envoyé étant retourné le vingt-septième du mois, Monsieur signa le traité; et dès lors ayant témoigné une extrême impatience de se déclarer pour la liberté des princes, les factions se réunirent et n'eurent plus qu'un seul sentiment avec lui, qui étoit la ruine du cardinal. Pour en préparer les moyens, Son Altesse royale résolut de rompre tout à fait avec ce ministre. Il en prit l'occasion dès le premier de février, dans le conseil même, sur certains discours que cette Éminence y fit contre le parlement, qu'il accusoit d'en vouloir au roi, comme celui d'Angleterre[2].

---

1. Marie de Rohan, femme d'Hercule de Rohan, duc de Montbazon.
2. Les frondeurs prirent soin de consigner ce grief jusque dans la *Déclaration portant défense au cardinal Mazarin, ses parens, alliés et domestiques étrangers, sous quelque prétexte*

Les impressions dangereuses que de semblables discours pouvoient faire sur la jeunesse du roi, et l'affection de Monsieur pour le peuple et le parlement, l'obligèrent à répondre qu'il n'y en avoit point dans ce corps qui ne fût serviteur du roi, et que ceux que ce ministre nommoit frondeurs n'étoient pas les moins fidèles, quoique ennemis de sa personne. Et le cardinal voulant continuer à parler injurieusement du duc de Beaufort et du coadjuteur, Son Altesse sortit du conseil, pour ne pas perdre le respect en présence de la reine.

Le lendemain jeudi deuxième du mois, Son Altesse royale manda le garde des sceaux[1], le maréchal de Villeroy[2] et le sieur Le Tellier. Il leur dit que c'étoit pour leur faire savoir qu'il ne pouvoit plus souffrir les insolences du cardinal; que, les discours qu'il avoit tenus le jour précédent étant d'un homme qui méditoit de

---

que ce soit, de rentrer dans ce royaume et autres pays sous la protection de Sa Majesté, et à tous gouverneurs et autres officiers de les y souffrir, sur les peines y mentionnées; vérifiée en parlement le sixième septembre 1651. Paris, par les imprimeurs et libraires ordinaires du roi, 1651, in-4. « Il auroit par un dernier effort essayé, par comparaison de détestables et funestes exemples, de nous donner de mauvaises impressions de leur fidélité et loyauté, et par ce moyen de les mettre en notre indignation, qui eût été une plaie mortelle à notre État. »

1. Charles de l'Aubespine, marquis de Châteauneuf. Les sceaux lui avoient été remis le 5 mars 1650. (*La Décharge des sceaux du chancelier de France et remis entre les mains de M. de Châteauneuf, et la déclaration du duc de Bouillon touchant sa fidélité au service du roi. Paris, veuve Coulon, 1650, in-4.*)

2. Nicolas de Neuville, duc et maréchal de Villeroy, gouverneur de Louis XIV.

ruiner l'État par les défiances qu'il s'efforçoit de donner au roi, des grands, des peuples et des parlemens, il ne pouvoit plus souffrir sa conduite, et qu'ainsi il étoit résolu de n'entrer plus dans le conseil ni dans le Palais-Royal tant qu'il y demeureroit, et qu'il les prioit d'en avertir la reine.

Le cardinal, voyant que, depuis son retour à Paris, tout y conspiroit de plus en plus à son éloignement et à la liberté des princes, et qu'il se faisoit tant de traités secrets entre leurs partisans, M. d'Orléans et la Fronde, résolut de les prévenir tous par une retraite précipitée, et d'aller lui-même au Havre les mettre en liberté, pour s'attirer cette obligation de leur part. Et de fait, la nuit du six au septième de février, ayant changé d'habit et pris seulement trois hommes avec lui, il sortit de Paris sur les onze heures ou minuit[1], par la porte de Richelieu, où le comte d'Harcourt l'attendoit avec deux cents chevaux pour le conduire à Saint-Germain. Il y séjourna le lendemain afin d'être mieux informé des bruits de Paris sur sa sortie; et le huitième jour il prit le chemin du Havre.

Chacun se mit aussitôt à raisonner à sa mode sur ce départ si prompt du cardinal. Les uns disoient qu'il n'alloit au Havre, dont il étoit le maître, que pour s'y renfermer avec MM. les

---

1. *Il se résolut de partir*
De belle nuit, à la frescade,
Comme allant à la promenade
Se divertir à Saint-Germain,
Ayant beau temps et beau chemin.

(*Le Cardinal errant.* S. l., 1651.)

princes, et pour y traiter plus commodément avec eux; les autres, que c'étoit afin de les en tirer plus promptement et sans conditions, et de prévenir par ce bon office les périls dont il se voyoit menacé. Et la plupart croyoient qu'il y alloit en effet pour les tirer de prison; mais que pour lui il demeureroit dans le fort du Havre, jusqu'à ce que les troubles excités contre lui fussent apaisés et qu'il pût retourner à la cour avec sûreté; et c'étoit le plus vraisemblable.

Quoi qu'il en fût, le peuple, sachant que Mazarin étoit ainsi sorti de Paris, commença avec plus de furie que jamais à le déchirer par toutes sortes d'outrages. Le parlement fit publier contre lui de très-rigoureux arrêts qui le bannissoient du royaume pour toujours [1]. Et M. d'Orléans, qui avoit en main toute l'autorité, et qui depuis quelques jours n'alloit plus au conseil, ni même chez le roi, à son sujet, protesta de nouveau qu'il n'y retourneroit jamais que les princes

---

1. Il y avoit eu le 4 février un arrêt « portant que le roi et la reine seroient suppliés d'envoyer au plutôt lettre de cachet pour mettre en liberté MM. les princes et duc de Longueville, et éloigner de Sa Majesté le cardinal Mazarin. » Le 7, il y eut un autre *Arrêt de la cour de parlement pour la liberté de MM. les princes et l'éloignement du cardinal Mazarin hors du royaume de France...* Paris, par les imprimeurs et libraires ordinaires du roi. S. d., in-4. Le 9, *Arrêt de la cour de parlement, toutes les chambres assemblées, portant que le cardinal Mazarin, ses parens et domestiques étrangers vuideront le royaume de France; autrement, permis aux communes et autres de courir sus, avec autres ordres pour cet effet...* Paris, par les imprimeurs et libraires ordinaires du roi. S. d., in-4. Enfin, le 11 mars, *Arrêt de la cour de parlement, toutes les chambres assemblées, contre le cardinal Mazarin...* Paris, par les imprimeurs et libraires ordinaires du roi. S. d., in-4.

ne fussent en liberté, et Mazarin chassé hors de la France sans aucune espérance de retour.

Cependant la reine ne laissoit pas de donner avis à Mazarin de tout ce qui se passoit, et le roi même lui faisoit l'honneur de lui écrire de sa propre main des lettres d'assurance pour son retour. Et comme on ne manqua pas d'éventer bientôt ces secrètes communications de Leurs Majestés avec ce ministre, on se persuada qu'elles avoient aussi dessein de sortir de Paris et de l'aller joindre, pour éluder par cette retraite les pressantes poursuites qu'on leur faisoit alors pour la liberté de MM. les princes, et pour rendre en même temps inutile et sans effet la réunion qui s'étoit faite en leur faveur de tant de différens partis contre le cardinal. Et cette crainte étoit effectivement si grande que M. d'Harcourt, revenant de Saint-Germain, où il avoit conduit cette Éminence, pensa être accablé par la furie du peuple, sur ce que des bateliers, à qui il avoit voulu louer un bateau, firent courre le bruit que c'étoit pour emmener sourdement le roi et la reine[1].

Ce qui fut cause que dès le lendemain on pourvut à la garde des portes de la ville, et que le duc de Beaufort, le maréchal de la Motte[2] et le comte de Tavannes passèrent toute la nuit

---

1. Cette émeute a fourni en partie le sujet du pamphlet intitulé : *les Trois masques de boue ou la Savonnette*. S. l., 1651, in-4. Il y est question, avec le comte d'Harcourt, du duc d'Épernon, dont la populace avoit rompu le carrosse, et du duc d'Elbeuf, qui avoit été maltraité par le duc d'Orléans.

2. Philippe de La Mothe Houdancourt, duc de Cardone, maréchal de France.

suivante à observer la contenance du Palais-Royal, dans cette même défiance qu'on ne voulût enlever le roi.

M. d'Orléans même déclara deux ou trois jours après, en plein parlement, qu'il avoit reçu un avis très-certain et dont il ne pouvoit douter, qu'on vouloit emmener le roi, que toutes choses y étoient préparées dans le Palais-Royal, et que la cavalerie qui avoit escorté le cardinal étoit revenue sur ses pas, avec d'autres troupes, et se tenoit proche de Paris pour l'exécution de ce dessein ; que la facilité avec laquelle la reine s'étoit résolue à lui accorder toutes ses demandes, et l'entretien qu'elle avoit eu avec Navailles[1], gentilhomme du cardinal, qui avoit duré plus d'une heure, lui faisoit appréhender quelque coup extraordinaire. Là dessus on ordonna des corps de garde sur le Pont-Neuf et au Pont-Rouge[2]. Les rondes se firent toutes les nuits, et il y eut même plusieurs corps de cavalerie postés en divers endroits de la ville.

Le duc de Beaufort marchoit incessamment avec son escadre; le maréchal de La Motte en faisoit de même avec la sienne, et le comte de Tavannes, avec un corps de cavalerie, occupoit toute la rue de Saint-Honoré, et donnoit ses ordres à tous les postes qui étoient aux environs du Palais-Royal, les faisant avancer ou reculer comme il jugeoit à propos, pour n'être pas incommodés de la garde du roi, qu'il obligeoit même quelquefois de se resserrer, et de

---

1. Philippe de Montault de Bénac, comte, puis duc de Navailles et maréchal de France, l'auteur des *Mémoires*.
2. Aujourd'hui le Pont-Royal.

rentrer dans le Palais-Royal, lorsqu'elle s'avançoit un peu trop dans la rue.

Chamboy [1] étoit à l'hôtel de Longueville [2] avec environ cent maîtres, dont il détachoit souvent de petits partis pour battre la campagne. Il y avoit aussi toutes les nuits chez le comte de Fiesque [3] bon nombre de gentilhommes toujours prêts au besoin ; de sorte qu'on voyoit jour et nuit dans Paris la cavalerie marcher dans les rues avec autant d'ordre et y battre l'estrade aussi régulièrement que dans un camp proche d'une armée ennemie.

Les fatigues de cette alarme, vraie ou feinte, durèrent au moins huit jours, pendant lesquels Son Altesse royale, le parlement et les frondeurs pressèrent tellement la reine d'envoyer sans remise des députés à MM. les princes pour les mettre en liberté, que dès le jeudi neuvième de février elle fit dire à M. d'Orléans qu'elle y consentiroit volontiers, pourvu qu'on voulût garder en cela quelques mesures, qui étoient plutôt de bienséance que de contestation, et que, s'il plaisoit à Son Altesse royale d'en communiquer avec elle, ils tomberoient aisément d'accord ensemble sur tous ces petits obstacles, ou que, s'il aimoit mieux, que le garde des sceaux se rendît chez lui après dîner pour conférer des moyens de les lever, elle l'y enverroit, avec tous

1. Le baron de Chamboy, capitaine-lieutenant des gendarmes du duc de Longueville.
2. Il étoit situé rue Saint-Thomas-du-Louvre, par conséquent tout près du Palais-Royal. On en voyoit encore en 1848 une partie, qui portoit sur cette rue le n° 13. C'étoient les *Écuries de la couronne*.
3. Charles Léon, comte de Fiesque.

les ordres nécessaires pour lui donner la satisfaction qu'il désiroit.

Monsieur, qui ne faisoit plus rien sans le parlement et le coadjuteur, le leur ayant communiqué, il y eut aussitôt de la contestation sur ce que cette proposition de la reine ne touchoit nullement le principal point, non plus que la réponse qu'elle avoit faite la veille aux gens du roi sur le même sujet, qui étoit de chasser Mazarin du royaume pour toujours; car la plupart, soutenant que c'étoit pour éluder, vouloient qu'on donnât à l'heure même un arrêt contre ce cardinal; et le premier président, qui n'étoit pas de cet avis, leur résistant avec quelques autres, se mit d'abord à représenter à la compagnie qu'il valoit mieux attendre l'issue d'une entrevue avec la reine ou d'une conférence avec le garde des sceaux, parce que, si Son Altesse royale n'en obtenoit pas une déclaration de Sa Majesté telle qu'on la demandoit, il seroit toujours assez tems, après cette entrevue, de prononcer l'arrêt contre Mazarin. Puis, s'adressant à Monsieur : « C'est à Votre Altesse royale, lui dit-il, de terminer ce différend. » Monsieur lui répondit : « S'il ne tient qu'à voir le garde des sceaux chez moi, je le ferai volontiers. »

Sur cette parole, madame de Chevreuse, le garde des sceaux, le maréchal de Villeroi et Le Tellier se rendirent tous après dîner au palais d'Orléans. Monsieur dit d'abord au garde des sceaux qu'il ne vouloit traiter de la liberté de messieurs les princes qu'en présence de gens qui fussent véritablement dans leurs intérêts, et que pour cela il avoit mandé les sieurs de la Rochefoucaut[1], Viole et Arnaud, pour être témoins de ce qui se passeroit dans cette conférence. Il y fit aussi appeler le duc de Beaufort et le coadjuteur, qui s'y trouvèrent.

Après quelques contestations l'on convint enfin des conditions du traité, et en même tems on résolut que les sieurs de la Rochefoucaut, Viole, Arnaud et La Vrillière[2] iroient au Havre avec une lettre de cachet à Debar[3], qui commandoit alors dans la citadelle, signée de la reine et de Monsieur, pour mettre les princes en liberté. Ces députés devoient partir dès le lendemain matin; mais un différend qui survint entre les sieurs Le Tellier et La Vrillière les retint jusqu'à deux ou trois heures après midi. Le Tellier demandoit cette commission pour se rapprocher de M. le Prince, et la Vrillière la prétendoit comme ayant le département de Normandie. Ce différend fut jugé en faveur du dernier, et aussitôt il prit le chemin du Havre, avec les trois autres.

Le cardinal, qui étoit fidèlement averti de tout, n'ayant plus rien à espérer de l'entrevue à laquelle il avoit prétendu par sa retraite engager Monsieur avec la reine, jugea aussitôt qu'il ne lui restoit plus d'autre voie pour se maintenir en France que celle de s'accommoder avec le

1. François VI, duc de La Rochefoucault. On connoît ses *Maximes* et ses *Mémoires*.
2. N. Phélippeaux, marquis, puis duc de La Vrillière, secrétaire d'État.
3. Guy de Bar, gouverneur de la citadelle du Havre et chargé spécialement de la garde des princes; mort en 1695 lieutenant général des armées et grand bailli de Picardie, gouverneur de la ville d'Amiens.

prince et de s'assurer de sa protection, en le mettant lui-même en liberté. Toutefois, comme il étoit bien informé du traité secret entre Son Altesse royale et M. le Prince, où le duc de Beaufort et le coadjuteur avoient pris toutes leurs sûretés, et qu'il savoit même exactement tout ce qui s'étoit passé le jeudi à Luxembourg [1], il ne voyoit que très-peu de choses à espérer de ce côté-là, et tout autre que lui n'en auroit rien attendu; mais, considérant d'ailleurs que toutes les conditions de ces deux traités étoient aussi très-dures et très-onéreuses au Prince [2], il crut que de le tirer lui-même de prison sans aucun traité, ce seroit se faire auprès de lui un mérite de sa liberté, et détruire en même tems les soins de ceux qui ne la poursuivoient que sous de très-fâcheux engagemens, comme de payer une somme très-considérable à madame de

---

1. C'est-à-dire de ce qui s'étoit passé dans la conférence du duc d'Orléans et du garde des sceaux au palais du Luxembourg.

2. « Après avoir longtemps agité si M. le coadjuteur prit cette conduite pour rendre service au prince ou pour ses intérêts particuliers, toute la compagnie conclut que, s'il eût pu chasser le cardinal sans faire sortir MM. les princes de prison, il n'eût pas manqué de le faire; qu'en effet il fit tout son possible pour se rendre maître de leurs personnes; que, lorsque le maréchal de Turenne approchoit de Paris, il vouloit qu'on les amenât dans la Bastille, et que, lorsqu'il vit qu'on les conduisoit au Havre, désespérant de voir réussir son dessein et appréhendant le retour du cardinal après la bataille de Rethel, il se joignit au parti de MM. les princes pour trouver sa sûreté, et que ce fut encore à des conditions si dures qu'il voulut plutôt se faire connoître le tyran que le libérateur de M. le Prince. » (*Lettre d'un marguillier de Paris à son curé sur la conduite de Monseigneur le coadjuteur.* Paris, 1651, in-4.)

Montbazon, de renoncer à l'amirauté, de ne demander aucune grâce pour ses amis et ses serviteurs, de ne poursuivre aucune charge pour lui-même, de demeurer toujours attaché aux intérêts de M. d'Orléans envers tous et contre tous, d'être même privé de la jouissance de ses gouvernemens jusqu'à la majorité du roi, qui étoient pour Son Altesse des conditions plus insupportables que la prison même dont on le vouloit tirer.

Le cardinal, fondé sur cette espérance, marcha toute la nuit pour se rendre au Havre avant les députés de la cour. Il y arriva le lundi treizième de février, au matin, avec les principaux de sa suite; mais il ne mena que Palluau[1] avec lui dans la citadelle. Lorsqu'il y fut entré, il donna à Debar, le commandant, des lettres de la reine, qui lui ordonnoit de faire tout ce que Son Éminence lui diroit pour la liberté de MM. les princes; puis abordant le prince de Condé, il lui dit: « Je viens, Monsieur, de la part de la reine, vous rendre votre liberté. Oubliez votre prison; aimez toujours le roi, et me croyez à jamais votre serviteur. » Le prince lui répondit qu'il remercioit la reine de la justice qu'elle lui rendoit, qu'il oublieroit le passé, et continueroit, comme il avoit toujours fait, à soutenir et avancer autant qu'il pourroit les intérêts du roi et de l'État[2].

1. Philippe, comte de Palluau, plus tard maréchal de Clérambault, gouverneur et bailli de Berry, mort le 24 juillet 1665.

2. Cette entrevue donna lieu à un assez pauvre pamphlet, intitulé : *l'Entretien de Mazarin avec M. de Bar, gouverneur*

Sur les dix heures on se mit à table, et, après un repas fort court, M. le Prince eut un entretien particulier avec le cardinal, qui lui dit, entre plusieurs autres choses, que M. d'Orléans avoit beaucoup contribué à sa prison, à la sollicitation du coadjuteur, et qu'ainsi le plus sûr et le meilleur pour Son Altesse étoit de s'attacher entièrement au roi et à la reine, pour ruiner le parti des frondeurs; que tout ce qu'il y avoit de bonnes places entre les mains de ses amis seroit à lui, pourvu que lui-même voulût être à Leurs Majestés; et que pour ce qui regardoit le gouvernement, Son Altesse s'en pouvoit entretenir avec de Lionne[1], à qui il avoit confié tous ses secrets. M. le Prince lui répondit qu'il lui sauroit tout le gré qu'il devoit de ses offres et du bon office qu'il lui étoit venu rendre; puis il sortit de la chambre. Le cardinal le suivit jusqu'au carrosse qui l'attendoit, et, en présence de MM. de Conty et de Longueville, qui étoient déjà dedans, il se rabaissa jusqu'à embrasser ses genoux, et à lui demander sa protection contre ses ennemis.

Les princes, étant ainsi sortis de prison, s'en

de la citadelle du Havre-de-Grâce, avec sa confession générale faite à MM. les princes avant leur sortie dudit Havre, et ses regrets de quitter la France. Paris, 1651, in-4.

1. Hugues de Lionne, secrétaire d'État. Il fut un des trois ministres dont, au mois de juillet suivant, le prince de Condé exigea le renvoi, parce qu'il se trouvoit trop avant dans le parti de Mazarin; et nous lisons dans la note de la lettre écrite le 30 juin 1651 par le cardinal à Bartet que Lyonne, et particulièrement Servien, sont tous deux cause « de la haine qu'on a vue pour lui, et des libelles faits par Saint-Romain et de Croissy. » (*Lettres du cardinal Mazarin,* publiées par M. Ravenel.)

vinrent coucher au Gros-Ménil [1], qui n'est qu'à trois lieues du Havre, où les sieurs de La Rochefoucaut, de La Vrillière, le président Viole et Arnaud les allèrent trouver, et le lendemain matin ils en partirent tous ensemble pour se rendre à Paris à grandes journées. Ils y arrivèrent le jeudi seizième du mois, sur le soir. Il n'est pas possible d'exprimer l'allégresse que toute cette grande ville témoigna ce jour-là de leur retour; la plupart des soldats et du peuple, voyant M. le Prince, pleuroient de joie, et chacun à l'envi faisoit éclater la sienne en mille manières [2].

Il reçut des marques de cette satisfaction publique par un grand nombre de personnes de qualité, dès Pontoise même, où le comte de Tavannes l'alla joindre avec quelques autres de ses amis qu'il y mena dans son carrosse. A Saint-Denis, il fut rencontré par une infinité d'autres; et le chemin, tout ce jour-là, fut si couvert de carrosses et de peuple qu'on eût eu peine à se persuader qu'une joie si générale pût être causée par la liberté de trois personnes dont la prison avoit été auparavant si agréable [3].

M. d'Orléans alla au-devant d'eux jusqu'entre la Chapelle et Saint-Denis, et par la précipitation

---

1. Bourg à une demi-lieue de la rive droite de la Seine, diocèse, parlement et intendance de Rouen; aujourd'hui commune et canton de Saint-Romain, arrondissement du Havre, département de la Seine-Inférieure.

2. Il y eut bien quelques pamphlets pour célébrer la liberté des princes, mais peu, et les meilleurs furent au moins médiocres.

3. Cette épithète ne dit rien de trop assurément; on va en juger par deux seules citations. L'auteur du *Magnificat de la reine sur la détention des princes*, Paris, Jean Brunet,

avec laquelle il courut embrasser M. le Prince il lui découvrit la vérité de ce compliment qu'il lui fit d'abord, que de sa vie il n'avoit senti une si douce joie, ni fait aucune action qui lui eût donné tant de plaisir. M. le Prince lui répondit comme à l'auteur de sa liberté, et Son Altesse royale, ayant encore embrassé MM. de Conti et de Longueville, présenta à M. le Prince le duc de Beaufort et le coadjuteur, qu'il avoit amenés avec lui. Le prince les reçut avec caresses ; puis il monta dans le carrosse de Son Altesse royale, avec MM. de Conti, de Longueville, de Beaufort, le coadjuteur, le maréchal de La Mothe et le prince de Guimené [1].

1650, termine le dernier verset par cette apostrophe au vieux Guitaut :

> Guitaut, que jamais la faveur
> Après ce coup ne t'abandonne,
> Puisque tu causes le bonheur
> Du peuple et de la couronne.

Dans le *Revers du prince de Condé, en vers burlesques, et le regret de quitter la ville de Paris pour aller loger au château de Vincennes*, Paris, veuve d'Anthoine Coulon, 1650, in-4, on lit le passage suivant :

> Dieu veuille qu'il y demeure
> Tant que pour le tirer dehors
> Paris remue son grand corps
> Ou recommence le grabuge.
> Qu'il fit pour sauver le bon juge...
> D'où, pour le repos de la France,
> Le plus jeune sorte grison...
> De parler ici d'échafaut,
> Je ne l'ose faire tout haut.

Il n'est pas inutile de faire remarquer que ces deux pamphlets restent au compte de la Fronde.

1. Louis VII de Rohan, prince de Guéménée, duc de Montbazon, mort le 10 février 1667.

Monsieur les mena droit au Palais-Royal, et les présenta au roi et à la reine, qu'il n'avoit lui-même visités que la veille. Après cette entrevue, qui se fit avec beaucoup de satisfaction de part et d'autre en apparence, et où il y eut en effet plus de complimens de bienséance et de pure civilité que de tendresse et de réconciliation sincère, ils s'en allèrent tous ensemble souper au palais d'Orléans, où chacun se répandit librement en toutes sortes d'invectives et de railleries contre Mazarin, à qui les arrêts du parlement ne laissoient plus de refuge en France.

Le même jour que MM. les princes sortirent du Havre, le cardinal en sortit avec cent chevaux, et s'en alla droit à Dourlens, où il trouva les sieurs de Beringhen [1] et Ruvigny [2], que la reine y avoit envoyés pour l'avertir de sa part que tout alloit être perdu s'il ne sortoit au plus tôt du royaume. Sur cet avis, il prit le chemin de Clermont en Lorraine [3], où le maréchal de la Ferté-Senneterre le reçut magnifiquement, malgré les arrêts de la cour qui défendoient toute communication avec lui sous de grandes peines.

L'électeur de Cologne lui envoya pour lors des assurances de son affection qui le firent résoudre à se retirer auprès de lui. En y allant, il

---

1. Henri de Beringhen, sieur d'Herminvilliers, premier écuyer du roi, mort en 1692.
2. Henri Massuy, sieur, puis marquis de Ruvigny.
3. Ou mieux en Argonne, entre la Champagne et le Verdunois, diocèse de Verdun, parlement de Paris, élection de Sainte-Menehould; aujourd'hui chef-lieu de canton, arrondissement de Verdun, département de la Meuse.

passa par Sedan, où les sieurs de Faber [1], d'Hocquincourt, de Navaille, de Mondejeu [2] et de Broglio [3] s'offrirent à lui, avec tout ce qu'ils avoient de forces et d'amis, pour le maintenir en France, disoient-ils, contre la violence de ses ennemis. Mais il aima mieux en sortir, suivant l'avis de la reine, et se retirer promptement vers l'électeur de Cologne, après qu'il eut obtenu de Fuensaldagne et de Léopold [4] des passeports pour y aller par les terres d'Espagne. Lorsqu'il fut arrivé à Brueil, petite place entre Cologne et Bonne, dans les terres de cet électeur, il écrivit à la reine et au sieur de Brienne [5], secrétaire d'État. Ses lettres furent lues en plein conseil, et plusieurs en furent touchés [6]; mais cela n'empêcha pas que le parlement ne le déclarât alors tout d'une voix criminel de lèse-majesté, perturbateur du repos public, et ennemi de la France, comme en ayant épuisé l'épargne et enlevé les trésors, etc., et en conséquence tous ses biens

---

1. Abraham Fabert, lieutenant général et gouverneur de Sedan, depuis maréchal de France.
2. Jean de Schulemberg, comte de Mondejeu, plus tard maréchal de Schulemberg.
3. Charles Broglio, comte de Santena, dit le comte Carle, mort en 1702.
4. Léopold-Guillaume, archiduc d'Autriche, gouverneur des Pays-Bas espagnols.
5. Henri-Auguste de Loménie, comte de Brienne. (*Lettre du cardinal Mazarin envoyée à la reine touchant sa sortie hors du royaume, du 6 mars 1651. S. l., 1651, in-4.*) On n'a point la lettre au comte de Brienne.
6. La lettre à la reine est en effet très-remarquable. Le cardinal Mazarin s'y montre, avec un habile mélange de fierté et de soumission, meilleur François et plus fidèle sujet que ses ennemis. *Voir* à la fin des *Mémoires*.

confisqués, et itératives défenses faites à tous les sujets du royaume d'avoir aucune communication avec lui [1].

Et en même temps le parlement, après avoir tant de fois condamné Mazarin, eut soin aussi sur toutes choses de déclarer injuste la prison des princes, et d'absoudre madame de Longueville, MM. de Turenne, de Bouillon, de Tavannes, de La Rochefoucault, et tous ceux qui les avoient servis [2]. Le comte de Grandpré, qui avoit embrassé leur parti avec tant de chaleur, n'eut pas besoin de cette absolution, parce que dès la première visite qu'il rendit à M. le Prince, n'en ayant pas été reçu à son gré comme il croyoit le mériter, il se détacha de ses intérêts, à la sollicitation du sieur de Faber, qui le remit dans les bonnes grâces de la cour et dans son gouvernement.

Madame de Longueville, étant revenue de Stenay à Paris, s'avisa de faire rompre la promesse de mariage qui avoit été faite entre le prince de Conty, son frère, et mademoiselle de Chevreuse, suivant le traité dont il a déjà été parlé. Cette demoiselle rendit elle-même au prince de Condé l'écrit qu'il lui avoit envoyé, signé de sa main, par lequel il s'étoit obligé à y consentir lorsqu'il seroit en liberté.

---

1. C'est l'arrêt du 11 mars. Nous l'avons déjà cité.
2. Il n'y eut point d'arrêt, mais une *Déclaration du roi pour l'innocence de MM. les princes de Condé et de Conti et duc de Longueville, avec rétablissement de toutes leurs charges et gouvernemens*, vérifiée en parlement le 28 février 1651, Paris, par les imprimeurs et libraires ordinaires du roi, 1651, in-4. Elle est datée du 25 février.

On s'est étonné dans le monde que M. le Prince ait ainsi méprisé madame de Chevreuse, et par suite le coadjuteur et leurs partisans, qui avoient tout pouvoir auprès de M. d'Orléans, dans le parlement et dans la ville, et qui d'ailleurs étoient en grande liaison avec la plupart de ses meilleurs amis; mais comme ce mariage n'avoit été demandé de la part du coadjuteur et de madame de Chevreuse que pour leur servir de précaution contre le souvenir de l'outrage fait à Son Altesse sur le Pont-Neuf, le soin qu'on vouloit prendre d'en solliciter l'exécution ne servoit qu'à retracer plus vivement dans sa mémoire l'image d'une si sanglante injure : de sorte qu'il ne put jamais se résoudre à en dissimuler son ressentiment, et qu'il aima mieux se voir abandonné de ses amis mêmes que de se rabaisser à des déguisemens de caresses et de flatterie pour le cacher.

Cependant MM. de Bouillon et de Turenne, qui s'en faisoient un sujet de chagrin contre le prince, trouvant alors leur avantage du côté de la cour, furent bien aises d'avoir ce prétexte pour en profiter. Le duc de Bouillon fut mis à la tête du conseil, et le vicomte de Turenne à la tête de la principale armée [1].

Plusieurs autres personnes de marque, à leur exemple, tournèrent le dos au prince. Le comte

1. Turenne abandonna en effet dans ce temps le parti du prince de Condé; mais le duc de Bouillon se prêta encore à des négociations jusqu'au mois d'octobre. Le traité des deux frères avec la cour ne fut conclu qu'au commencement de décembre, et ce fut seulement en mars 1652 que Turenne partagea le commandement de l'armée royale avec le maréchal d'Hocquincourt.

de Bussy même, qui l'avoit si bien servi jusqu'alors en fut du nombre ; car étant venu exprès de Bourgogne à Paris pour témoigner à Son Altesse la joie particulière qu'il ressentoit de sa liberté, le prince, après un assez froid remerciement qu'il lui fit des services qu'il lui avoit rendus pendant sa prison, lui demanda aussitôt s'il ne vouloit pas donner à Guitaut, son cornette, la démission de sa charge de lieutenant de ses chevau-légers d'ordonnance, suivant le traité qui en avoit été fait trois mois avant sa prison. Bussy, surpris au dernier point de cette demande, qui marquoit de la part du prince peu de reconnoissance pour ses services passés, et encore moins d'estime pour son mérite et sa qualité, ne laissa pas d'y consentir, à condition néanmoins qu'il feroit sa démission entre les mains de Son Altesse ; et dès le moment même il le quitta [1], en sorte qu'il ne restoit plus alors que les sieurs de Tavannes, de Coligny, de Boutteville et de Persa attachés à son service.

Cela donna un grand échec aux affaires de Son Altesse ; car, comme il n'y a rien de si opposé à la grandeur d'âme dont les gens de qualité ont accoutumé de se piquer que l'inconstance et l'infidélité envers les amis, il n'y a rien aussi que ceux qui tombent dans ces vices ne fassent pour en éviter la honte et le reproche. C'est pourquoi il étoit à croire que la plupart de ceux qui s'étoient ainsi séparés des intérêts de

1. On trouve encore des traces de ce ressentiment dans les lettres de Bussy à l'époque où lui et Guitaut étoient retirés en Bourgogne, le premier dans la disgrâce du roi, le second dans celle du prince de Condé.

M. le Prince, après les avoir embrassés avec tant d'ardeur, ne manqueroient pas de répandre de faux bruits contre lui, et de le rendre même suspect de beaucoup de mauvais desseins, pour se faire par là un mérite de leur changement. Et, en effet, peu de temps après, il courut un bruit que Son Altesse traitoit avec les ennemis du roi et de l'État, dans Paris même par madame de Longueville, à Bruxelles par Sillery[1], et à Stenay par Croissy[2]; et parce qu'en ce temps-là même il faisoit quelques instances à la cour pour avoir le gouvernement de Guyenne en échange

---

1. Louis Brulart, marquis de Sillery, mort le 19 mars 1691. Sa présence à Bruxelles est attestée par la *Déclaration de Monseigneur le duc d'Orléans envoyée au parlement pour la justification de M. le Prince*, Paris, Nicolas Vivenay, 1651, in-4. Le marquis de Sillery servoit en 1649 dans l'armée du parlement. Il fut fait prisonnier dans le combat du 20 février entre Brie-Comte-Robert et Villeneuve-Saint-Georges. En 1651, il eut le commandement de Stenay, après la mort du marquis de La Moussaye : « M. le marquis de Sillery, sorti d'un chancelier de France, qui, après avoir contribué par sa vertu éminente à la liberté de MM. les princes, et en avoir apporté, le premier, l'heureuse et tant désirée nouvelle, a, par la gratification de Votre Altesse, fondée sur son mérite, dignement rempli ces deux charges vacantes (de chef et polémique Agathon du peuple). » (*Apothéose de madame la duchesse de Longueville.*)

2. Fouquet de Croissy, conseiller au parlement de Paris, grand frondeur et partisan résolu du prince de Condé jusque chez l'Espagnol, auteur du *Courrier du temps, apportant tout ce qui se passe de plus secret en la cour des princes de l'Europe*, Amsterdam, Jean Santonius, 1649, in-4. Il avoit été employé par le duc de Longueville dans les négociations de Munster ; et à l'époque dont parle Tavannes (mois de mars 1651), il traitoit d'une suspension d'armes, ostensiblement au moins : *les Articles apportés par l'ambassadeur du roi d'Espagne à Leurs Majestés pour la paix générale*, Paris, Hubert Hablon, 1651, in-4.

de celui de Bourgogne, et qu'il demandoit encore la Provence pour le prince de Conty, et l'Auvergne pour le duc de Nemours, cela servit encore beaucoup à autoriser ce bruit, et à donner plus de défiance de sa conduite.

Le Cardinal étoit alors à Brueil, comme l'oracle que la reine et toute la cour consultoit [1]. Il fut d'avis que, pour ôter à M. le Prince tout sujet de plainte, il falloit lui accorder ce qu'il demandoit, et particulièrement le gouvernement de Guyenne pour celui de Bourgogne; parce, disoit-il, qu'en lui refusant, il pourroit les avoir tous deux, l'un par le droit qui lui étoit acquis, et l'autre par l'affection des peuples, qui ne respiroient qu'après lui. On rétablit même à sa prière les sieurs Séguier et Chavigny [2] dans leurs charges, et l'on ôta les sceaux à Châteauneuf pour les donner au président Molé, qui étoit de ses amis [3].

1. On peut voir les *Lettres du cardinal Mazarin à la reine, à la princesse palatine*, etc., *écrites pendant sa retraite hors de France, en* 1651 *et* 1652, *avec des notes explicatives, par M. Ravenel*, Paris, J. Renouard, 1836, in-4.
2. Léon Le Bouthilier, comte de Chavigny, ministre et secrétaire d'État, mort en 1652.
3. Mathieu Molé, premier président du parlement de Paris. (*Harangue prononcée le 9 avril* 1651 *sur la promotion de M. le premier président à la charge de garde des sceaux*, Paris, Pierre Du Pont, 1651, in-4) : «Comme il a toutes les vertus éclatantes pour lesquelles Dieu a promis à divers grands hommes dans le Nouveau et dans l'Ancien Testament des récompenses temporelles, il a fallu qu'il reçût le fruit de toutes ces promesses divines... Il a cette prudence dans les délibérations et cette hardiesse généreuse dans le fait et dans l'exécution que les hommes d'État demandent d'un homme employé aux grandes affaires. Il n'y a personne qui ne sache avec quelle adresse il a moyenné la paix à la France,

Depuis que M. le Prince étoit sorti de prison, il avoit eu soin de procurer ainsi des avantages à ses amis, et de donner les gouvernemens et les lieutenances de roi qu'il tenoit [1] à une partie de ceux qui l'avoient servi. Le comte de Tavannes n'en avoit point eu, ce qui le mécontentoit fort, et avec raison : car, outre qu'il avoit la lieutenance de ses gens-d'armes, qui étoit la première charge de sa maison, il avoit toujours commandé toutes les troupes. Ce traitement l'obligea donc à vouloir quitter Son Altesse aussitôt que ces gouvernemens furent distribués ; mais auparavant il consulta là-dessus le duc de Tresme, son beau-père [2].

et avec quel courage il s'est porté dans toutes les occasions ou contre des populaces mutinées, ou contre des grands entreprenant quelque chose tant contre l'autorité royale que contre l'honneur du corps dont il est le chef et contre le repos des peuples... Il a obligé les peuples dans toutes les occasions ; mais il ne leur a pas voulu faire croire qu'ils lui fussent plus obligés qu'à ceux qui les gouvernent. Il n'a pas fait publier les services qu'il leur rendoit. Il les a aimés plus que soi-même et plus que sa famille ; mais il n'a pas voulu en être aimé jusqu'à l'excès, en sorte que l'amour qu'ils eussent eu pour lui eût pu faire tort et partager celui qu'ils doivent au prince. Il les a défendus et protégés ; mais il n'a pas voulu que ses défenses et que ses protections fissent des partis. Il a fait ce que lui seul a pu faire : il a voulu que les sujets du roi trouvassent leur bonheur dans l'obéissance et dans les respects qu'ils doivent à Sa Majesté. Il a ménagé les avantages des peuples en défendant l'autorité du roi. »

1. Le comte de Meille avoit eu Clermont ; Persan, Montrond ; Marsin, Stenay ; Bouteville, Bellegarde, et Arnaud, le château de Dijon.

2. La femme de Tavannes étoit Louise-Henriette Potier, fille puînée de René Potier, duc de Tresmes, et de Marguerite de Luxembourg, veuve de François de Faudoas, dit d'Averton, comte de Belin.

Ce sage vieillard, voulant alors l'en dissuader, lui dit qu'il avoit raison de vouloir quitter, mais que ce pas étoit délicat, et qu'il le falloit faire avec adresse; que le prince, le voyant mal satisfait de lui, seroit homme à lui faire une querelle d'Allemand pour avoir sa charge pour rien; que, puisqu'il avoit fait de grandes dépenses dans cette charge, il devoit essayer d'en retirer quelque chose; que pour cela il feroit bien de s'en aller passer l'hiver chez lui, et qu'à son retour il pourroit demander au prince de se défaire de sa charge.

Tavannes, résolu de suivre ce conseil, commença par demander au prince la permission d'aller chez lui, où il n'avoit, lui dit-il, encore de sa vie été. Le prince fut surpris de cette demande, et pria le comte d'attendre encore quinze jours. Ces quinze jours passés, il lui en demanda encore autant, et l'amusa ainsi durant trois mois. A la fin, Tavannes le prenant sur ce qu'il n'avoit plus de quoi subsister à Paris, il consentit à son départ; mais il le pria de demeurer quinze jours à Milly en Gastinois, qui appartenoit alors au comte, et lui dit que, si, dans ce temps là, il n'avoit de ses nouvelles, il pouvoit passer outre et s'en aller chez lui.

Deux jours après que Tavannes fut parti pour Milly, les sieurs de La Rochefaucault et de Chavigny donnèrent avis au prince que le coadjuteur avoit de secrètes entrevues avec le sieur de Lionne qui ne pouvoient être que pernicieuses à Son Altesse; que l'on voyoit même des soldats des gardes s'attrouper de temps en temps aux environs de l'hôtel de Condé, comme ayant quelque mauvais dessein, et d'autres semblables choses, qui le mirent dans de grandes défiances de la cour qu'on ne l'arrêtât, et l'obligèrent à se retirer de nuit à Saint-Maur[1] avec la princesse sa femme, la duchesse de Longueville et le prince de Conty[2].

Il fit en même temps savoir par lettres à M. d'Orléans et au parlement le sujet de sa retraite[3], et envoya au comte de Tavannes un gentilhomme exprès pour l'avertir de le venir trouver à Saint-Maur. Tavannes s'y étant aussitôt rendu, le prince le pria de s'aller mettre à la tête de ses troupes, qui étoient alors toutes ensemble à Marle, en Picardie[4], commandées par un maréchal de camp nommé Folleville[5]. Le maréchal de La Motte, qui étoit à Saint-Maur

---

1. Beau château sur la Marne, dans l'Ile-de-France, diocèse, parlement et intendance de Paris. La paroisse de Saint-Maur est devenue la commune de Joinville-le-Pont, canton de Charenton, arrondissement de Sceaux, département de la Seine.
Le prince de Condé se retira à Saint-Maur le 7 juillet.
2. Armand de Bourbon-Condé, prince de Conti.
3. *Lettre de M. le prince à MM. du parlement*, Paris, Nicolas Vivenay, 1651, in-4. Elle est datée de Saint-Maur le 7 juillet. Elle fut suivie le même jour de la *Lettre de Monseigneur le prince de Condé, écrite à tous les parlemens de France*, Paris, Nicolas Vivenay, 1651, in-4. Le 8 juillet, il y eut une *Réponse que la reine a donnée à MM. les gens du roi pour porter au parlement, après la lecture faite par Sa Majesté de la lettre de M. le Prince*, Paris, 1651, in-4.
Nous ne connoissons pas la lettre au duc d'Orléans.
4. Ou plus précisément en Boulonnois, sur la Canche, diocèse de Boulogne, parlement de Paris, intendance de Lille; aujourd'hui chef-lieu de canton, arrondissement de Vervins, département de l'Aisne.
5. Officier de mérite, le chevalier de Folleville fit avec distinction la guerre de Guyenne contre les princes.

dans le temps que Tavannes y arriva, et qui savoit les chagrins qu'il avoit eus contre le prince, le tirant à part, lui dit qu'il avoit sujet alors d'être content de Son Altesse, et qu'en lui donnant le commandement de ses troupes, il lui mettoit entre les mains ce qu'il avoit de plus cher. Le comte lui répondit qu'il ne songeoit plus à se plaindre, et que ce n'en étoit plus le temps. Un moment après il reçut les provisions de lieutenant général des armées du roi, des mains du prince même, à qui Sa Majesté les avoit adressées pour lui, et prit congé de Son Altesse pour aller aussitôt prendre son jour dans l'armée du maréchal d'Aumont[1].

Le lendemain il s'en alla à Marle, où il trouva les troupes du prince commandées par Folleville. Avant que de rien faire, il considéra que, s'il en prenoit le commandement, il y avoit danger que le maréchal de camp ne se retirât au corps d'armée, et que, sur les soupçons qu'on auroit pu prendre des desseins du prince, l'on n'arrêtât les principaux officiers, et qu'on ne fît mettre bas les armes à ses troupes. Cette appréhension l'obligea donc à demeurer à Marle sans aucune fonction au moins apparente, et à commander aux officiers d'aller toujours prendre l'ordre de Folleville, qu'il changeoit pourtant quand il vouloit[2].

1. Antoine de Villequier, duc et maréchal d'Aumont.
2. A partir du paragraphe qui commence par ces mots : *Depuis que M. le Prince étoit sorti de prison*, tout ce passage a été reproduit presque textuellement par Bussy, qui s'est arrêté ici pour reprendre quelques pages plus loin le récit entier de la retraite de Tavannes sur Stenay.
Il est bien clair que le dernier n'a rien eu à emprunter au

Tandis que le comte de Tavannes étoit à Marle pour s'assurer des troupes de M. le Prince, les maréchaux de Grammont[1] et de Villeroy alloient et venoient sans cesse à Saint-Maur de la part de la reine pour tâcher d'accommoder les affaires. M. le Prince fut longtemps sans vouloir leur parler qu'en présence de tout le monde. Il se plaignoit qu'il n'y avoit point de sûreté pour lui à Paris, et qu'il n'y en trouveroit jamais tant que Mazarin gouverneroit la cour, comme il faisoit, par Le Tellier, Servien et de Lionne; qu'il n'étoit point à Brueil comme

premier pour la relation de faits qui lui sont si exclusivement personnels. Bussy n'avoit point assisté à la conférence de Tavannes avec le duc de Tresmes; il ne s'étoit pas montré à Saint-Maur; il n'avoit pas été à Marle.

Et il convient lui-même qu'il n'a rien raconté dont il ait été témoin : « La vérité, qui n'est d'aucun parti, m'a obligé, dit-il, de m'informer exactement comment ceci s'est passé. » Il s'est informé... dans les *Mémoires* de Tavannes, c'est évident.

Mais comment les avoit-il eus? Par la publicité? C'est possible. Les *Mémoires* ont paru en 1691, et il est mort en 1693. On sait que la première édition des *Mémoires* de Bussy est de 1704.

Nous croyons plus probable pourtant qu'il les avoit vus et lus en manuscrit. Tavannes et Bussy ont été ensemble officiers du prince de Condé; ils ont eu longtemps des relations, sinon fort étroites, au moins fort suivies; ils se sont retrouvés en Bourgogne au temps de leurs disgrâces; ils y ont vécu dans de bons rapports, se visitant et se rencontrant chez des amis communs. On ne peut guère douter qu'ils ne se soient communiqué leurs écrits.

Bussy a-t-il été autorisé à prendre des pages entières des *Mémoires* de Tavannes? En tout cas, il a eu le tort de ne pas avouer ses emprunts, le tort plus grave d'en changer quelques expressions comme pour les déguiser, et d'y introduire des erreurs sous prétexte de correction.

1. Antoine II, duc et maréchal de Gramont.

un exilé, mais comme un oracle que l'on y consultoit sans cesse contre lui. Il eut sur ce même sujet plusieurs conférences avec M. d'Orléans, qui ne pouvoit non plus que lui voir régner en effet ce cardinal dans ces trois ministres, qui ne se conduisoient en toutes choses que par son esprit, et ne régloient aucune affaire d'importance que par ses ordres[1].

Le parlement en fit aussi beaucoup de plaintes, et se joignit avec Leurs Altesses pour obliger la reine à exclure ces trois ministres du conseil et du ministère[2]. Et alors le vieux Le Tellier, s'estimant heureux de pouvoir à ce prix acheter la

[1]. « Il n'eut pas de peine à gagner Son Altesse Royale après qu'il lui eût fait voir la sincérité de son procédé pour le passé et celle de ses intentions pour l'avenir, les artifices des frondeurs et le plein pouvoir de ses ennemis irréconciliables dans la personne de leur maître exilé. M. le duc d'Orléans prit avec empressement ses intérêts, le témoigna plusieurs fois à la reine, qui, sollicitée par madame de Chevreuse et madame d'Aiguillon, qu'elle avoit appelée depuis peu à sa confidence, ne voulut point écouter les propositions de Son Altesse Royale, qui ont toujours été pour le repos de l'État et pour l'union des princes ; si bien que, se voyant rebuté, il ne se put empêcher de se plaindre tout haut, et en la présence de Leurs Majestés, que le conseil des femmes prévaloit sur celui des princes. » (*Relation de tout ce qui s'est passé au conseil de M. le Prince depuis son départ jusqu'à présent, envoyée à Son Altesse Royale*, s. l., 1652, in-4.)

[2]. Le parlement fit des remontrances le 18 juillet ; mais le premier président se contenta de dire que « la Compagnie supplioit Sa Majesté de considérer que, M. le Prince ayant donné tant de preuves de son zèle au service du roi et au bien de l'État, et signalé même son affection par tant de batailles gagnées contre les ennemis, il étoit juste de lui accorder toutes les sûretés nécessaires et raisonnables pour son retour, et lui ôter tout sujet de soupçon et de défiance, lui donnant par ce moyen lieu de continuer ses services à Sa Majesté et au public. » (*Journal du parlement.*)

paix et l'union des princes avec Leurs Majestés, se retira de lui-même; et la reine ayant, peu de jours après, consenti à l'exclusion des deux autres[1], le prince revint à Paris, rendit ses devoirs au roi et à la reine[2], et ne pensa plus qu'à s'en aller prendre possession de son nouveau gouvernement de Guyenne[3]. Mais, avant son départ, il fut bien aise de faire voir dans Paris le superbe équipage qu'il avoit foit préparer pour son entrée dans Bordeaux.

Il alla donc pour cela se promener au Cours dans un carrosse magnifique, accompagné d'un train des plus nombreux et des plus brillans qu'on eût vus depuis longtemps en France. Lorsqu'il y arriva, le roi y passoit par hasard avec la reine, qui fut étrangement surprise et embarrassée de se trouver presque seule avec le roi au milieu d'une foule de gens armés de la suite et des amis du prince, dont tout le Cours étoit alors rempli. Elle avoit déjà beaucoup de chagrin contre Son Altesse de ce qu'il ne voyoit plus le roi depuis quelque temps, et qu'il étoit

1. Le Tellier, Servien et de Lionne quittèrent la cour le 20 juillet.

2. « Le lendemain, j'eus l'honneur de rendre mes respects au roi et à la reine, mais avec si peu de satisfaction, que la froideur que l'on y fit paroître, me donna lieu de douter que les impressions que mes ennemis leur avoient données de mes déportemens ne fussent pas entièrement effacées de leur esprit. Cela me rendit retenu à continuer mes visites au Palais-Royal. » (*Lettre de M. le Prince à Son Altesse Royale sur le projet de son éloignement de la cour, du 13 septembre 1651, Paris, Nicolas Vivenay, 1651, in-4.*)

3. Le prince de Condé avoit, sous les dates du 8 et du 18 juillet, écrit quatre lettres au parlement, à MM. les maires et jurats de Bordeaux et à *MM. les bourgeois de l'Ormée.*

sans cesse avec M. d'Orléans et les plus animés du parlement ; de sorte qu'elle croyoit avoir raison de tout appréhender de sa part en cette rencontre. Il y en eut même plusieurs de la cour qui en parlèrent comme s'il eût effectivement eu dessein d'insulter Leurs Majestés, et ce fut ce qui acheva de les aigrir tout à fait contre M. le Prince [1].

Le lendemain, M. d'Orléans, en ayant eu avis, voulut pacifier les choses, et engagea avec assez de peine M. le Prince à aller au Louvre [2] ; mais Leurs Majestés le reçurent avec une si froide indifférence, qu'il en sortit tout en colère, et protesta tout haut qu'il n'y retourneroit plus. Cela se fit avec tant d'éclat, qu'on commença dès lors à ne plus douter du bruit qui avoit déjà couru, que le prince étoit en liaison avec les ennemis de l'Etat pour faire la guerre au roi.

Le premier président même, qui étoit de ses amis, s'en plaignit en pleine chambre, de telle sorte qu'il sembloit avoir déjà renoncé à son

1. Cette rencontre eut lieu le lundi 31 juillet. Le roi revenoit de Suresnes, où il avoit été se baigner, « par un temps si froid, dit le prince de Condé en séance du parlement, que le moindre bourgeois de Paris n'auroit pas voulu y laisser aller son fils. » C'est la raison qu'il donna pour expliquer sa surprise à la vue du cortége royal. Le peuple parloit sur ce sujet un peu comme les courtisans. Il étoit de l'opinion du premier président, qui avoit dit dans une occasion récente que le prince sembloit vouloir élever autel contre autel. Aussi s'empressa-t-on de publier un *Avis au peuple sur les calomnies contre M. le Prince*, Paris, Nicolas Vivenay, 1651, in-4.

2. Dans la lettre au duc d'Orléans que nous avons citée plus haut, le prince de Condé dit lui-même qu'il n'alla pas au Louvre, « n'ayant pas jugé à propos de me présenter devant Sa Majesté. » Ce passage doit se rapporter à l'entrevue qui eut lieu après le départ des trois secrétaires d'État.

amitié; car le prince de Conty, qui s'y trouva, s'étant levé pour représenter à ce président combien ce soupçon étoit injurieux au prince son frère, qui ne respiroit, disoit-il, que la gloire du roi et la tranquillité de l'Etat, il le traita en quelque façon de jeune homme, à qui il n'appartenoit pas de parler de la sorte devant une si auguste assemblée, et lui dit avec aigreur qu'il devoit savoir que dans le parlement les princes du sang n'étoient pas plus que de simples conseillers [1].

La reine, trouvant cette occasion avantageuse pour animer le parlement contre les princes, en voulut profiter. Elle fit pour cela assembler toutes les chambres le dix-septième d'août, et y envoya le comte de Brienne, secrétaire d'Etat, pour y présenter, de la part de Sa Majesté, un

[1]. Tavannes raconte exactement ces incidens divers; mais il en confond un peu les dates. C'est dans la séance du 8 juillet, et sur la réponse de la reine à la lettre du prince de Condé, que le président, blâmant la retraite de Saint-Maur et la signalant comme une cause possible de guerre civile, fut interrompu par le prince de Conti : « Reprenant la parole, il dit qu'il ne devoit point être interrompu quand il parloit; qu'en la place où il étoit, il représentoit la personne du roi, et qu'il n'y avoit que Sa Majesté qui eût droit de lui imposer silence. M. le prince de Conti répondit qu'aussi ne l'auroit-il pas interrompu si l'honneur de M. le Prince, son frère, n'eût été intéressé en ce discours, témoignant qu'il n'avoit point dessein de choquer son autorité. M. le premier président répéta encore qu'il ne devoit point l'interrompre; joint que de l'action de M. le Prince on devoit craindre une guerre civile, puisqu'elle ne tendoit qu'à émouvoir et soulever les peuples; que l'on a l'exemple de ses ancêtres, qui ont troublé l'État. M. le prince de Conti lui dit que partout ailleurs il lui feroit connoître ce que c'est d'offenser un prince du sang. M. le premier président répartit encore qu'il ne craignoit rien. » (*Journal du parlement.*)

écrit qui ne contenoit que des plaintes contre
M. le Prince [1].

Ce comte en fit lui-même la lecture en présence de M. d'Orléans et du prince de Conty, qui s'étoient trouvés à cette assemblée.

Ces plaintes étoient : qu'après tant d'arrêts qui ôtoient au cardinal tout commerce en France, et que Sa Majesté même avoit tellement confirmés qu'il ne lui restoit plus aucun espoir de retour dans le royaume, elle trouvoit bien dur et bien étrange que le nom de ce ministre servît encore de prétexte aux malintentionnés pour continuer leur révolte ; qu'elle ne pouvoit plus dissimuler les mauvais desseins du prince, qui les y portoit lui-même par le mépris qu'il faisoit ouvertement de la personne du roi, ne l'ayant vu qu'une fois, et par manière d'acquit, depuis plus d'un mois qu'il étoit dans Paris ; qu'il ne faisoit que répandre partout de malins discours contre le gouvernement, pour soulever les peuples et les détourner de leurs légitimes devoirs ; qu'il avoit déjà muni et fortifié les places qu'il tenoit, levé des troupes dans les provinces qu'il avoit gagnées, et si bien disposé toutes choses à la révolte, que les factieux n'attendoient plus

---

[1]. *Discours que le roi et la reine régente, assistés de Monseigneur le duc d'Orléans, des princes, ducs, pairs, officiers de la couronne et grands du royaume, ont fait lire en leurs présences aux députés du Parlement, Chambre des Comptes, Cour des Aydes et corps de ville de Paris, au sujet de la résolution qu'ils ont prise de l'éloignement pour toujours du cardinal Mazarin hors du royaume, et sur la conduite présente de Monseigneur le prince de Condé, le 17e jour d'août 1651,* Paris, par les imprimeurs et libraires ordinaires du roi, 1651, in-4.

que ses ordres pour se mettre sous les armes ; que c'étoit pour cela qu'il avoit un continuel commerce à Bruxelles avec les Espagnols, et qu'au lieu de satisfaire à la principale condition de son élargissement, qui étoit de faire sortir de Stenay la garnison que les ennemis de l'Etat y avoient, il l'y retenoit par intelligence avec eux, pour avoir toujours ce poste à sa disposition durant la guerre qu'il avoit dessein de rallumer dans le cœur de la France; que les troupes qu'il avoit assemblées à Marle ne reconnoissoient que Son Altesse, et n'avoient pour toute discipline qu'une cruelle licence de ravager la Picardie et la Champagne, comme des terres ennemies, à la honte et au dommage de l'armée du roi, qu'on voyoit notablement diminuer de jour en jour, par le grand nombre de déserteurs que cette licence attiroit dans celle du prince ; que ces extrémités si dures et si pressantes méritoient bien que la compagnie se mît en peine d'y remédier, en se déclarant tout de bon contre ceux qui en étoient les auteurs ; et que, s'ils avoient encore quelque reste d'affection et de tendresse pour le roi, ils ne le pouvoient faire paroître plus à propos qu'en ce temps que Sa Majesté alloit entrer en majorité, et qu'il falloit, selon les lois, lui rendre compte du gouvernement [1].

Après la lecture de cet écrit, chacun retint dans le silence ce qu'il en pensoit. Il n'y eut que le prince de Conti qui parla [2], et dit d'un air

---

1. On pourra comparer cette analyse avec le texte que nous donnons à la fin des *Mémoires*.

2. Le *Journal du parlement* ne fait pas la moindre mention de ces paroles du prince de Conti. Il dit seulement que

assez froid que tout cela n'étoit qu'un vain artifice des ennemis de M. son frère, qui sauroit bien les détruire et les confondre. Il y avoit pourtant alors assez de sujet d'appréhender le contraire dans la disposition où étoit le parlement; mais un incident qui survint[1] le fit bientôt passer dans une meilleure, qui donna lieu à M. le Prince d'exécuter heureusement ce que M. de Conti avoit si hardiment avancé en sa faveur contre les plaintes de la cour; et voici comment:

Lorsque le parlement voulut délibérer sur ces plaintes, on apprit que le duc de Mercœur s'étoit retiré sans bruit à Cologne auprès du Cardinal, et qu'il y avoit même épousé la nièce de Manciny, avec un secret consentement de la reine. Aussitôt le parlement, qui s'étoit déjà assez déclaré avec M. le Prince contre ce mariage, té-

---

le discours prononcé au nom du roi « étonna tout le monde, dans le temps où l'on crioit que tout alloit se remettre par la réunion de la maison royale. »

1. On va voir qu'il s'agit de mariage du duc de Mercœur. Or, cet incident avoit été préparé, dès le 7 juillet, par la *Lettre de M. le Prince à Messieurs du parlement*, où le prince de Condé s'étoit plaint « de divers voyages faits à Cologne, et particulièrement de celui du duc de Mercœur, dans le temps que la cour renouveloit ses défenses. » Le duc d'Orléans l'avoit fait éclater dans l'audience du 2 août, en déclarant nettement pour la défense du prince « que le mariage de M. de Mercœur étoit certain et avéré, et qu'il avoit fait son voyage avec des passe-ports d'un secrétaire d'État. » Le même jour le parlement avoit rendu un arrêt portant : « Que M. de Mercœur seroit mandé pour venir, lundi prochain (7 août), à la cour, rendre compte du prétendu voyage par lui fait vers le cardinal Mazarin, ensemble du mariage par lui contracté avec la nièce dudit cardinal. » Le lundi, en effet, le duc de Mercœur avoua son mariage. (*Journal du parlement.*)

moigna en être étrangement offensé, et jugea d'abord par là que Son Altesse n'avoit pas tout le tort qu'on s'étoit imaginé de se plaindre encore au sujet de Mazarin après sa retraite hors de France, et considéra ce mariage comme une preuve incontestable de la puissance excessive avec laquelle il régnoit toujours à la cour.

C'est pourquoi M. le Prince, estimant cette conjoncture favorable pour se laver des reproches dont on l'avoit noirci, présenta pour lors au parlement une déclaration écrite de la main de Monsieur, oncle du roi, qui portoit que les troupes que le prince avoit à Marle n'y étoient pas sans le consentement de Son Altesse royale; que c'étoit par son ordre qu'elles demeuroient toutes ensemble dans ce quartier, et que même il y avoit envoyé de sa part le sieur Valon[1] pour les commander avec les siennes, au lieu de la Ferté-Senectère, qui n'étoit qu'un fieffé mazarin; qu'à l'égard de la garnison ennemie qui étoit dans Stenay, il savoit que le prince avoit toujours offert de bonne foi son ministère pour l'en tirer par force ou par composition; et qu'en un mot, il se croyoit obligé de rendre à Son Altesse ce témoignage, qu'il avoit toujours reconnu en lui une âme droite, généreuse et parfaitement dévouée au roi et à l'Etat; et qu'ainsi il étoit

---

1. Le comte de Vallon continua à servir dans le parti des princes; il eut particulièrement part à la défense d'Étampes en 1652. Il ne quitta le prince de Condé qu'après la rentrée du roi dans Paris et l'accommodement du duc d'Orléans. Nous avons trouvé dans la *Gazette* que Vallon étoit mestre de camp du régiment de Languedoc en 1648, et qu'en 1650, maréchal de camp au siége de Réthel, il emporta, avec la brigade des gardes, le faubourg des Minimes.

bien éloigné d'avoir la moindre part à la résolution précipitée qu'on avoit prise à la cour de le faire déclarer criminel de lèze-majesté pour de prétendus commerces avec les ennemis de la couronne [1].

Après ce témoignage de M. d'Orléans, pour lors lieutenant général du royaume, le prince n'avoit plus besoin d'aucune autre apologie, surtout le parlement étant d'ailleurs assez porté à le croire innocent. Toutefois, afin de confondre davantage ses ennemis et de prévenir le tort que leurs calomnies pouvoient faire à sa réputation, il joignit à la déclaration de Son Altesse royale une espèce de manifeste contre tous les chefs d'accusation formés contre lui, qui faisoit voir :

1. Qu'il ne possédoit rien en France que les biens que feu le prince de Condé, son père, lui avoit laissés ;

2. Que les villes de Stenay et de Clermont ne lui avoient été données qu'en compensation de la charge d'amiral, qui lui devoit appartenir, comme lui étant échue par droit de succession, après la mort du maréchal duc de Brézé, son beau-père ;

3. Qu'après avoir souffert sans sujet une prison de treize mois, on ne devoit pas appeler son élargissement une grâce, mais une justice ;

4. Qu'on ne pouvoit exclure du conseil un prince du sang, dont le père en avoit été déclaré le chef par le testament du feu roi ;

---

[1]. Cette analyse ne sauroit suffire. Nous donnons le texte de la *Déclaration* à la fin des *Mémoires*.

5. Qu'on ne voyoit point qu'il eût dans le royaume aucune place forte pour soutenir ses prétendus desseins de révolte; au lieu que Mazarin les tenoit encore toutes par les mains de ses créatures;

6. Que la cour avoit bien tort de porter tant d'envie à ce peu de troupes qu'il avoit à Marle, vu que c'étoit particulièrement à elles que la France étoit redevable de la plus grande partie de de ses victoires, et que d'ailleurs elles n'y étoient rassemblées que par l'ordre de Son Altesse royale, qui étoit le maître absolu de ces sortes de choses;

7. Que s'il avoit fait quelques instances à la cour pour avoir la Guyenne en échange de la Bourgogne, ce n'avoit été qu'à dessein de soulager cette pauvre province de la misère qu'elle souffroit sous l'orgueilleuse et violente domination du duc d'Espernon, dont les excès n'étoient que trop connus de tout le monde;

8. Que s'il s'étoit réservé quelques places dans la Bourgogne, c'étoit parce qu'elles lui appartenoient comme ayant été achetées par le feu prince son père, avec la permission et l'agrément de Sa Majesté, à qui ainsi il avoit droit de les retenir, surtout ne lui en ayant point été donné d'autres en échange dans la Guyenne;

9. Qu'à la vérité il s'étoit quelque temps abstenu de voir le roi et d'assister au conseil; mais qu'il n'y avoit pas d'homme de bon sens qui l'en pût blâmer, parce que, ses ennemis les plus déclarés étant ceux que l'on voyoit être le plus dans la confidence de la reine, il étoit de sa prudence de s'en défier, pour ne pas tomber une seconde fois dans le même piége;

10. Que depuis sa sortie de sa prison il n'avoit rien eu plus à cœur que de chasser de Stenay la garnison espagnole, et que c'étoit à cela seul que tendoit tout ce prétendu commerce avec les ennemis de l'État dont on faisoit tant de bruit; et qu'ainsi c'étoit une chose honteuse de voir, sous ce beau prétexte, un prince du sang poursuivi comme criminel de lèze-majesté à l'instance de la reine même;

11. Qu'il falloit informer contre les auteurs d'une entreprise si outrageante, et les contraindre ou à soutenir leur calomnie, ou à en subir la juste peine;

12. Que néanmoins il soumettoit ses biens et sa personne à la disposition du parlement, et à tout ce qu'il lui plaira d'en ordonner [1].

M. le Prince voyant que cet écrit avoit fait de fortes impressions dans les esprits en sa faveur, et que tout conspiroit à sa justification dans le parlement, il y alla lui-même renouveler ses plaintes de vive voix, et demander réparation de l'honneur qu'on avoit tâché de lui ôter par les ca-

---

1. Cette espèce de manifeste, comme l'appelle Tavannes, a paru en effet sous le titre suivant: *La Déclaration de Son Altesse Royale sur le sujet du discours lu au Palais-Royal en présence des députés du Parlement, Chambre des Comptes, Cour des Aydes et corps de ville de Paris, sous le nom du roi et de la reine régente; ensemble la Réponse de M. le Prince présentée au parlement, les chambres assemblées, le 19 août 1651*, Paris, Nicolas Vivenay, 1651, in-4. Peut-être n'est-il pas inutile de remarquer que, malgré l'annonce du titre, la *Déclaration* n'accompagne pas la *Réponse*. Apparemment cela n'a pas été fait sans intention. Quoi qu'il en soit, la *Réponse* est un résumé très-important des justifications et des griefs du prince de Condé. Nous la reproduisons à la fin des *Mémoires*.

lomnies atroces dont on l'avoit chargé, et pour en marquer en même temps les auteurs. Il dit entre plusieurs choses qui désignoient M. de Gondy, pour lors coadjuteur de Paris, qu'il n'y avoit rien de plus odieux que de voir des personnes dont le principal emploi doit être de procurer la paix au monde, s'être ainsi malheureusement appliquées à le troubler par des faussetés outrageantes qu'une implacable haine leur a fait inventer [1].

Le coadjuteur, à qui ce discours s'adressoit, s'étant aussitôt levé, répondit qu'il n'avoit rien fait que dans la seule vue du bien public, et que ce qu'on devoit attendre d'un homme d'honneur et à qui l'on ne pouvoit rien reprocher sur la fidélité. « Je m'étonne, reprit le prince, qu'il y ait des gens assez hardis pour oser se commettre avec un prince du sang, et entrer en contestation avec lui. — Je sais, Monsieur, répliqua le coadjuteur, ce que l'on doit à un prince comme vous ; mais dans le lieu où nous sommes, chacun doit être libre, et il n'y a que le roi seul à qui l'on soit obligé de rendre une pure obéissance [2]. »

---

1. Après avoir fait lire la *Déclaration* du duc d'Orléans et sa *Réponse*, « M. le Prince, prenant la parole, dit qu'il ne soupçonnoit que deux personnes de donner de ces conseils violents : le sieur de Montrésor et M. le coadjuteur ; que chez le premier se faisoient toutes les assemblées et toutes les cabales contre lui, et que pour M. le coadjuteur, il ne donnoit que des conseils violents, témoin celui qu'il proposa à M. le duc d'Orléans, après que la reine eut donné les sceaux, ayant lors conseillé à Son Altesse Royale d'aller par les rues faire armer le bourgeois, et au même temps chez M. le premier président lui arracher de vive force les sceaux qu'il venoit fraîchement de recevoir.» (*Journal du parlement.*)

2. Le *Journal du parlement* ne laisse pas même soupçon-

Alors le premier président, prenant la parole, leur remontra que le lieu où ils étoient n'étoit par un lieu de querelle et de contestation, mais un lieu de majesté; et voyant d'ailleurs que tout le palais étoit rempli de gens armés de la part du prince et de celle du coadjuteur, tout prêts à se charger les uns les autres, et que même les épées brilloient déjà de tous côtés, il les pria tous deux de faire retirer leurs gens, afin de laisser à Messieurs de la cour la liberté de leurs opinions; et s'étant en même temps tourné vers M. le Prince : « C'est à Votre Altesse, lui dit-il, à montrer par son exemple l'honneur et le respect qui est dû à cette compagnie. »

M. le Prince, déférant à cet avis, envoya aussitôt le duc de La Rochefoucault commander à ses gens de sortir du palais et de se retirer. Le coadjuteur alla en même temps prier les siens d'en faire de même. Et comme il retournoit sur ses pas à la chambre, ce duc, se hâtant pour lui couper chemin, le heurta avec tant de violence entre le jambage et les battants de la porte, qu'on vit ce prélat, presque tout brisé, engagé seul dans une foule de gens en furie, qui lui alloient passer sur le corps et en faire leur jouet, si le sieur de Champlatreux[1], qui

---

ner le caractère de la discussion, ni dans l'audience du samedi 19, ni dans celle du lundi 21. Le 19, le coadjuteur se borna à répondre « qu'à vrai dire, il n'avoit pas approuvé le choix que la reine avoit fait de M. le premier président pour lui donner les sceaux sans la participation de M. le duc d'Orléans, mais qu'il n'avoit pas été d'avis de se porter à cette extrémité. » Sur quoi, le prince de Condé invoqua le témoignage des ducs de Beaufort et de La Rochefoucault.

1. Jean Molé, sieur de Champlâtreux, conseiller, et plus

entra par bonheur dans ce temps-là, ne l'en eût délivré[1].

Cette insulte faite au coadjuteur par le duc de La Rochefoucault fut un nouveau sujet de haine et de division entre eux et leurs amis, qui auroit sans doute excité quelque nouveau désordre, si M. d'Orléans n'eût un peu adouci les esprits par le tempérament qu'il y apporta, qui fut qu'à l'avenir le coadjuteur ne se trouveroit plus aux assemblées du parlement, et que M. le Prince n'y mèneroit avec lui que peu de gens de sa suite ordinaire[2].

tard président à mortier au parlement de Paris, fils aîné du premier président.

1. Cet incident eut lieu le 21 août. Voici comment il est raconté dans le *Journal du parlement* : « Messieurs députèrent quatre conseillers, savoir: MM. de Champlâtreux, Deslandes-Payen, Le Prévost et Bocquemare, pour aller faire sortir hors de la salle et même de la cour du palais tous ces gens de part et d'autre. Il fut aussi trouvé à propos que M. le coadjuteur y allât, et aussi M. de La Rochefoucault de la part de M. le Prince, et qu'on ne délibéreroit point jusqu'à leur retour. M. le coadjuteur y alla ; et comme il fut sorti hors du parquet des huissiers, on ferma la porte ; et quelqu'un de ceux qui étoient pour M. le Prince ayant crié : Au mazarin! ceux de M. le coadjuteur mirent l'épée à la main, et les autres en même temps aussi; de sorte qu'en un instant la salle se trouva remplie de gens l'épée à la main, et commençant à se ranger, chacun du parti qu'il tenoit, pour combattre ; à quoi tout étoit disposé. Et si Messieurs les députés n'eussent apaisé ce tumulte, il y auroit eu force sang répandu. Un homme fut assez hardi pour venir à M. le coadjuteur, le poignard à la main, à dessein de le frapper; et croit-on qu'il l'eût fait, si un de ses amis, s'étant mis entre deux, ne l'en eût empêché. »

2. Le coadjuteur ne parut pas, en effet, à l'audience du 22, « ayant pris son excuse sur ce qu'il étoit obligé d'assister à la procession de la grande confrérie qui se faisoit ce jour-là. » Le *Journal du parlement* ajoute un peu plus loin :

Cependant la reine, qui voyoit que tout le parlement se déclaroit de jour en jour plus ouvertement en faveur du prince, et qu'ainsi ce seroit inutilement commettre son autorité que de poursuivre davantage sa condamnation, se relâcha tout à coup de ses poursuites, et témoigna qu'elle ne désiroit rien tant que sa justification; et peu de jours après Son Altesse obtint, en effet, à la prière de Sa Majesté même, un arrêt de la cour par lequel les accusations et les plaintes formées contre lui furent déclarées fausses et sans fondement, comme ayant été concertées à plaisir pour aigrir les esprits et augmenter les divisions [1].

Après tant d'obstacles heureusement levés, il sembloit que tout dût être bientôt dans le calme; mais on vit presque en même temps recommencer l'orage au sujet des barbons : c'étoit ainsi qu'on appeloit alors les sieurs de Châteauneuf, le président Molé et La Vieuville [2], à cause de leurs longues barbes. Ces trois vieillards, que le prince

« Ne faut omettre que M. le Prince, retournant au faubourg (Saint-Germain) à la sortie du palais, et ayant rencontré la procession à laquelle étoit M. le coadjuteur en habit de prélat, c'est-à-dire rochet et camail, fit arrêter son carrosse et reçut avec grand respect la bénédiction que M. le coadjuteur lui donna, empêchant ceux qui l'accompagnoient de continuer à crier : Au mazarin! comme ils avoient commencé en apercevant M. le coadjuteur. »

1. *Déclaration du roi pour l'innocence de Monseigneur le prince de Condé, vérifiée en parlement, Sa Majesté y séant, le 7 septembre 1651*, Paris, par les imprimeurs et libraires ordinaires du roi, 1651, in-4.

2. Charles, marquis de La Vieuville.

Ils furent nommés, le lendemain de la majorité du roi, Châteauneuf premier ministre, Molé garde des sceaux, La Vieuville surintendant des finances; et le mécontentement du prince de Condé, loin de se calmer, redoubla.

regardoit comme des esclaves du cardinal, et qui cachoient sous la neige de leurs cheveux le feu d'une ambition insatiable, s'étoient si bien insinués dans les intrigues de la cour et dans le ministère, depuis l'éloignement des sieurs Servien, Le Tellier et de Lionne, que l'on destinoit déjà publiquement Châteauneuf pour premier ministre, Molé pour garde des sceaux en la place de Séguier, à qui on les devoit ôter, et La Viéville pour surintendant des finances; ce qui offensoit d'autant plus Son Altesse, que le premier s'étoit comme déclaré ennemi de sa maison et de son sang par l'arrêt de mort qu'il avoit prononcé à Toulouse contre le duc de Montmorency [1], et que l'on savoit assez que le second ne pouvoit être que très-mal intentionné contre lui, depuis la préférence qu'il avoit faite du fils de Viole à celui de Champlâtreux [2].

Il n'étoit peut-être point encore arrivé à M. le Prince de sujet plus digne de sa colère et de son indignation que celui-là; mais quelques plaintes qu'il en pût faire à la cour, dans la persuasion que l'on y avoit qu'il étoit engagé aux Espagnols pour faire la guerre au roi, on ne les regardoit que comme des plaintes et des instances affectées pour se faire un honnête prétexte de se retirer.

Cependant le temps de la majorité du roi approchoit: on étoit au quatrième de septembre, et

---

1. Henri II, duc et maréchal de Montmorency, décapité à Toulouse le 30 octobre 1632.
2. Il faut lire: à Champlâtreux. Ils prétendoient tous deux à la succession de Le Tellier, qui avoit eu, avant son éloignement de la cour, le département de la guerre.

la cérémonie s'en devoit faire le septième. Cela donnoit de l'embarras et de l'inquiétude au prince, qui étoit assez persuadé que, le roi étant majeur, il n'y auroit plus de sûreté pour lui dans Paris, et que d'ailleurs il n'étoit pas nouveau de voir ces sortes de fêtes et de solennités publiques souillées par les coups les plus sanglans et les plus hardis. Mais aussi de s'absenter dans le temps d'une si grande et si auguste cérémonie, c'étoit mépriser trop ouvertement le rang qu'il y devoit tenir, et confirmer de nouveau par sa propre défiance tous les soupçons qu'on avoit pris de lui. Il falloit donc au moins quelque prétexte apparent pour colorer en quelque manière le sujet de son absence.

Ce fut aussi pour cette raison qu'il se servit de l'entremise de Prioly, gentilhomme vénitien [1], secrètement attaché au cardinal, et pensionnaire de la cour, pour faire entendre à la reine que Son Altesse avoit d'importantes affaires à régler avec le duc de Longueville, et que le public même avoit grand intérêt qu'elles se terminassent au plus tôt entre eux. Ce gentilhomme s'étoit déjà rendu agréable à Sa Majesté par son esprit et par plusieurs services qu'il lui avoit rendus et au cardinal en diverses rencontres. Ainsi, il n'eut pas de peine à lui faire agréer l'entrevue

---

1. Benjamin Priolo, d'origine vénitienne sans doute, mais né à Saint-Jean-d'Angély d'une mère françoise, mort à Lyon en 1667. Il étoit attaché au duc de Longueville, qu'il avoit suivi à Munster. Il s'engagea pourtant si avant dans le parti du prince de Condé, qu'il fut déclaré rebelle par arrêt du parlement. On a de lui, sur la Fronde, un volume in-4, intitulé : *Ab excessu Ludovici XIII, de rebus gallicis historiarum libri VII*, Charleville (Paris), 1665.

que le prince désiroit avoir avec ce duc, qui n'y voulut pourtant consentir que sur l'assurance secrète, que Prioly lui donna par écrit, qu'en cela il rendroit un service très-agréable à Sa Majesté. Le rendez-vous fut donc aussitôt donné à Trie pour plusieurs fins [1].

Le dessein du prince n'étoit pas seulement de s'abstenir durant les cérémonies de la majorité, mais encore d'attirer dans son parti M. de Longueville, et, par son moyen, de faire soulever en sa faveur toute la Normandie. Celui-ci, au contraire, qui n'avoit tâché d'éluder cette entrevue que par la crainte qu'il avoit d'un si dangereux engagement, étoit fort résolu de ne point écouter les propositions que le prince lui en feroit, et de le détourner lui-même autant qu'il pourroit de son dessein. Et comme Prioly, qui avoit la confidence de tous les deux, ne tendoit qu'à fortifier adroitement le duc dans sa résolution, afin de découvrir plus à fond par sa résistance les véritables desseins et toutes les intrigues du prince, Sa Majesté étoit elle-même bien aise de voir ainsi l'adresse et l'industrie du prince employée à le tromper lui-même.

M. le Prince eut soin que la reine fût avertie de sa part de ce rendez-vous qu'il avoit pris avec le duc de Longueville, croyant mieux excuser par là son absence de la cour. Sa Majesté, sans

1. Le prince de Condé parle de ce voyage de Trie dans sa *Lettre* au duc d'Orléans, *sur le sujet de son éloignement de la cour;* mais il n'a garde d'en faire connoître le dessein : « M'étant donné l'honneur de vous écrire de Trie, où j'étois allé visiter M. de Longueville, mon beau-frère, pour obtenir de Leurs Majestés une surséance de quelques jours de l'établissement de ces nouveaux ministres (les barbons). »

s'informer même du jour, témoigna en être bien aise; et Son Altesse, partant dès le lendemain pour se rendre à Trie, laissa au prince de Conti une lettre par laquelle il rendoit aussi raison de son départ au roi, et lui promettoit une fidélité inviolable [1].

Le jour de la cérémonie, avant que la cour se mît en marche pour aller au Palais, M. de Conti présenta la lettre du prince son frère au roi, qui la reçut d'un air froid et négligé, sans rien dire, et ne l'ouvrit presque qu'à demi, sans regarder ce qu'elle contenoit. Et après la cérémonie achevée, la reine, disposant de toutes choses plus absolument que jamais, en changea plusieurs, qu'on avoit auparavant faites par considération pour M. le Prince.

Elle fit Châteauneuf premier ministre, La Vieville surintendant des finances, et Molé garde des sceaux [2], en la place de Séguier, à qui l'on se contenta de donner quelques espérances sur des promesses vagues qu'on lui fit, et qu'il reçut en bonne part; et le même jour il fut encore résolu que, pour commencer ce nouveau gouvernement par quelque action d'éclat, on feroit poursuivre et charger comme ennemies les troupes que le prince avoit à Marle.

Cette nouvelle étant venue à Trie, le prince, comme abattu de douleur et de tristesse, dit au duc de Longueville d'un air tendre et touchant :

1. *Lettre écrite au roi par M. le prince de Condé sur le sujet de son absence à l'action de sa majorité, du 6 septembre 1651*, Paris, Nicolas Vivenay, 1651, in-4.
2. La lettre par laquelle le roi fit connoître ces nominations au duc d'Orléans est datée du 9 septembre.

« On m'attaque le premier, afin de vous perdre ensuite plus facilement. Le cardinal, qui s'en va revenir malgré le parlement et tous ses arrêts, trouve déjà que votre gouvernement est trop proche de Paris pour vous le laisser, et le destine pour lui-même. Vous ne pouvez éviter votre perte et la ruine de votre maison qu'en liant vos intérêts avec les miens. » Et après un assez long détail de ses desseins, de ses forces, de ses intrigues avec les grands du royaume et les princes étrangers, de l'argent que l'Espagne lui devoit fournir et des troupes qu'il attendoit d'Angleterre, il ajouta : « Prévenez donc le mal dont vous êtes menacé, levez l'étendard au milieu de votre province. La haine de Mazarin, et l'indignation des peuples irrités de son retour, les disposent assez à tout entreprendre contre lui sous vos ordres. »

Ce discours, mêlé d'une douleur encore plus éloquente, ébranla si fort la résolution de M. de Longueville qu'ayant comme oublié les fortes et pressantes raisons par lesquelles il avoit jusque là tâché de détourner le prince du dessein qu'il avoit de s'engager dans une guerre civile, il se contenta de lui dire avec un peu d'émotion : « Que voulez-vous que je fasse pour vous dans l'état où je suis ? Si j'ai quelques places en ma disposition dans ce gouvernement, elles sont toutes sans défenses et sans munitions, et je me vois moi-même sans troupes, sans argent et sans secours.—Vous me quittez donc, reprit le prince, et vous m'abandonnez enfin à la vengeance de mes ennemis ? » A ces mots, le duc, ne pouvant résister en face, protesta qu'il verroit périr sa maison et ses biens plutôt que de l'abandonner; et en même temps ils se donnèrent la main l'un à l'autre, et se promirent une mutuelle fidélité.

Le prince, tout joyeux d'avoir ainsi gagné le duc de Longueville, et croyant pouvoir par là donner plus de poids et de réputation à son parti, surtout parmi les étrangers, à cause de son gouvernement de Normandie, ne pensa plus qu'à bien assurer sa retraite. Il se garda bien de retourner à Paris. Il s'en alla de Trie à Chantilly [1] sans passer par Pontoise, qui étoit son vrai chemin, se doutant bien qu'on ne manqueroit pas de l'y attendre au passage; et ce ne fut pas sans beaucoup de raison; car le comte d'Harcourt et la duchesse d'Eguillon [2], qui étoit toute puissante en ce pays, avoient proposé à la reine de l'y arrêter et disposé toutes choses pour le faire.

Aussitôt qu'il fut arrivé à Chantilly, il lui vint un courrier de la part de M. de Longueville, qui lui mandoit qu'il ne pouvoit rien entreprendre dans la Normandie, s'il ne lui envoyoit auparavant cent mille écus qu'il lui devoit, et s'il ne lui mettoit entre les mains les joyaux et les pierreries de sa femme, pour en faire une somme d'argent qui servît à commencer les préparatifs de la guerre. Le prince jugea bien aussitôt qu'il n'y avoit rien à attendre de lui que des paroles toujours vaines et ambiguës : car quelle apparence

1. En Valois, diocèse de Senlis, parlement et intendance de Paris, gouvernement général de l'Ile de France; aujourd'hui canton de Creil, arrondissement de Senlis, département de l'Oise.

2. Marie-Madeleine de Vignerot, duchesse d'Aiguillon, nièce du cardinal et tante du duc de Richelieu.

y avoit-il que la princesse eût voulu se défaire d'un meuble qui lui étoit si cher, ni que Son Altesse lui pût payer cent mille écus dans un temps où il ne pouvoit pas à peine trouver de quoi fournir au voyage qu'il étoit obligé de faire en Guyenne? Il lui promit néanmoins de lui faire toucher au plus tôt une somme d'argent considérable des Espagnols; mais, outre qu'il se défioit extrêmement de cette promesse, il n'avoit nul dessein de s'engager avec le prince, mais seulement de temporiser jusqu'à ce qu'il vît le train que les choses pourroient prendre.

Cependant Son Altesse, voyant que le danger devenoit de jour en jour plus grand, et qu'il ne pouvoit plus rester dans cette maison en sûreté, fit adroitement proposer à la reine des conditions d'accommodement fort honnêtes, qui amusèrent la cour pendant qu'il se retiroit en diligence à Montrond, où le prince de Conti, la duchesse de Longueville, le duc de Nemours et le sieur de La Rochefoucault l'étoient allé attendre [1]. Il partit de Chantilly [2] avec quelques compagnies de cavalerie, et s'en alla droit à Sully [3], où il passa la Loire, et de là à Bourges, où il fut reçu avec toutes les marques d'honneur et de joie qu'il

---

1. On lit dans la *Lettre de M. le Prince, écrite à MM. du parlement sur le sujet de sa retraite à Bordeaux*, s. l., 1651, in-4: « C'est ce qui m'a obligé de sortir de Paris avec M. le prince de Conty, mon frère, M. le duc de Nemours et M. le duc de La Rochefoucault... »

2. Le 13 septembre.

3. Ville avec un beau château sur la Loire, dans l'Orléanois, diocèse et intendance d'Orléans, parlement de Paris; aujourd'hui chef-lieu de canton, arrondissement de Gien, département du Loiret.

pouvoit attendre d'un peuple particulièrement affectionné à sa maison.

M. d'Orléans, qui jusqu'alors n'avoit rien oublié pour arrêter tous les secrets mouvemens du prince et pour étouffer tous ses desseins de guerre par un raccommodement qu'il tâchoit de ménager pour lui avec la cour, fut étrangement surpris de son départ si précipité; et comme il étoit bien averti de sa marche, il dépêcha un courrier à Angerville [1] pour lui offrir de la part de la reine des conditions d'accommodement justes et raisonnables, et dont il promettoit d'être lui-même sa caution. Ces conditions étoient que Son Altesse demeureroit en toute liberté dans son gouvernement de Guyenne, et que les troupes dont il étoit si fort en peine auroient de bons quartiers d'hiver où elles seroient en sûreté et à couvert de toutes sortes d'insultes et de violences.

Mais la fortune, qui se joue d'ordinaire de la prudence des hommes, rompit en cette occasion toutes les mesures et les précautions de celle de Son Altesse Royale. Celui qui avoit été envoyé de sa part à M. le Prince, au lieu de l'aller joindre à Angerville en Gatinois, où il étoit alors, l'alla chercher à Angerville en Beauce [2], et cette méprise si grossière fut en quelque façon l'origine et la cause de tant de morts et de ruines qui sont

1. Angerville-la-Rivière, en Gâtinois; aujourd'hui canton de Puiseaux, arrondissement de Pithiviers, département du Loiret. Le château d'Angerville appartenoit au président Perrault, intendant du prince de Condé.
2. Ville sur la grande route de Paris à Bordeaux, diocèse et intendance d'Orléans, parlement de Paris; aujourd'hui canton de Méreville, arrondissement d'Étampes, département de Seine-et-Oise.

arrivées durant les derniers troubles; car le sieur de Croissy, que Monsieur envoya aussitôt pour proposer au prince les mêmes conditions, ne l'ayant pu joindre qu'à Bourges, Son Altesse, se voyant si près de Montrond, lui répondit qu'il ne pouvoit honnêtement accepter les offres que Monsieur lui faisoit de la part de la reine et de la sienne sans en avoir auparavant communiqué avec le prince de Conti, son frère, madame de Longueville, sa sœur, et les sieurs de Nemours et La Rochefoucault [1].

L'affaire ayant donc été mise en délibération entre eux, ils conçurent une si violente aversion de cet accommodement, que tous ensemble se mirent à lui représenter que tout ce que de Croissy lui avoit apporté n'étoit que pour l'amuser avec adresse pendant que l'on préparoit les moyens de le surprendre, et qu'il lui seroit toujours honteux de s'être fié à un traité pour l'exécution duquel il n'avoit point d'autre sûreté que la parole de Monsieur, de qui l'on ne devoit rien attendre, lorsqu'il plairoit à la cour de le désavouer; que déjà toute la Guyenne lui tendoit les bras et ne respiroit qu'après lui, et qu'on

---

1. Le 7 octobre, le duc d'Orléans annonça au parlement « que M. le Prince lui avoit écrit qu'il ne pouvoit accepter les offres qui lui avoient été faites, dans le temps où les affaires en recevroient un préjudice notable »; que cependant « par le roi avoient été nommés, pour aller avec Son Altesse Royale traiter avec M. le Prince, MM. d'Aligre et La Marguerie, conseillers d'État; De Mesme, président; Menardeau et de Cumont, conseillers, avec plein pouvoir à mondit sieur le duc d'Orléans par la lettre à lui envoyée par Sa Majesté. » (*Lettre du roi écrite à Son Altesse Royale*, Paris, par les imprimeurs et libraires ordinaires du roi, 1651, in-4.) La lettre est datée de Montargis le 3 octobre.

y avoit fait des levées pour lui de tous côtés ; que Brouage [1] et Blaye [2] étoient tout prêts à se déclarer en sa faveur, et que la flotte d'Espagne avoit déjà levé l'ancre à Guipuscoa pour venir à son secours ; qu'il n'étoit plus temps de s'arrêter aux vains amusemens de la cour, et de se jouer ainsi de l'affection de tant de noblesse dévouée à son service, de tant de braves officiers et de tant de peuples qui étoient déjà sous les armes.

Toutes ces sortes de raisons furent encore fortement appuyées par les lettres de Chavigny, qui écrivoit sérieusement à Son Altesse que les propositions qu'on lui faisoit n'étoient que des adresses et des longueurs étudiées pour donner à l'ardeur de ses amis et de ses serviteurs le temps de se ralentir, et pour l'opprimer ensuite lorsqu'il y penseroit le moins, et qu'il seroit sans armes et sans défense. Le prince, dont l'esprit étoit alors partagé en une infinité de soins et d'inquiétudes, se voyant ainsi pressé, combattu et agité par les sollicitations de ses proches et de ses confidens, se rendit enfin à leurs avis ; et comme il jugeoit bien qu'il seroit bientôt suivi, il commença par avertir ses amis et ses serviteurs.

1. Port de mer dans la Saintonge, mais dépendant du gouvernement général du Pays d'Aunis ; diocèse de Saintes, parlement de Bordeaux, intendance de La Rochelle ; aujourd'hui commune de Hiers, canton et arrondissement de Marennes, département de la Charente-Inférieure. Le gouverneur de Brouage étoit le comte du Dognon. Il prit, en effet, le parti du prince.

2. Port de mer et place forte en Guyenne, sur la rive droite de la Gironde ; diocèse, parlement et intendance de Bordeaux ; aujourd'hui chef-lieu d'arrondissement, département de la Gironde. Le duc de Saint-Simon, gouverneur de Blaye, resta fidèle à la cause du roi.

Il y avoit bien six semaines que le comte de Tavannes étoit à Marle[1] avec les troupes du prince, sans savoir s'il s'accommoderoit ou s'il en viendroit à une guerre ouverte, et par conséquent fort inquiet de n'être qu'à trois petites lieues du maréchal d'Aumont, lorsque Son Altesse lui manda de se retirer avec ses troupes à la Capelle ou à Stenay, et que, s'il vouloit lui rendre un grand service, il ne joindroit les Espagnols que le plus tard qu'il pourroit.

Cet ordre embarrassa d'abord le comte de Tavannes, parce que de Marle à la Capelle, que les Espagnols tenoient, il n'y avoit que quatre lieues, et de Marle à Stenay, qui étoit à M. le Prince, il y en a plus de soixante. Mais comme il avoit le choix de se retirer où il voudroit, pourvu qu'il sauvât ses troupes, il résolut de hasarder la retraite à Stenay; et l'on peut dire, sans le flatter, que c'est l'une des plus belles et des plus hardies dont on ait jamais ouï parler[2].

Ce comte fit d'abord arrêter Folleville, de peur qu'il ne donnât avis de sa marche au maréchal d'Aumont; puis il passa avec tous ses bagages au travers du quartier du régiment de Turenne, sans le charger, et continua sa marche jour et nuit. Lorsqu'il fut sur le bord de la Meuse à la vue de Stenay, Chamilly[3], qui en

---

1. C'est ici que Bussy reprend le récit de Tavannes; et il commence ainsi : « Ces troupes demeurèrent deux mois à Marle. »

2. Bussy a retranché cette phrase. Dans sa position, il eût été de meilleur goût de la conserver.

3. Nicolas Bouton, comte de Chamilly, mort au mois d'octobre 1662. « Que ne dirons-nous pas de la présidence des aspersions lustrales que les *Aréologues* donnent à M. de

étoit lieutenant de roi [1], et qui y commandoit en l'absence de La Moussaye, qui en étoit gouverneur, le pria instamment de ne point passer la rivière, parce que, s'il le faisoit, tout ce gouvernement seroit ruiné.

Deux raisons portèrent le comte à lui accorder sa prière : l'une, que tous les partis qu'il avoit laissés derrière lui ne lui avoient rapporté aucune nouvelle qu'il fût suivi ; et l'autre, qu'il importoit beaucoup de ménager le gouvernement de Stenay, parce qu'il pourroit toujours le prendre au besoin pour la subsistance de ses troupes. Il les logea donc tout le long du bord de la Meuse, dans des quartiers assez proches les uns des autres, et d'où, en sortant, elles se trouvoient toutes en bataille.

Chamilly ?... MM. les comtes de Grandpré... de Chamilly... tiendront ici le rang de Télamon, père d'Ajax... La fidélité et la valeur de MM. de Méressart... qui ont conservé si précieusement la personne de Votre Altesse, comme la générosité et la vigilance de MM. les comtes de Chamilly... La citadelle de Stenay en Argonne, votre asyle, où sous leur garde, aussi assurée que la targe invincible d'Ajax, Votre Altesse si tranquillement repose parmi l'orage de ses afflictions, mérite bien d'être représentée par la valeur du même Ajax...» (*Apothéose de madame la duchesse de Longueville*, etc.) Compris dans le procès qui fut fait en 1654 au prince de Condé et à ses adhérens, Chamilly ne fut pas condamné; « mais les témoignages furent retenus contre lui. » (*Arrêt de la cour de parlement, rendu toutes les chambres assemblées, le roi séant et président en icelle, contre les sieurs Viole, Lenet, le marquis de Persan, Marchin et autres adhérens du prince de Condé. Paris, par les imprimeurs et libraires ordinaires du roi*, 1654, in-4.)

1. Bussy dit : « Qui en étoit gouverneur. » Il se trompe. La Moussaye étoit mort, il est vrai ; mais ce fut Marsin qui eut le gouvernement de Stenay après lui. Chamilly n'eut jamais que le titre de lieutenant de roi.

Cette même nuit, il eut nouvelle par un de ses partis qu'il y avoit des troupes à Busancey[1], d'où il étoit délogé le même jour. Pendant que ce parti lui étoit venu donner cet avis, ces troupes, détachées de l'armée du maréchal d'Aumont, et commandées par Castelnau Mauvissière[2], depuis maréchal de France, et par Beaujeu[3], avoient toujours marché et n'étoient pas à une lieue de lui; c'est pourquoi il mit aussitôt les siennes en bataille, et cependant ordonna qu'on fît toujours passer la rivière à ses bagages.

A la pointe du jour, les troupes du roi ayant paru en bataille, un défilé entre elles et celle du prince, voulurent aussi le passer. Mais Tavannes, leur ayant laissé passer quatre escadrons, les chargea et les contraignit de le repasser en dés-

---

1. Ville avec titre de marquisat sur la Meuse, diocèse de Reims, parlement de Paris, intendance de Châlons; aujourd'hui chef-lieu de canton, arrondissement de Vouziers, département des Ardennes.

2. Jacques, marquis de Castelnau-Mauvissière, mort en 1658. Il est signalé dans le *Discours au parlement sur la détention des princes* (s. l., 1650), in-4, comme un de ceux « par le moyen desquels le cardinal Mazarin s'étoit assuré de places considérables. » Il étoit gouverneur de Brest.

3. Claude-Paul de Beaujeu de Villiers, comte de Beaujeu, lieutenant général, mort le 1er août 1654. « *Bapaume, 16 juillet:* Les Espagnols faisoient venir un convoi de Saint-Omer et d'Aire que le comte de Beaujeu attaqua si vigoureusement du côté de Béthune qu'il le défit; les ennemis ayant perdu cinq cents hommes tués sur la place, et cent cinquante prisonniers, avec des poudres et balles que les nôtres emportèrent dans la ville de Béthune pour marque de leur avantage, toutefois beaucoup diminué par la perte du comte de Beaujeu, qui fut tué en cette action. » (*Gazette* du 1er août 1654.) Beaujeu étoit, en 1650, capitaine-lieutenant des chevau-légers d'Enghien.

ordre avec perte de quelques gens. Après quoi les troupes de part et d'autre demeurèrent bien quatre heures en présence sans rien faire. Pendant ce temps, les bagages de Tavannes ayant achevé de passer la rivière, il la fit encore passer à toute son infanterie, qui eut de l'eau au-dessus de la ceinture. Toute la cavalerie passa ensuite une ligne après l'autre, excepté seulement trois escadrons qui demeurèrent sur le bord du défilé.

Tavannes avoit logé le régiment de Condé, que commandoit de Montal[1], dans un lieu appelé Villefranche[2], qui avoit été autrefois fortifié, et où il y avoit encore de bonnes redoutes qui flanquoient le passage; ce qui favorisa fort cette retraite. Quand toute la cavalerie fut passée, les trois escadrons qui étoient sur le bord tournèrent tête et passèrent la rivière à toute bride, comme cela se fait toujours en pareilles rencontres, et le comte à leur queue, qui faillit à être pris, son cheval s'étant abattu sous lui dans l'eau[3]. Après cela il ne fit plus difficulté de

---

1. Charles de Montraulnin, comte de Montal, célèbre par sa défense de Charleroi en 1667, mort gouverneur de Dunkerque le 25 décembre 1696. Les témoignages furent retenus contre lui, comme contre Chamilly, par l'arrêt de 1654. Il avoit suivi le prince de Condé chez les Espagnols, et avoit eu, en 1653, le commandement de Sainte-Menehould.
Bussy a retranché le nom du régiment et celui du commandant.

2. Sur la Meuse, frontière de la Champagne, parlement de Metz, intendance de Châlons; aujourd'hui commune de Saulmory, canton de Dun, arrondissement de Montmédy, département de la Meuse.

3. Bussy ajoute : « Il n'y eut pas grande perte de part ni d'autre. »

joindre les Espagnols, qui étoient commandés par dom Estevan de Gamarre. Il fit passer une partie de l'hiver à ses troupes en ces quartiers-là, et les mena encore en Flandres pour y passer le reste.

On a voulu blâmer dans le monde le maréchal d'Aumont d'avoir ainsi, par sa négligence, laissé retirer les troupes du prince; mais la vérité est qu'il usa en cela de beaucoup de prudence, parce que, ces troupes ayant à leur tête un chef tel que le comte de Tavannes[1], il lui auroit été difficile de l'empêcher sans hasarder un combat dont la perte auroit mis le royaume en compromis; et peut-être aussi que, quoi que bon serviteur du roi, il ne crut pas être obligé en cette occasion de tenir la dernière rigueur au prince: car, dans l'état où les choses étoient alors, les plus fidèles ne se font pas toujours une affaire de pencher un peu du côté d'un prince du sang que le ministre veut pousser, parce qu'ils se flattent de cette pensée, que, si le roi étoit en âge de gouverner par lui-même, les choses prendroient un tout autre train.

Pendant que Tavannes faisoit cette retraite, le prince, qui savoit que le roi devoit bientôt aller en personne à Bordeaux, s'y rendit en diligence avec MM. de Conty et de Nemours, et y fut reçu par les Bordelois comme leur sauveur[2]. A son arrivée, il chassa le premier président[3]

---

1. Cette louange que Tavannes se donne à lui-même n'a pas trouvé grâce devant Bussy.
2. Le prince de Condé arriva à Bordeaux vers le 20 septembre.
3. Il s'appeloit Arnaud de Pontac.

comme ennemi, visita les places de la province, et prépara toutes choses pour la guerre ; ce qui obligea la cour à hâter la marche du roi [1], pour ôter à Son Altesse le loisir d'assembler des forces et des amis pour une longue défense, et à donner cependant les ordres nécessaires pour assiéger Montrond.

La princesse de Condé et la duchesse de Longueville, qui étoient dedans, en ayant eu avis, en sortirent aussitôt avec ceux qui les accompagnoient, et se retirèrent à Bordeaux, ayant laissé Persan pour commander dans la place, qui fut assiégée dès le commencement d'octobre par Palluau [2], mestre de camp général de la cavalerie légère; et peu de jours après la cour se rendit à Poitiers avec une puissante armée, commandée par le comte d'Harcourt, pour poursuivre le prince.

La France étant alors toute divisée, chacun commença à prendre parti selon ses plus forts engagements. Marsin [3], qui commandoit en Catalogne, passa dans celui des princes, laissant sans secours Barcelonne, que les Espagnols, commandés par Jean d'Autriche et par le marquis de Mortare, avoient assiégée par mer et par terre. Le duc d'Orléans n'étoit pas encore déclaré; mais il ne s'en falloit guère. Il étoit demeuré dans Paris, où il incommodoit fort la cour

---

1. Le roi partit de Fontainebleau le 1er octobre. (*Lettre du roi à MM. du parlement sur son voyage de Berry*, Paris, veuve J. Guillemot, 1651, in-4.)

2. Philippe, comte de Palluau, plus tard maréchal de Clérembaut.

3. Jean-Gaspard-Ferdinand, comte de Marsin, lieutenant général.

par mille choses qu'il entreprenoit, à quoi l'on n'osoit s'opposer, de peur de lui donner prétexte de lever le masque. On affectoit même de cacher la défiance qu'on avoit de lui. Ce fut pour cela que la cour, qui en étoit si peu assurée, ne laissa pas, étant à Bourges, de donner un régiment d'infanterie à Langeron [1], son domestique; et ce régiment étoit dans La Charité [2] même, dont Langeron étoit gouverneur. C'étoit un passage très-considérable dans une guerre civile, et particulièrement Montrond étant assiégé comme il l'étoit alors.

La cour étoit encore fort inquiète de ce que le parlement et la ville de Paris, et les peuples en divers endroits, prenoient, comme les princes, pour prétexte de leur mécontentement, la croyance qu'ils avoient du retour de Mazarin, qui étoit hors de France il y avoit plus d'un an, et de ce que Son Altesse Royale même en étoit alarmé. C'est pourquoi elle donna sur la fin de novembre un arrêt du conseil d'État par lequel Sa Majesté déclaroit qu'elle ne le vouloit plus rappeler [3]. Cependant on ne douta pas un moment qu'il ne

---

1. Philippe Andraut, sieur de Langeron, mestre de camp de cavalerie, gouverneur de La Charité et de Nevers, bailli du Nivernois et Douziois, premier gentilhomme du duc d'Orléans, mort le 21 mai 1675. Il avoit été élevé page du duc d'Orléans, dont la faveur lui obtint l'érection de la seigneurie de Langeron en comté par lettres-patentes du mois d'août 1656.

2. Sur Loire, en Nivernois, diocèse d'Auxerre, parlement de Paris, intendance de Bourges; aujourd'hui chef-lieu d'arrondissement, département de la Nièvre.

3. Nous n'avons pas rencontré cet arrêt du Conseil d'État, et nous n'avons pas vu qu'il en fût fait mention dans le *Journal du parlement*.

revînt, et que l'arrêt n'eût été rendu de concert avec lui. L'événement confirma bientôt cette conjecture.

Dès le mois suivant, qui étoit le dernier de l'année, on sut que la reine avoit donné des ordres pour son retour [1]; et le bruit s'en étant répandu dans Paris, le feu commença à se rallumer plus que jamais. Le parlement se plaignoit hautement qu'on l'avoit joué, aussi bien que M. d'Orléans, qui en étoit dans une extrême colère; et les frondeurs s'emportant avec fureur contre Mazarin, on n'entendoit partout que des diffamations contre lui et ses partisans.

Mais cependant toutes ces fureurs et ces emportemens n'empêchoient pas son retour. Il rentra effectivement en France au commencement de l'année 1652, et marcha droit à Poitiers pour y joindre la cour, avec cinq ou six mille hommes de troupes ramassées qui l'escortoient sous la conduite du maréchal d'Hocquincourt; et en même temps M. d'Orléans s'étant tout à fait déclaré, on envoya en diligence des troupes pour fermer les passages de Loire et d'Yonne à Mazarin [2]; mais elles étoient commandées par certains

---

[1]. *Lettre du roi écrite au cardinal Mazarin.* S. l. n. d., in-4. Elle est datée de Poitiers, le 12 décembre 1651.

[2]. En exécution d'un arrêt du parlement en date du 2 janvier 1652. Deux conseillers, Du Coudray-Géniez et Bitaut, furent en même temps députés pour soulever les communes riveraines de la Seine, de l'Yonne et de la Loire; mais leur mission se termina dès le 9, entre Pont-sur-Yonne et Sens, où, attaqués par les coureurs du maréchal d'Hocquincourt, Du Coudray se sauva et Bitaut fut fait prisonnier, puis mené au château de Loches, dans lequel il resta enfermé jusqu'au commencement de février.

chefs si mal habiles[1] qu'ils ne purent l'empêcher d'arriver enfin à Poitiers, environ le seizième de janvier[2] 1652. Il y entra comme en triomphe, et y fut reçu de Leurs Majestés avec des témoignages d'une estime et d'une affection tout extraordinaire. Le roi même alla au devant de lui avec M. d'Anjou[3], jusque hors de la ville. Et peu de jours après, les sieurs le Tellier, Servien et de Lionne, que M. le Prince avoit fait éloigner de la cour, furent rappelés, et rentrèrent plus avant que jamais dans le ministère.

Aussitôt qu'on eut appris que Mazarin avoit joint la cour avec ses troupes, M. d'Orléans, Paris, le parlement et la fronde se déclarèrent tous pour M. le Prince contre ce ministre. Son Altesse Royale mit quelques troupes en campagne, sous le commandement de M. de Beaufort, pour traverser les desseins de la cour par quelque diversion; et le parlement donna contre le cardinal de nouveaux arrêts, beaucoup plus rigoureux que tous les précédents[4] : tous ses biens et tous les revenus qu'il avoit de l'église furent confisqués, sa bibliothèque et ses meubles vendus à l'encan, lui-même proscrit et sa tête

---

1. Les troupes étoient celles du duc d'Orléans. C'étoit donc Vallon qui les commandoit.
2. Le 28.
3. Philippe de France, duc d'Anjou, frère du roi.
4. Il n'y en eut pas moins de cinq, publiés, du 13 décembre 1651 au 21 mars 1652, sans compter l'*Arrêt... portant cassation de la déclaration donnée contre Monseigneur le prince de Condé.* Paris, Nicolas Vivenay, 1652, in-4. Trois sont du mois de décembre, les 13, 20 et 29; un est du 25 janvier, le dernier du 21 mars.

mise à prix [1], ce qui obligea la cour de mettre en délibération si l'on emploieroit toutes les forces du roi contre M. le Prince pour réduire les Bordelois, ou si l'on reprendroit le chemin de Paris pour tâcher de ramener M. d'Orléans à la cour, et de ruiner en même temps le parti des frondeurs, ou de les ranger au devoir.

Ce dernier avis fut suivi; l'armée du roi s'assembla au mois de mars pour marcher entre la Seine et la Loire; et parce que le sieur de Chabot, gouverneur d'Anjou, s'étoit retiré dans Angers, et avoit engagé cette ville à se déclarer en faveur des princes contre le cardinal, on résolut de l'assiéger en passant. L'ordre en fut donné au sieur d'Hocquincourt; et cependant la cour continua sa marche jusqu'à Saumur [2], où elle demeura quelques jours pour presser la réduction de cette place, et pour désarmer plus prompte-

---

1. Ce sont à peu près les termes de l'arrêt du 29 décembre, dont le dispositif mérite d'être cité textuellement, au moins en partie : La Cour déclare « le cardinal Mazarin et ses adhérens criminels de lèze-majesté et perturbateurs du repos public; enjoint aux communes de leur courir sus, et aux maires et échevins des villes de s'opposer à leur passage; ordonne que sur la bibliothèque et meubles dudit cardinal Mazarin, qui seront vendus, et revenus de ses bénéfices et autres biens qui se trouveront lui appartenir en France, et à ceux qui l'assistent, il sera par préférence et nonobstant toutes saisies, oppositions et appellations, pris la somme de cent cinquante mille livres, laquelle sera donnée à celui ou à ceux qui représenteront ledit cardinal à justice, mort ou vif, ou à leurs héritiers; et si celui qui le représentera se trouve prévenu de crime, sera le roi très-humblement supplié octroyer pardon, pourvu que ce ne soit de crime de lèze-majesté. »

2. La Cour étoit à Saumur le 12 février. Tavannes a donc eu tort de dire que l'armée royale s'assembla au mois de mars.

ment les rebelles, avec Chabot, leur chef. Ce Chabot avoit l'obligation au feu prince de Condé d'avoir épousé Marguerite de Rohan, à qui son esprit et sa bonne mine l'avoient rendu agréable, et il étoit encore redevable au prince son fils du gouvernement d'Anjou, qu'il lui avoit fait avoir. C'étoit en partie ce qui l'avoit porté à armer en sa faveur; mais il ne tint que peu de jours, après lesquels il fut contraint de rendre la place au roi et de traiter pour sa propre sûreté [1].

Ce fut durant ce siège que le coadjuteur obtint enfin de Rome le chapeau de cardinal [2], qui lui avoit été tant de fois promis, et tant de fois différé. Mais à la vérité il n'en étoit pas plus redevable à la cour; car il est certain que le pape Innocent VIII [3] ne le lui accorda pas tant pour obliger le roi que pour l'aversion qu'il avoit prise contre le cardinal Mazarin, qu'il prétendoit détruire ou du moins rabaisser, en lui donnant en France un compétiteur qui fût de même dignité que lui.

Après la réduction d'Angers, la cour, continuant son chemin le long de la Loire, alla de Saumur, par Tours et par Amboise, jusqu'à Blois,

---

1. Le duc de Rohan se rendit le 26 février; nouvelle preuve de l'erreur de Tavannes sur le rassemblement de l'armée royale. (*La Réduction de la ville et château d'Angers en l'obéissance du roi, avec les articles de sa capitulation faite le 26 février 1652.* Paris, Salomon de La Fosse, 1652, in-4.) La capitulation est signée par le comte de Quincé et le duc de Rohan.

2. On ne l'apprit à Paris que le 22 février. Ce fut l'occasion de quelques pamphlets d'une rare insignifiance.

3. Jean Baptiste Pamfilio Pamfili, pape sous le nom d'Innocent X.

où elle s'arrêta quelques jours pour tâcher de s'assurer d'Orléans, et ensuite de Gergeau[1] et de Gien[2], qui sont des postes avantageux sur cette rivière.

Cependant M. le Prince, pour affermir davantage dans leur résolution ceux qui s'étoient déclarés en sa faveur, avoit en même temps envoyé le duc de Nemours à Bruxelles pour en tirer quelques troupes des Espagnols, et les joindre à celles que le comte de Tavannes avoit menées de Marle en Flandres; et les Espagnols lui avoient donné quatre mille hommes, tant de cavalerie que d'infanterie, commandés par le baron de Clinchan, mestre de camp général[3], et par le colonel Broué, sergent de bataille.

Ces quatre mille hommes, joints à ce premier corps que commandoit Tavannes, lieutenant général, avec les sieurs de Lengues[4] et de Coligny,

---

1. Ville sur la rive gauche de la Loire, dans l'Orléanois propre, diocèse et intendance d'Orléans, parlement de Paris; aujourd'hui chef-lieu de canton, arrondissement d'Orléans, département du Loiret.

2. Ville avec le titre de comté sur la rive droite de la Loire, dans le Gâtinois orléanois, diocèse d'Auxerre, parlement de Paris, intendance d'Orléans; aujourd'hui chef-lieu d'arrondissement, département du Loiret.

3. Bernardin de Bourqueville, baron de Clinchamp. Il est très-souvent question de lui dans les relations du siége d'Étampes.

4. Cleriadec de Choiseul, marquis de Lanques, mestre de camp du régiment de Bourbon-cavalerie. C'est encore un des braves qui, dans l'*Apothéose de madame la duchesse de Longueville*, «tiennent le rang de Télamon, père d'Ajax»; ce qui signifie qu'en 1650 il étoit dans Stenay avec la duchesse. En 1652, il commanda, avec Tavannes et Clinchamp, l'avant-garde du prince de Condé, dans la retraite de Saint-Cloud sur le faubourg Saint-Antoine.

maréchaux de camp, en faisoit un d'environ huit mille hommes, avec lequel M. de Nemours étoit parti de Flandres le vingtième de février, et avoit pris sa marche droit à Mantes [1], pour deux raisons : l'une, qu'en approchant Paris plus près que dix lieues, il auroit pu faire crier ce grand peuple sur lequel toute l'espérance du parti étoit fondée; et l'autre, que le duc de Sully [2], gouverneur de Mantes, étant dans les intérêts de M. le Prince, ne manqueroit pas de leur faciliter le passage autant qu'il pourroit, et de disposer, comme il fit, tout le peuple à le souffrir.

De Mantes, MM. de Nemours et de Clinchan s'en allèrent prendre les ordres de M. d'Orléans à Paris; et cependant l'armée continua sa marche à Oudan [3], où ils la devoient rejoindre le lendemain. A leur retour, elle prit le chemin de Château-d'Un [4], pour aller joindre les troupes de Son Altesse Royale qui étoient aux environs, commandées par M. de Beaufort, général, par le baron de Sirot [5], lieutenant général, et les sieurs

---

1. Il y arriva le 5 mars. Mantes, chef-lieu du pays Mantois, dans l'île de France, sur la rive gauche de la Seine, diocèse de Chartres, parlement et intendance de Paris; aujourd'hui chef-lieu d'arrondissement, département de Seine-et-Oise.

2. Maximilien-François de Béthune, prince d'Enrichemont, duc de Sully.

3. Houdan, chef-lieu de canton, arrondissement de Rambouillet, département de Seine-et-Oise.

4. Capitale du pays de Dunois, près de la rivière du Loir, avec un beau château; élection et bailliage dépendant du gouvernement général de l'Orléanois, diocèse de Chartres, parlement de Paris; aujourd'hui chef-lieu d'arrondissement, département d'Eure-et Loir.

5. Claude de Letouf, chevalier, baron de Sirot, *le brave*

de Maray[1] et Valon, maréchaux de camp.

Toutes ces forces étant jointes, MM. de Nemours et de Beaufort, qui les commandoient, et tout ce qu'il y avoit d'officiers généraux avec eux, s'assemblèrent à Illiers[2], pour délibérer sur ce qu'il y avoit à faire pour commencer cette guerre par quelque exploit mémorable. M. de Beaufort, appuyé de ses officiers, soutint, même avec opiniâtreté, qu'il falloit aller droit à Blois, où étoit la cour avec seulement quatre ou cinq mille hommes de peu de considération, et la plupart de nouvelles levées faites pour le retour du cardinal.

Mais comme ce nombre de troupes, avec tout ce qu'il pouvoit y avoir de peuple et de gens de toutes qualités dans la ville, étoit plus que suffisant pour en empêcher la prise, M. de Nemours lui demanda quel pourroit être le fruit de ce dessein, où il y avoit si peu d'apparence de pouvoir réussir. M. de Beaufort lui dit pour toute raison que de canonner une ville où étoit le roi, quoique sans apparence de la prendre, c'étoit une action d'éclat qui donneroit de la réputation aux armes du parti. Sur cela on lui répliqua qu'il valoit bien mieux s'employer à faire quel-

---

Sirot, lieutenant général, mort en 1652. On a de lui des *Mémoires*, aujourd'hui très-rares.

1. Guillaume de Roux et de Médavy, comte de Clermont et de Marey, capitaine-lieutenant des gendarmes du duc de Valois, lieutenant général, mort en 1652.
2. Illiers, ou Saint-Jacques d'Illiers, bourg au pays Chartrain, sur le Loir, gouvernement général de l'Orléanois, diocèse de Chartres, parlement de Paris, intendance d'Orléans; aujourd'hui chef-lieu de canton, arrondissement de Chartres, département d'Eure-et-Loir.

que chose d'utile, comme de s'assurer de quelque bon passage sur la rivière de Loire, et qu'il y auroit bien du malheur si on ne prenoit Gien ou Gergeau, le premier étant à M. le chancelier [1], qui étoit dans les intérêts de MM. les princes, et l'autre foible, et, comme Orléans, plus porté à les servir qu'à leur nuire; que chacun de ces postes avoit pour eux trois avantages considérables : l'un, qu'on y pouvoit toujours donner la main à M. le Prince, qui étoit en Guyenne; l'autre, qu'on secourroit infailliblement Montrond avec douze ou quinze cents hommes; et le troisième, qu'on empêcheroit plus facilement la jonction des troupes de M. de Turenne, qui étoient en Bourgogne et marchoient déjà pour joindre la cour.

Après quelques contestations, ce dernier avis fut trouvé le meilleur et aussitôt exécuté. On fit avancer l'armée jusqu'au faubourg de Patay [2], à deux ou trois lieues d'Orléans, où l'on s'arrêta. Il y fut résolu que l'un des deux généraux seroit détaché avec seulement cinq cents chevaux et cinq cents hommes de pied pour s'approcher de ces places, et pour en faire la tentative sans donner l'alarme en ces quartiers-là; ce qu'auroit fait l'armée entière. M. de Beaufort, qui vouloit avoir l'honneur de cette entreprise, dit à M. de Nemours qu'il y avoit déjà quatre jours qu'il y avoit envoyé le chevalier de Ville-Chauve [3], ca-

---

1. Pierre Séguier, mort le 28 janvier 1672.
2. Dans le pays de Dunois, diocèse et intendance d'Orléans, parlement de Paris; aujourd'hui chef-lieu de canton, arrondissement d'Orléans, département du Loiret.
3. Charles de Morainville de Villechauve, capitaine au régiment de Son Altesse Royale depuis 1650, major du régi-

pitaine au régiment d'infanterie de Son Altesse Royale, pour en reconnoître l'état; que ce chevalier, étant de la province et y ayant des habitudes, y feroit assurément son devoir, et qu'il en répondoit corps pour corps: ce sont ses termes; et sur cette assurance il se mit en campagne à minuit avec les troupes destinées à cet effet.

Lorsqu'il fut à dix lieues de Patay, le chevalier lui vint dire qu'il avoit été jusque dans Gergeau, et y avoit vu de se yeux M. de Palluau avec sept ou huit cents hommes d'infanterie. Cela l'obligea de s'arrêter, et dès la pointe du jour il renvoya un officier à M. de Nemours, pour lui donner avis de ce rapport.

A l'instant celui-ci monte à cheval avec MM. de Tavannes et de Lengues, et s'en va à toute bride trouver M. de Beaufort, qui fit aussitôt venir devant lui ce cavalier, pour lui confirmer par sa bouche ce qu'il lui avoit mandé; et en même temps ayant consulté entre eux ce qu'il y avoit à faire ailleurs, ils convinrent que ceux d'Orléans n'étant pas encore tout à fait déclarés pour le parti de MM. les princes, M. de Beaufort s'y en iroit pour achever de les résoudre, et s'en assurer avec ce talent qui lui étoit si naturel de savoir gagner les cœurs de la canaille; et un moment après, M. de Nemours, tirant à part MM. de Tavannes et de Lengues, leur dit: « Je ne me fie point à ce B...cy; je crains qu'il ne nous fasse plus de mal que de bien. » Puis s'adressant à M. de Lengues: « Je vous prie, Monsieur de

---

ment royal en 1660, lieutenant-colonel en 1666, brigadier le 25 février 1677.

Lengues, allez-vous-en avec lui et observez bien tout ce qu'il fera. »

M. de Beaufort, ayant pris pour escorte les deux compagnies de gendarmes et de chevau-légers de Son Altesse Royale, avec le sieur de Maray qui les commandoit, s'en alla droit à Orléans. Il y fut reçu par la petite porte, avec seulement cinq ou six des principaux de la troupe [1]. En entrant dans la grande rue, il trouva force peuple assemblé, qui le ravirent de joie par un cri confus de *vive le roi et Monsieur le grand Beaufort*; et après en avoir témoigné sa reconnoissance à ce peuple, il s'en alla descendre chez le marquis de Sourdy [2], gouverneur de la ville.

En entrant dans la cour, le premier qu'il rencontra fut un homme fort crotté qui portoit la couleur des casaques du roi. M. de Beaufort lui demanda aussitôt d'où il venoit, et cet homme lui ayant répondu qu'il venoit de Gergeau, il s'informa encore de lui si M. de Palluau y étoit et combien il avoit de troupes avec lui; et cet homme lui assura que ce matin même qu'il en étoit parti, il y avoit vu M. de Palluau, n'ayant point d'autres gens avec lui que sept ou huit domestiques, sans aucune troupe. En bonne justice de guerre, ne devoit-on pas faire sauter la tête à ce beau faiseur de rapport, qui l'avoit vu, disoit-il, dans Gergeau même, avec sept ou huit cents

1. *Arrivée de M. le duc de Beaufort dans la ville d'Orléans et la sortie du marquis de Sourdis hors de ladite ville.* Paris, Antoine Matias, 1652, in-4. Le duc de Beaufort repartit d'Orléans le mercredi 23 mars, mais nous ne savons pas précisément quel jour il y étoit arrivé; probablement c'étoit le 22 ou, au plus tôt, le 21.

2. Charles d'Escoubleau, marquis de Sourdis.

hommes d'infanterie? On ne laissa pas pour cela de le voir dès le lendemain servir impunément à sa compagnie, comme si de rien n'eût été.

M. de Beaufort, voulant réparer ce que ce chevalier avoit fait manquer, commanda au sieur de Maray de s'en aller à Gergeau avec ses deux compagnies; mais les habitans, échauffés par la présence de M. de Palluau, voyant ce peu de gens qui les approchoient, se moquèrent d'eux et les firent retirer plus vite que le pas. Cependant M. de Beaufort, qui les avoit quittés pour rejoindre l'armée, la trouva en marche à une lieue d'Orléans, la tête tournée vers Gergeau, pour aller prendre ce poste. Mais Mademoiselle étant arrivée ce même jour à Orléans [1], à dessein d'exciter ce peuple à se déclarer tout de bon pour le parti des princes, elle fit dire à MM. de Nemours et de Beaufort et aux autres officiers généraux qu'elle désiroit les voir tous pour conférer avec eux; ce qui les obligea d'arrêter la marche de l'armée, et de remettre l'attaque de Gergeau après cette conférence, qui se fit le lendemain au faubourg d'Orléans.

Ce fut là que MM. de Nemours et de Beaufort eurent ce funeste différend dont on a si diversement parlé dans le monde, et dont peu de gens sa-

1. Anne-Marie-Louise d'Orléans, duchesse de Montpensier, fille aînée de Gaston, duc d'Orléans, dite Mademoiselle ou la grande Mademoiselle. Elle arriva à Orléans le 27. (*Le Récit véritable de ce qui s'est passé à l'entrée de Mademoiselle dans la ville d'Orléans, avec la résolution qui a été prise touchant l'arrivée du garde des sceaux et du conseil envoyé par le roi dans ladite ville, donné au public par le commandement de Son Altesse Royale*. Paris, veuve Jean Guillemot, 1652, in-4.)

vent la vérité, que l'on va rapporter ici en peu de paroles. Lorsqu'on étoit au plus fort de la conférence, M. de Nemours se plaignit qu'on ne pensoit qu'aux affaires de M. d'Orléans et de Paris, et non plus à celles de M. le Prince que s'il n'eût fait aucune figure dans le parti. M. de Beaufort, qui ne passoit pas pour être fort des amis de Son Altesse, jugeant aussitôt que le reproche s'adressoit à lui, s'en offensa étrangement; et, comme il soutenoit avec chaleur qu'il étoit autant serviteur de M. le Prince qu'il le pouvoit être, et qu'il le feroit voir :—« Cela n'est pas », lui répartit brusquement M. de Nemours. À l'instant M. de Beaufort, s'élançant par dessus ceux qui s'étoient mis entr'eux deux, lui jeta la main au visage ; et M. de Nemours, le prenant en même temps par la perruque, la lui arracha. On les sépara avec assez de peine, et Mademoiselle, leur ayant imposé silence, les accommoda sur-le-champ, mais non pas si bien que ce malheureux désordre ne fût bientôt après la cause de la mort du pauvre M. de Nemours.

La nuit approchant sans qu'on eût encore pu rien conclure, on s'en tint à la résolution qu'on avoit déjà prise avant cette conférence, qui étoit de s'approcher de Gergeau, et même d'occuper le faubourg qui est au bout du pont; puis on se sépara. Mademoiselle rentra dans Orléans, et tous les autres s'en retournèrent à l'armée, qui étoit à deux lieues de là, en plusieurs quartiers, pour avancer autant qu'ils pourroient leur dessein sur Gergeau. Le lendemain, deuxième d'avril, l'armée étant déjà en marche et prête à se séparer pour prendre chacun son poste, MM. de Nemours, de Beaufort et de Tavannes eurent encore un nouvel ordre de Mademoiselle pour l'aller trouver au même lieu où l'on s'étoit assemblé la veille.

Cependant le baron de Sirot, qui restoit seul de lieutenant général, jugeant que le faubourg qui est au bout du pont étoit le poste le plus honorable, s'y alla loger avec le régiment d'infanterie de Son Altesse Royale. Le bruit de ce pays-là étoit que les habitans de Gergeau avoient coupé les deux arcades du pont qui touchoient la ville ; et, en effet, le baron et quelques officiers qui étoient avec lui, les regardant du bord de la rivière, le jugèrent aussitôt de même ; et dans cette croyance, ce général se contenta, pour la sûreté de son quartier, qui étoit celle de toute l'armée, de mettre quelques mousquetaires dans une espèce de petit châtelet qui étoit sur le bord du pont vers le faubourg.

Et le lendemain, sur les neuf ou dix heures du matin, il ne laissa pas de lui prendre envie, quoique très-inutilement, de faire un logement sur le milieu du pont. Il fit d'abord apporter pour cela quelques barriques ; et parce que ceux de la place tiroient des toits et des fenêtres sur cet endroit, il s'avisa d'y faire avancer quelques mousquetaires qui escarmouchoient contre des gens qu'ils ne voyoient point. Il y eut ainsi de part et d'autres plusieurs coups tirés à l'aventure ; mais ils ne furent pas tous sans effet ; le pauvre Sirot même en reçut un à la mâchoire dont il mourut peu de jours après.

Si M. de Sirot en eût alors usé comme un homme qui avoit passé toute sa vie dans le métier, il auroit fait reconnoître le pont et la porte de la ville dès le soir même; et dans l'état où l'un et l'autre étoient, il auroit pu coucher cette nuit dans la place, ou du moins s'en rendre absolument le maître avant la pointe du jour; car la vérité est qu'encore que ces deux arcades du pont fussent effectivement rompues, on avoit mis depuis en leur place des poutres et des planches en travers, où les chariots même passoient; et la porte de la ville étoit justement comme la porte d'une grange, qu'on pouvoit mettre en pièces en une demi-heure avec trois ou quatre haches.

Et ce coup étoit d'autant plus beau et plus avantageux au parti, que, ce jour-là même, la cour étoit sortie des environs d'Orléans, où on lui avoit fermé les portes, et s'étoit mise en marche pour aller coucher à Sully; de sorte que, Gergeau étant pris la nuit ou seulement le matin, toute l'armée pouvoit être passée à midi et rencontrer la cour à une lieue de là, dans sa marche; et comme elle n'étoit alors soutenue que de quatre ou cinq mille hommes de très-pauvres troupes, on auroit vu en ce moment les choses réduites, ou à livrer Mazarin aux princes, ou à tout abandonner pour le sauver avec les personnes royales. Mais encore où le sauver?

C'est ce que M. de Turenne même reconnut fort bien dans cette marche de la cour, lorsque, s'étant détaché avec seulement vingt-cinq ou trente hommes, tant volontaires que des siens, pour reconnoître en passant l'état de Gergeau, et y étant arrivé justement dans le temps que l'escarmouche du pont se faisoit, il dit à ceux qui l'accompagnoient que dans ce moment ils en étoient à la dernière ressource des affaires du roi, et qu'il falloit sauver cette ville ou y périr tous; mais en vain leurs efforts auroient été employés contre une armée entière.

Ce coup ainsi manqué fut un surcroît de chagrin au parti des princes, qui n'en avoit déjà que trop de la division des deux chefs, dont Chavigny avoit donné plusieurs avis à M. le Prince, pour l'obliger à venir lui-même prendre le commandement de son armée, sa présence y étant nécessaire pour rassurer le courage des officiers, qui commençoient à perdre toute espérance. Il lui avoit aussi fortement représenté qu'elle ne l'étoit pas moins à Paris, pour conserver dans l'union faite en sa faveur, non-seulement ce grand peuple, que l'approche de la cour commençoit à ébranler, mais M. d'Orléans même, qui balançoit, et les frondeurs, que les intrigues du nouveau cardinal portoient à se détacher de ses intérêts, s'il ne se faisoit bientôt voir à son armée et dans cette grande ville.

Mais combien de périls et de difficultés ne falloit-il pas essuyer pour pouvoir joindre son armée et s'approcher de Paris! Il ne pouvoit sortir de Bordeaux sans passer au milieu des troupes de ses ennemis; et il avoit à traverser les deux tiers de la France, qui en étoit remplie. Tout cela tenoit ses amis et ses serviteurs dans une inquiétude et une impatience extrême de son arrivée, lorsqu'on le vit tout d'un coup paroître à la tête de son armée, qui étoit en marche vers Gien et Briare [1].

---

1. *Lettre de M. le Prince à Son Altesse Royale sur le sujet de son arrivée aux troupes de MM. les ducs de Beaufort et de Nemours.* Paris, Nicolas Vivenay, 1652, in-4. Elle est da-

Il étoit parti de Bordeaux déguisé, n'étant accompagné que de six hommes [1], et avoit marché jour et nuit dans cet équipage sans aucun danger jusqu'à Bauny [2], où il en courut un très-grand par la faute d'un de ses gens. Un gentilhomme nommé la Bachelerie, qui portoit un paquet de la cour au sieur de Bussy, à La Charité, passant entre Cosne [3] et Bauny, son valet, qui marchoit cent pas après lui dans le grand chemin, reconnut Rochefort, valet de chambre de M. le Prince, qui passoit, et lui demanda d'où il venoit. Rochefort, surpris, lui dit qu'il étoit avec le patron, parlant de Son Altesse. Ce valet lui demanda encore où il étoit; et il lui répondit qu'il s'étoit écarté du grand chemin avec six hommes, et qu'il alloit joindre l'armée à Montargis [4]. Ce va-

tée de Nojan, le 1er avril 1652, et signée Louis de Bourbon. — Briare, à la tête du canal de ce nom, sur la Loire, diocèse d'Auxerre, parlement de Paris, intendance d'Orléans; aujourd'hui chef-lieu de canton, arrondissement de Gien, département du Loiret.

1. Dans les *Particularités de la route de M. le prince de Condé, et le sujet de son retardement, avec le passage des troupes du cardinal Mazarin à Gien*, Paris, 1652, in-4, on nomme Beaupré (La Rochefoucault), La Place (le baron de Lévy), Saint-Amand (Chavagnac), Lestourville et Longuepleine. Le prince de Condé avoit pris le nom de Motteville.

2. Bonny, ville dans le Gâtinois orléanois, sur la rive droite de la Loire, au confluent de la Cheville, diocèse d'Auxerre, parlement de Paris, intendance d'Orléans; aujourd'hui canton de Briare, arrondissement de Gien, département du Loiret.

3. En Nivernois, sur la rive droite de la Loire, au confluent de la Noaym, diocèse d'Auxerre, parlement de Paris, intendance d'Orléans; aujourd'hui chef-lieu d'arrondissement, département de la Nièvre.

4. Capitale du Gâtinois orléanois, sur le canal de Briare, près de la rivière de Loing, avec titre de duché-pairie, ap-

let en avertit aussitôt son maître, qui le chargea sur-le-champ de la lettre du cardinal à Bussy, et s'en retourna à la cour porter la nouvelle du passage du prince; et ce fut sur cet avis qu'on détacha Sainte-Meause[1] avec vingt maîtres, qui ne manquèrent le prince que d'un moment.

En sortant de ce danger, il eut à la rencontre quelques coureurs de son armée; et sur le *qui vive*, l'un de ces coureurs, qui étoit de son régiment lui dit : *Vive vous-même, Monseigneur.* Ce fut une agréable surprise pour Son Altesse, qui n'avoit aucune nouvelle de son armée, de s'y trouver tout d'un coup, et un grand sujet de joie à toute l'armée de se voir ainsi portée de la tête à la queue en un moment par l'arrivée imprévue d'un chef dont l'attente avoit jusqu'alors soutenu toutes ses espérances.

Ce même jour, troisième d'avril, l'armée alla loger à Château-Landon[2], et le lendemain M. le Prince la mena lui-même devant Montargis, dont il vouloit s'assurer. Les habitans balancèrent quatre ou cinq heures s'ils lui refuseroient les portes; mais, voyant qu'il étoit résolu à les forcer, ils les lui ouvrirent[3]. On n'y demeura que deux

---

partenant au duc d'Orléans, diocèse et intendance d'Orléans, parlement de Paris; aujourd'hui chef-lieu d'arrondissement, département du Loiret.

1. Guy de Sainte-Maure, seigneur de Fougeray, mestre de camp de deux régimens, infanterie et cavalerie, gouverneur de Dourlens.

2. Dans le Gâtinois françois, diocèse de Sens, parlement et intendance de Paris; aujourd'hui chef-lieu de canton, arrondissement de Fontainebleau, département de Seine-et-Marne.

3. *La Relation véritable, contenant la prise de la ville et*

jours, après lesquels, Son Altesse voulant s'approcher des ennemis avant qu'ils fussent fortifiés de ce considérable corps de cavalerie que M. de Turenne avoit en Bourgogne, il s'alla loger à Château-Renard[1], et en partit dès minuit pour passer le canal de Briare, à la garde duquel on avoit mis deux compagnies de carrabins, qui furent tous pris, avec le nommé la Cottière[2] qui les commandoit.

Après que tout fut passé, et qu'on eut bien marché une bonne heure dans un pays fort couvert, on entra dans la plaine, où l'on découvrit aussitôt une grande quantité de feux en divers endroits. M. le Prince, ne jugeant pas que ce fût un campement d'armée, commanda à celui qui étoit à la tête de son régiment de cavalerie de marcher au petit pas droit au plus grand feu et au plus grand bruit, qui étoit au village de Bruyère, où passe une petite rivière d'assez difficile accès.

Ce régiment, n'y trouvant aucune garde, y entra à toutes brides, et fut bien surpris de se trouver au milieu des bagages de l'armée d'Hocquincourt, sans qu'il parût aucune troupe. On crut d'abord qu'elles se seroient retirées derrière le village, et, dans cette pensée, l'on fit passer en-

---

château, par force, de Montargis, par l'armée de Son Altesse Royale. Paris, Jean Brunet, 1652, in-4.

1. Ville dans le Gâtinois orléanois, diocèse d'Auxerre, parlement de Paris, intendance d'Orléans; aujourd'hui chef-lieu de canton, arrondissement de Montargis, département du Loiret.

2. Il avoit fait les fonctions d'aide de camp à la bataille de Rethel, en 1650.

core quatre ou cinq escadrons ; mais on n'y trouva rien.

M. le Prince, qui marchoit après, ayant appris d'un prisonnier qu'on lui amena qu'il avoit laissé l'armée d'Hocquincourt à un quart de lieue sur la gauche, y retourna tout court avec ce qui suivoit, et repassa cette petite rivière plus haut que le village ; et parce qu'il falloit défiler un à un, il fut assez longtemps à former quelques escadrons. Aussitôt qu'il en eut seulement deux, qui étoient les régimens de Meille et de Persan, il alla droit aux ennemis, qu'il entendoit assez près de lui. A peine eut-il marché cinq ou six cents pas qu'il les rencontra tête à tête dans un grand chemin, assez large pour deux médiocres escadrons de front, ayant un bois à leur gauche, et une forte haie à leur droite. Et à l'instant même Son Altesse, ayant avec lui MM. de Nemours et de Tavannes et quelques autres officiers, à la tête de ces deux escadrons, chargea toute l'armée d'Hocquincourt.

Cette charge fut vigoureuse ; mais elle fut aussi soutenue de bonne grâce. M. de Nemours y reçut un coup de pistolet dans le côté. M. le Prince, n'ayant pu enfoncer les ennemis, rallia et rechargea jusqu'à trois fois avec cette vigueur qui lui étoit si naturelle ; mais voyant enfin qu'il n'y avoit pas moyen d'en faire davantage avec si peu de monde et dans une nuit fort sombre, il résolut d'attendre le jour, et cependant de faire passer le reste de ses troupes avec toute la diligence possible. Le jour paroissant deux heures après, il voulut reconnoître l'état des ennemis ; mais il ne s'y en trouva plus. On rencontra seulement quantité de bagages et de chevaux de main qui étoient abandonnés, et force cavaliers en désordre que l'obscurité de la nuit avoit fait écarter de leurs troupes, et qui les cherchoient. Et aussitôt que le soleil fut levé, on découvrit encore en deçà et au delà de Bleneau [1] une multitude de gens et de chevaux qui marchoient en confusion. M. le Prince, croyant que ce fût toute l'armée qui se retiroit en désordre, dit aux sieurs de Tavannes et de Lengues de pousser à la cravatte avec son régiment pour tâcher d'engager quelque combat. Ils poussèrent une lieue par delà Bleneau; et par le grand nombre de prisonniers qu'ils firent, on apprit que ce n'étoit que des bagages, et que leur cavalerie avoit pris le long du bois, qu'ils avoient laissé à gauche, et que leur infanterie s'étoit jetée dans Bleneau.

M. le Prince résolut en même temps de les y aller attaquer; mais, pendant qu'il ralloit pour cela son armée, on lui vint dire que M. de Turenne marchoit droit à lui, et qu'il n'en étoit qu'à une demi-lieue. Et en effet, M. de Turenne, qui ne savoit rien de ce qui s'étoit passé la nuit, marchoit dans le grand chemin de Briare vers Bruyère, où M. d'Hocquincourt et lui s'étoient donné rendez-vous pour la jonction de leurs troupes.

Ces troupes ayant ainsi disparu, M. le Prince

---

1. Sur la rivière de Loing, à trois lieues de Briare, diocèse d'Auxerre, parlement de Paris, intendance d'Orléans; aujourd'hui chef-lieu de canton, arrondissement de Joigny, département de l'Yonne.

dit à Tavannes de prendre avec lui deux régimens de cavalerie et d'aller investir Bleneau, où il y avoit quelque infanterie qu'il vouloit prendre, et qu'il le suivroit pour cela avec le reste de son armée. « Mais, Monsieur, lui dit le comte, si Votre Altesse vouloit marcher droit à M. de Turenne, vous le tailleriez en pièces; et pour cette infanterie qui est dans Bleneau, elle ne peut pas vous manquer. » M. le Prince lui répondit que c'étoient deux vieux corps qui pourroient donner de la peine; qu'il vouloit commencer par les prendre, parce que après cela il viendroit plus facilement à bout du reste.

Tavannes fit ce que M. le Prince lui commandoit; et Son Altesse, le suivant avec le reste de son armée, perdit un grand temps, qui fut cause qu'il ne mit pas l'armée de M. de Turenne en désordre comme celle d'Hocquincourt : car, s'il eût marché droit à lui dans ce grand défilé où il étoit, il l'auroit entièrement défait; mais auparavant que M. le Prince eût seulement pu faire passer le village de Bruyère à son avant-garde, M. de Turenne eut tout le loisir d'en sortir, et de poser toutes ses troupes.

Il rangea son infanterie dans une manche de ce grand bois que M. d'Hocquincourt avoit laissé sur sa gauche, et sa cavalerie derrière, dans une fort belle plaine, en sorte qu'elle avoit à sa droite ce même bois, qui la couvroit, et à sa gauche une grande étendue de marais. Tout le monde jugea d'abord ce poste de M. de Turenne fort avantageux; mais sans faire tort à tout ce qu'il y avoit de gens avec M. le Prince, et sans lui donner trop d'encens, on peut rendre ici ce témoignage à la vérité, que lui seul, après avoir bien considéré ce poste, en jugea tout au contraire, et dit : « Si M. de Turenne demeure là, je m'en vais le tailler en pièces. » Il en donna en même temps des raisons qui seroient trop longues à déduire ici. « Mais, ajouta-t-il, il se gardera bien d'y demeurer. » Il n'avoit pas achevé cette parole, qu'on vit retirer la cavalerie de M. de Turenne, et ensuite son infanterie avec son canon sortir de cette manche de bois, d'où elle s'alla mettre en bataille à une petite portée au delà.

M. le Prince reprit ce poste, et, quoiqu'il jugeât bien qu'il ne pouvoit sans danger sortir de son défilé et former son ordre de bataille en présence d'un tel ennemi, il ne laissa pas d'en faire la tentative. Il commanda au comte de Tavannes de se mettre à la tête de la cavalerie de son aile droite, et de la mener de la première ligne dans la plaine. Il n'y eut pas plus tôt fait passer six escadrons que l'armée de M. de Turenne, qui se retiroit, fit volte-face et lui fit repasser le défilé.

Le prince perdant ainsi toute espérance de donner bataille ce jour-là, et jugeant qu'il lui seroit inutile de hasarder une seconde tentative, il résolut de demeurer dans ce poste ; de sorte que tout le reste du jour se passa sans qu'on fît autre chose que tirer du canon sur les troupes du prince, qui n'en avoit point. Le comte de Maray, maréchal de camp, en reçut un coup dans les fesses, dont il mourut quatre jours après ; ce qui obligea M. le Prince de faire mettre pied à terre à la cavalerie, que ce canon incommodoit beaucoup. Il y eut encore avec lui quatre ou cinq cents hommes tant tués que blessés, la plupart des troupes d'Espagne [1].

Tandis que ce canon tiroit, M. de Turenne fit retirer la seconde ligne, sans qu'on s'en aperçût, parce que la situation du terrain la mettoit hors de la vue de M. le Prince; et au coucher du soleil il acheva de faire encore retirer tout ce qui étoit en présence. Ainsi la bataille, que l'on croyoit inévitable ce jour-là, fut remise à une autre fois.

Il est aisé de juger que cette affaire de Bleneau ne mérite pas d'être appelée un combat, mais on ne laissa pas de l'honorer de ce nom à la cour; et comme la réputation, qui sert dans toutes les guerres, est d'une extrême importance dans les guerres civiles, on y en fit une relation comme d'une grande journée, pour en donner aux armes du roi [2]; mais quoi qu'on en ait pu dire, il est certain que ce leur fut un véritable

---

1. Cette affaire eut lieu dans la soirée du 7 et dans la matinée du 8 avril 1652.

2. La cour fit en effet publier la *Lettre du roi envoyée à M. le maréchal de Lhôpital, gouverneur de la ville de Paris, sur ce qui s'est passé entre l'armée du roi et celle des princes*, Paris, par les imprimeurs et libraires ordinaires du roi, 1652, in-4; mais c'est pour le compte de la Fronde qu'on a imprimé la *Bataille générale, avec les particularités de la grande défaite des troupes du cardinal Mazarin commandées par les maréchaux d'Hocquincourt et de Turenne, par l'armée de Son Altesse Royale, commandée par M. le Prince et MM. les ducs de Beaufort et de Nemours, en la plaine de Galle, entre Châtillon-sur-Loing et Briare, le huitième avril 1652*, Paris, Jean Brunet, 1652, in-4. C'est la Fronde qui, pour rehausser son triomphe, imagina de tuer le maréchal d'Hocquincourt de trois coups de feu dans le *Dernier courrier envoyé à Son Altesse Royale par M. le prince de Condé, contenant l'ordre de la bataille, les noms et le nombre des chefs tant morts, bles-*

échec, puisque la déroute d'Hocquincourt fut assez grande pour jeter la cour même dans la dernière consternation, jusqu'à ne plus parler

ses que prisonniers, ensemble la prise de vingt-deux cornettes, dix-huit drapeaux, huit pièces de canon, avec tout leur bagage, Paris, André Chouqueux, 1652, in-4. C'est encore la Fronde qui inventa cette anecdote de la *Lettre de Monseigneur le Prince, envoyée à Son Altesse Royale sur le sujet de la dernière bataille par un courrier extraordinaire,* Paris, Jacob Chevalier, 1652, in-4 : « J'ai perdu mon honneur et mon bien, dit le maréchal d'Hocquincourt au prince de Condé. Il y va du mien de plus de trois millions. — Vous avez un bon maître que le cardinal Mazarin, répondit le prince; il vous récompensera assez, comme les autres qui le servent. » C'est la Fronde enfin qui compta mille six cents calices et autant de saints ciboires trouvés sur le champ de bataille, dans l'*Inventaire des choses plus mémorables trouvées au butin de l'armée mazarine après sa défaite, et qui avoient été par eux volées en divers lieux, ensemble les cruautés incroyables par eux commises,* Paris, André Chouqueux, 1652, in-4. Et nous n'avons pas relevé tout ce qu'elle a écrit sur la bataille.

Il y a pourtant une pièce où la position de l'armée royale est fort nettement indiquée; c'est la *Relation véritable de ce qui s'est passé entre l'armée de MM. les princes et les troupes mazarines, commandées par le maréchal d'Hocquincourt, apportée à Son Altesse Royale par M. le comte de Gaucourt,* Paris, Nicolas Vivenay, 1652, in-4 : « Son Altesse ayant envoyé de Château-Renard divers partis pour avoir nouvelles des ennemis, ils lui rapportèrent le lendemain matin que les deux armées avoient passé la rivière de Loire, et qu'ils s'étoient logés en plusieurs quartiers; que l'armée du maréchal d'Hocquincourt avoit l'avant-garde et s'étoit logée en un village nommé Berteau, et que les dragons de La Ferté-Seneterre, d'Hocquincourt et de Manicamp, étoient logés à Rogny et deux autres villages tout auprès, qui gardoient le passage de la rivière de Loing et du canal; qu'ils avoient aussi quelques troupes à Bleneau, et que l'armée du maréchal de Turenne étoit à Briare, Usoy (Ouzouer sur Trézée) et autres lieux sur le même canal. »

Rogny est dans le département de l'Yonne; tous les autres lieux sont dans le département du Loiret.

que de sauver le roi dans Bourges et de rompre le pont après son passage.

Et il ne faut pas s'en étonner, après ce qui arriva en cette occasion. Un lieutenant du régiment de cavalerie de Mepas s'enfuit des environs de Bleneau jusqu'à Cosne-sur-Loire, où il entra si éperdu, qu'il avoit encore l'épée nue à la main. Le peuple l'arrêta, et les magistrats en ayant donné avis au lieutenant de roi qui étoit à La Charité, il le fit venir devant lui ; et lorsqu'il lui parla, il n'étoit pas encore remis de sa peur, ce qui l'obligea à le chasser comme un coquin, en lui disant que, s'il eût été de ses troupes, il l'auroit fait pendre. Ce n'est point qu'un homme mérite la mort parce qu'il n'a point de cœur ; mais il la mérite en ces occasions pour l'intérêt de l'exemple [1].

M. le Prince, voyant M. de Turenne ainsi retiré, reprit le même chemin par où il étoit venu, marcha toute la nuit, et s'alla poster le lendemain, neuvième d'avril, à Châtillon-sur-Loire, pour observer, disoit-il, ce que feroient les ennemis, mais en effet pour se rendre à Paris en diligence, à la sollicitation de Chavigny, qui lui faisoit appréhender quelque changement de la part de Son Altesse Royale.

M. de Nemours s'y étoit déjà fait porter à cause de sa blessure, et M. de Beaufort l'y avoit devancé de deux ou trois jours. Ainsi l'armée, qui étoit partagée en trois différens corps, de-

---

1. Cette anecdote, qui est encore reproduite presque textuellement par Bussy, pourroit à la rigueur lui appartenir ; mais, après ce que nous avons dit, on peut bien croire qu'il l'a prise à Tavannes.

meura sous la conduite de MM. de Tavannes, de Clinchan et de Valon. Tout Paris reçut M. le Prince avec une joie qui ne se peut exprimer [1]. Aussitôt après son arrivée, il eut avec Son Altesse Royale et le Parlement plusieurs conférences, où l'on prit certaines résolutions [2] qui ne

1. Le prince de Condé arriva à Paris le 11 avril. Son entrée avoit été préparée par un placard affiché le mardi de Pâques et intitulé : *Avis aux Parisiens*. La foule, avertie, se porta en effet au devant du prince; il y eut encombrement, tumulte, émeute sur le Pont-Neuf; il y eut vol surtout. On vola madame d'Ornano, la duchesse de Châtillon, Fontrailles, le comte de Brancas, le marquis de Mouy, le commandeur de Saint-Simon, le prince de Tarente et son frère, le commandeur de Mercé et madame de Bonnelle, qui, est-il dit dans l'*Avis important et nécessaire aux Parisiens, par M. le duc de Beaufort*, Paris, 1652, in-4, envoya cent fois faire f... le Mazarin. Cette journée fut célébrée dans un pamphlet mal écrit, mais très-curieux et très-rare : *le Pont-Neuf frondé*, 1652, in-4.

2. Le prince de Condé alla au parlement le 12. Le président de Bailleul, qui présidoit en l'absence de Molé, lui dit « que la Compagnie recevoit toujours à honneur de le voir en sa place; mais qu'elle ne pouvoit dissimuler le déplaisir qu'elle avoit de l'y voir après ce qui s'étoit passé depuis huit jours... Ce discours n'ayant été approuvé de pas un de l'assemblée, au contraire plusieurs s'étant écriés qu'ils le désavouoient. » (*Journal du parlement*.) Le lendemain, en effet, la cour ordonna que de nouvelles remontrances seroient faites au roi pour lui représenter ce qui l'avoit empêchée d'enregistrer les lettres-patentes contre le prince de Condé; que cependant les remontrances précédentes seroient envoyées aux autres Compagnies souveraines de Paris, « qui seroient conviées de faire députation de leur part »; enfin qu'assemblée générale seroit faite en la maison et hôtel de ville pour nommer des députés qui iroient demander au roi l'éloignement du cardinal Mazarin et la paix générale. (*Relation sommaire et véritable de tout ce qui s'est passé au parlement dans les deux dernières assemblées tenues les vendredi et samedi 12 et 13 avril, en présence et avec les suffrages de Messeigneurs les duc d'Orléans et prince de Condé*, Paris, veuve J. Guillemot, 1652, in-4.)

furent pas sitôt éventées, que la cour, qui étoit à Gien, résolut de quitter ce poste pour s'approcher de Paris [1].

Et de fait, il n'y avoit que quatre jours que l'armée de MM. les princes étoit à Châtillon, lorsque le comte de Tavannes eut nouvelle que la cour étoit en marche avec toutes les troupes qui l'accompagnoient, et avoit la tête tournée à Montereau-Faut-Yonne [2]; ce qui le fit résoudre à s'approcher aussi de Paris. Mais comme dans les desseins de guerre il faut toujours commencer par éviter la disette, qui étoit fort à craindre cette année-là, le blé ayant manqué partout, le comte, ayant appris qu'il y en avoit une très-grande quantité dans Étampes [3], tout celui des provinces voisines y étant retiré, prit le parti de s'y aller poster, et fort à propos, puisque l'armée y en trouva en effet pour plus de quatre mois.

Il falloit en cette occasion un désintéressement aussi généreux que celui avec lequel Tavannes servoit le prince à la tête de ses troupes, pour en préférer, comme il fit, l'honneur et la conservation, à ses propres avantages. M. de Vendôme, à qui étoit Étampes, avoit tiré de grandes sommes d'argent des particuliers à qui ce blé

---

[1]. La cour partit de Gien le 20 avril.

[2]. Au confluent de l'Yonne et de la Seine, partie dans la Brie et partie dans le Gâtinois françois, diocèse de Sens, parlement et intendance de Paris; aujourd'hui chef-lieu de canton, arrondissement de Fontainebleau, département de Seine-et-Marne.

[3]. Ville avec titre de duché sur la rivière du même nom, dans le Hurepoix, diocèse de Sens, parlement et intendance de Paris; aujourd'hui chef-lieu d'arrondissement, département de Seine-et-Oise.

appartenoit, et le duc de Beaufort, du parti des princes, s'en étoit aussi fait donner de même, sous prétexte de les garantir du pillage, et d'empêcher que ses troupes ne s'en assurassent. Ainsi le comte de Tavannes, à la tête de l'armée des princes, pouvoit, avec bien plus de raison, composer à son avantage avec ceux d'Étampes pour la conservation de leur blé; mais celle des troupes que Son Altesse lui avoit confiées lui étant sans comparaison plus chère que ses propres intérêts, il ne lui vint jamais la moindre pensée de profiter des offres par lesquelles on tâcha vainement d'ébranler sa fidélité.

Cependant MM. de Turenne et d'Hocquincourt, ayant mis la cour à Saint-Germain le 19 [1], se portèrent le lendemain à Châtres [2], qui est justement au milieu du chemin d'Étampes à Paris; et l'on ne sut pas plus tôt l'arrivée de la cour à Saint-Germain, que MM. les princes mêmes et le Parlement envoyèrent au roi des députés pour lui offrir de leur part toutes sortes de soumission et d'obéissance; mais parce qu'en même temps ils demandoient tous unanimement qu'il plût à Sa Majesté de chasser Mazarin hors du royaume, comme étant l'auteur de tous les maux qui le désoloient, on ne voulut plus les écouter [3].

Deux jours après l'arrivée de l'armée de

1. Après avoir séjourné à Corbeil du 23 au 25, la cour arriva à Saint-Germain le 27.
2. Sur la rivière de l'Orge, dans l'Ile-de-France, diocèse, parlement et intendance de Paris. Châtre fut érigé en marquisat sous le nom d'Arpajon par lettres-patentes de 1661. C'est aujourd'hui un chef-lieu de canton, arrondissement d'Étampes, département de Seine-et-Oise.
3. Le duc d'Orléans dit bien le 26 au parlement que le

MM. les princes dans Étampes, Mademoiselle, qui s'en retournoit d'Orléans à Paris avec des passeports de la cour [1], fut la cause très-innocente d'un très-fâcheux échec qui lui arriva. Comme elle passoit par Étampes, elle fit dire à Tavannes et aux autres commandans qu'elle seroit bien aise de voir le lendemain toute l'armée. Valon, qui avoit une extrême envie qu'on lui donnât cette satisfaction, afin qu'elle pût dire à Son Altesse Royale que ses troupes étoient belles, proposa de la mettre sur une ligne le long du chemin de Paris. MM. de Tavannes et de Clinchan s'y opposèrent, disant que ce seroit trop s'exposer, et que, les ennemis n'étant qu'à quatre heures d'eux, ils pourroient être surpris et mis hors d'état de rendre aucun combat.

Il ne laissa pas pour cela d'être résolu qu'on feroit voir l'armée à Mademoiselle sur les hau-

---

prince de Condé et lui « enverroient des députés sitôt que le roi seroit à Saint-Germain », et le duc de Rohan, le comte de Chavigny et Goulas partirent en effet le lendemain 27 ; mais on ne voit pas que le parlement ait eu d'autre part à cette députation. Voici le compte que le duc d'Orléans en rendit le 30 : « Le cardinal Mazarin étant entré, et (les députés) voulant se taire, le roi leur avoit dit qu'il vouloit que le cardinal les entendît parler, afin de répondre lui-même aux choses qu'ils auroient à dire contre lui ; à quoi ils auroient été contraints d'obéir, quoiqu'ils eussent ordre et défense expresse de Son Altesse Royale de parler en présence dudit cardinal : si bien qu'il avoient continué de dire au roi que ledit cardinal étoit cause de tous les maux que souffre l'État ; sur quoi ledit cardinal auroit demandé permission de se retirer plutôt que de causer la ruine et perte du royaume. La reine répartit que le roi avoit plus besoin de son conseil qu'il n'avoit jamais eu ; que son éloignement donneroit une atteinte si grande à l'autorité royale, que l'on hasarderoit de tout perdre plutôt que d'y consentir. » (*Journal du parlement.*)

1. Le 3 mai.

teurs d'Étampes, et cette résolution fut emportée par Mademoiselle et les comtesses[1], contre le sentiment de Tavannes, de Clinchan et de quelques autres, qui prévoyoient fort bien que M. de Turenne, qui savoit le retour de Mademoiselle et qui connoissoit la curiosité de ces dames, se tenant comme averti qu'elles voudroient en passant voir l'armée des princes sur leur chemin, ne manqueroit pas de prendre toutes les mesures pour profiter de cette occasion.

On mit donc l'armée en bataille sur les hauteurs d'Étampes; et, soit que le préjugé de ces Messieurs fût vrai, ou que M. de Turenne eût effectivement formé le dessein d'attaquer ce long faubourg d'Étampes, où toutes les apparences faisoient juger qu'en le prenant, comme il fit, par l'endroit le plus étroit et le plus proche de la ville, tout ce qui se trouveroit dedans seroit enlevé, la vérité est que Mademoiselle ne fut pas plus tôt arrivée aux premiers escadrons, qu'on découvrit à une demi-lieue de là l'avant-garde de l'armée du roi qui montoit dans la plaine, sans que pas un des batteurs d'estrades eût apporté aucune nouvelle de cette marche.

Le comte de Tavannes et les autres officiers généraux jugèrent qu'il n'y avoit plus lieu de penser à la retraite, et qu'il étoit plus avantageux de donner le combat que de se retirer devant les ennemis qui étoient si proches; mais Mademoiselle, qui savoit particulièrement que MM. d'Orléans et le Prince vouloient qu'on évitât le com-

1. Les comtesses de Fiesque et de Frontenac, à qui le duc d'Orléans écrivoit : *A mesdames les comtesses maréchales de camp dans l'armée de ma fille contre Mazarin.*

bat, commanda qu'on se retirât le mieux qu'il seroit possible. Et comme cela ne se put pas faire sans quelque précipitation, ni par conséquent sans quelque désordre, ils eurent le déplaisir de voir périr à leurs yeux dans le faubourg quinze cents hommes de leurs troupes, sans les pouvoir aucunement secourir.

MM. de Turenne et d'Hocquincourt, ayant reconnu de la hauteur où ils étoient que le bout de ce long faubourg qui joint la porte de la ville n'a pas plus de cent pas de largeur, et qu'il n'y avoit ni barricades ni retranchemens que ce qui fermoit quelques jardins, le firent attaquer par cet endroit ; et comme il n'étoit soutenu que de soixante ou quatre-vingts mousquetaires, commandés par le marquis de Sassey [1], il fut d'abord emporté, le commandant pris et tout ce qu'il y avoit taillé en pièces; de sorte que par ce seul coup tout ce qui se trouva de troupes dans le faubourg et sur la droite des attaquans tomba entre leurs mains et fut traité de même. Il y eut néanmoins quelques petites troupes qui, se ralliant dans des jardins, firent chacune de leur côté toute la résistance possible ; mais enfin tout fut pris ou tué. Le comte de Furstemberg même et le pauvre Broué y demeurèrent, après avoir fait de leur part tout ce qu'on pouvoit attendre de leur grand courage dans cette occasion.

Cette insulte si chaude et si brusquement exécutée donna une telle consternation à ce qui restoit dans la ville, qu'il ne fut pas au pouvoir des officiers de faire seulement une sortie de cinq

---

1. La *Gazette* nous le montre volontaire au siége de Condé en 1649.

ou six cents hommes, laquelle, étant un peu vigoureuse, les auroit infailliblement vengés de la perte qu'ils venoient de faire; car, l'infanterie des attaquans étant tout occupée au pillage, et les officiers encore plus à l'en retirer, il n'y a point de doute qu'en les chargeant dans cet état, on ne les eût tous taillés en pièces. Mais avant qu'on eût seulement pu rassurer dans la ville ceux que l'épouvante avoit saisis, ils eurent tout le loisir de se remettre en ordre. Et en même temps MM. de Turenne et d'Hocquincourt se retirèrent dans leur même poste de Châtres, fort résolus de revenir bientôt après assiéger ce qui restoit de troupes dans Étampes, et fort persuadés qu'après un si beau coup ils en auroient assurément bon marché [1].

Ils furent néanmoins quinze jours à se préparer pour ce siège, au bout desquels ils revinrent se poster sur les hauteurs d'Étampes; et le lendemain, 26 de mai, ils en firent la circonvallation, laissant toujours libre aux assiégés tout ce qui

[1]. Cette affaire eut lieu le 4 mai. (*Lettre du roi envoyée à Monseigneur le maréchal de Lhôpital, gouverneur de Paris, sur ce qui s'est passé entre les deux armées ès environ d'Étampes;* de Saint-Germain, le 6 mai 1652, Paris, par les imprimeurs et libraires ordinaires du roi, 1652, in-4.) Les frondeurs ne manquèrent pas de faire de cette surprise de leur armée une victoire. Ils en publièrent quatre relations, entre lesquelles nous citerons la *Relation véritable de la défaite de l'armée du maréchal de Turenne, avec la prise de leurs canons et bagages par l'armée de Son Altesse Royale, commandée par M. le comte de Tavannes,* Paris, Gilles de Halline, 1652, in-4, et la *Relation véritable de tout ce qui s'est fait et passé à la défaite des troupes du maréchal de Turenne à l'attaque de la ville d'Étampes par l'armée de Son Altesse Royale, commandée par MM. les comtes de Tavannes et de Clinchamp,* Paris, Jacques Le Gentil, 1652, in-4.

étoit de l'autre côté de la rivière. Le 27, ils dressèrent une batterie de six grosses pièces qui voyoit dans la ville jusqu'au pied des maisons, et commencèrent une contrevallation qui fut interrompue par une sortie de dix ou douze escadrons, que les assiégés firent le lendemain avec beaucoup de succès; car ils poussèrent jusqu'à cette batterie, en enclouèrent trois pièces, prirent un lieutenant de Picardie et taillèrent en pièces quatre-vingts mousquetaires qui y étoient en garde. Il y eut sur la fin quelques combats de cavalerie qui leur réussirent encore; mais ce fut peu de chose. Ce jour-là même, le roi, étant venu voir son armée [1], fit demander aux assiégés une trêve de quelques heures. Mais les commandans de la place, qui n'avoient que trop éprouvé le penchant que leurs troupes françoises avoient pour la révolte et qui se défioient extrêmement que le dessein de la cour ne fût de les y porter encore davantage par la présence de Sa Majesté, ne jugèrent pas à propos d'en accorder, de peur de leur donner le temps et l'occasion de se révolter avec plus d'audace; et ce fut pour cette raison même que le comte de Tavannes évita de parler à celui que Sa Majesté lui avoit envoyé.

Le roi ne laissa pas après ce refus de visiter les attaques et de vouloir reconnoître l'état de la place. Lorsqu'il parut du côté de la porte de Châtres, il fut tiré un coup de fauconneau. Aussi-

---

1. *Relation de ce qui s'est passé à l'arrivée du roi au camp devant Étampes, ensemble la défaite de deux régimens des ennemis à la reprise d'une demi-lune par les mazarins*, Paris, Louis Hardouin, 1652, in-4. Cette visite du roi eut lieu le 29 mai.

tôt on accusa Tavannes d'avoir fait tirer du canon sur le roi, quoiqu'il n'y en eût pas alors une seule pièce dans la place; mais peut-être que ceux qui avoient eu l'imprudence de laisser suivre au roi son ardeur, qui l'exposoit de si près au feu d'une place assiégée qui ne vouloit point de trève, étoient bien aises de couvrir leur faute de ce faux bruit qu'ils répandoient à la cour et dans le monde.

Tavannes, qui ne savoit même rien de ce coup qui avoit été tiré à la porte de Châtres, parce qu'il étoit alors du côté de celle d'Orléans, qui en est extrêmement éloignée, comme le savent tous ceux qui ont vu Étampes, reçut d'abord ce bruit comme une plaisanterie qu'on faisoit à la cour de ce qu'il n'avoit point de canon dans cette place où il étoit assiégé; et comme il ne voyoit point d'autre fondement sur lequel on le pût raisonnablement appuyer, il n'avoit nul sujet de penser qu'on l'accusât sérieusement d'une chose si peu vraisemblable, ni par conséquent qu'il se dût mettre fort en peine de s'en justifier.

Cependant cette accusation si injuste, et qui se détruit d'elle-même par le seul récit du fait, n'a pas laissé de trouver de la créance dans les esprits de plusieurs et de faire avec le temps une si forte impression dans celui de Sa Majesté même, qu'elle est enfin devenue au comte de Tavannes le sujet d'une très-sensible disgrâce, car c'est apparemment au seul bruit de ce canon imaginaire d'Étampes qu'on peut raisonnablement attribuer le malheur qu'il a eu de se voir obligé à se retirer chez lui, et à y demeurer inutile, dans un temps où il pouvoit si utilement employer au service de Sa Majesté ce courage qui l'a tant de fois également fait craindre et admirer de ses ennemis.

En effet, si ce comte, après avoir plusieurs fois offert au roi ses services au commencement de ces dernières guerres, n'a pas été assez heureux pour trouver dans Sa Majesté la disposition de les vouloir agréer, il est sans doute que ce ne peut pas être pour avoir servi M. le Prince, puisque tous ceux qui l'ont fait, sans y avoir comme lui un engagement d'honneur et de fidélité, ont été récompensés, et qu'on en a même fait plusieurs maréchaux de France, qui ne marchoient tous que de bien loin après lui.

Et il est constant d'ailleurs que ce n'a été ni la passion, ni l'intérêt, ni les intrigues, qui ont jeté Tavannes dans le parti de Son Altesse. Il étoit puissamment engagé dans ses intérêts dès sa jeunesse, par l'éducation qu'il avoit eu l'honneur de recevoir avec lui, et particulièrement encore par la première charge de sa maison, de sorte que, sans parler même des services qu'il avoit rendus au roi dans plusieurs campagnes avant la prison du prince, parce que ce n'en est pas ici le lieu, on voit assez que ce seul engagement qu'il avoit de toute façon avec Son Altesse le devoit beaucoup distinguer de tous les autres qui avoient embrassé le même parti.

C'est aussi une justice que le public lui a toujours rendue, et que le feu cardinal même ne lui a jamais refusée; car, s'il l'a quelquefois plaint de son attachement à M. le Prince, il est certain aussi qu'il ne l'en a jamais blâmé. Au contraire, il en a parlé avec estime en diverses rencontres, jusqu'à dire que le roi ne pouvoit trop acheter les gens de la condition de Tavannes, et qui avoient autant d'honneur et de fidélité qu'il en avoit fait paroître par son attachement aux intérêts de M. le Prince et par les services considérables qu'il avoit rendus à Son Altesse, dont il n'avoit pourtant pas grand sujet de se louer, et que les hommes de sa sorte étoient assurément très-rares, surtout dans ce siècle, où les gens ne servent que pour leurs intérêts.

Il ne faut donc point douter qu'une disgrâce de cette nature n'ait jeté dans l'âme du comte de Tavannes un très-sensible déplaisir, puisqu'elle l'a comme arrêté au milieu de sa course, lorsqu'il alloit étendre plus que jamais la gloire de son nom, et ajouter un nouvel éclat à l'ancienne grandeur de sa maison, qui est assez connue de tout le monde. Et de fait, dans la réputation où il étoit, s'il eût plu au roi de lui faire l'honneur de se servir de lui, pour peu de bonheur qu'il eût eu, il auroit infailliblement poussé les choses aussi loin que ce grand maréchal de Tavannes [1], son bisaïeul, qui a eu l'honneur d'augmenter le nombre des maréchaux de France, dans un temps où il n'y en avoit jamais eu que quatre, jusque-là que, pour mieux marquer la grandeur extraordinaire des services qu'il avoit rendus au roi et à l'État, il étoit expressément porté dans ses provisions que le cinquième seroit supprimé par la mort du premier qui viendroit à mourir.

---

1. Gaspard de Saulx, seigneur de Tavannes, maréchal de France en 1569, mort en 1573.

Il étoit en quelque façon nécessaire de s'étendre un peu sur le sujet de cette calomnie, et d'en bien représenter les fâcheuses suites, afin que les ennuis et les chagrins qu'elle a effectivement attirés sur une personne de la réputation et de la qualité du comte de Tavannes pussent à l'avenir servir d'exemple aux autres, pour ne jamais négliger de prévenir et d'étouffer dans leurs commencemens les moindres bruits qui se répandent contre eux, quelque faux et imaginaires qu'ils puissent être dans le fond, surtout lorsqu'ils tendent à les rendre tant soit peu suspects d'avoir manqué au respect qui est dû à Sa Majesté.

On a encore été d'autant plus porté à bien découvrir la vérité de ce fait, que d'un côté l'on voyoit que c'étoit une justice qu'on ne pouvoit pas raisonnablement se dispenser de rendre à Tavannes, et de l'autre que, la chose étant ainsi rapportée dans l'ordre du temps même qu'elle est arrivée, elle servoit beaucoup à mieux marquer l'exacte sincérité qu'on a soin de garder dans le détail de ces Mémoires, dont on va reprendre la suite.

Le régiment de Languedoc, qui avoit son poste à la porte d'Orléans et tout le long de la courtine, au coin de laquelle il y a une méchante tour avec un fossé sec, comme il est partout, avoit fait sur la contrescarpe un travail fort inutile, lequel ne consistant qu'en de simples redoutes, sans fossé ni flanc, et n'étant pas même vu d'aucun endroit de la courtine, étoit bien plus avantageux aux assiégeans qu'à ceux de la place. On eut avis que ce travail, auquel on ne sauroit donner de nom, devoit être attaqué la nuit d'après cette sortie, et que l'attaque commenceroit par un coup de canon qui en seroit le signal. Sur cet avis, on y mit dedans plus de trois cents hommes de ce régiment de Languedoc, et l'on garnit toute la courtine d'une bonne infanterie.

Le signal ne manqua pas d'être donné à minuit, et en même temps l'attaque se fit dans une nuit fort sombre. Tout ce qui gardoit ce travail le quitta d'abord et se jeta dans le fossé, sans tirer seulement six coups de mousquet. L'infanterie même, qui étoit sur la courtine, prit l'épouvante, et l'on vit le moment qu'elle l'alloit abandonner. Cela donna aux assaillans tout le temps qui leur étoit nécessaire pour se loger dans ce poste; et ceux de la courtine ayant cependant repris peu à peu leurs esprits, on fit grand feu de part et d'autre; ce qui ayant aussi remis le cœur à ces trois cents hommes de Languedoc, qui avoient si facilement abandonné leur poste, ils résolurent de le regagner avant le jour, afin de n'en être pas incommodés, comme ils l'auroient sans doute été par la suite.

Pour les seconder dans cette résolution, on commanda une sortie de quatre ou cinq cents hommes, et de bon nombre d'officiers, la plupart du régiment de Languedoc, ayant à leur tête le sieur de l'Échelle [1], lieutenant colonel du régiment de Valois. Cette sortie fut exécutée avec tant de vigueur, que tout ce qu'il y avoit de troupes à la garde de ce travail en fut chassé, avec une perte très-considérable de la part des

---

1. Il étoit capitaine au régiment de Picardie en 1648, à la bataille de Lens et au siége de Brie-Comte-Robert en 1649.

assiégeans; et de l'autre, il n'y eut que le sieur de l'Échelle qui y fut tué d'un coup de pique. On doit à sa mémoire ce petit éloge, que c'étoit un des meilleurs, des plus expérimentés et des plus vigilans officiers qu'il y eût alors dans l'infanterie de toutes les deux armées [1].

L'on ne garda ce poste que jusqu'au lendemain sur les dix ou onze heures du matin, qu'il fut repris par le régiment de Turenne, qui se signala beaucoup en cette occasion; car il le vint attaquer dans le plus beau soleil du monde, enseignes déployées, et essuyant tout le feu, tant de ceux qui gardoient ce dehors que de toute la courtine de la place. Cette action fut assurément très-belle; mais ce qui la rend encore plus remarquable, est que ce même régiment garda ce poste durant le reste du siége.

Les assiégeans, se voyant ainsi maîtres de ce dehors, résolurent de faire leurs principales attaques du côté de la porte d'Orléans; et, pour cet effet, ayant rangé leurs batteries le long des maisons du faubourg qui voyoient toute la courtine, ils employèrent d'abord leurs plus grands efforts contre la porte même, afin d'en ruiner toutes les défenses, et de faire ensuite une brèche à la courtine, telle qu'ils la pouvoient désirer pour donner un grand assaut; et les assiégés de leur côté ne pensoient qu'à se préparer à le bien

---

[1]. *Le troisième combat donné devant Étampes à l'attaque de ses faubourgs, où le maréchal de Turenne a encore perdu plus de cinq cents hommes, et l'entrée dans ladite ville de cent cavaliers des princes chargés de munitions de guerre, avec les noms des morts, blessés et prisonniers, la nuit du 30 au 31 mai 1652,* Paris, Jean Brunet, 1652, in-4.

soutenir. Cependant il n'y en eut point; et il seroit assez mal aisé d'en rendre d'autres raisons que celle-ci, qui est que l'infanterie des assiégeans étoit déjà trop affoiblie et trop rebutée, et celle de la place, au contraire, toujours forte et nombreuse, les brèches bien réparées et soutenues par de bons retranchemens qu'on avoit faits derrière.

Le comte de Tavannes, deux jours après l'ouverture de cette grande brèche, voyant assez la raison qui empêchoit les assiégeans de donner l'assaut, voulut faire lui-même une sortie du côté du faubourg, où étoit toute la force de leur infanterie, afin d'achever de la mettre hors d'état de rien entreprendre. Pour cet effet, il prit deux escadrons; et s'étant mis à leur tête, il marcha droit à la garde de la batterie qui étoit la plus proche de ce faubourg, la poussa d'abord vigoureusement et la mit tout en désordre; mais plusieurs escadrons qu'il laissoit à droite sur les hauteurs venant alors à lui tomber sur les bras, il n'eut pas peu d'affaires à les soutenir et à s'en retirer; il fit néanmoins l'un et l'autre avec tant de vigueur et d'adresse, qu'il rentra dans la ville sans avoir fait aucune perte considérable que celle du marquis de la Londe [1], lieutenant des chevau-légers d'ordonnance de Son Altesse Royale [2].

[1]. Gaston de Bonnechose de La Londe, sieur de Taunay. Il avoit été gentilhomme du duc de Beaufort, et avoit pris part, en 1643, à la tentative d'assassinat contre le cardinal Mazarin.

[2]. *Le dernier combat donné devant Étampes à la prise et reprise trois fois d'une demi-lune, et la sortie générale que le*

Depuis cette occasion, tout le reste du siége se passa en de petites sorties, et en de légères escarmouches de cavalerie et d'infanterie, qui étoient assez fréquentes le jour et la nuit, et dont quelques officiers payoient à chaque fois les frais de part et d'autre. Cependant M. de Turenne étoit toujours éloigné du prompt succès qu'il s'étoit promis de ce siége; la foiblesse de ses troupes étoit grande, et son infanterie étoit rebutée jusqu'à ce point qu'il n'étoit plus au pouvoir des officiers de la faire approcher des ennemis, de sorte qu'il y avoit très-peu d'apparence qu'il pût jamais forcer Étampes, rempli de bons officiers et de bonnes troupes, qui avoient pour plus de trois mois de vivres dans la place, et outre cela la campagne entièrement libre; car les assiégés étoient maîtres de tout le côté de la rivière, et envoyoient tous les jours au fourrage à trois ou quatre lieues de la ville, et jusqu'à Montargis même pour des munitions de guerre.

Mais enfin sa bonne fortune voulut que le douzième ou treizième jour de juin, qui étoit le quinze du siége, il eut ordre de la cour de le lever, et de marcher contre le prince de Lorraine, qui s'étoit posté à Villeneuve-Saint-Georges [1], à quatre lieues de Paris, sur la Seine.

comte de Tavannes fit faire sur les ennemis, où ils ont perdu plus de huit cents hommes, avec les noms des morts, blessés et prisonniers, la nuit du 2 au 3 juin 1652, et les autres particularités du courrier d'aujourd'huy, Paris, Jean Brunet, 1652, in-4. Il faut remarquer que Brunet prétend ne rien publier que «selon les véritables nouvelles que rapportent les courriers de Son Altesse Royale.»

[1]. Ville autrefois fortifiée sur la Seine, dans la Brie françoise, au gouvernement de l'Ile de France, diocèse, parle-

On a cru que cet ordre de la cour avoit été donné de concert avec M. de Turenne; mais s'il avoit alors des raisons de sa part pour le demander, la cour n'en avoit pas moins de la sienne pour le lui accorder : car, outre que M. de Lorraine pouvoit, quand il lui plairoit, et sans rien hasarder, secourir Étampes du côté de la rivière, qui étoit entièrement libre aux assiégés, elle voyoit encore que ce duc rassuroit les Parisiens par sa présence[1], et lui rompoit toutes mesures pour ses négociations secrètes dans Paris, et qu'ainsi il étoit de la dernière importance de le combattre ou de l'en éloigner.

Soit donc que M. de Turenne eût ménagé cet ordre à la cour pour couvrir d'un prétexte honnête la retraite qu'il étoit comme forcé de faire pour prévenir la ruine entière de son armée, soit que la cour ait voulu par là se défaire de l'obstacle qui traversoit ses desseins dans Paris, soit enfin pour toutes ces raisons-là ensemble, il est constant qu'il reçut cet ordre, qu'il leva effectivement le siége[2], où fut tué le baron d'Apremont, brave et vaillant soldat[3]; qu'il prit sa mar-

---

ment et intendance de Paris; aujourd'hui canton de Boissy-Seint-Léger, arrondissement de Corbeil, département de Seine-et-Oise.

1. Le duc de Lorraine étoit arrivé à Paris le 31 mai. Les pamphlétaires saluèrent son arrivée par un concert d'éloges, dont ils ne se souvinrent plus après sa retraite de Villeneuve-Saint-Georges.

2. Il n'a pas été publié moins de vingt-trois pamphlets sur le siége d'Étampes. Nous en avons indiqué quelques-uns. On peut voir, pour es autres, la *Bibliographie des mazarinades*.

3. La *Gazette* du 8 juin 1641 raconte qu'en Flandre, il alla lui seul, avec ses deux pistolets, attaquer, le 24 mai,

che à Corbeil, et qu'après y avoir mis le roi et la cour, il s'alla présenter en bataille devant M. de Lorraine, tenant l'épée d'une main, et de l'autre un traité qu'il lui fit signer à la honte de son nom [1]. Voici comment et au vrai :

Ce duc avoit commencé un traité avec le cardinal, qui avoit traîné quelque temps sans conclusion que de paroles. Beaujeu, que Son Éminence avoit chargé de cette négociation, étoit demeuré d'accord de ce qui suit : que ce duc amèneroit des troupes au service du roi, tant pour reprendre Stenay, Clermont et Jametz, que pour les autres entreprises qu'il plairoit à Sa Majesté de faire, moyennant quoi le roi lui rendroit son pays; et que pour quelques places que M. le Prince y avoit prises, on lui donneroit présentement cent mille écus de pierreries et cent mille écus comptant. Sur cela on envoya des routes et des ordres pour faire subsister son armée, de sorte que ce n'étoit pas sans raison qu'on étoit en peine de savoir pour qui il tenoit : car d'un côté il avoit donné parole à l'Espagne de secourir Étampes, et de l'autre on voyoit qu'il marchoit aux dépens du roi. Toutefois, le cardi-

---

vingt cavaliers, qu'il mit en fuite et mena toujours battant, « sans y avoir reçu aucune blessure, bien qu'ils tirassent sur lui plusieurs coups de mousquet. » Le baron d'Apremont fut blessé au siége de Coni le 8 septembre de la même année, et en 1644 à la dernière journée de Fribourg. Gouverneur de Rethel en 1650, il ne put empêcher les habitans de se rendre à Turenne, qui tenoit le parti du prince de Condé. Dans le mois de décembre suivant, il se distingua devant la même place, qu'assiégeoit alors le maréchal du Plessis-Praslin pour le roi.

1. Le 16 juin.

nal ne se défia de sa marche que lorsqu'on vit qu'il avoit passé la Marne, et s'étoit logé à Villeneuve-Saint-Georges pour aller de là à Étampes; c'est pourquoi on se servit de ce prétexte pour en lever le siége. Le maréchal de Turenne eut donc ordre de le faire charger s'il ne se retiroit. Les armées étant en présence, ce maréchal lui envoya dire qu'il falloit qu'il signât cette proposition; qu'il sortiroit du royaume en quatorze jours, avec un séjour de trois jours, qui ne seroient pas consécutifs, après quoi le roi tiendroit le premier traité; sinon qu'il l'alloit charger. Le duc, surpris à l'arrivée de l'armée du roi, signa ce traité qui le chassoit honteusement de la France, tache qui ne pourra jamais être effacée de la mémoire de sa vie [1].

Deux jours après la levée du siége, le comte de Tavannes, qui étoit encore dans Étampes, eut ordre de M. le Prince de rassembler toutes ses troupes et de marcher droit à Paris, ce qu'il fit dès le lendemain seizième de juin; et lorsqu'elles furent à trois ou quatre lieues de Paris, Son Altesse alla au devant et les mena lui-même entre

---

1. *Articles du traité accordé entre le duc de Lorraine et le cardinal Mazarin pour retirer son armée d'avec celle de Son Altesse Royale*, Paris, Jean Brunet, 1652, in-4. *Le véritable traité et articles de paix accordés entre le roi et le duc Charles de Lorraine dans la ville de Melun le 15 juin 1652*, Paris, Salomon de La Fosse, 1652, in-4. Les pamphlétaires ne traitèrent pas le duc de Lorraine moins durement que ne le fait Tavannes. Nous en donnerons un seul exemple. Dans la *Lettre de madame la duchesse d'Orléans envoyée au duc Charles, son frère, sur le sujet de son infâme trahison*, Paris, Jean Du Prat, 1652, in-4, la duchesse lui dit : « Je ne vous tiendrai pas seulement au rang de simple bâtard. »

Saint-Cloud et Suresne[1], où il les fit camper, de sorte qu'il n'y avoit que la Seine entre elles et l'armée du roi, qui s'étoit postée aux environs de Saint-Denis, où la cour étoit déjà retournée de Corbeil[2]. Elles ne laissèrent pas d'y demeurer assez paisiblement jusqu'au dernier du mois.

Ce jour-là, sur le soir, Tavannes eut avis que le maréchal de La Ferté, qui étoit campé à l'Espiné[3], entre Saint-Denis et Argenteuil[4], sur la Seine, y faisoit faire un pont à l'endroit d'une petite île qui étoit à deux ou trois mille pas de son quartier.

Il y envoya aussitôt le colonel Kinsqui, avec deux ou trois escadrons; et le lendemain matin il y alla lui-même avec le sieur de Clinchan, pour s'assurer de la vérité de ce rapport. Ils trouvèrent que le pont étoit effectivement presque achevé jusqu'à la petite île; mais il n'y avoit rien de commencé de leur côté. Cela fit résoudre Tavannes à laisser là encore Kinsqui avec

---

1. Pays d'assez bons vignobles, dit le *Dictionnaire géographique*, dans l'Ile de France, sur la rive gauche de la Seine, diocèse, parlement et intendance de Paris; aujourd'hui canton de Courbevoie, arrondissement de Saint-Denis, département de la Seine.
2. Ville au confluent de la Juigne et de la Seine, dans le Hurepoix, au gouvernement général de l'Ile-de-France, diocèse, parlement et intendance de Paris; aujourd'hui chef-lieu d'arrondissement, département de Seine-et-Oise.
3. Épiney, sur la grande route de Paris en Normandie, canton et arrondissement de Saint-Denis, département de la Seine.
4. Sur la rive droite de la Seine, dans l'Ile-de-France, diocèse, parlement et intendance de Paris; aujourd'hui chef-lieu de canton, arrondissement de Versailles, département de Seine-et-Oise.

ses deux ou trois escadrons, en attendant les ordres de M. le Prince.

Comme les sieurs de Tavannes et de Clinchan s'en retournoient dans leurs quartiers de Saint-Cloud, ils rencontrèrent au sortir de la plaine Son Altesse, à qui on l'avoit donné si chaude qu'il se mit d'abord à crier : « Où sont les ennemis ? » Il croyoit déjà les trouver en bataille dans cette plaine, parce qu'on lui avoit assuré qu'ils avoient passé la rivière. Celui à qui il s'étoit adressé lui fit aussitôt voir que les ennemis étoient encore dans leur même poste de l'Épiné, et tout le long de ce coteau qui fait comme un amphithéâtre à la plaine de Colombe [1], qui n'en est séparée que par la Seine, qui coule entre deux. Il demanda encore ce que c'étoit que les troupes qu'on voyoit sur les hauteurs qui règnent depuis Épinay jusqu'à Argenteuil, et il lui fut répondu que c'étoit trois escadrons qui marchoient après beaucoup de bagages, qui étoient précédés de plusieurs troupes de cavalerie et d'infanterie qu'on avoit vues tout le matin filer sur ces mêmes hauteurs, et qui, en approchant Argenteuil, prenoient tout d'un coup à droite et se perdoient de vue.

M. le Prince, après avoir assez attentivement considéré cette marche, s'avança vers l'endroit où M. de La Ferté faisoit un pont.

Il y fut d'abord salué de quelques coups de

---

1. Bourg, dans l'Ile-de-France, à peu de distance de la rive gauche de la Seine, diocèse, parlement et intendance de Paris; aujourd'hui canton de Courbevoie, arrondissement de Saint-Denis, département de la Seine.

L'île dont parle Tavannes est presqu'en face de Colombes.

canon, dont il y en eut un qui lui passa à un demi pied du nez; ce qui l'obligea de se retirer dans une maison qui étoit assez proche de là, où il tint une manière de conseil de guerre avec MM. de Nemours, de Beaufort, de Tavannes, de La Rochefoucault, et plusieurs officiers généraux qui servoient dans ses troupes. Lui seul parla, et dit : « Par cette marche, qui s'est faite tout le matin à notre arrivée, il est aisé de voir, Messieurs, et il faut se le persuader, que c'est l'armée de M. de Turenne qui va chercher un passage vers Meulan[1] ou Poissy[2], pour nous venir prendre par derrière, tandis que M. de La Ferté nous amuse ici avec son pont, qu'il achèvera quand il lui plaira; et ainsi ils nous tomberont tous deux sur les bras un beau matin. Sur cela, je ne vois point d'autre parti à prendre que celui de nous aller poster au delà de Paris, dans cette langue de terre qui est entre la Seine et la Marne. Et comme M. de Turenne ne peut pas encore avoir passé la rivière, nous avons, ce me semble, tout le loisir de faire notre marche, pour laquelle il y a deux chemins à tenir. Le plus sûr, qui est aussi un peu plus long, seroit de passer vers Meudon[3], par la plaine de Grenelle, et par

---

1. Ville du pays Mantois, sur la rive droite de la Seine, diocèse de Chartres, parlement et intendance de Paris; aujourd'hui chef-lieu de canton, arrondissement de Mantes, département de Seine-et-Oise.

2. Ville, avec titre de châtellenie, au pays Mantois, sur la rive gauche de la Seine, diocèse de Chartres, parlement et intendance de Paris; aujourd'hui chef-lieu de canton, arrondissement de Versailles, département de Seine-et-Oise.

3. Bourg, avec maison royale, dans l'île de France, sur la rive gauche de la Seine, diocèse, parlement et intendance

les faubourgs de Saint-Germain et de Saint-Marcel, faisant en même temps remonter notre pont de bateaux pour passer la Seine, où il nous plairoit. Mais, M. de Turenne ayant quitté Saint-Denis, il est à croire que la cour n'y est pas demeurée. C'est pourquoi je suis d'avis que nous passions sur notre pont avant que de le rompre, et que nous prenions par le bois de Boulogne, par le Cours et tout le long des portes de Saint-Honoré, de Saint-Denis, de Saint-Martin et du Temple, toujours sur les fossés de Paris. Et vous, dit-il au même moment au sieur de Lenques, allez-vous-en au camp à toutes brides, faites mettre toute l'armée sous les armes, et, sans m'attendre, prenez trois escadrons, passez le pont, et faites marcher après vous le canon, puis tous les bagages; et moi je suivrai avec le reste de l'armée. Allez-vous-en, par le chemin que je viens de marquer, droit à Picpus[1], et attendez là mes ordres. »

Tout cela fut ponctuellement exécuté par le sieur de Lenques, qui fut bien surpris, lorsqu'ayant passé la porte de Montmartre, quelques petits partis qu'il avoit envoyés dans la plaine de Saint-Denis lui amenèrent quinze ou vingt bourgeois, qui l'assurèrent qu'ils venoient de voir le roi dans Saint-Denis, retournant de la promenade au soleil couchant. Il envoya aussi-

---

de Paris; aujourd'hui canton de Sèvres, arrondissement de Versailles, département de Seine-et-Oise.

1. C'étoit alors un village entre Paris et le bois de Vincennes. Aujourd'hui la rue de Picpus conduit de la rue du faubourg Saint-Antoine, près de la barrière du Trône, au boulevard extérieur.

tôt un aide de camp à M. le Prince pour lui en donner avis; mais c'étoit un jeune homme, lequel, au lieu de pousser à travers les champs, comme il le falloit faire en cette occasion, pour éviter l'embarras de la marche des bagages dans tous ces défilés des faubourgs et des chemins rompus, s'y alla engager de telle sorte qu'il ne put les percer en toute la nuit. Le sieur de Lenques ne laissa pas de continuer toujours sa marche, se tenant pour bien averti que le lendemain ne se passeroit pas sans un grand combat.

Cependant, M. le Prince, ayant aussi fait passer le pont de Saint-Cloud au reste de son armée, en donna avis au comte de Tavannes, qui étoit demeuré avec 1500 chevaux en présence de l'armée de M. de La Ferté, et entra en même temps dans Paris. Le comte, sur cet avis, alla rejoindre l'armée du Prince, qu'il trouva au milieu du Cours, où elle faisoit halte en l'attendant; et ayant aussitôt fait avertir le Prince de son arrivée, il s'y rendit en même temps pour hâter sa marche, qui se fit presque durant toute la nuit.

Les sieurs de Tavannes et de Clinchan se joignirent auprès de Picpus à la pointe du jour, et poussèrent de là jusqu'à Charenton [1], suivant l'ordre qu'ils avoient de M. le Prince d'en faire accommoder le pont, et de choisir aux environs un poste commode et avantageux pour le campement de son armée. Ils ne furent pas plus tôt

---

1. Ville dans l'Ile-de-France, sur la rive droite de la Marne, près du point où elle se jette dans la Seine, diocèse, parlement et intendance de Paris; chef-lieu de canton, aussi arrondissement de Sceaux, département de la Seine.

arrivés à Charenton, que l'alarme passant par là leur porta la nouvelle que les ennemis attaquoient l'arrière-garde de Son Altesse. A l'instant ils retournèrent à toute bride, et lorsqu'ils furent proches du faubourg, ils reçurent ordre de M. le Prince de porter les troupes dans l'enclos de Picpus[1] ; mais, ce poste leur semblant trop désavantageux et trop éloigné de Paris, ils le mandèrent à Son Altesse, qui leur renvoya dire de se porter où ils voudroient.

Cette réponse de M. le Prince leur fit aussitôt juger qu'il falloit qu'il fût poussé ; et, en effet, un moment après, on vit paroître l'avant-garde de M. de Turenne qui sortoit de ces défilés des faubourgs qui sont entre Montfaucon et la porte du Temple, ayant déjà cet avantage d'avoir contraint Son Altesse d'entrer dans Paris par cette porte, et ensuite chargé si à propos son arrière-garde, que les deux escadrons de son régiment qui la faisoient furent rompus, le sieur de Gouville qui la commandoit tué, et le comte de Choiseul[2] pris, avec le sieur Lionnaire[3], capitaine au même régiment, et plusieurs autres officiers[4].

1. L'enclos du couvent bâti en 1594 pour la réforme du tiers ordre de Saint-François.
2. Claude de Choiseul, dit le comte de Choiseul, marquis de Francières, mort le 14 mars 1711, doyen des maréchaux de France. Il avoit commencé à servir en 1649, et s'étoit distingué au combat du 16 février, dans la plaine de Vitry.
3. La *Gazette* l'appelle Lionnière et le nomme parmi les blessés de la bataille de Fribourg, en 1644. Il étoit alors lieutenant.
4. Les frondeurs ont publié la *Relation contenant tout ce qui s'est passé au combat donné entre l'armée de MM. les Princes et celle du maréchal de Turenne, avec les noms des morts et blessés, et la prise du canon des mazarins.* Paris,

Toutefois, ce passage de M. le Prince dans Paris ne lui fut pas inutile; car il y gagna tout le temps nécessaire pour poster le reste de ses troupes, et les mettre en état de se bien servir de certains petits retranchements que, par bonheur pour lui, les bourgeois avoient faits à la tête des faubourgs [1].

Il y avoit lieu de croire que, toutes les troupes de M. le Prince étant dans des postes d'où elles pouvoient facilement se défendre, M. de Turenne n'entreprendroit pas de les forcer sans le maréchal de La Ferté, qui n'étoit pas encore arrivé; mais, soit qu'il voulût profiter de l'occasion en ne leur donnant pas le temps de se fortifier dans leurs postes, ou qu'il voulût avoir seul la gloire de cette action, qui devoit décider la querelle d'entre MM. les Princes et Mazarin, il fit d'abord vigoureusement donner de tous côtés, et ses troupes furent repoussées de même à toutes les attaques, excepté celle des gardes françoises qui se fit dans la rue qui va depuis la halle à Charonne [2], car ils emportèrent un retranchement qu'on y avoit fait, et taillèrent en pièces tout ce qu'il y avoit de gens pour le soutenir.

Jacques Le Gentil, 1652, in-4. L'auteur de cette curieuse pièce raconte que Turenne fut fait prisonnier proche de l'hôpital de Saint-Louis, gardé pendant une demi-heure, délivré enfin, mais avec un coup de mousqueton dans le corps dont on assure, dit-il, qu'il est déjà mort.

1. Ils les avoient faits au mois de mai précédent, lors de l'approche des troupes du duc de Lorraine.

2. Dans l'Ile-de-France, banlieue de Paris; aujourd'hui canton de Pantin, arrondissement de Saint-Denis, département de la Seine.

La halle ici est celle du faubourg Saint-Antoine.

M. le Prince, averti de ce désordre, y accourut avec tout ce qu'il avoit auprès de lui de gens de qualité et de volontaires; et, les rencontrant qui s'avançoient par cette grande rue droit à la halle, il alla à eux, les chargea avec cette vigueur qui lui est si naturelle, et se mêla si bien qu'il prit le sieur Boyer, capitaine aux gardes, mit sur les carreaux ce qu'il trouva dans la rue, et reprit son retranchement, après avoir fait retirer tout le reste en désordre. Il y eut en cette rencontre beaucoup de gens de marque tués ou blessés; le sieur de Clinchan y reçut un coup de mousquet au bras, et le duc de La Rochefoucault un autre au visage.

Cependant, le comte de Tavannes, qui étoit avec le sieur de Lenques à la tête du faubourg, vers la croix de Picpus, où aboutit la grande rue, après avoir mis ordre à ses barricades, et garni tous les postes des maisons et des jardins qui sont aux environs, s'étoit avancé près de cent pas hors de son poste avec quinze ou vingt officiers qui l'accompagnoient; et comme ils étoient justement vis-à-vis d'une rue assez large, qui traverse du côté de Charonne, fort attentifs au bruit du combat qu'ils entendoient commencer partout sur leur gauche, ils virent en un moment cette rue pleine de cavalerie fort leste, avec force plumes et force dorure. Cela leur fit juger d'abord que c'étoit apparemment M. le Prince qui étoit poussé; mais il en furent bientôt désabusés, les voyant venir droit à eux leur présenter le pistolet.

C'étoient les gens d'armes de la garde et les chevau-légers du roi, qui avoient à leur tête le marquis de Saint-Megrin[1], le comte de Cossey[2], de la Mellières[3], Nantouillet[4], Manciny[5] et d'autres gens de qualité. Tavannes, avec sa petite troupe, quoique très-inégale en nombre, voyant que cette rue ne pouvoit pas tenir plus d'hommes de front qu'il en avoit avec lui, ne balança pas un moment pour les soutenir ; et il le fit avec tant de vigueur et d'adresse, que les premiers rangs et ceux qui étoient à leur tête furent d'abord renversés, Saint-Megrin même, Nantouillet, Manciny et le Fouilloux tués[6], et ensuite

[1]. Jacques Estuer de la Vauguyon, marquis de Saint-Mégrin, capitaine-lieutenant des chevau-légers du roi. Il fut tué dans cette journée. Le 6 juillet, son corps fut déposé dans l'église de Saint-Denis, « vis-à-vis de la porte du trésor, du même côté où a été enterré le duc de Châtillon, l'année du blocus de Paris. » (*Registres de l'hôtel de ville de Paris pendant la Fronde.*)

[2]. Timoléon, comte de Cossé et de Château-Giron, grand pannetier de France après la mort de son frère, le duc de Brissac, lieutenant général, gouverneur de Mézières, mort le 15 janvier 1677, dans son château de Dormeil.

[3]. Ne faut-il pas lire la Messelière ? Ce seroit alors Bonaventure Frottier, marquis de la Messelière.

[4]. Louis du Prat, marquis de Nantouillet, commandant des gendarmes du cardinal Mazarin. Il en étoit guidon en 1648.

[5]. Paul Mancini, neveu du cardinal Mazarin.

[6]. La *Relation* de Marigny, que nous publions à la fin des *Mémoires*, porte que Nantouillet fut tué par Chavagnac. Il avoit vingt-deux ans.

Mancini, blessé mortellement, vécut pourtant assez pour recevoir la charge que la mort de Saint-Mégrin laissoit vacante. Il mourut le 13 juillet. Les frondeurs se hâtèrent d'insulter à la juste douleur du cardinal Mazarin. Le meilleur pamphlet qu'ils publièrent est l'*Apparition au cardinal Mazarin dans Bouillon de l'ombre de son neveu Manchiny, retourné des enfers pour l'exhorter à bien faire, et sa rencontre avec Saint-Mégrin en l'autre monde.* S. l. n. d.,

toute cette grande troupe mise en désordre et repoussée bien avant dans cette même rue, trop heureuse de ce que l'infanterie qui étoit derrière les murailles n'avoit pas eu le tems de les percer; car assurément il en seroit peu échappé de cette occasion.

M. le Prince, ayant mis en sûreté les postes de la gauche, voulut visiter celui du sieur de Tavannes, où M. de Turenne devoit apparemment faire les plus grands efforts, puisqu'on y voyoit marcher tout son canon et sa plus considérable infanterie.

Son Altesse rentrant dans sa barricade, on lui vint dire que celle qui étoit à sa droite, dans la rue qui aboutit à Rambouillet [1], étoit forcée, et que les ennemis s'en étoient rendus les maîtres et occupoient les maisons qui la touchoient. Sur cet avis, il fit promptement détacher deux cents mousquetaires des régimens de Condé et de Bourgogne, et mit à leur tête le sieur de Salaire, pour regagner ce poste, qui fut bien attaqué et encore mieux défendu. Le comte de Bossu, qui soutenoit l'attaque de cette infanterie, y fut blessé à mort, et le marquis de Flammarin tué sur la place.

in-4. On trouve deux vers bien frappés dans les *Instantes remontrances et prières de Mancini au cardinal Mazarin, son oncle, sur la nécessité qui le presse de partir hors de France, lui représentant les périls auxquels sa personne reste exposée après les grandes pertes qu'il a faites à la bataille du faubourg Saint-Antoine, où il fut frappé pour lui d'un coup mortel.* S. l. n. d., in-4.

Tu me regrettes mort, et je te plains vivant;
Je tremble pour toi seul, pour qui seul j'ai vécu.

1. Le jardin du financier Rambouillet, qui étoit situé à l'extrémité du faubourg Saint-Antoine. Il n'en reste plus qu'un souvenir, dans la rue à laquelle il a donné son nom.

M. de Nemours, s'y trouvant aussi par hasard, y fut blessé à la main. Il y en eut encore plusieurs autres de tués ou blessés, dont il seroit malaisé de se souvenir.

Comme ce poste étoit de quelque importance, on fit au même endroit une seconde attaque, qui ne réussit pas mieux que la première. Et cependant le canon de M. de Turenne approchoit la croix de Picpus, d'où il alloit enfiler toute la grand'rue, qui étoit pleine de cavalerie; ce qui embarrassoit d'autant plus les commandans, qu'il leur sembloit impossible de l'en pouvoir mettre à couvert. Mais Tavannes en eut bientôt trouvé l'expédient. Il fit donner à chaque escadron des outils et des instrumens propres à démolir, et les avertit que l'unique moyen de se garantir de ce canon qui les alloit mettre en pièces étoit de faire promptement de grandes brèches dans les cours des maisons qui étoient sur la rue des deux côtés, en sorte qu'ils en pussent tous sortir au besoin en état de combattre. C'est une chose qu'on aura peine à croire, et qui est néanmoins très-certaine, qu'en moins d'un quart d'heure après cet ordre donné, on vit disparoître tous ces escadrons qui étoient les uns sur les autres dans cette grande rue, sans qu'il y en restât un seul cavalier lorsque le canon de M. de Turenne commença à tirer, tout étant alors à couvert à droite et à gauche, et autant en état de combattre que s'ils n'eussent pas rompu leurs rangs.

Cette batterie, qui étoit de huit pièces, ne laissoit pas pour cela de tirer toujours avec tant de furie, qu'au moment qu'un cavalier paroissoit dans la rue, il étoit salué de plusieurs coups.

Ce feu, ayant ainsi duré sans relâche jusque sur les deux heures après midi, cessa tout à coup; et l'on vit aussitôt cesser de même peu à peu les attaques de tous côtés, puis retirer le canon, et ensuite les postes les plus avancés. Ce changement si soudain surprit étrangement les troupes de M. le Prince, qui n'en comprenoient pas d'abord la raison, car la plupart des officiers s'imaginèrent que c'étoit une véritable retraite, et il y en eut même qui le crurent si bien, qu'on alla porter à Son Altesse ce méchant avis que les ennemis se retiroient.

Le Prince ne le crut pas si facilement; mais, pour s'en assurer, il manda aussitôt le comte de Tavannes, parce qu'étant dans le poste le plus avancé, il le pouvoit mieux savoir que tous les autres. Tavannes lui dit que c'étoit tout le contraire de ce qu'on lui avoit rapporté; que l'armée du maréchal de La Ferté étoit arrivée, et que M. de Turenne et lui, voyant les avenues de ses faubourgs trop bien gardées, avoient apparemment dessein de séparer les deux armées pour attaquer ces mêmes faubourgs par les flancs, en les faisant marcher l'une à droite et l'autre à gauche, pour les couper le plus près de la porte qu'ils pourroient; et que, comme il ne leur falloit pas moins que le reste de la journée pour ce grand mouvement, c'étoit sans doute ce qui les avoit obligés à faire ainsi retirer leur canon à leurs postes avancés.

Le comte n'eut pas à peine achevé de parler, que M. le Prince dit qu'il falloit donc se retirer, et profiter de la grâce que Mademoiselle avoit obtenue de Messieurs de Paris pour l'ouverture de leur porte; et, sans perdre de temps, il fit d'abord entrer tous les bagages, puis les troupes qui étoient proches de lui, après lesquelles ils marcha lui-même, laissant à Tavannes le soin de faire retirer tout le reste; ce qu'il fit avec tant d'ordre et de diligence que, lorsque le soleil commença à baisser, il ne restoit plus dans tout le faubourg que deux petits escadrons, avec deux pelotons d'infanterie qui avoient servi à faire la retraite. Comme ils marchoient pour entrer, les troupes qui faisoient l'avant-garde de M. de Turenne s'avancèrent pour les pousser; mais alors il leur fut tiré un coup de canon de la Bastille, qui les obligea de faire halte et de laisser à ce petit reste le temps de se retirer à leur aise dans Paris, où Tavannes, qui étoit à leur queue, rentra le dernier, pour ne rien laisser en prise aux ennemis[1]. L'armée de M. le Prince, traversant ainsi toute la ville, s'alla poster dans le faubourg de Saint-Victor; et celle du roi se retira à Montmorency[2] et aux environs de Saint-Denis, où la cour étoit toujours demeurée.

---

1. Les relations de ce combat qui furent publiées par la Fronde sont au nombre de cinq. La meilleure, parce qu'elle a été écrite par Marigny, et la plus importante, parce qu'elle a été commandée par le prince de Condé, est la *Relation véritable de ce qui se passa le mardi 2 juillet au combat donné au faubourg Saint-Antoine entre les troupes du cardinal Mazarin, commandées par les maréchaux de Turenne et de La Ferté, et celles de M. le duc d'Orléans et de M. le Prince*, Paris, Nicolas Vivenay, s. d., in-4. Nous croyons qu'on ne sera pas fâché de la comparer au récit de Tavannes. On la trouvera donc à la fin des *Mémoires*.

2. Ville avec titre de duché pairie, dans l'Ile-de-France, diocèse, parlement et intendance de Paris; aujourd'hui chef-

Cette entrée du Prince avec ses troupes dans Paris réveilla toutes les intrigues des malintentionnés, rendit les peuples plus insolens, et les frondeurs plus hardis à tout entreprendre. Ils s'avisèrent de porter sur leurs chapeaux de la paille pour signal de leur faction, et d'obliger tout le monde à faire de même ; en sorte que nul ne pouvoit paroître avec sûreté dans les rues sans paille. Les religieux même étoient contraints d'en avoir sur leurs frocs, et ceux qui alloient en carrosses d'en attacher aux portières ou à la tête de leurs chevaux. Enfin, les plus sages ne pouvoient se dispenser de porter sur eux la marque de cette folie, sans être exposés aux insultes d'une populace enragée, mêlée de gens de sac et de corde, qui exerçoient publiquement toutes sortes d'outrages et de vengeances contre les plus honnêtes gens, jusqu'à faire main basse sur eux, comme sur des ennemis, sous ce malheureux prétexte qu'ils étoient des mazarins [1].

lieu de canton, arrondissement de Saint-Denis, département de la Seine.

1. Un pamphlétaire prétend que cette mode de la paille vient de ce que le prince de Condé, au combat du faubourg Saint-Antoine, avoit donné de la paille pour signe de reconnoissance aux Allemands d'abord, puis à toutes ses troupes. (*Ordre de la paille institué pour combattre les mazarins, avec l'avis pour faire sortir présentement des prisons ceux qui y sont détenus pour quoi que ce soit*, Paris, Simon le Porteur, 1652, in-4.) Suivant l'auteur de la *Liste générale de tous les morts et blessés... et la généreuse résolution faite à l'hôtel de ville pour la destruction entière des Mazarins*, etc., ce fut Mademoiselle qui « ordonna que chacun porteroit de la paille au chapeau tant que la paix fût faite. » On trouve l'*Ordonnance de la Fronde pour prendre la paille* et les *Statuts des chevaliers de la paille* dans la quatrième partie du *Mercure de la Cour, ou les Conférences secrètes du cardi-*

Ce pernicieux désordre donna lieu à une assemblée générale qui se fit à l'Hôtel-de-ville le 4e de juillet 1652, pour aviser aux moyens de pourvoir à la police et à la sûreté de la ville, que MM. les Princes et leurs partisans avoient dessein d'engager en même temps à s'unir à eux contre le cardinal pour obliger la cour à l'exterminer du royaume pour toujours.

Cette assemblée n'étoit pas à peine commencée, qu'il y arriva un trompette du roi avec une lettre de cachet qui s'adressoit au prévôt des marchands, aux échevins et aux habitants de sa bonne ville. Cette lettre portoit entre autres choses que Sa Majesté étoit parfaitement informée que c'étoit contre leur sentiment que l'armée des princes étoit entrée dans Paris; que sans cela elle auroit été défaite et qu'il y seroit retourné avec toute sa cour; qu'au reste, il leur promettoit dans peu de jours une bonne paix, pourvu qu'ils continuassent dans leur bonne volonté pour son service, et que ce seroit lui en donner une agréable marque s'ils vouloient différer leur assemblée seulement de quatre jours.

Lorsqu'on vint à délibérer sur cette lettre, le prévôt des marchands dit hautement qu'il n'y avoit point d'apparence de refuser au roi cette remise qu'il leur demandoit, à moins de vouloir ouvertement s'élever contre le respect et l'obéissance qui lui étoit due; mais qu'en se soumettant en cela au désir de Sa Majesté, il fal-

---

nal *Mazarin avec ses conseillers et confidens pour venir à bout de ses entreprises. Dédié aux Parisiens, avec cette épigraphe :* Nolite fieri sicut equus et mulus, quibus non est intellectus. *Paris,* 1652, *in-4.*

loit le supplier que, comme un bon pilote, il lui plût de prendre garde que ce grand vaisseau ne pérît dans l'orage où il étoit exposé. Là dessus on s'écria tumultueusement qu'il ne parloit point de Mazarin ni de son éloignement, et que c'étoit sur ce point qu'il falloit qu'il se déclarât. Aussitôt il reprit que ce qu'il venoit de dire étoit la même chose que l'éloignement de Mazarin.

M. d'Orléans arriva sur ces entrefaites, accompagné de M. le Prince et du duc de Beaufort, et ayant d'abord fait à l'assemblée un remerciement de la grâce que Paris avoit faite à son armée de l'avoir retirée, il pria ensuite la ville de lui vouloir continuer ses mêmes bonnes volontés. Après quoi, Son Altesse Royale voyant que plusieurs, à l'occasion de la lettre du roi, vouloient rompre l'assemblée, et particulièrement le maréchal de l'Hôpital[1], gouverneur de Paris, qui y présidoit avec le prévôt des marchands, comme c'est la coutume, il sortit avec sa compagnie, et, lorsqu'il fut au bas de l'escalier, il dit d'un ton assez haut : « Que ceux qu'il venoit de quitter étoient des mazarins, et qu'on ne devoit laisser sortir personne de l'assemblée qu'il n'eut signé l'union avec les princes. » Aussitôt tout le monde se mit à crier : L'union ! en tirant une grêle de mousquetades aux fenêtres et allumant un grand feu à la porte.

Cela mit la terreur et le trouble dans les esprits, et contraignit l'assemblée de jeter promptement un papier où il étoit parlé d'union, mais

---

1. François de Lhôpital, comte du Hallier, maréchal de Lhôpital.

non signé. Le peuple demanda des ôtages, et on lui donna les curés de Saint-Jean et de Saint-Médéric. Cependant, plusieurs faisant effort pour se sauver, il y eut du massacre. Le sieur Aubry, conseiller du Parlement, et .... y furent tués [1]; et le désordre auroit sans doute été plus sanglant, si M. de Beaufort, rentrant alors dans l'Hôtel-de-ville, n'eût apaisé le peuple et fait sortir ses amis, en les mettant en sûreté entre les mains de ses gens, qui étoient sous les armes [2].

On fut quelques jours sans savoir ce qu'étoit devenu le maréchal de l'Hôpital, qui s'étoit sauvé déguisé sous un habit d'ecclésiastique [3]. Aussitôt qu'on sut qu'il avoit quitté Paris, on en fit M. de Beaufort gouverneur en sa place, et

[1]. On compte vingt-six morts et blessés, non compris plusieurs portefaix, charbonniers et autres ouvriers travaillant sur le port, dans la *Liste générale de tous les morts et blessés, tant mazarins que bourgeois de Paris, et la généreuse résolution faite à l'hôtel de ville pour la destruction entière des mazarins, ensemble le projet de l'institution de l'ordre des chevaliers de la Paille, par l'ordre de MM. les princes et de Mademoiselle,* Paris, Claude le Roy, 1652, in-4. Nous ne voyons pas le nom d'Aubry dans cette liste. Aussi bien nous ne connoissons d'Aubry que le président en la chambre des comptes.

[2]. *Récit véritable de tout ce qui s'est passé à l'hôtel de ville touchant l'union de Messieurs de la ville et du parlement avec MM. les princes pour la destruction du cardinal Mazarin,* Paris, Jacques Le Gentil, 1652, in-4. Ce n'est pas le seul; mais c'est le meilleur et le plus complet. Il confirme dans les circonstances principales le témoignage des *Mémoires*.

[3]. Le *Nouveau Mercure galant* du mois de juin 1677 dit que ce fut M. de Barentin, conseiller au parlement, qui « l'alla prendre chez M. Croiset, et passa plus de cinquante barricades avant de le pouvoir remettre dans son hôtel. » Il ne parle pas de ce déguisement en habit ecclésiastique.

Broussel[1], prévôt des marchands, contre l'intention de la cour, qui en fut extrêment offensée.

Voilà au vrai quel a été le commencement, le progrès et la fin de cette affaire de l'Hôtel-de-ville, dont on a tant parlé diversement, et ce qui doit servir à confondre l'imposture de ceux qui ont tâché de rendre M. le Prince suspect d'avoir lui-même contribué à ce désordre, par des gens apostés de sa part et par des soldats de ses troupes envoyés à dessein de les soutenir, en se mêlant, disoient-ils, dans la foule des mutins, pour augmenter et entretenir le trouble et la confusion.

Mais le bon sens ne permet pas qu'on ajoute foi à une calomnie de cette nature; car, pour avoir pris ces sortes de mesures et de précautions pour l'exécution d'un si malheureux dessein, il auroit fallu faire une chose humainement impossible, qui eût été de prévoir l'événement de cette lettre de cachet dont il a été parlé, les différends et les contestations qui s'élevèrent dans l'assemblée à son occasion, et tout ce qui obligea Son Altesse Royale à faire en sortant cette plainte, qui donna le branle à toute cette grande émotion.

Enfin, l'union tant désirée de Paris avec les princes étant conclue, et le feu de la sédition assoupi, le parlement envoya des députés à la cour[2] pour tâcher encore une fois de porter Sa Majesté à consentir l'éloignement du cardinal.

1. Pierre de Broussel, conseiller au parlement, le héros de la première Fronde.
2. Elle étoit à Saint-Denis. Cette députation eut lieu le 11 juillet.

Le président de Nesmond [1], qui portoit la parole, lui représenta fortement que l'unique moyen de sauver l'État et d'en réparer les désordres étoit d'exterminer pour toujours du royaume le ministre étranger qui en étoit seul toute la cause, et qui ne s'appliquoit qu'à les augmenter et à les entretenir par ses ruses et ses artifices.

Le roi, ayant ouï les députés, leur répondit qu'il falloit premièrement que les princes missent bas les armes et qu'ils congédiassent les troupes étrangères qu'ils avoient attirées dans ses États, et qu'après cela on aviseroit à les satisfaire sur cet éloignement du cardinal, qu'ils demandoient avec tant d'instance [2].

Cette réponse ne laissoit à nos députés nulle espérance de pouvoir rien obtenir de Sa Majesté à leurs fins; mais, comme on attendoit alors les troupes de Rose [3] à l'armée du roi, et à Paris celles d'Espagne, qui étoient déjà entrées en France et en marche sous la conduite de Fuensaldagne [4], la vue de cet incendie tout prêt à s'embraser donnoit à la cour, aussi bien qu'à Paris, un grand penchant pour la paix. Ce fut ce qui obligea les députés du parlement à rester

---

1. François-Théodore de Nesmond, président à mortier au parlement de Paris. C'étoit un grand frondeur.
2. *Relation véritable de ce qui s'est fait et passé dans l'audience donnée à Saint-Denis, le onzième juillet 1652, à MM. les députés du parlement, avec les propres termes de la réponse à eux faite de la part du roi par M. le garde des sceaux*, Paris, J. Chevalier, 1652, in-4.
3. Raynold de Rose, lieutenant général, commandant un corps de troupes allemandes au service de la France.
4. Alfonse Pérès de Vivero, comte de Fuensaldagne, général des troupes espagnoles dans les Pays-Bas.

à Saint-Denis, dans l'espérance de trouver quelque tempérament pour disposer le roi à ne pas souffrir que la bonne ville de Paris et toute la France fussent exposées en proie à tant de troupes étrangères pour les seuls intérêts du Mazarin [1].

Ils se trouvèrent néanmoins trompés dans leur attente; car la cour, considérant que l'armée du roi, depuis la journée de Saint-Antoine, étoit pressée de la faim, et Leurs Majestés même en danger, à cause des maladies qui infestoient de plus en plus les troupes qu'elle avoit avec elle, elle se retira à Pontoise [2] lorsqu'on y pensoit le moins, ayant laissé les députés du parlement à Saint-Denis sans aucune résolution. Ce qui ne fut pas plutôt rapporté à Paris, que Son Altesse Royale, M. le Prince et le duc de Beaufort, s'étant rendus à Saint-Denis, en ramenèrent les députés avec eux dans Paris [3].

Et, comme la plupart des conseillers que la crainte avoit dispersés en divers endroits de la campagne s'étoient rassemblés à Pontoise, à la sollicitation et par les soins du sieur Fouquet [4], pour lors procureur général, et y repré-

---

[1]. Les frondeurs ne croyoient ou ne vouloient pas laisser croire que les députés fussent restés à Saint-Denis volontairement. (*Relation véritable de ce qui s'est passé au parlement, en présence de Son Altesse royale et de MM. les princes, sur la détention des députés en la ville de Saint-Denis, ensemble la lettre de cachet du roi envoyée aux députés,* Paris, A. Chouqueux, 1652, in-4.

[2]. Le 17 juillet.

[3]. Le 18. Le président de Nesmond rendit compte de sa députation dans l'audience du 19.

[4]. Nicolas Fouquet, alors procureur-général au parlement, et plus tard surintendant des finances.

sentant le parlement, avoient cassé tous les arrêts précédens et en avoient fait de nouveaux [1], ces députés, avec ceux du parlement qui étoient restés à Paris, s'étant aussi assemblés, déclarèrent M. le duc d'Orléans régent du royaume, et M. le Prince généralissime des armées [2].

Le nouveau régent établit aussitôt un nouveau conseil, qui avoit pour chefs M. le Prince, le chancelier Séguier, Chavigny, les ducs de Rohan, de Brissac [3], de Sully, de La Rochefoucault et quelques autres. MM. de Nemours et de Beaufort n'y eurent point de place, parce que

1. La translation du parlement de Pontoise n'est que du 7 août. (*Déclaration du roi portant translation du parlement de Paris en la ville de Pontoise, avec l'arrêt d'enregistrement d'icelle*, Pontoise, Julien Courant, 1652, in-4.) La Déclaration est datée du 31 juillet; mais elle ne fut lue et publiée que le 6 août, et enregistrée que le 7. Tavannes veut évidemment parler de l'*Arrêt du conseil d'État du roi donné contre les auteurs des troubles présens, et des assemblées, résolutions et délibérations faites et à faire, tant en la cour du parlement que dans l'hôtel de ville, contre le service de Sa Majesté et tranquillité de son royaume*, s. l. n. d., in-4. Il est daté du 18 juillet. Il y en a un autre de la même date « *portant cassation de l'arrêt de la cour du parlement de Paris du 1er juillet 1652, et autres procédures* », s. l. n. d., in-4.

2. C'est l'arrêt du 20 juillet tel que l'entendoient, tel que le publioient même les frondeurs; mais la vérité est que, si le parlement laissa le duc d'Orléans prendre la lieutenance générale du royaume, il ne la lui donna pas. (*Le Véritable arrêt de la cour du parlement donné, toutes les chambres assemblées, les vendredi et samedi 19 et 20 juillet 1652*, Paris, par les imprimeurs et libraires ordinaires du roi, 1652, in-4.) Cette publication étoit la seule protestation que la liberté du temps permît aux magistrats.

3. Louis de Cossé, duc de Brissac, pair et grand pannetier de France, mort en janvier 1661.

ce fut dans ce temps-là même que, préférant leurs propres différends aux affaires publiques, ils les terminèrent par un duel à la porte de Richelieu, où M. de Beaufort tua M. de Nemours d'un coup de pistolet [1]. Il fit aussi, en même temps, publier une espèce de manifeste contre Mazarin pour engager de nouveau la ville, le parlement et les peuples, à poursuivre l'éloignement de ce ministre [2].

L'un des premiers soins de ce conseil du nouveau régent fut de pourvoir aux besoins de l'armée des princes et d'amasser pour cela de l'argent ; mais le remède devint pire que le mal. On mit sur toutes les portes cochères de la ville un impôt qui fit soulever presque tous les esprits contre Son Altesse Royale et son conseil [3]; en sorte que tout Paris, détestant publiquement l'union, à laquelle on l'avoit engagé, ne cher-

---

1. Le 30 juillet. (*Relation véritable de ce qui s'est passé dans le combat de MM. les ducs de Beaufort et de Nemours, avec le sujet de leur querelle*, Paris, Julien Mallard, 1652, in-4.)

2. C'est apparemment le pamphlet intitulé : *Motifs de la retraite de M. le duc de Beaufort dans sa solitude*, Paris, S. Le Porteur, 1652, in-4 ; mais est-il bien du duc de Beaufort ?

3. Les *Délibérations prises et arrêtées en l'hôtel de ville pour la levée des deniers et subsistances des troupes destinées pour la délivrance du roi et destruction du cardinal Mazarin, en présence de Son Altesse Royale et de MM. les princes, et les articles accordés par eux pour ce sujet, du lundi 29 juillet 1652*, Paris, 1652, in-4. Il y eut dès le 1er août un *Quatrième arrêt du conseil d'État du roi, portant cassation de l'assemblée tenue en l'hôtel de ville de Paris le 29 du mois passé, et défense aux habitans de payer aucunes taxes en conséquence de ce qui s'en est ensuivi*, Pontoise, Julien Courant, s. d., in-4.

choit plus qu'à en secouer le joug et à s'en venger sur ceux qui en avoient été les auteurs.

M. le Prince, voyant cet orage, dont lui et ses partisans étoient menacés des deux côtés, et de la cour et de Paris, fit faire à Sa Majesté diverses propositions d'accommodement, tant pour lui et Son Altesse de Conty, son frère, que pour les principaux d'entre ses amis et ses serviteurs, par les sieurs de Rohan et de Chavigny, lesquels n'ayant rien pu obtenir en sa faveur, il pensa sérieusement à se retirer de Paris avec ses troupes.

Son Altesse Royale et les plus considérables de son conseil firent aussi, chacun de leur part, tout ce qu'ils purent pour se raccommoder avec la cour; mais, parce qu'ils demandoient toujours l'éloignement de Mazarin, on ne terminoit rien. Ce fut ce qui donna lieu au parlement de Pontoise, qui étoit entièrement dévoué à ce ministre, de lui représenter alors que, suivant la disposition de Paris et l'état présent des factieux, l'unique moyen de faire rejeter sur le Prince toute la faute des désordres de la France étoit qu'il s'en éloignât pour quelque temps, parce que, Son Éminence étant comme la pierre de scandale qui servoit de prétexte à ses mauvais desseins, il ne pourroit plus demeurer sous les armes, durant son absence, sans attirer sur lui la haine et l'aversion de tous les sujets du royaume, et qu'enfin les factieux même, reconnoissant leur erreur et se lassant de servir de ministres à son ambition, on verroit bientôt Son Éminence revenir glorieux et rentrer dans le ministère avec l'applaudissement de tout le monde.

Quelques-uns ont cru que cette pensée étoit venue du cardinal même; mais, quoi qu'il en soit, il y entra si bien que, peu de jours après, ce nouveau parlement, de concert avec Son Éminence et avec la cour, envoya au roi des députés pour supplier très-humblement Sa Majesté de vouloir consentir à l'éloignement de Mazarin, que les gens de bien et ses bons sujets ne lui demandoient qu'en faveur de la paix, à laquelle sa présence et son autorité dans le ministère et à la cour étoit un continuel obstacle [1].

Cela se fit avec beaucoup de solennité, en présence de Mazarin même, et par un discours préparé à dessein, auquel ce ministre répondit en peu de paroles : « Qu'il étoit prêt à obéir, et que, si sa retraite pouvoit mettre fin à la rage de ceux à qui son ministère servoit de prétexte pour faire la guerre au roi, il le quitteroit volontiers, n'étant pas juste qu'un État si puissant en toutes manières, et si plein de richesses, de force et de gloire, demeurât, à son sujet, exposé dans un continuel danger d'être renversé par tant de divisions qui le déchiroient au dedans de lui-même; qu'au reste, il se consoloit d'avoir jusqu'alors tenu dans l'exercice de son ministère une conduite irréprochable, et qui seroit toujours regardée par les gens de bien comme un modèle de douceur et de modération; et qu'il prioit Sa Majesté de se souvenir que c'étoit ainsi qu'elle

---

[1]. *Relation des députés du parlement séant à Pontoise pour l'éloignement de M. le cardinal Mazarin*, Pontoise, Julien Courant, 1652, in-4. *Réponse du roi faite aux députés de son parlement de Paris séant à Pontoise, le douzième jour d'août 1652*, Pontoise, Julien Courant, 1652, in-4.

devoit ajuster la souveraine autorité de son sceptre à l'humeur et au génie de ses sujets, pour les remettre et les réunir tous en paix sous son obéissance, et que c'étoit cette union sur toutes choses qu'il falloit tâcher de rétablir durant son absence, comme étant le principal et le plus ferme appui de ce grand État. » Il s'expliqua ensuite plus particulièrement sur les divers moyens qu'on devoit employer pour y réussir; et après avoir insinué ses avis et ses instructions sur les diverses conjonctures des affaires présentes, il prit congé de Leurs Majestés, et se retira à Bouillon, dans les terres de Liége [1].

Cette retraite du cardinal eut tout le succès qu'on avoit désiré. Au premier bruit qui en courut, tout Paris se mit à redemander le retour du roi. En même temps il se fit dans le Palais-Royal plusieurs assemblées des bourgeois, pour aviser aux moyens d'exterminer toute la faction. Ceux qui en portoient les marques devinrent le jouet et la risée du peuple. On les court, on les maltraite, et on les montre partout au doigt comme des ridicules.

Cependant la cour, trouvant son poste de Pontoise incommode et malsain, s'étoit retirée à Compiègne aussitôt après le départ du cardinal [2]. Mais cet éloignement de Paris n'empêcha pas que la plupart de la noblesse et des plus notables des bourgeois et du peuple ne se dérobas-

---

1. Le cardinal Mazarin partit de Pontoise le 19 août.
2. La cour arriva à Compiègne le 23. Elle y resta jusque vers le milieu du mois de septembre, et à partir de ce temps, jusqu'au 21 octobre, séjourna successivement à Mantes, à Pontoise et à Saint-Germain.

sent à toute heure de la ville pour s'y rendre. Le chancelier Séguier même, l'un des chefs du conseil du régent, en sortit déguisé, et alla rendre compte au roi des engagemens indispensables qu'il avoit eus d'y prendre place, et il se remit si bien dans les bonnes grâces de Leurs Majestés, que peu de jours après il fut rétabli dans sa charge de garde des sceaux, qu'il a depuis ce temps toujours exercée dignement jusqu'à sa mort.

Enfin, le parlement et l'hôtel-de-ville, suivant les désirs empressés des bourgeois et de ce grand peuple qui demandoit sans cesse le retour du roi, ordonnèrent des députés pour remercier solennellement Sa Majesté du consentement qu'elle avoit bien voulu donner à l'éloignement tant désiré du cardinal, et pour la supplier en même temps de vouloir bien aussi retourner dans sa bonne ville de Paris, pour y établir la joie et la tranquillité par sa présence.

Aussi M. le Prince, qui ne voyoit plus rien à espérer de la part des Parisiens, non plus que de la cour, chercha sa sûreté dans ses troupes, et, pour les fortifier, il eut recours à M. de Lorraine [1].

Ce duc, ayant alors exécuté le traité qui l'obligeoit à sortir du royaume avec les siennes, promit à Son Altesse de Condé de les lui renvoyer au commencement d'août; et comme il étoit encore outré de la honte de sa retraite, il

---

[1]. Et aux Espagnols. *Extrait de l'instruction envoyée par le prince de Condé au sieur de Saint-Romain, étant de présent en Champagne*, Compiègne, Julien Courant, 1652, in-4. L'instruction est de la fin d'août.

ne manqua pas de s'acquitter exactement de sa promesse, non pas tant pour obliger le prince que pour se venger de l'affront qu'il avoit été obligé d'essuyer avec ses troupes : car elles rentrèrent effectivement en France au commencement d'août [1], sous le commandement du comte de Ligne, et dès le 13 du même mois elles se vinrent loger à Guignes en Brie [2] et aux environs. Le lendemain elles marchèrent droit à Villeneuve-Saint-George, à dessein de s'assurer de ce poste, où celles du prince les devoient joindre.

Mais M. de Turenne, qui avoit le même dessein, étant alors à Tournan [3], qui en est plus proche, les prévint d'environ un quart d'heure, et y mit ses troupes à leur vue, entre la Seine et l'Yerre. Le comte de Ligne, ayant ainsi manqué ce poste, mena les siennes aux environs d'Ivry [4], où elles joignirent celles du prince, qui avoient repassé la Seine sur un pont de bateaux pour venir à Villeneuve-Saint-Georges ; et aussitôt Son

---

[1]. Du mois de juillet, car Noyon fut attaquée le 16. (*Relation véritable de l'entreprise faite par le prince de Ligne et le duc de Wittemberg sur la ville de Noyon, avec la défaite des troupes espagnoles devant ladite ville, et le récit de tout ce qui s'y est fait et passé*, Paris, Jean Lerat, 1652, in-4.)

[2]. Ou Guignes-la-Putain, diocèse de Sens, parlement de Paris, intendance de Melun ; aujourd'hui canton de Mormant, arrondissement de Melun, département de Seine-et-Marne.

[3]. En Brie, diocèse de Meaux, parlement et intendance de Paris ; aujourd'hui chef-lieu de canton, arrondissement de Melun.

[4]. Dans l'Ile-de-France, sur la rive gauche de la Seine, diocèse, parlement et intendance de Paris ; aujourd'hui canton de Villejuif, arrondissement de Sceaux, département de la Seine.

Altesse résolut de marcher droit avec toutes ses troupes contre M. de Turenne.

Il trouva d'abord l'armée du roi bien postée et même retranchée; mais, ayant d'ailleurs considéré qu'elle étoit aussi fort serrée dans l'angle de ces deux rivières de Seine et d'Yerre, il jugea, selon toutes les apparences de ce poste, que, ses troupes étant campées devant, M. de Turenne n'en pourroit sortir ni faire le moindre mouvement sans danger d'être battu. Et le même jour, seizième d'août, il les y fit camper toutes, fort résolu de demeurer en présence et de ne perdre pas l'occasion de la défaire dans ce poste, ou par la faim en les y tenant comme assiégés, ou par un combat qu'il ne pouvoit éviter s'il en vouloit sortir.

Le lendemain, il eut nouvelle qu'enfin Persan, gouverneur de Montrond, avoit traité avec le comte de Palluau, le 15 de ce même mois [1]; que, si dans le 1er de septembre il n'étoit pas secouru par un corps considérable, qui forçât un des quartiers des assiégeans, il lui rendroit la place. Il y avoit près d'un an qu'elle étoit assiégée; et le comte de Palluau, qui l'assiégeoit, étoit décrié au dernier point, à cause de la longueur du siége. Il passoit pour un si mauvais

---

1. *Le 22. Articles accordés entre M. le comte de Palluau, mestre de camp de la cavalerie légère, commandant pour le service du roi en sa province du Berry, lieutenant général ès armées de Sa Majesté, et M. le marquis de Persan, commandant dans le château de Monron, appartenant à M. le Prince, situé dans la rivière de Cher, entre le Bourbonnois et le Berry, assiégé, il y a un an, par ledit sieur de Palluau,* Paris, Nicolas Vaillant, 1652, in-4.

assiégeur de places qu'on fit sur lui ce couplet de chanson :

> *Palluau avec ses railleries,*
> *Non plus qu'avec ses batteries,*
> *Ne fait pas grand peur à Persan;*
> *Mon Dieu! le pauvre capitaine!*
> *Il ne peut prendre un château dans un an*
> *Et perd deux villes par semaine.*

Il avoit eu le malheur de perdre Courtray et Ypres en très-peu de jours [1].

Le prince ne négligea rien pour secourir Montrond; mais les sieurs de Villiers et de Chavagnac [2], maréchaux de camp dans ses troupes, s'en retournant chez eux mal satisfaits de Son Altesse, firent manquer ce coup : car le dix-huitième d'août, arrivant de Paris à La Charité, chez le comte de Bussy-Rabutin, ils lui dirent que la prise de Montrond n'étoit point encore assurée, et qu'avant qu'ils partissent de Paris on avoit fait un détachement de cinq cents chevaux commandés par Briole [3]; qu'en même temps

---

1. Palluau perdit Courtray en 1647, pendant que le prince de Condé prenoit Ypres. Pour le dédommager, le prince lui donna le gouvernement de la place conquise, qu'il perdit encore peu de temps après. Ce double événement a été pour les pamphlétaires de la Fronde un texte inépuisable de railleries et d'outrages.

2. Il avoit quitté le service de Condé parce que le Prince vouloit l'obliger, sous peine de la vie, à retrouver 100,000 écus que quatre soldats de ses troupes avoient volés à un marchand de Paris.

3. Mestre de camp du régiment de cavalerie du prince de Condé, et maréchal de camp. Il avoit été, en 1650, avec la princesse à Bordeaux.

que ce corps là entreroit dans le Berry, Saint-Géran [1], Coligny, Levi [2] et Valancé [3] le devoient joindre avec tous leurs amis, et qu'assurément Palluau auroit bien des affaires sur les bras.

Ces gens étoient si mal satisfaits de leur parti qu'ils vouloient lui porter préjudice à quelque prix que ce fût; et c'est le malheur des chefs de partis rebelles, qu'on croit faire son devoir en les trahissant. Cet avis fit tenir les sieurs de Palluau et de Bussy sur leurs gardes. Celui-ci, étant à Neronde [4] avec trois compagnies de cavalerie et la noblesse du pays qu'il avoit assemblée, eut nouvelle du gouverneur de Gergeau que ce secours avoit passé à Château-Neuf sur Loire [5] pour Montrond; et le même jour, se promenant hors du village, il vit défiler les troupes du prince sur une hauteur où il y avoit un bourg appelé Montfaucon, qui appartenoit à M. le Prince. Elles avoient pris ce chemin pour favoriser le dessein de Saint-Géran, Coligny, Levi et Valancé, en s'approchant du Bourbonnois.

1. N. de la Guiche, comte de Saint-Géran, gouverneur du Bourbonnois, mort en 1659.
2. Roger de Levis, comte de Charlus, lieutenant général au gouvernement de Bourbonnois depuis le 25 septembre 1648. Il vivoit encore en 1682.
3. Dominique d'Étampes, marquis de Valençay, mort le 6 septembre 1691. Il avoit été élu député aux États de 1651 par la noblesse du Berry.
4. Bourg en Bourbonnois, diocèse de Bourges, parlement de Paris; aujourd'hui chef-lieu de canton, arrondissement de Saint-Amand-Montrond, département du Cher.
5. Dans l'Orléanois propre, sur la rive droite de la Loire, entre Sully et Gergeau, diocèse et intendance d'Orléans, parlement de Paris; aujourd'hui chef-lieu de canton, arrondissement d'Orléans, département du Loiret.

Bussy se retira promptement avec sa noblesse et ses trois compagnies vers le camp de Montrond, où il arriva le vingt-quatrième d'août sur les six heures du matin, avec cinq escadrons qui faisoient en tout deux cent quatre-vingt-dix chevaux. Le lendemain 25, à la pointe du jour, les troupes du prince parurent sur une éminence, à une demi-lieue du poste de Palluau, la rivière du Cher entre deux.

Elles marchoient à cette rivière huit escadrons de cent maîtres chacun et quelques deux cents mousquetaires en quatre pelotons. Les assiégeans n'avoient point de lignes ; mais leurs postes étoient si naturellement avantageux, qu'avec ce qu'ils avoient ajouté de travaux, ils étoient de très-grande défense.

Le côté le plus accessible étoit une montagne de vignes toute coupée de fossés, et dont les avenues, qui étoient des chemins étroits et fort creux, étoient encore embarrassés de quantité d'arbres qu'on y avoit abattus à dessein, et défendus par de petits corps de garde d'infanterie qu'on y avoit mis partout.

Briole avoit bien reconnu l'impossibilité de les forcer ; mais il avoit à répondre au prince de Condé, capitaine délicat au dernier point sur la valeur, et à qui le chagrin de la perte de sa place auroit donné de fâcheuses impressions contre lui, s'il ne les avoit pas attaquées. Lui donc, qui étoit un fort brave homme, fit tout ce qu'il put pour en donner des marques dans cette occasion : il passa le Cher avec ses troupes, et, après s'être fait tuer vingt-cinq ou trente hommes et quelques chevaux, en allant tirer le coup de pistolet aux premiers corps de garde de l'infanterie des assiégeans, il se retira sur cette hauteur d'où il étoit parti le matin.

Il y demeura tout le reste du jour, et le lendemain, vingt-sixième d'août, il regagna la Loire en diligence, et les nobles qui l'avoient suivi s'en retournèrent chacun chez soi. Ce secours ayant ainsi manqué, Montrond se rendit [1], et les troupes du roi qui étoient employées de ce côté-là furent aussitôt mandées au camp de Villeneuve-Saint-Georges, avec toutes celles qui étoient vers Sens et Montereau, pour y joindre M. de Turenne.

Le sieur de Briole y ramena au camp de M. le Prince le détachement avec lequel il avoit été tenter le secours de Montrond, et y arriva le troisième de septembre. Le marquis de Persan, ayant rendu la place faute de secours le premier de ce mois, suivant son traité, en sortit avec son infanterie, soixante maîtres et autant de chariots de bagages, et fut escorté par cinquante maîtres du régiment de la reine jusqu'à Montargis, d'où il vint joindre l'armée de M. le Prince; et peu de jours après le chevalier de Baradas [2] joignit aussi celle du roi à Villeneuve-

---

1. *La Réduction du château et forteresse de Monront, avec les motifs de la capitulation et de la sortie des gens de guerre qui étoient dans la place, ensemble les véritables articles accordés à M. le marquis de Persan par le comte de Palluau, et tout ce qui s'est fait et passé entre les deux armées depuis ladite capitulation jusqu'au 2 septembre 1652;* Paris, 1652, in-4.

2. Il commandoit en 1648 le régiment de la reine; et il se distingua, le 30 juin, à la bataille de Crémone, où il fit prisonniers sept capitaines et un major napolitain. En 1650,

Saint-Georges, avec deux mille cinq cents hommes des troupes de Palluau.

Cependant tout Paris, depuis la retraite du cardinal, se défiant de plus en plus des intrigues et de l'armement des princes, ne parloit plus que de solliciter le retour du roi, et le demanda si hautement par ses principaux habitans, que Monseigneur le duc d'Orléans et Son Altesse de Condé ne purent se dispenser de se rendre au Parlement, dès le troisième du même mois, où il fut résolu que Sa Majesté seroit très-humblement suppliée par députés de donner la paix à son royaume, et de vouloir bien retourner dans sa bonne ville, et que, pour cet effet, Son Altesse Royale seroit priée d'écrire elle-même au roi, et de lui déclarer que lui et M. le Prince étoient prêts de poser les armes, s'il plaisoit à Sa Majesté d'envoyer les ordres nécessaires pour les troupes françoises qu'ils avoient sous leur commandement, avec des passe-ports pour les étrangers et une déclaration d'amnistie en bonne forme, et qu'en même temps que Son Altesse Royale ordonneroit cette députation, les compagnies souveraines et le corps de ville en feroient aussi de leur part de semblables et aux mêmes fins [1].

il eut, avec le grade de maréchal de camp, le commandement de la cavalerie du comte de Saint-Aignan, en Berry. Il prit, la même année, une part glorieuse au siége de Rethel. Il fut tué devant Candie, en décembre 1668, dans la brigade du duc de Caderousse. Il étoit fils de François, marquis de Baradas, premier gentilhomme de la chambre de Louis XIII, premier écuyer de la petite écurie, capitaine du château de Saint-Germain et lieutenant du roi en Champagne. Il s'appeloit Jean-Marc, chevalier de Baradas.

1. *Relation véritable de tout ce qui s'est fait et passé au*

Toutes ces députations se firent en peu de temps, puisque, dès le douzième du même mois, Son Altesse Royale porta au Parlement la réponse de Sa Majesté à sa lettre [1]; mais sur quelques difficultés qui survinrent à l'ouverture du paquet, la délibération sur cette réponse fut remise au lundi suivant.

On parla d'abord assez diversement des difficultés qui causoient cette remise. Les uns disoient qu'elles ne regardoient que l'amnistie [2], en ce que, Son Altesse Royale ne s'étant point expliquée sur la forme et l'étendue qu'elle devoit avoir pour la sûreté de MM. les princes et de tous ceux qui étoient dans leurs intérêts, ils ne pouvoient satisfaire aux offres qu'ils avoient faites de poser les armes que les conditions n'en fussent expressément marquées dans l'amnistie, ou du moins qu'elle ne fût générale et sans exception. D'autres disoient, au contraire, qu'il ne s'agissoit ni de la forme ni de l'étendue de l'amnistie, mais bien de ce que Sa Majesté, par sa réponse, en promettant l'amnistie qu'elle étoit suppliée d'accorder, vouloit avant toutes choses que les

---

parlement dans la dernière assemblée tenue en la présence de Son Altesse Royale et de M. le Prince le deuxième et le troisième septembre 1652, Paris, Claude Le Ray, 1652, in-4.

1. *Lettre de Son Altesse Royale écrite au roi, avec la réponse faite par le roi à Son Altesse Royale*, Pontoise, Julien Courant, 1652, in-4. La lettre est du 7 septembre et la réponse du 12.

2. *Édit du roi portant amnistie de tout ce qui s'est passé à l'occasion des présens mouvemens, à la charge de se remettre dans trois jours dans l'obéissance du roi; vérifié en parlement le 26 août 1652*, Pontoise, Julien Courant, 1652, in-4. On comprend que la vérification avoit eu lieu dans le parlement de Pontoise.

princes commençassent par mettre bas les armes; ce qu'ils ne pouvoient faire sans s'abandonner entièrement à la discrétion et au bon plaisir de la cour.

Mais la vérité est que M. le Prince n'avoit point alors envie de poser les armes, mais bien de temporiser, pour profiter des avantages que l'état et le poste de ses troupes lui faisoient espérer sur l'armée du roi, qu'il tenoit comme enfermée dans l'angle des deux rivières où elle étoit enserrée à Villeneuve-Saint-Georges. C'étoit là justement où tendoient les difficultés et cette remise. Il voyoit les troupes dans le meilleur état qu'elles eussent encore été par la jonction de celles du duc de Lorraine. Elles étoient divisées en quatre quartiers : le premier étoit celui de Son Altesse, commandé par le comte de Tavannes, qui avoit le commandement général en son absence; le deuxième, du duc de Lorraine, commandé par le prince de Ligne; le troisième commandé par le duc de Beaufort, et le dernier par le duc de Vittemberg [1]; et dans tous ces quartiers elles avoient des munitions et des vivres en abondance.

Celle du roi, au contraire, commandée par MM. de Turenne et de La Ferté, se trouvoit incommodée pour sa subsistance; car le comte de Tavannes, aussitôt après le campement des troupes de M. le Prince, ayant reconnu que celles du roi avoient un pont derrière elles pour aller aux fourrages, avoit détaché cinquante ou

1. Georges, duc de Wurtemberg, général au service d'Espagne.

soixante maîtres, et, s'étant mis lui-même à leur tête, prit un détour assez grand par derrière leur camp; et s'étant approché de ce pont sans être découvert, donna à l'improviste sur ceux qui le gardoient, et, ayant tué quelques-uns, détruisit le pont et le brûla en partie, en sorte qu'il ne put plus servir [1]. Et comme d'ailleurs l'armée ne pouvoit tirer ses provisions que de Melun et de Corbeil, il fit encore planter des pieux dans la rivière au-dessous d'Ablon, par l'ordre de M. le Prince, pour lui ôter la communication de ces deux villes, et réduisit ainsi l'armée du roi dans une extrême nécessité de fourrages et de vivres.

Et ce qui incommodoit encore beaucoup M. de Turenne étoit une batterie que M. le Prince avoit fait dresser sur une éminence vis à vis de son poste, qui l'obligea d'en faire aussi dresser une dans son camp pour tâcher de la démolir, mais avec peu d'effet. Les choses étant dans cet état, il y avoit peu d'apparence que Son Altesse de Condé eut sincèrement envie de quitter les armes, par lesquelles il croyoit se voir bientôt le maître des affaires et l'arbitre de la paix, par la défaite de l'armée de Sa Majesté, dont il se tenoit comme assuré.

Mais les Parisiens, lassés au dernier point des maux que leur causoient les courses fréquentes de tant de troupes, qui les désoloient, pressoient toujours sans relâche la conclusion de la paix et

---

[1]. *Relation véritable du combat fait à la prise du pont d'Ablon-sur-Seine par M. le Prince, ensemble ce qui s'est passé à la prise de l'éminence de Saint-Spire-sur-Corbeil par le prince de Tarente*, Paris, Samuel de Larru, 1652, in-4.

le retour du roi ; et comme la cour ne manquoit pas de partisans et de personnes bien intentionnées pour le service de Sa Majesté dans Paris, on vit en peu de jours tout le peuple soulevé contre l'autorité des princes et du Parlement même, et M. le Prince décrié comme suspect de mauvais desseins contre la cour ; ce qui fit que Monseigneur d'Orléans commença, dès le vingt-troisième de ce mois de septembre, à se relâcher de ses intérêts, en faisant élargir de la Bastille le comte de Rieux [1], deuxième fils du duc d'Elbeuf, que Son Altesse de Condé y avoit fait mettre depuis environ cinq semaines.

Le lendemain, vingt-quatrième, un grand nombre des principaux habitans, encouragés par l'approche de la cour, qui étoit revenue de Compiègne à Pontoise, s'assemblèrent au Palais-Cardinal, où ils firent entre eux une délibération pour témoigner le zèle extrême qu'ils avoient pour le retour de Sa Majesté [2]. Les sieurs Le

---

1. François de Lorraine, comte de Rieux, deuxième fils du duc d'Elbeuf. Disputant au prince de Tarente la préséance dans le conseil de la Fronde, il avoit donné un soufflet au prince de Condé, qui avoit pris le parti de son concurrent. (*Récit du duel déplorable entre MM. les ducs de Beaufort et de Némours, avec ce qui s'est passé dans le Luxembourg entre M. le Prince et le comte de Rieux*, Paris, S. Le Porteur, 1652, in-4.)

2. *Relation véritable, contenant la liste des noms de ceux qui étoient en l'assemblée faite, le mardi 24 septembre 1652, au Palais-Royal, avec l'exhortation que Mademoiselle, fille de Son Altesse Royale, fit à cette assemblée séditieuse, et l'ordre que Son Altesse Royale mit pour arrêter la sédition*, Paris, Laurens Laureau, 1652, in-4. Sa liste ne contient que trente et un noms ; mais on publia bientôt après la *Deuxième liste contenant les noms de ceux qui étoient en l'assemblée*

Vieux et Piètre, anciens échevins, qui étoient déjà rétablis dans cette charge par l'ordre de la cour, y portèrent eux-mêmes la copie de cette délibération pour assurance de la fidélité de tous les habitans. Au sortir de cette assemblée, la joie du peuple éclata si fort dans tout ce quartier, et se répandit si promptement de là dans toutes les rues et le Palais même, que l'on n'y entendoit que des cris de Vive le roi.

Plusieurs même, pour donner des marques plus évidentes du parti qu'ils avoient pris et qu'ils étoient résolus de suivre, mirent les uns du papier [1] et les autres du taffetas blanc à leurs chapeaux; et, marchant ainsi par bandes dans la ville, pillèrent un chariot du duc de Wittemberg, l'un des commandans de l'armée du prince, qui passoit dans la rue de Saint-Honoré. Aussitôt le parlement assemblé, après avoir délibéré sur la requête du duc de Beaufort qui contenoit ces faits, il fut ordonné qu'il en seroit informé; et cependant défenses furent faites, et publiées le

---

faite le mardi 24 septembre 1652 au Palais-Royal, s. l. n. d., in-4.

1. Ce fut le conseiller-clerc au parlement Charles Prévost qui dit dans l'assemblée même: « Qu'il falloit, au sortir, que tout ce qui étoit présent criât dans la rue Saint-Honoré: Vive le roi! et mît au chapeau, pour livrée, du papier, comme peu de temps auparavant on avoit porté de la paille.» (*Journal du parlement*.) L'assemblée avoit été autorisée par lettre du roi en date de Compiègne le 17 septembre; et le 25, le parlement, séant à Pontoise, dispensa Charles Prévost « du service qu'il étoit obligé de rendre au roi dans la fonction de sa charge en cette ville, et déclara qu'il pouvoit continuer sous le bon plaisir du roi lesdites assemblées pour son service, tant au Palais-Royal qu'autre lieu où il seroit avisé. »

même jour à son de trompe, à toutes personnes, de s'attrouper et faire aucune assemblée, d'afficher aucun placard ou billet, et de porter sur soi aucune marque extérieure tendant à sédition [1].

Les sieurs le Vieux et Piètre, qui avoient porté à la cour la délibération de l'assemblée du Palais-Cardinal, en étant revenus le vingt-neuvième du même mois, firent à l'hôtel-de-ville leur rapport des assurances que le roi leur avoit données de remettre sa bonne ville dans une pleine tranquillité, et d'y revenir aussitôt qu'il sauroit qu'on y auroit disposé toutes choses à cette fin [2]. Et, pour mieux persuader des bonnes intentions de Sa Majesté ceux à qui ils faisoient ce rapport en présence du gouverneur, ils leur communiquèrent l'ordonnance qu'elle leur avoit accordée en faveur de la ville, portant défense à tous les gouverneurs des provinces et villes du royaume, et à tous généraux d'armées et autres officiers, d'empêcher en aucune manière le passage des marchandises destinées pour la provision des bourgeois et habitans de sa bonne ville de Paris [3]. Et cette ordonnance fut publiée le même jour, au grand contentement des vrais

1. L'arrêt est du 26 septembre.
2. *Réponse que le roi a fait donner par écrit aux sieurs Le Vieux et Piètre sur les assurances qu'ils ont portées à Sa Majesté des bonnes intentions qu'avoit sa bonne ville de Paris pour son service et pour le rétablissement de son autorité*, Pontoise, Julien Courant, 1652, in-4. Elle est datée du 28 septembre.
3. *Ordonnance du roi en faveur des bourgeois et habitans de sa bonne ville de Paris pour l'ouverture et liberté des passages des blés, vins, bois, poissons et autres denrées destinées pour la provision de ladite ville. Donnée à Pontoise, le 29 septembre 1652*, Paris, Antoine Estienne, 1652, in-4.

serviteurs du roi, qui voyoient ainsi relever l'autorité de Sa Majesté sur les ruines de celle de ses ennemis.

Les députés des six corps des marchands, qui avoient aussi été envoyés à Pontoise [1] dans le même dessein de témoigner au roi leur zèle pour son retour et pour l'assurer de leur fidélité, en revinrent le lendemain avec la même réponse qui avoit été faite aux échevins [2], à laquelle Sa Majesté avoit seulement ajouté, « qu'elle avoit été informée de ce que le parlement avoit ordonné contre ceux qui avoient assisté à l'assemblée du Palais-Cardinal et crié *Vive le roi* dans les rues et dans le palais, et que c'étoit se déclarer ouvertement ses ennemis que de traiter en criminel ceux de ses sujets qui témoignoient plus de zèle et d'affection pour son service. » Et, peu de jours après, il fut en effet publié un arrêt du conseil d'État portant cassation de tout ce qui avoit été fait contre ces personnes, avec de très-expresses défenses de procéder à aucun jugement contre eux [3]. Cet arrêt fut reçu et exécuté avec toute la soumission que Sa Majesté pouvoit désirer.

Cependant M. le Prince, qui étoit au lit ma-

[1]. Le 26 septembre.
[2]. *La Véritable réponse du roi à MM. les députés des six corps des marchands de la ville de Paris, représentée à Son Altesse Royale par lesdits députés à leur retour de Pontoise, le deuxième jour d'octobre* 1652, Paris, veuve J. Guillemot, 1652, in-4. Elle est datée du 1er octobre.
[3]. *Arrêt du conseil d'État du roi portant cassation de tout ce qui a été et pourroit être fait contre les particuliers qui se sont assemblés au Palais-Royal et autres lieux pour le service du roi, du 5 octobre* 1652, Pontoise, Julien Courant, 1652, in-4.

lade, eut avis que, la nuit précédente, MM. de Turenne et de La Ferté avoient fait descendre leur canon d'une éminence où il étoit planté, jusque sur le bord de la rivière, et rangé leurs troupes en bataille le matin. Sur cet avis Son Altesse, jugeant qu'ils avoient dessein de décamper, tint conseil de guerre dans son hôtel, où il agit et parla avec autant de vigueur que s'il eût été en pleine santé. Et comme il étoit toujours dans cette pensée que l'armée de Sa Majesté ne pouvoit faire aucun mouvement pour sortir de son poste sans être battue, et qu'il en tenoit la défaite comme assurée, pour beaucoup de raisons qu'il en avoit déduites et expliquées assez succinctement, il fit tomber toute la délibération de ce conseil sur les mesures que l'on auroit à prendre, après cette prétendue défaite, à l'égard de la cour et de Leurs Majestés, qu'il regardoit déjà comme étant à sa disposition.

On y disposa même par avance des premières charges et des principaux gouvernemens du royaume; et après que la destination en fut faite au gré du prince, Son Altesse s'étant encore expliquée sur les moyens de ne pas manquer le coup sur lequel on fondoit tous ces beaux projets, il fut résolu que les ducs de Lorraine et de Beaufort et le prince de Wittemberg se rendroient le jour même au camp, dans leurs quartiers, pour y donner les ordres nécessaires.

Le comte de Tavannes n'avoit point été appelé à ce conseil; il étoit toujours demeuré au camp depuis qu'on avoit vu retirer le canon de M. de Turenne, pour observer la contenance de ses troupes, et, n'y ayant remarqué aucun changement, il étoit fort éloigné de croire qu'on eût dû tenir aucun conseil de guerre. C'est pourquoi il fut étrangement surpris de l'ordre que le sieur de Clinchan lui porta, de la part de M. le Prince, de mettre incessamment ses troupes sous les armes, et bien plus encore de la confidence qu'il lui fit de la délibération de ce conseil, où il s'étoit trouvé, et de cette destination chimérique des charges et des gouvernemens du royaume.

Ce comte en avoit déjà quelques avis d'assez bonne part; mais, parce qu'on y marquoit expressément que cette destination s'étoit faite sans qu'on eût seulement pensé à lui, il ne les avoit reçus que comme des bruits de ville, ne pouvant pas s'imaginer que le prince l'eût oublié de la sorte, dans le temps même qu'il lui rendoit des services si considérables.

Toutefois ce traitement ne lui fit nulle peine; il le regarda comme avantageux à sa réputation, en ce qu'il servoit beaucoup à confirmer, ce que l'on a fait voir à l'occasion du canon d'Étampes, que son attachement à la personne et aux intérêts du prince, duquel il n'avoit pu se dispenser pour de très-justes et très-solides raisons que l'on a rapportées à cet endroit, ne le rendoit pas moins bon serviteur du roi; car de n'avoir pas été appelé à ce conseil de guerre, lui qui avoit le commandement général des troupes, c'étoit une preuve très-évidente que le parti même des princes le reconnoissoit trop fidèle à Sa Majesté pour avoir part à des délibérations qui pussent l'offenser.

Il lui vint presque en même temps, de Paris,

des lettres de plusieurs de ses amis, qui, sous le prétexte de cette délibération de l'hôtel de Condé, tendoient toutes fortement à le solliciter de se retirer du commandement des troupes du prince, en lui représentant que, n'y ayant plus de cardinal en France pour donner lieu ni à lui ni à ses partisans de colorer ses ambitieux desseins, on voyoit aisément que ce n'étoit pas sans sujet que l'on craignoit dans Paris qu'il n'en voulût à la couronne, et qu'ainsi il devoit penser sérieusement à ce qu'il devoit au roi et à l'État dans la conjoncture des choses, et que ce seroit un perpétuel sujet de regret pour lui, et de honte pour sa famille, si par sa valeur il venoit à contribuer au changement que cette Altesse méditoit dans le royaume.

La comtesse de Tygery[1], sa tante, qui fournissoit le plus à sa dépense, et qui l'avoit destiné pour seul héritier de ses grands biens, étoit si fortement frappée de cette crainte, qu'elle lui envoya un gentilhomme exprès, nommé Villebois, pour l'informer de ce bruit, qui se répandoit sourdement dans la ville, afin qu'il y fît réflexion et qu'il n'entreprît rien qui pût avancer les mauvais desseins qu'on imputoit à M. le Prince contre la souveraine autorité; et par un billet que Villebois lui donna en même temps elle lui marquoit qu'il falloit qu'il pensât sérieusement à se détacher des intérêts de Son Altesse, et à sortir tout à fait de l'engagement qu'il avoit avec lui; qu'il ne manqueroit pas de moyens de

---

1. Anne, fille de Guillaume II de Saulx, comte de Tavannes, et femme de Jacques, vicomte de Tigery.

le faire avec honneur dans l'état où étoient les choses, et que, s'il ne le faisoit pas, il ne devoit plus rien attendre de son amitié ; qu'elle trancheroit les pensions qu'elle lui donnoit, et le priveroit entièrement de sa succession.

Le comte, qui pensoit alors à exécuter l'ordre que Clinchan lui avoit apporté, de mettre les troupes du prince sous les armes, quoiqu'il le jugeoit assez inutile, dit à Villebois « qu'il le prioit d'assurer la comtesse sa tante qu'il la verroit le lendemain pour la tirer de ses inquiétudes et pour lui donner toute la satisfaction qui dépendroit de lui ; qu'il alloit mettre l'armée sous les armes, mais que sur sa parole elle pouvoit se mettre l'esprit en repos. » Alors, MM. de Lorraine et de Beaufort arrivant au camp, c'étoit sur les quatre heures du soir, les troupes furent mises sous les armes et y demeurèrent toute la nuit.

Le lendemain, deuxième d'octobre, au matin, ces messieurs reconnurent par eux-mêmes ce que Tavannes leur avoit dit la veille, « que les maréchaux de Turenne et de La Ferté étoient toujours dans leurs mêmes postes, et qu'ils n'avoient fait nul mouvement qui dût porter le prince à se tant empresser d'en donner à ses troupes, surtout après que Son Altesse s'étoit si solennellement engagée envers le roi à mettre les armes bas, par la lettre de Monseigneur le duc d'Orléans[1] et par les députations du parlement et du corps de ville qui l'avoient accompagnée. »

Les ducs de Lorraine et de Beaufort s'en

---

1. La lettre du 7 septembre.

étant retournés à Paris, le comte de Tavannes s'y rendit aussi, pour s'acquitter de la parole qu'il avoit fait donner à sa bonne tante. Mais auparavant il voulut aller à l'hôtel du prince. Il le trouva presque guéri, et, après l'en avoir félicité, il ajouta que ses troupes en vaudroient mieux de le voir en bonne santé, parce qu'elles ne craindroient plus d'être inutilement fatiguées par de fausses alarmes, comme elles l'avoient été la nuit passée.

« Je vous entends, M. de Tavannes, lui dit le prince : j'ai été mal informé, et mes ordres ont été donnés sur une fausse alarme. C'est votre pensée ; mais ce n'est pas la mienne. Parce que vous ne voyez point de changement dans les postes de Turenne et de la Ferté, vous jugez qu'il n'y en a point ; et moi je juge, au contraire, qu'il y en a un très-grand et très-certain. Sachez, Comte, que leur batterie descendue et leurs canons conduits sur le bord de la rivière sont une marque infaillible qu'ils la veulent passer de nuit ; en gardant les apparences de leurs postes, ils nous amuseront pendant qu'ils défileront peu à peu avec les bagages, et tout d'un coup nous les verrons échappés. C'est là, infailliblement, leur dessein. Retournez donc au camp ; observez-les, et tenez-vous pour averti. Je vous suivrai bientôt ; cependant je me repose de tout sur vous. »

Tavannes, fâché d'apprendre du prince ce qu'il vouloit ignorer, et d'ailleurs un peu outré de la délibération où il avoit été oublié, pour lui en marquer son ressentiment lui dit en se retirant, comme par plaisanterie : « Votre Altesse peut s'assurer d'être bien servie, puisqu'elle dispose des charges et des emplois de la couronne. » M. le Prince, qui ne l'avoit entendu qu'à demi, demanda comme en riant : « Que dit donc ce fou de Tavannes ? » Le comte, sur ce mot de fou, se retournant vers le prince : « Mes folies ne doivent pas être inconnues à Votre Altesse, lui dit-il, puisque je n'en ai jamais fait que pour elle ; mais je n'en veux plus faire. »

Il sortit aussitôt, fort content de lui-même, et s'en alla raconter à la comtesse de Tygery ce peu de conversation qu'il avoit eue avec M. le Prince. Cette dame, qui avoit l'esprit vif et de grande étendue, s'étonna que Son Altesse ne l'eût pas fait expliquer davantage sur les dernières paroles qu'il lui avoit dites, non plus que sur la disposition des charges et des emplois de la couronne ; et reprenant les mêmes paroles et les pesant avec attention : « Je vous assure, Comte, lui dit-elle, que, si Son Altesse ne s'est pas expliquée avec vous sur ces reproches, c'est qu'il les a trop bien entendus, et que, s'il ne s'y est pas montré sensible, c'est qu'il n'est pas encore tems d'en faire éclater son ressentiment. Il a besoin de vous ; c'est ce qui le retient. Mais j'aimerois beaucoup mieux qu'il eût d'abord éclaté ; car vous auriez eu lieu de rompre en même tems avec lui et de me donner la consotion de vous voir hors de ce fâcheux engagement où vous êtes, d'en venir aux mains avec une armée de laquelle dépend le salut de l'État.

—Je n'ai parlé, Madame, reprit le comte, que pour me faire entendre ; et je m'attendois rien moins de l'humeur prompte et altière de son

Altesse que cette modération, vraie ou feinte, avec laquelle il a reçu ce que je lui ai dit dans mon ressentiment. Mais, puisqu'il a su par là éloigner l'occasion que je cherchois de le remercier du commandement de ses troupes, je ne puis pas honnêtement me dispenser de continuer d'en prendre le soin. Je m'en retourne donc au camp, où je ferai même une garde plus forte et plus exacte, mais qui n'empêchera pas le salut de l'État, pour lequel vous craignez tant. C'est vous en dire assez, Madame, pour faire cesser vos inquiétudes, si vous avez quelque confiance en moi.

— Vous ne gagneriez rien à me tromper, lui dit-elle, et je vous connois trop sincère pour en avoir seulement la pensée. Mais si M. le Prince alloit lui-même à la tête de ses troupes et qu'il trouvât l'occasion d'engager un combat avec celles du roi, dans l'état incommode où l'on publie qu'elles sont, vous seriez vous-même alors le premier trompé, et vous pourriez bien moins que présentement vous défendre du malheur que vos amis et moi vous avons conjuré d'éviter.

— C'est un malheur qui n'est que dans l'idée de ceux qui vous le font craindre, Madame, et qui ne peut avoir d'effet que dans leur imagination, lui répondit Tavannes. Pour moi, je suis persuadé par moi-même depuis longtemps, et par les preuves que Son Altesse a toujours données de son zèle et de sa fidélité pour la gloire et le service de l'État, qu'il est très-éloigné des mauvais desseins dont on tâche de le rendre suspect; mais puisqu'il vous plait de préférer à ces preuves les vains discours qui se répandent contre lui parmi le peuple timide et inquiet, et de le croire capable de quelque dessein contre la couronne, que le bon sens qui excelle en vous si particulièrement vous fasse au moins reconnoître, par la disposition présente des affaires, qu'il est dans l'impuissance d'en exécuter aucune.

» En effet, comment se mettroit-il à la tête de ses troupes, lui qui n'est pas même en état de se trouver aux assemblées qui se font tous les jours au palais d'Orléans et au Parlement, où sa présence est si nécessaire pour le ménagement de ses intérêts, dans la paix qu'on y traite, et qu'on y sollicite avec tant d'ardeur? Et quand la santé lui permettroit de s'y mettre, que seroit-il en pouvoir d'entreprendre, maintenant que Monseigneur le duc d'Orléans, à qui la meilleure partie des troupes appartient, et le duc de Beaufort, qui les commande, sont si étroitement unis avec le dessein de presser à toutes fins la conclusion de la paix et le retour de Leurs Majestés dans Paris?

» D'ailleurs, comme Son Altesse Royale est d'une humeur facile, et naturellement ennemi du bruit et de l'embarras des affaires de guerre, il y a peu d'apparence qu'il résiste encore longtemps aux continuelles instances que lui font le Parlement, les bourgeois et les principaux habitants, ou d'ôter au plus tôt l'obstacle qui retarde cette paix et ce retour si désiré, en posant les armes, suivant le désir de la cour, ou de faire cesser les incommodités et les désordres que Paris souffre du voisinage des troupes, en les éloignant de ses environs.

» Mais à quelque partie de cette alternative que Monseigneur d'Orléans se détermine avec le Parlement et la ville, soit que le Prince y consente, ou qu'il refuse d'y consentir, il lui sera toujours également impossible de rien entreprendre de semblable à ce que vous appréhendez : car, s'il consent de poser les armes, tout est en paix et en sûreté ; ou, si, demeurant sous les armes pour traiter avec la cour sous des conditions plus avantageuses, il consent l'éloignement de ses troupes, que restera-t-il à craindre pour la couronne, l'armée du roi étant libre dans son poste, la cour proche de Paris, et tout Paris conspirant et disposant toutes choses pour le retour de Leurs Majestés? Et si, au contraire, il refuse l'un et l'autre, il faut qu'il se sépare de Son Altesse Royale, du Parlement et de Paris, et que, demeurant ainsi seul de son parti et destitué des secours de l'union, il soit moins en état que jamais de rien entreprendre dans le royaume.

« Ainsi, Madame, si vous ne pouvez pas encore vous défaire des fâcheuses impressions que vous avez prises, comme beaucoup d'autres, contre Son Altesse, sur les discours malins que ses ennemis ont su répandre dans les ruelles, vous pouvez au moins vous rassurer entièrement contre ce malheur que vous étiez en peine de me faire éviter. Le plus grand mal que nous ayons à prévenir, moi et tous ceux qui lui sont engagés, est qu'il ne rompe, en effet, l'union qu'il a avec Son Altesse Royale, avec le Parlement et avec Paris, parce qu'alors il seroit d'autant moins en état de ménager avantageusement ses intérêts et les nôtres avec la cour qu'il seroit moins à craindre. Mais, quoi qu'il arrive, Madame, tenez-vous pour assurée que je ne ferai rien contre ce que je dois au roi, à l'État et à mon honneur, et que la cour aura toujours plus de sujet de me plaindre de la nécessité de mon attachement au Prince que de condamner ma conduite dans le commandement de ses troupes, qu'il me fait l'honneur de me confier. »

Tavannes, ayant ainsi pris congé de sa bonne tante, s'en retourna le même jour au camp dans son quartier. A son arrivée, il fit doubler la garde pour la nuit, et allumer plus de feux qu'à l'ordinaire dans son quartier. Et cette nuit-là on eut plusieurs avis que l'on entendoit, dans le poste de M. de Turenne, un grand bruit de chevaux et de harnois, qu'on y voyoit des feux en plusieurs endroits où il n'en paroissoit point auparavant, et qu'il s'y faisoit beaucoup de remuements. Mais, ceux que Tavannes avoit envoyés pour observer ce que c'étoit n'ayant pu rien découvrir que ces feux extraordinaires, il jugea qu'ils n'avoient été allumés qu'à l'occasion de ceux qu'il avoit fait augmenter dans son quartier, et que le bruit que l'on avoit entendu dans le poste de M. de Turenne venoit de quelque alarme qu'ils y avoient causée.

Comme les armées étoient campées si proche l'une de l'autre qu'il se passoit peu de jours sans quelque escarmouche, il s'en fit une le lendemain, troisième, un peu plus chaude que les autres, où le marquis de Richelieu[1] fut blessé à la hanche gauche d'un coup de mousquet, qui

---

1. Jean-Baptiste Amador de Vignerot du Plessis, marquis de Richelieu, lieutenant général, capitaine et gouverneur du château de Saint-Germain, mort le 11 avril 1663, à l'âge de vingt-neuf ans. Il servoit dans l'armée du roi, et avoit

rencontra heureusement la garde de son épée et la brisa, sans lui faire qu'une contusion un peu forte sur cette partie. Le soir, la garde fut encore redoublée, et les feux allumés en plus grand nombre dans tous les quartiers des deux armées, celle du roi faisant mine d'observer les troupes du Prince, comme les troupes du Prince l'observoient effectivement elle-même; en sorte qu'il eût été mal aisé de juger, par leur disposition et leur contenance, laquelle de ces deux armées se promettoit le plus d'avantage dans son poste sur les mouvements de l'autre. Cela fit penser aux troupes de M. le Prince qu'il y pouvoit avoir quelque secrète délibération pour les faire retirer des environs de Paris, sur les plaintes que l'on faisoit tous les jours à Son Altesse Royale des désordres qu'elles y commettoient, et sur les grandes instances que le Parlement lui en avoit aussi faites depuis peu, et que M. de Turenne, en étant informé de la Cour, à qui l'on donnoit avis de tout, leur donnoit le change en les observant à son tour, pour profiter de leur retraite.

Et ce fut ce qui les trompa; car la nuit suivante, du 4 au 5 d'octobre, MM. de Turenne et de La Ferté ayant fait allumer d'assez bonne heure des feux de tous côtés dans leurs quartiers, et disposé en divers endroits aux environs de ces feux quelques troupes qui jetoient de temps en temps des cris de joie, parmi lesquels on entendoit ce même bruit sourd et confus de chevaux et de harnois que l'on avoit déjà entendu la

---

eu deux chevaux tués sous lui à l'attaque d'Étampes, le 8 juin. En 1658, il commanda le corps de réserve à la bataille des Dunes.

nuit du deux au trois, on se contenta d'allumer de même des feux dans le camp des princes et de répondre aux cris de joie que l'on entendoit par de semblables cris, qui, s'élevant confusément de tous côtés, servoient justement à étouffer celui de la marche du canon et des bagages que l'on emmenoit, et des troupes qui défiloient les unes après les autres; en sorte que l'on ne commença à se défier de cette retraite qu'environ une heure avant le jour, par le grand silence qui se fit tout d'un coup du côté de la rivière, où l'on ne voyoit plus personne autour des feux qui y restoient allumés, et successivement dans les autres endroits, à mesure que les troupes qui les occupoient suivoient leurs rangs pour défiler.

L'officier qui commandoit la garde dans le quartier du prince, voulant s'assurer de ce qui en étoit, dépêcha sur-le-champ quelques coureurs avec quinze ou vingt maîtres des mieux montés vers ces feux déserts, que l'on voyoit du côté de la rivière, avec ordre d'en approcher le plus proche qu'ils pourroient, et d'insulter même la première garde qu'ils rencontreroient; et que s'ils n'en trouvoient point jusqu'à ces feux, qu'ils observassent exactement tout ce qu'ils pourroient découvrir par leur clarté aux environs. Et cependant la nouvelle s'étant répandue dans les quartiers que MM. de Turenne et de La Ferté se retiroient avec une extrême diligence, les troupes furent aussitôt mises sous les armes.

Mais les principaux officiers qui s'y trouvèrent avec Tavannes, n'en ayant point encore de certitude suffisante pour se déterminer sur ce qu'ils avoient à faire, perdirent un grand temps à attendre les coureurs que le sieur Gedouin[1], maréchal de camp et sous-lieutenant des gens d'armes de Son Altesse Royale, avoit dépêchés, qui ne revinrent qu'à la pointe du jour. Ils rapportèrent que, s'étant avancés jusqu'aux feux qui paroissoient vers la rivière, sans rencontrer personne, ils avoient vu d'abord des chevaux abandonnés qui en étoient assez proches, et d'autres, en divers endroits écartés, qui étoient attachés à des pieux, et des gens qui se sauvoient avec précipitation dans l'obscurité; ce qui les ayant obligé d'y pousser à toute bride, ils s'étoient tout d'un coup trouvés embarrassés dans un terrain tout hérissé de pieux et de pointes de bois fichés en terre, et coupé de fossés en divers endroits, d'où s'étant retirés avec beaucoup de peine, ils s'étoient avancés vers d'autres feux qu'ils voyoient à leur gauche, et y avoient encore trouvé plusieurs chevaux fatigués avec sept ou huit hommes malades du régiment de La Ferté, qui leur avoient assuré que leurs généraux, ayant fait défiler tous les bagages dès la veille, s'étoient mis en marche au moment qu'on avoit allumé les feux, pour les suivre avec l'armée qui devoit se rendre aux environs de Corbeil, avec beaucoup de diligence, et que c'étoit pour cela qu'ils avoient négligé

---

1. Il fut envoyé le 31 octobre par le duc d'Orléans au prince de Condé « pour aller de sa part donner avis au Prince de son accommodement, et l'inviter de rentrer aussi dans les bonnes grâces de Sa Majesté. » (*Gazette*.) Il servit au siége de Landrecies, en 1655, et y fut blessé, le 28 juin, d'un coup à la cuisse et d'un autre au bras.

beaucoup d'hommes malades et de chevaux fatigués, qui étoient restés comme eux dans le camp.

Sur cet avis, on dépêcha des courriers à MM. les Princes et aux généraux qui étoient à Paris; et cependant le comte de Tavannes se fit suivre par le sieur de Clinchan, maréchal de camp général, son ami, qu'il détacha dans l'instant avec trois escadrons pour tâcher de les arrêter par de légères escarmouches, contre le sentiment des princes de Vittemberg et de Ligne, qui vouloient que l'on marchât droit après eux en ordre de bataille, parce que, disoient-ils, la confusion étant inévitable dans des retraites aussi précipitées que celle des troupes du roi le paroissoit par le grand nombre d'hommes malades, de chevaux fatigués et de diverses sortes d'armes et de bagages qu'ils avoient négligés dans leur camp, et qu'on voyoit même sur leur route, on ne manqueroit pas de les trouver dans quelque désordre et d'en profiter. Ces messieurs avoient raison suivant leurs vues, et Tavannes n'avoit pas tort suivant les siennes.

Le sieur de Clinchan, ayant joint une partie de l'arrière-garde de Turenne, composée de cinq ou six cents chevaux qui marchoient à côté d'une colonne de bagages, détacha le sieur de Briolle à la tête de deux cents maîtres, qui les chargea si vigoureusement que, nonobstant l'inégalité, il les fit plier d'abord avec une perte de plus de trente des leurs; mais ayant aperçu que plusieurs pelotons d'infanterie qui marchoient avec les bagages s'avançoient pour les soutenir, il se retira, n'ayant perdu que cinq ou six des siens. Le sieur de Clinchan, jugeant qu'il étoit inutile de les suivre davantage, s'en retourna au camp, et dit à Tavannes, à l'oreille, qu'il y avoit coup à faire si on les eût suivis plus tôt en ordre de bataille, mais que le coup étoit manqué [1].

La nouvelle de ce décampement ayant été portée à Son Altesse Royale et à M. le Prince sur les sept heures du matin, les ducs de Lorraine partirent aussitôt de Paris et se rendirent au camp, où, ayant été informés de ce qu'avoit fait le détachement de Clinchan avec trois escadrons, ils se contentèrent de détacher eux-mêmes de leurs quartiers divers petits partis pour aller observer l'état et la contenance de M. de Turenne. Tous ces partis allant par diverses routes vers Corbeil, où l'on croyoit qu'il seroit, s'avancèrent la plupart jusqu'aux portes de la ville, et, rôdant aux environs, furent surpris de n'y voir aucunes troupes, et d'apprendre qu'il n'y en avoit paru aucunes, mais qu'à la pointe du jour on en avoit vu beaucoup sur la droite de la rivière, vers Soisy [2], qui, laissant la Seine à leur droite, tournoient sur la gauche, entre Moisy-l'Évêque [3] et La Grange-le-Roi [4], en avançant

---

1. Les frondeurs ne s'en hâtèrent pas moins de célébrer leur victoire. Ils publièrent *le Décampement et la honteuse fuite de l'armée du maréchal de Turenne, avec la défaite de son arrière-garde par le comte de Tavannes et le marquis de la Boulaye*, Paris, L. Laureau, 1652, in-4.

2. Soisy-sous-Étiolles, au bord de la Seine, un peu plus bas que Corbeil.

3. Il y a certainement là une erreur de nom; car Moisy-l'Évêque est en Champagne.

4. Dans la Brie françoise, non loin de Brie-Comte-Robert, à l'est.

vers Couberg [1], le long du grand chemin de
Troyes; et quelques autres de ces partis, s'étant
écartés de ce même côté vers un village assez
gros appelé Sognolle [2], y apprirent que toute
la nuit et le matin jusqu'à neuf ou dix heures
il y avoit passé quantité de troupes et de bagages
qui marchoient vers les villes de Chaumes [3] et
de Rozby [4].

Ainsi les uns et les autres de ces partis, tendant de divers endroits vers ces deux villes, qui ne sont qu'à deux petites lieues l'une de l'autre, se trouvèrent en peu de temps tous rassemblés comme à dessein dans un même endroit de ce grand chemin appelé les Etars, où aboutissent les chemins de Corbeil, de Couberg, de Sognolles, et de plusieurs autres lieux des environs de la Seine, pour aller à Chaumes, qui n'en est éloigné que d'une lieue et demie, sur la petite rivière d'Yerre; ce qui leur donna lieu de marcher tous ensemble environ un quart de lieue, jusqu'au village d'Ouzouer-le-Voulgis [5], à la sortie duquel trouvant des bois de tous côtés qui aboutissent à la vue de Chaumes, ils se séparèrent tous, avec

1. Au sud de La Grange-le-Roi, sur la grande route de la Champagne, entre Brie-Comte-Robert et Guignes.
2. Sur la rive droite de la rivière d'Yerre.
3. Sur la même rivière, en amont.
4. Au nord-est de Chaumes, sur la rive gauche de la rivière d'Yerre.
Ces cinq derniers bourgs sont situés dans un triangle, dont les trois angles sont marqués par Brie-Comte-Robert, Rozoy et Melun. Ils étoient de la Brie françoise; ils sont aujourd'hui du département de Seine-et-Marne.
5. Non pas Ouzouer-le-Voulgis, qui est dans le Bourbonnois, mais Ozouer, sur la rive droite de la rivière d'Yerre, entre Chaumes et Sognolles.

des guides qui les menèrent par différentes routes au travers de ces bois sur des hauteurs à un quart de lieue de cette petite ville, d'où ayant découvert l'armée du roi déjà campée dans une fort grande plaine au-dessous des murailles, fermée en partie par un grand circuit de la rivière et par des bois en deux endroits, ils en vinrent tous faire presque le même rapport à M. le Prince, qui étoit arrivé dès le matin dans son quartier, où les ducs de Lorraine, de Vittemberg et de Beaufort, après avoir visité tout le camp avec lui, s'étoient retirés pour conférer ensemble avec les officiers généraux. Il y fut seulement résolu que l'on s'assembleroit le lendemain, au palais d'Orléans, pour délibérer sur cette marche de M. de Turenne, et sur celle que devoient prendre les troupes du prince.

Le lendemain, sixième d'octobre, après dîner, M. le Prince s'étant rendu au palais d'Orléans, avec les ducs de Lorraine, de Guise, de Vittenberg et de Beaufort, on y tint conseil avec Son Altesse Royale, où Son Altesse de Condé, délibérant d'abord sur les rapports qui lui avoient été faits la veille, de la marche que MM. de Turenne et de La Ferté avoient tenue dans leur retraite, dit qu'ils avoient assurément dessein d'aller passer la Marne à Lagny[1] ou à Meaux, pour s'approcher ensuite de Paris et de la cour, et que, dans la disposition où il voyoit les Parisiens et tout le Parlement, qui ne s'étoient déjà que trop

---

1. Ville avec titre de comté, sur la rive gauche de la Marne, dans la Brie françoise, diocèse, intendance et parlement de Paris; aujourd'hui chef-lieu de canton, arrondissement de Meaux, département de Seine-et-Marne.

ouvertement déclarés contre eux en faveur de la cour, cette approche ne manqueroit pas de les engager en de fâcheuses extrémités, et de produire de très-mauvais effets pour eux et pour leurs amis; que, pour les prévenir, il étoit d'avis qu'au lieu de suivre l'armée de Sa Majesté, qui apparemment feroit quelque séjour dans cet endroit de la Brie, où elle s'étoit campée la veille pour se reposer, on fît revenir les troupes de leur poste vers Charenton, pour y passer la Marne et aller camper le lendemain dans la plaine de Fescamp[1] et aux environs de Vincennes, parce que de là il leur seroit toujours aisé de couper le devant à M. de Turenne au passage de la Marne, sur les moindres avis que l'on auroit de sa marche.

Monseigneur d'Orléans, qui savoit combien tout Paris étoit rebuté du voisinage des troupes par les plaintes qu'il en recevoit tous les jours, eut d'abord de la peine à se rendre à cet avis; mais M. le Prince lui remontra que, ses troupes étant dans le poste qu'il lui marquoit, M. de Turenne se garderoit bien d'entreprendre de passer la Marne à Lagny, qui n'en est éloigné que de deux ou trois petites heures; et que, n'y ayant point d'autre passage au-dessous de Meaux, il la

---

1. . . . . une vallée,
Que nous appelons tous Fécamp,
Où le voleur est très-fréquent
Durant tout le temps de l'année.

(*Cinquième courrier françois en vers burlesques.*)

En 1649, le prince de Condé s'étoit campé sur la hauteur, au delà de la vallée de Fécamp, pour couvrir le siége de Charenton.

passeroit infailliblement au-dessus, et qu'ainsi, selon toutes les apparences, ses troupes ne feroient qu'un très-court séjour dans le poste de Vincennes, parce qu'au premier avis que l'on auroit du décampement de l'armée de Sa Majesté, il faudroit le quitter pour aller camper à Dammartin [1], comme étant le poste le plus commode et le plus avantageux pour être toujours opposé au dessein de M. de Turenne, puisqu'on y auroit derrière soi Paris à droite, et Pontoise, où étoit la cour, à gauche, et qu'on ne seroit éloigné que d'environ deux ou trois heures de Meaux et de Lagny. Et M. de Guise, prenant la parole, ajouta, sur ce que disoit M. le Prince, qu'il trouvoit le poste de Dammartin beaucoup plus avantageux que le premier, en ce que les troupes y seroient en état de s'opposer également aux deux passages de Lagny et de Meaux, puisqu'elles y seroient dans une distance presque égale de l'un et de l'autre, et d'ailleurs assez éloignées de Paris pour n'y donner aucun sujet de plainte à personne.

Sur ces deux avis il fut résolu que ce jour-là même l'armée des princes, quittant son poste, viendroit vers Charenton et camperoit le lendemain dans la plaine de Fescamp, vers Vincennes, comme ne faisant que passer pour aller à Dammartin. Cela fut exécuté avec tout l'ordre possible; et néanmoins il ne laissa pas d'arriver quelques désordres qui chagrinèrent étrangement

---

[1]. Ville avec le titre de comté, dans l'Ile-de-France, diocèse de Meaux, parlement et intendance de Paris; aujourd'hui chef-lieu de canton, arrondissement de Meaux, département de Seine-et-Marne.

son Altesse Royale et l'obligèrent de se rendre le lendemain 9, du matin, au Parlement, où, sur les plaintes qui lui en furent faites, il promit d'y remédier une fois pour toujours, et d'envoyer pour cela au roi la même déclaration qu'il avoit déjà faite à la compagnie, d'exécuter ponctuellement la volonté de Sa Majesté et de mettre bas les armes aussitôt qu'il lui plairoit d'envoyer une amnistie en la forme qu'on la demandoit; que cependant il donneroit dès le même jour des ordres pour faire retirer ses troupes [1].

Elles allèrent en effet, dès le lendemain, se poster à Dammartin, où elles ne séjournèrent qu'un jour, parce qu'on y eut avis que M. de Turenne, qu'on avoit vu camper à Chaumes le jour de sa retraite, en étoit parti le lendemain de

1. Il n'y eut point d'audience le 9; mais le 10 le parlement décida que le duc d'Orléans seroit invité à venir au palais « pour délibérer et aviser au moyen d'empêcher les désordres des gens de guerre, et encore pour délibérer sur une proposition faite par M. Sévin de prier M. le duc de Beaufort de se démettre du gouvernement de Paris. » Le duc d'Orléans ne se rendit au palais que le 12. Il dit, « sur la plainte contre les troupes, que celles de Vallon étoient déjà à Trieu, distant de Paris environ de sept lieues; que le mauvais temps les avoit empêchées d'avancer...; qu'il feroit sortir de la ville tous les officiers de son armée pour s'y rendre, et empêcher les désordres de leurs gens; comme aussi feroit sortir tous les étrangers et autres de la ville, et feroit défense de n'en laisser entrer aucun sans passe-port de lui. » (*Journal du parlement. Journal de tout ce qui s'est fait et passé les jeudi, vendredi et samedi, 10, 11 et 12 octobre 1652, en présence de Son Altesse Royale, avec les ordres donnés pour l'éloignement des troupes des environs de Paris, et les derniers moyens pour la paix*, Paris, Laurent Toussaint, 1652, in-4.)

grand matin et avoit passé la Marne le même jour à Trilleport [1], et qu'après y avoir demeuré jusqu'au 10, il s'étoit allé camper à Mont-l'Évêque [2] et à Notre-Dame de la Victoire [3], auprès de Senlis [4].

Sur cet avis, l'armée des princes quittant son poste de Dammartin, les Lorrains, commandés par le prince de Ligne, faisant un corps séparé, marchèrent droit vers Compiègne, et le reste des troupes vers Senlis; et toute l'armée, se rassemblant entre ces deux villes, s'y campa presqu'à la vue de celle du roi; ce qui obligea M. le Prince et les ducs de Lorraine et de Wittemberg de partir le 13 de Paris pour aller joindre leurs troupes.

Son Altesse Royale, fort content de voir ce qu'il avoit promis au parlement heureusement exécuté sans contestation, y retourna le lendemain 14, où, toutes les chambres étant assemblées, il dit « qu'il avoit envoyé au roi la déclaration dont il leur avoit parlé la dernière fois, de mettre bas les armes aussitôt que l'on auroit

---

1. Trilport en Brie, sur la Marne, diocèse de Meaux, parlement et intendance de Paris; aujourd'hui canton et arrondissement de Meaux, département de Seine-et-Marne.

2. En Valois, sur la Nonette, au gouvernement général de l'Ile-de-France, diocèse de Senlis, parlement et intendance de Paris; aujourd'hui canton et arrondissement de Senlis, département de l'Oise.

3. La célèbre abbaye de la Victoire, sur la Nonette, entre Senlis et Montlévêque. Elle avoit été fondée en 1222 par Philippe-Auguste, en mémoire de la victoire de Bouvines.

4. Ville avec évêché, sur la Nonette, dans le Valois, au gouvernement général de l'Ile-de-France, parlement et intendance de Paris; aujourd'hui chef-lieu d'arrondissement, département de l'Oise.

reçu l'amnistie que Sa Majesté étoit suppliée d'accorder, et que, pour leur ôter et à la ville tout sujet de plaintes, le prince de Condé et les ducs de Lorraine et de Wittemberg étoient partis la veille pour aller joindre leurs troupes, déjà éloignées de plus de dix lieues. » L'assemblée lui en fit ses remercîmens ; et sur ce qu'elle témoigna en même temps souhaiter que l'on pût rétablir dans leurs charges ceux qui en avoient été congédiés, comme Sa Majesté le désiroit, M. de Beaufort, à qui cela s'adressoit, prenant la parole, dit « qu'il n'avoit accepté celle de gouverneur de Paris que pour le service et l'intérêt du public, et qu'il étoit prêt de la quitter pour la même raison qui la lui avoit fait accepter [1]. »

Ces déclarations, et de Monseigneur le duc d'Orléans et du gouverneur, accompagnées de tant de soumission et de respect pour Leurs Majestés, firent juger aussitôt qu'il n'y avoit eu que la présence de M. le Prince qui les avoit jusqu'alors retenus de faire paroître l'extrême empressement qu'ils avoient, aussi bien que le parlement et la ville, pour la paix et pour le retour de Leurs Majestés ; et l'on ne doutoit plus que l'absence de Son Altesse de Condé ne leur donnât

---

1. *Relation véritable de ce qui s'est fait et passé au parlement le lundi* 14 *octobre* 1652, *en présence de Son Altesse royale et de plusieurs ducs et pairs de France, avec la déclaration de Son Altesse Royale et de M. le duc de Beaufort pour l'éloignement sans retour des gens de guerre,* Paris, Laurent Toussaint, 1652, in-4. Le duc d'Orléans avoit, dès le 10, dans une conférence avec Sévin, que lui avoit député le parlement, pris l'engagement d'obtenir la démission du duc de Beaufort.

lieu d'obtenir dans peu de jours ce bien si désiré de tout le monde.

Et en effet, la cour, qui s'étoit déjà approchée de Pontoise à Saint-Germain [1], ayant eu avis le vingtième d'octobre que le duc de Lorraine et les Espagnols, après avoir laissé quelques troupes au prince de Condé à Veilly-sur-l'Aisne, entre Soissons et Fismes [2], se retiroient, ceux-ci en Flandre et ce duc en Hollande, pour y prendre possession du comté d'Egmont, qu'il avoit depuis peu acheté du roi d'Espagne, et que le prince, avec le duc de Wittemberg, marchoient vers Château-Porcsin [3] pour prendre leurs quartiers d'hiver en Champagne, Leurs Majestés partirent le lendemain pour faire leur entrée dans Paris, où elles furent reçues le soir avec des cris et des éclats de joie qui durèrent toute la nuit [4].

M. de Turenne, sur ce même avis, se mit en marche pour suivre le prince; mais, ayant reconnu que les Espagnols et les Lorrains ne s'é-

1. Le 17.
2. En Champagne, sur la rivière de Vesle, diocèse de Reims, parlement de Paris, intendance de Châlons; aujourd'hui chef-lieu de canton, arrondissement de Reims, département de la Marne.
3. Ville capitale du Portien, en Champagne; aujourd'hui chef-lieu de canton, arrondissement de Rethel, département des Ardennes.
4. *Les particularités de tout ce qui s'est fait et passé à l'entrée et au retour du roi dans sa ville de Paris, le lundi 21 octobre 1652, Paris, Jacques le Gentil, 1652, in-4.* « L'après-dînée de ce jour, sur le soir, le roi arriva à Paris, où il fut reçu avec les témoignages de joie qui ont été énoncés aux relations qui furent données au public, tout le peuple étant allé à sa rencontre, et ayant fait des feux de joie le soir, chacun devant son logis. » (*Journal du parlement.*)

toient séparés que pour marcher à côté de Son Altesse, afin de se joindre à lui et de le secourir en cas qu'il fût attaqué par les troupes de Sa Majesté, il s'alla camper à Baillican, proche de Châtillon-sur-Marne [1], pour y attendre le duc d'Elbeuf [2], qui le devoit joindre avec trois mille hommes.

Cependant Fuensaldagne, qui étoit à Vervins [3], ayant laissé dans la place un régiment de cavalerie et deux d'infanterie, en partit le 24 avec le reste de son armée pour aller joindre le prince de Condé, qui marchoit vers Réthel à dessein de s'en emparer. Son Altesse, après cette jonction, s'étant présenté le 30 devant cette ville, la prit le même jour sans résistance; et, y ayant laissé Persan avec quelques troupes d'infanterie et peu de cavalerie, il marcha droit à Sainte-Menehould [4] avec les troupes de Wittemberg, moitié de celles de Fuensaldagne et trois mille chevaux du duc de Lorraine, commandés par le prince de Ligne, dans le même dessein de s'en emparer.

Il l'attaqua le 1er de novembre et le prit après quatorze jours de siége; et le 16 du même mois,

---

1. Ville en Champagne, diocèse de Soissons, parlement de Paris, intendance de Châlons; elle appartenoit à la maison de Bouillon; aujourd'hui chef-lieu de canton, arrondissement d'Épernay, département de la Marne.
2. Charles de Lorraine, duc d'Elbeuf.
3. Ville avec titre de marquisat, en Picardie, diocèse de Laon, parlement de Paris, intendance de Soissons; aujourd'hui chef-lieu d'arrondissement, département de l'Aisne.
4. En Champagne, diocèse et intendance de Châlons, parlement de Paris; aujourd'hui chef-lieu d'arrondissement, département de la Marne.

sur l'avis qu'il eut que le maréchal de Turenne avoit reçu le renfort de trois mille hommes qu'il attendoit, et qu'il étoit à Vitry-le-Brûlé [1] avec près de quinze mille, il résolut de faire passer les bois à toute son armée vers Clermont [2], et d'y camper en attendant du secours de Fuensaldagne, dont il avoit besoin à cause des régimens de Languedoc, de Valois et de Langeron, qu'il avoit été obligé de renvoyer après la prise de Sainte-Menehould, pour les raisons que nous allons rapporter.

Le 22 d'octobre, après la lecture de l'amnistie générale, qui fut faite au parlement avec beaucoup de solennité, le roi étant en son lit de justice et les chambres assemblées [3], Monseigneur d'Orléans eut ordre de se retirer à Limours, et Mademoiselle à Alais-le-Vicomte [4]. Mais MM. le duc d'Anville [5] et Le Tellier, qui,

1. Bourg en Perthois, sur un petit affluent de la Marne, diocèse et intendance de Châlons, parlement de Paris; aujourd'hui canton et arrondissement de Vitry-le-François, département de la Marne.

2. En Argonne.

3. *Édit du roi portant amnistie générale de tout ce qui s'est fait à l'occasion des mouvemens passés jusques à présent, vérifié en parlement, toutes les chambres assemblées au château du Louvre, publié, le roi y séant, le 22 octobre 1652,* Paris, par les imprimeurs et libraires ordinaires du roi, 1652, in-4. Le *Journal du parlement* dit que l'édit fut vérifié en l'absence du roi; et en effet le titre précédent marque qu'il fut seulement publié *le roi y séant.*

4. Ville capitale des Cévennes, avec château; dépendant du gouvernement général du Languedoc; elle devint le siège d'un évêché en 1693; aujourd'hui chef-lieu d'arrondissement, département du Gard.

5. François-Christophe de Levis Ventadour, comte de Brion, puis duc de Damville, premier gentilhomme du duc d'Orléans.

en qualité de commissaires députés pour le roi vers Son Altesse Royale, avoient ordre de conclure et de signer un accommodement avec lui, en vinrent heureusement à bout, l'ayant même engagé à retirer ses troupes, qui consistoient en huit régimens de cavalerie et trois d'infanterie, que M. le Prince avoit emmenés avec les troupes espagnoles; et, dès le 30 du même mois, Son Altesse Royale sortit de Limours et se rendit à Blois.

Le lendemain, le sieur Gedouin, maréchal de camp et sous-lieutenant de ses gens d'armes, fut envoyé au prince de Condé pour lui donner avis de son accommodement, et pour l'inviter en même temps à rentrer dans son devoir avec ceux qui suivoient sa fortune, et de profiter de l'amnistie que Sa Majesté leur accordoit, au lieu de s'engager plus avant à favoriser les pernicieux desseins des Espagnols, qui ne cherchoient que la ruine de la France. Il portoit aussi des ordres pour retirer de l'armée du prince les troupes de Son Altesse Royale que nous venons de nommer.

Cet envoyé étant arrivé au camp de Sainte-Menehould le troisième jour du siége, et faisant de son mieux pour s'acquitter de sa commission, le prince lui dit assez froidement « qu'il remercioit Son Altesse Royale de l'avis qu'elle lui envoyoit de son traité avec la cour; que lui et ses amis savoient le traitement qu'elle en avoit reçu, nonobstant l'amnistie, et qu'ils profiteroient de son exemple; et qu'à l'égard des troupes qu'il avoit de Son Altesse Royale, il les renverroit aussitôt après la place prise ou manquée. » Ce qu'il exécuta, comme il a été ci-devant remarqué.

Pendant que le prince de Condé prenoit ces places, les Espagnols assemblèrent plusieurs troupes de leurs garnisons pour investir la ville de Bouillon et y surprendre le cardinal, qui faisoit des levées de gens de guerre dans le Liége, pour passer en Champagne, où la noblesse en faisoit aussi d'autres qu'il devoit joindre avec quelques troupes de Normandie. Mais Son Éminence en sortit heureusement avec une forte escorte, dont quelques-uns furent tués, ce qui l'obligea de se retirer à Sedan; et, y ayant assemblé les troupes qu'il avoit levées dans le Liége et aux environs, il en partit avec elles le 25 de novembre, pour aller joindre celles que la noblesse assembloit en Champagne, et arriva à Saint-Dizier[1] au commencement de décembre avec quatre mille hommes.

M. de Turenne, qui en étoit averti, avoit quitté son camp de Baillican et pris sa marche par Épernay[2] et Châlons vers Reims, où il le devoit attendre et recevoir ses troupes, qu'il vouloit joindre à celles du roi; mais, ce général lui ayant fait connoître que l'armée de Sa Majesté étoit assez forte pour attaquer le prince, Son Éminence prit la route de Châlons en Champagne avec ses troupes, à dessein de nettoyer la

---

1. Sur la Marne, en Champagne, aux confins du Barrois, diocèse et intendance de Châlons, parlement de Paris; aujourd'hui chef-lieu de canton, arrondissement de Vassy, département de la Haute-Marne.

2. Ville en Champagne, sur la Marne, diocèse de Reims, parlement de Paris, intendance de Châlons; elle avoit été, en 1651, donnée au duc de Bouillon en échange de Sedan, et réunie au duché de Château-Thierry; aujourd'hui chef-lieu d'arrondissement, département de la Marne.

frontière avant que de retourner à la cour, et y arriva le 17 de décembre.

Tout cela embarrassoit d'autant plus M. le Prince pour le poste où il étoit près de Clermont, que Fuensaldagne, de qui il attendoit du secours, avoit reçu ordre de l'archiduc Léopold de remener ses troupes en Flandre; mais, heureusement pour lui, le prince de Tarente[1] en revint alors avec cinq ou six mille hommes qu'il y avoit levés à ses frais, et les amena à Son Altesse, qui, pour reconnoître un si grand service, se crut obligé de lui donner le commandement de ses troupes, qu'il lui demandoit.

Tavannes, à qui il en parla, lui dit : « Que veut donc Votre Altesse que je fasse auprès d'elle? L'honneur me permet-il de servir sous un autre dans vos troupes, après les avoir commandées depuis tant de temps? » Le prince lui répartit « que, n'ayant point d'autre moyen de reconnoître l'obligation qu'il avoit à son cousin le prince de Tarente, Tavannes devoit être assez de ses amis pour s'accommoder à l'état présent de ses affaires, et que, s'il avoit peine à céder à ce prince le commandement qu'il lui demandoit, il feroit en sorte qu'il se contentât de l'avoir alternativement avec lui. — Votre Altesse est le maître de ses troupes, répliqua Tavannes, et je la dois remercier de ce tempérament qu'elle veut bien me proposer; mais, ayant toujours commandé seul ses troupes, je ne puis pas me résoudre à souffrir un compagnon. Ainsi je la sup-

---

1. Henri-Charles de La Trémoille, prince de Tarente. On a de lui des *Mémoires* que le P. Griffet a publiés.

plie de trouver bon que je me retire, pour laisser le commandement au prince de Tarente. »

Il y avoit déjà longtemps que le comte étoit fortement sollicité par le duc de Tresmes, son beau-père, de revenir à la cour, et que la comtesse de Tygery, d'intelligence avec ce duc, lui avoit fait donner des assurances d'y être bien reçu, et même employé avec des marques d'estime pour sa personne et pour sa valeur, de la part de M. le cardinal; mais aussitôt qu'on eut appris ce chagrin qu'il avoit contre le prince, les sollicitations de son beau-père et de sa tante furent redoublées de telle sorte, que la crainte de les trop irriter contre lui, et de porter cette bonne dame, déjà avancée dans les infirmités de l'âge, à le frustrer de sa succession, comme elle l'en menaçoit si dans cette occasion il ne profitoit de l'estime de Son Éminence, qui lui tendoit si favorablement la main, cette crainte, dis-je, le fit résoudre à les satisfaire sans remise.

M. le Prince, qui avoit quitté Tavannes assez brusquement et comme en colère, en lui disant qu'il devoit penser plus d'une fois à ce qu'il alloit faire, surpris au dernier point et piqué de voir qu'il se préparoit à la retraite, lui dit, lorsqu'il voulut prendre congé de Son Altesse : « Hé bien, M. de Tavannes, vous ne voulez donc point avoir de compagnon pour commander mes troupes avec moi, et ce prétexte vous fait courir après les espérances qui vous rappellent à l'amnistie? Allez donc, et donnez à Mazarin la joie de m'avoir arraché mon bras droit, pour l'employer contre moi-même. (On l'appeloit à Paris le bras droit du Prince.) —

Je connois par ce que me dit Votre Altesse qu'elle me connoît mal, depuis le temps que j'ai l'honneur de la servir. Peut-elle m'avoir vu tout abandonner et sacrifier mes intérêts à ce seul honneur, pour me regarder maintenant comme ayant le cœur assez bas pour me laisser dominer par la passion de l'intérêt ? Je reconnois par là que je ne suis votre bras droit que parce que je ne suis pas du côté du cœur. Mais, pour détromper Votre Altesse de la pensée qu'elle a que l'intérêt est capable de me faire rechercher l'amitié de ce ministre, je lui proteste et lui donne ma parole que je ne veux ni paroître à la cour, ni y prendre aucun emploi, que je n'aie la joie d'y voir Votre Altesse dans le rang qui lui est dû. »

Aussitôt que Tavannes eut pris congé de Son Altesse, il dépêcha un gentilhomme au marquis de Quintin [1], parent de M. de Turenne, pour l'avertir qu'il n'étoit plus dans le commandement, et qu'il étoit prêt de le satisfaire, en quelque lieu qu'il voudroit. Ce marquis, depuis environ six semaines, l'ayant fait appeler en duel, il lui avoit fait réponse que, dans le poste où il étoit, il appartenoit au public, et qu'ainsi il ne pouvoit pas s'engager à un combat particulier, mais qu'aussitôt qu'il se verroit déchargé du commandement des troupes, et en liberté de disposer de lui-même, il ne manqueroit pas de lui donner la satisfaction qu'il demandoit.

Le marquis reçut cet avis avec de grands té-

---

1. Brandelys de Goyon, marquis de Quintin, mestre de camp du régiment de Bourgogne.

moignages de joie, et, ayant marqué à ce gentilhomme le jour, l'heure et le lieu où il iroit l'attendre sur sa route, il l'assura qu'il s'y trouveroit seul, et le pria de dire au comte d'en user de même, afin de ne point embarrasser leurs amis dans leur querelle.

Tavannes, sur cette réponse, partit avec un gentilhomme et un valet de chambre, avant ses gens et son équipage; et, étant à une lieue, ou environ, du rendez-vous, il donna ordre au gentilhomme d'y attendre son train, et mena avec lui son valet de chambre jusqu'au rendez-vous, où, ayant aperçu le marquis d'assez loin, il mit pied à terre et aussitôt alla droit à lui l'épée à la main.

Le marquis le vint recevoir de bonne grâce, et en deux ou trois coups que Tavannes lui allongea il le blessa d'un coup mortel à la mamelle droite; et comme il commençoit à chanceler en combattant, il s'écria tout d'un coup : « Prenez garde, Tavannes, mes gens viennent fondre sur vous », et tomba presque en même temps [1]. Le comte, regardant derrière lui dans

1. Il est au moins singulier que Loret ait raconté ce duel et cette mort sous la date du 18 février 1652 :

Quintin, raillé du sieur Tavanne
De danser très-mal la pavanne,
En ayant le cœur fort outré,
Le fit venir dessus le pré
Pour y danser une autre dance;
Mais Quintin, perdant la cadance,
Y fit de si malheureux pas,
Qu'il tomba roide mort à bas.
  (*Muze historique*, lettre 7e, livre III.)

Tavannes n'a pas pu, ce semble, se tromper à un tel

le moment qu'un de ses gens accouroit l'épée tendue pour le percer, lui donna un revers du tranchant de la sienne au travers du visage et le renversa par terre, et en fit fuir deux autres qui venoient avec lui. Tavannes, étant aussitôt remonté à cheval, envoya son valet de chambre après eux leur dire de venir prendre soin de leur maître, et alla rejoindre ses gens sur le chemin, avec lesquels ayant marché le reste du jour, il prit la poste le lendemain à.... pour se rendre en sa terre du Pailly, proche de Langres, où il arriva le 28 de décembre 1652.

Le duc de Tresmes, qui avoit eu soin d'informer Leurs Majestés de sa retraite, lui envoya, dès le 3 janvier 1653, des lettres de restitution, avec une lettre du cardinal qui l'invitoit à revenir à la cour aussitôt qu'il se seroit remis en possession de ses terres et de ses revenus, et qui lui promettoit qu'il y auroit des emplois proportionnés à sa qualité et à son mérite. Mais ayant écrit, pour toute réponse, que les grands désordres qu'il trouvoit dans ses terres y rendoient sa présence plus nécessaire qu'à la cour, et que d'ailleurs il avoit donné sa parole à M. le

point sur la date de cet événement, et d'un autre côté Loret n'a pas pu raconter en février l'issue d'un duel qui n'a eu lieu qu'en décembre. Il n'y a guère qu'une explication : c'est que la querelle est en effet du temps marqué par le gazettier. On a vu, par le récit de Tavannes, qu'elle étoit certainement fort antérieure au duel. Le bruit de la mort de Quintin s'est répandu avec le bruit de la querelle, et Loret l'a recueilli. Une chose reste encore fort surprenante, c'est que la rumeur publique ait rencontré si juste. Et puis on peut s'étonner que Loret n'ait pas retiré sa nouvelle dans une lettre subséquente ; quand il s'étoit trompé, il y manquoit rarement.

Prince qu'il n'y prendroit aucun emploi que Son Altesse n'y fût retournée, il est toujours demeuré depuis sans emploi du côté de la cour, et sans reconnoissance de la part du Prince.

Fin des Mémoires de Tavannes.

APPENDICE

APPENDICE

Lettre du cardinal Mazarin envoyée à la Reine touchant sa sortie hors du royaume.
Du seixième mars
M. DC. LI.

Madame, aussitôt que j'ai vu dans la lettre que Votre Majesté m'a fait l'honneur de m'écrire, et reconnu, par ce que M. de Ruvigny y a ajouté de sa part, que le service du roi et le vôtre demandoient que ma retraite de la cour fût suivie de ma sortie hors du royaume, j'ai souscrit très-respectueusement à l'arrêt de Votre Majesté, dont les commandemens et les lois seront toujours l'unique règle de ma vie. J'ai dépêché un gentilhomme pour m'aller chercher quelque asile, et, quoique je sois sans équipage et dénué de toutes les choses nécessaires pour un long voyage, je partirai demain sans faute pour m'en aller droit à Sedan, et de là passer au lieu que l'on aura pu obtenir pour ma demeure. Je dois trop déférer aux ordres de Votre Majesté pour avoir hésité le moins du monde à prendre ces résolutions. Ce n'est pas, Madame, que beaucoup d'autres, en ma place, avec la justice et le nombre d'amis que je puis avoir, n'eussent pu trouver des moyens pour se mettre à couvert des persécutions que je souffre, auxquelles je ne veux point penser, aimant mieux contenter la passion de mes ennemis que de rien faire qui puisse préjudicier à l'État ou déplaire à Votre Majesté. Encore qu'en cette occasion ils aient eu le pouvoir d'empêcher Son Altesse Royale de suivre les mouvemens de sa bonté naturelle, ils n'ont pas laissé de lui témoigner, contre leurs intentions, qu'ils avoient fort bonne opinion de ma fidélité, de mon zèle pour le bien de l'État, et de mon entière résignation aux ordres de Votre Majesté; car, à moins que d'être entièrement persuadés que je suis inébranlable dans ces sentimens-là, ils n'auroient pas été assez peu prudens pour me pousser avec tant de violence sans faire aucune réflexion sur la connoissance que je dois avoir des plus secrètes et importantes affaires du royaume, dont j'ai eu si longtemps le maniement, ni sur les amis que mes services et la bienveillance de Votre Majesté m'ont acquis, et qui sont assez considérables par leur nombre, par leur qualité et par la passion qu'ils m'ont témoignée en ce rencontre. Mais j'ai trop de ressentiment, Madame, des grâces que j'ai reçues de Votre Majesté, pour être capable de lui déplaire, et, quand il faudroit sacrifier ma vie, je le ferois avec joie pour la moindre de ses satisfactions. J'en aurai beaucoup, dans mon malheur, si Votre Majesté a la bonté de conserver quelque souvenir des services que j'ai rendus à l'État depuis que le feu roi, de glorieuse mémoire, me fit l'honneur de me confier la principale direction de ses affaires, et de prier Votre Majesté plusieurs fois, avant sa mort, de me maintenir dans la même place. Je me suis acquitté de cet emploi avec la fidélité, le zèle, le désintéressement que Votre Majesté sait, et, s'il m'est bienséant de le dire, avec quelque succès. Presque toutes les personnes sensées, et les Espagnols mêmes, avouent qu'ils se sont moins étonnés des conquêtes que les armées du roi ont faites dans les cinq premières années de votre régence que de voir que pendant les trois dernières on ait pu soutenir les affaires, et sauver du naufrage un vaisseau battu de tous côtés et si furieusement agité par la tempête que les divisions domestiques avoient excitée. J'eusse bien souhaité, Madame, de pouvoir cacher aux étrangers les mauvais traitemens que je reçois, pour empêcher que le blâme ne rejaillisse sur une nation que j'ai toujours honorée et chérie avec tant de tendresse ; mais quand ils me verront errant parmi eux, avec les personnes qui me sont plus proches, pour chercher un abri, ils auront sujet de s'étonner qu'un cardinal, qui a l'honneur d'être parrain du roi, soit traité de la sorte, et que vingt-deux ans de service fidèle ne lui aient pu acquérir une retraite sûre en quelque endroit d'un royaume dont les limites ont été assez notablement étendues par ses soins.

Je prie Dieu, Madame, que, comme ce qui m'est arrivé n'altérera jamais les passions immuables que je conserverai jusqu'à la mort pour la prospérité de Vos Majestés, pour l'agrandissement de l'État, je puisse aussi en faire bientôt cesser les désordres, et montrer que ceux qui m'ont attaqué n'en veulent qu'à ma personne.

C'est, Madame, de Votre Majesté, le très-humble, très-obéissant serviteur et sujet,

JULES, cardinal MAZARIN.

Déclaration de Monseigneur le duc d'Orléans, envoyée au parlement pour la justification de la conduite de M. le Prince. A Paris, chez Nicolas Vivenay, en sa boutique du Palais. M. DC. LI.

Nous, Gaston, fils de France, oncle du roi, duc d'Orléans, déclarons que nous n'avons su que mercredi dernier, à sept heures du soir, par M. de Brienne, la résolution que la reine avoit prise de mander les compagnies souveraines et la Ville pour leur déclarer qu'elle n'avoit aucune pensée pour le retour du cardinal Mazarin, et qu'elle feroit expédier toutes déclarations nécessaires pour cet effet, et qu'elle pourroit aussi parler de ce que M. le Prince n'avoit été au Palais-Royal depuis que nous lui aurions mené. Le lendemain, qui étoit le jeudi, y étant allé sur les onze heures, la reine nous auroit fait entrer dans son oratoire et nous auroit fait lire l'écrit, sans que nous en eussions eu communication auparavant, auquel nous aurions trouvé beaucoup de choses à redire, et particulièrement en ce qui regarde l'intelligence avec l'Espagne, et aurions jugé à propos de n'en point faire faire la lecture; mais la reine le voulut absolument, disant que cela étoit nécessaire pour sa décharge, le roi devant être majeur dans vingt-deux jours.

Nous déclarons aussi que M. le Prince a proposé à la reine en notre présence, et depuis au conseil, après le retour du marquis de Sillery de Bruxelles, où il avoit été envoyé par Sa Majesté, qu'il y avoit deux moyens de faire sortir les Espagnols de Stenay; l'un par la négociation, les Espagnols ayant offert audit marquis de Sillery de sortir de ladite ville de Stenay moyennant une suspension d'armes entre Stenay et les places du Luxembourg pour le reste de la campagne. Ce que la reine ayant refusé absolument, M. le Prince nous fit entendre qu'avec deux cens hommes qui étoient dans la citadelle il ne pouvoit en chasser cinq cens qui étoient dans la ville, et qui pouvoient être rafraîchis à toute heure par l'armée des ennemis; et si la reine vouloit lui donner deux mille hommes, il les contraindroit d'en sortir.

Nous témoignons aussi que toutes les troupes qui sont sous le nom de M. le Prince, et qui ont été destinées par nous pour l'armée de Picardie, y sont présentement, à la réserve du régiment de cavalerie et la compagnie de chevau-légers d'Anguien; et que pour les autres, qui étoient destinées pour l'armée de Champagne, et ledit régiment d'Anguien, M. le Prince n'ayant pas jugé à propos qu'elles fussent sous le commandement du maréchal de La Ferté, parce qu'il étoit attaché au cardinal Mazarin, qu'il avoit escorté pendant ses voyages, et même reçu dans ses places depuis les arrêts du parlement, il nous auroit prié d'envoyer une personne qui fût à nous pour les commander, avec assurance qu'elles lui obéiroient aveuglément. Nous nommâmes à Sa Majesté le sieur de Vallon pour cet emploi; lequel, étant prêt de partir, reçut un ordre contraire de Sa Majesté. Ce qui a obligé lesdites troupes de demeurer en attendant ledit sieur de Vallon, qui devoit les commander.

Nous déclarons encore que les soupçons et défiances de M. le Prince ne sont pas sans fondement, ainsi que nous l'avons dit dans le parlement, ayant su qu'il y avoit eu quelques négociations faites à son préjudice, et que depuis que nous le menâmes au Palais-Royal, où il ne fut pas trop bien reçu, nous ne l'aurions pas invité d'y retourner.

Nous assurons aussi que nous ne croyons point que M. le Prince ait été capable d'avoir eu jamais de mauvais desseins contre le service du roi et le bien de l'État.

Fait à Paris, le dix-huitième jour d'août mil six cens cinquante et un.

Signé GASTON.

Et plus bas, DE FROMONT.

Discours que le roi et la reine régente, assistés de Monseigneur le duc d'Orléans, des princes, ducs, pairs, officiers de la couronne et grands du royaume, ont fait lire en leur présence aux députés du Parlement, Chambre des Comptes, Cour des Aides et Corps de ville de Paris, au sujet de la résolution qu'ils ont prise de l'éloignement pour toujours du cardinal Mazarin hors du royaume, et sur la conduite présente de M. le prince de Condé, le 17e jour d'août 1651. A Paris, par les imprimeurs et les libraires ordinaires du roi. M. DC LI. Avec privilége de Sa Majesté.

C'est avec un extrême déplaisir qu'après toutes les déclarations que nous avons ci-devant faites avec tant de solennité contre le retour du cardinal Mazarin, nous voyons que les ennemis de l'État se servent encore de ce prétexte pour y fomenter les divisions qu'ils y ont allumées. C'est ce qui nous a obligé à vous envoyer quérir, pour vous déclarer de nouveau que nous voulons et entendons exclure pour jamais ledit cardinal, non-seulement de nos conseils, mais de notre royaume, pays et places de notre obéissance et protection; faisant défenses à tous nos sujets d'avoir aucune correspondance avec lui ; enjoignant très-expressément que toutes personnes qui contreviendront à cette notre volonté encourent les peines portées par les anciennes ordonnances des rois nos prédécesseurs, et par les derniers arrêts de nos cours souveraines ; voulant que toutes déclarations nécessaires pour cela soient expédiées. Après vous avoir donné ces assurances et à tous nos sujets, nous ne pouvons plus dissimuler, sans blesser notre autorité, ce qui se passe. Un chacun sait les grâces que la maison de mon cousin le prince de Condé, et lui en particulier, ont reçues du feu roi de glorieuse mémoire, mon très-honoré seigneur et père, et de la reine, ma très-honorée dame et mère, régente. Après avoir accordé sa liberté aux instantes prières de mon très-cher et très-aimé oncle, le duc d'Orléans, et aux très-humbles supplications de mon parlement de Paris ; après lui avoir rendu le rang qu'il avoit dans mes conseils, restitué le gouvernement des provinces et places que lui et les siens tiennent dans mon royaume en si grand nombre qu'il est aisé de voir que celui qui les a désirées vouloit plutôt prendre le chemin de se faire craindre que de se faire aimer ; après avoir rétabli les troupes levées sous son nom, capables de composer une armée ; après lui avoir accordé l'échange du gouvernement de Bourgogne avec celui de Guyenne, lui ayant permis de retenir les places qu'il avoit dans la province qu'il laissoit, ce qui ne s'étoit jamais pratiqué ; après lui avoir fait payer les sommes immenses qu'il disoit lui être dues d'arrérages, de pensions, d'appointemens, de désintéressemens, de montres de ses troupes et garnisons, qui sont telles que, pour le contenter, on a été contraint de divertir les fonds destinés à l'entretien de ma maison et subsistance de mes armées; bref, n'ayant rien omis de ce qui pouvoit apporter une entière satisfaction et le disposer à employer les bonnes qualités que Dieu lui a données et qu'il a fait paroître autrefois à l'avantage de notre service, nous avions conçu cette espérance, lorsqu'à notre très-grand regret elle a été trompée par des actions bien contraires aux protestations qu'il nous avoit faites solennellement dans l'assemblée de notre parlement. Nous ne dirons rien de ce que, aussitôt après sa liberté, l'ardeur de ses poursuites nous porta à faire les changemens que vous avez vus dans le conseil. Cette entreprise lui ayant réussi, il prit la hardiesse d'accuser et se plaindre de la conduite de trois de nos officiers, ou de la reine, notre très-honorée dame et mère, laquelle leur commanda de se retirer non-seulement de notre cour, mais de notre bonne ville de Paris, pour ôter à notre dit cousin tout prétexte de plainte, et pour étouffer les tumultes qu'il excitoit. Nous espérions que toutes ces grâces le disposeroient à nous complaire en quelque chose, ou pour le moins l'empêcheroient de continuer ses mauvais desseins, lorsqu'avec un extrême regret nous avons vu des effets tous contraires à ceux que nos bontés avoient tâché de provoquer. Nous avons remarqué qu'après que notre très-cher et bien-aimé oncle, le duc d'Orléans, lui a donné de notre part, et a porté à notre parlement nos paroles royales, qui lui offroient toutes les sûretés qu'il pouvoit désirer et qu'il avoit requises, il demeura quelques jours sans se pouvoir résoudre à nous voir, quoiqu'il se fût rencontré une fois à notre passage. Enfin, pressé par notre très-cher et très-aimé oncle, le duc d'Orléans, et par notre parlement, de nous rendre ses devoirs, il fut reçu par nous et par la reine, notre très-honorée dame, mère et régente, avec toutes les démonstrations d'une parfaite bienveillance, qui eût été capable de le guérir de ses appréhensions, si elles ne venoient plutôt de sa propre conscience que des mauvais offices qu'il veut croire lui être rendus. Nous sommes obligés de vous dire ce qui est venu en notre connoissance touchant ses menées, tant au dedans comme au dehors de notre royaume. Pour commencer par les choses qui sont publiques, chacun a vu que notre dit cousin s'est absenté depuis deux mois de nos conseils, qu'il les a décriés dans nos parlemens et partout ailleurs, disant qu'il ne se pouvoit fier en nous ni en ceux qui nous approchoient, ayant écrit à tous nosdits parlemens et à quelques-unes de nos bonnes villes pour leur donner de mauvaises impressions de nos intentions; engageant en même temps dans toutes nos provinces plusieurs gentilshommes et soldats à prendre les armes aussitôt qu'ils en seroient requis de sa part. Il a aussi, dans notre bonne ville de Paris, qui donne le mouvement à toutes les autres, fait semer de mauvais bruits de nos intentions. Nous avons appris aussi qu'il renforçoit les garnisons des places que nous lui avons confiées, les munissoit de toutes choses nécessaires, et faisoit sans nos ordres travailler en diligence aux fortifications, employant à cela nos sujets, et les contraignant d'abandonner leurs récoltes. Il a fait retirer nos cousines, sa femme et sa sœur, dans le fort château de Mouron. Il a ramassé de toutes parts des sommes notables de deniers; enfin il pratique publiquement tout ce qui nous peut donner sujet de croire ses mauvaises intentions. Nous avons été confirmés en cette croyance par les avis certains que nous avons reçus de divers endroits des intelligences qu'il formoit avec les ennemis, tant à Bruxelles avec l'archiduc, que dans le camp avec le comte de Fuensaldagne, faisant escorter ses courriers jusque dans les portes de Cambrai par quelque cavalerie tirée des troupes qui n'obéissent qu'à lui seul. Ces pratiques étant faites à notre insu, sans nos passeports et contre notre volonté, qui peut douter de son intelligence avec ceux contre lesquels nous sommes en guerre ouverte? Il n'a voulu non plus faire sortir les Espagnols de la ville de Stenay, ainsi qu'il s'étoit obligé de le faire, cette seule condition ayant été exigée de lui lorsqu'il fut retiré de prison. Sa conduite est cause que dom Estevan de Guemarre s'est approché de la Meuse avec son armée, qu'il a ravitaillé Mouson et s'est conservé le passage de Dun, qui met en contribution une partie de la Champagne. Pour donner aussi plus de moyen à nos ennemis d'entreprendre contre nous, et arrêter les progrès que notre armée, plus puissante que la leur, pourroit faire dans les Pays-Bas, par une entreprise qui n'a jamais été vue dans notre royaume, quelques ordres exprès qui ayent été donnés, ceux qui commandoient ses troupes, n'ont jamais voulu obéir aux commandemens que nous leur avons faits de joindre les siennes au corps d'armée où ils avoient été destinés par nous et par notre oncle, le duc d'Orléans; ce qui a renversé jusqu'à présent tous nos desseins, tant à cause de la juste défiance que nous avons eue de ceux de notre cousin, comme aussi parce qu'il a donné loisir aux ennemis de se reconnoître et de se mettre en état de s'opposer à nos forces ; outre que leur résolution s'est augmentée par les espérances, ou pour mieux dire par les assurances qu'on leur a données de quelque mouvement dans notre royaume. Nous ne pouvons nous empêcher de vous dire toutes les désolations que les gens de guerre commandés par notredit cousin ont faites et qu'ils continuent de faire, en se maintenant entre la Picardie et la Champagne, qu'ils achèvent de ruiner, au lieu d'être dans les pays ennemis à leur faire la guerre. La liberté que ces troupes prennent de piller nos sujets fait aussi que plusieurs de nos soldats abandonnent notre camp pour vivre dans la licence qui est dans le sien. Nous avons bien voulu vous donner part de toutes ces choses, encore que la plus grande partie vous fût déjà connue. Nous croyons que vous jugerez, par ces déportemens publics de notredit cousin, que ses menées secrètes ne sont pas moins dangereuses. La connoissance que nous en avons ne nous permet pas de le pouvoir dissimuler plus longtemps sans abandonner le gouvernail de cet État, que Dieu nous a mis en main et que nous sommes résolus de tenir avec fermeté. Nous savons que, si nous n'apportons un prompt remède aux désordres qu'on veut jeter dans notre État, nous ne pouvons obliger nos ennemis d'entendre à la paix que nous désirons de conclure, ni réformer les abus qui se sont glissés dans notre royaume, ainsi agité par de pernicieux desseins et entreprises, si nous ne les prevenions et en arrêtions le cours, comme nous sommes résolus de faire, par les moyens que Dieu nous a mis en main, dans l'assurance que nous avons et que vous nous avez toujours témoignée de votre fidélité et affection à maintenir notre autorité, entretenir nos sujets dans l'obéissance qu'ils nous doivent, et que nous nous assurons que vous continuerez à apporter tout ce qui dépendra de vos soins pour faire valoir nos bonnes intentions pour le bien et repos de notre royaume.

Fait à Paris le dix-septième d'août mil six cens cinquante et un.

Signé LOUIS.

Et plus bas, DE GUÉNÉGAUD.

La Déclaration de Son Altesse Royale sur le sujet du discours lu au Palais-Royal, en présence des députés du Parlement, Chambre des Comptes, Cour des Aides et Corps de ville de Paris, sous le nom du Roi et de la Régente. Ensemble la réponse de M. le Prince, présentée au parlement, les chambres assemblées, le 19 août 1651. A Paris, chez Nicolas Vivenay, tenant sa boutique au Palais. M. DC. LI.

Messieurs, c'est avec un extrême déplaisir qu'après avoir tant de fois déclaré à votre compagnie et au public la sincérité de mes intentions, justifiée par une conduite connue de toute la France, et qui ne reproche rien à ma conscience, je me trouve encore obligé de vous donner un éclaircissement sur le sujet d'un écrit que je respecte, parce qu'il porte le nom du roi, mais lequel contenant une diffamation de ma personne et de mes déportemens, on ne peut trouver étrange qu'avec tout le respect que je dois à Sa Majesté, surprise par l'artifice de mes ennemis, je satisfasse à ce que je dois à ma réputation ; et ce d'autant plus que ce discours n'a aucune des marques par lesquelles les rois ont accoutumé de faire savoir à leurs peuples leurs volontés contre des princes de ma naissance et de mon rang.

Il semble qu'on me veuille imputer que je me serve du nom du cardinal Mazarin comme d'un prétexte pour fomenter les divisions que l'on dit être dans l'État. Toute la France sait que je n'ai eu aucune part à ce qui s'est dit et fait contre lui auparavant ma prison, qu'il a été proscrit auparavant ma liberté, et que, si depuis je me suis uni de sentiment avec tous les parlemens du royaume et au vœu de tous les peuples, ce n'a été que pour maintenir le repos et la tranquillité de l'État, que son retour pouvoit altérer ; et si le conseil du roi avoit pris autant de soin qu'il devoit de lever sur ce sujet les ombrages et les défiances auxquelles tant de voyages faits à Cologne ont donné lieu, le parlement n'auroit pas été en peine, pour dissiper les craintes que l'on avoit de son rétablissement, de demander une déclaration confirmative de ses arrêts, laquelle il semble qu'on ait voulu éluder par ce papier, qui, étant sans forme, ne doit être d'aucune considération.

Cela suffiroit pour dire que je n'ai pas besoin d'y répondre, si ce n'étoit qu'ayant été lu en présence de votre compagnie et de toutes les autres, même du Corps de ville, et ayant été ensuite imprimé, il est juste que je désabuse le public de toutes les calomnies qui y sont répandues contre moi.

L'on me reproche les grâces du feu roi faites à ma maison, comme si feu M. mon père n'en avoit mérité aucune par ses services ; car pour les places de Stenay et Clermont, qui m'ont été données depuis la régence pour récompense de l'amirauté et des établissemens qu'avoit feu M. le duc de Brezé, mon beau-frère, et que je perdis par sa mort, je n'estime qu'on les doive envier à ce que j'ai fait pour l'État, non plus que les charges et les gouvernemens que je possède, qu'on ne me pouvoit ôter sans quelque injustice, puisque feu M. mon père les avoit.

J'ai reconnu publiquement être obligé de ma délivrance à la bonté de Leurs Majestés, aux instances que M. le duc d'Orléans en a faites, avec tous les témoignages d'affection que je pouvois désirer d'un prince de sa générosité, et aux supplications du parlement, que j'en ai remercié. Mais je ne croirai point manquer à la gratitude que je dois, si je fais entrer la justice en part de cette obligation; et la déclaration de l'innocence qu'il a plu à Sa Majesté de m'accorder étant une preuve de l'oppression qui m'a été faite, il est extraordinaire qu'après une prison de treize mois, sans cause et sans fondement, on veuille faire passer ma liberté pour un bienfait.

L'on dit que l'on m'a rendu le rang que j'avois dans les conseils du roi; mais lequel ayant été donné à feu M. mon père, auquel j'ai succédé par le testament du feu roi, de glorieuse mémoire, et depuis par votre arrêt lors de la régence, et m'appartenant par ma naissance, je ne vois pas que l'on puisse traiter de faveur un droit que j'ai, comme ayant l'honneur d'être prince du sang, et duquel l'on ne pouvoit par conséquent me priver, non plus que de mes gouvernemens et de mes places, sans injure; étant au surplus ridicule que les nouveaux confidens du cardinal Mazarin, qui ont vraisemblablement dicté cet écrit, publient que par ce grand nombre de places qu'ils disent que je possède, quoique je n'aie que Stenay et Clermont, outre celles qui étoient dans ma maison, j'ai plus affecté de me faire craindre que de me faire aimer, puisqu'on n'a jamais fait de plaintes d'aucune violence de la part de ceux qui y commandent; et je ne serois point en peine de me défendre de la haine que l'on me reproche, si je n'avois en quelque façon sacrifié mes intérêts et ma propre gloire à l'obéissance que je croyois devoir au roi, et de laquelle néanmoins on se prévaut à présent pour me décrier; laissant à juger au parlement si ces affidés du cardinal Mazarin peuvent me reprocher le nombre de mes gouvernemens, puisque ce cardinal, sous le nom de ses domestiques, possède Pignerolle en Italie, Salce, Perpignan et Roze, en Roussillon; Brest, Dunkerque, Mardic, Bergues, Dourlan, Bapaume, la Bassée, Ypre, Courtrai, Portolongone et Piombino, qu'il avoit et qu'il a laissé perdre, sans compter une infinité d'autres dont les gouverneurs sont entièrement dans sa dépendance; et ce qui fait assez connoître s'il ne faut point autre chose que des paroles pour assurer l'éloignement hors du royaume d'un homme qui a tant de portes pour y rentrer, et dont l'on sait, par une expérience trop fatale à la France, que la politique a toujours été de se rendre redoutable.

L'on fait dire au roi qu'il a rétabli les troupes

qui étoient et qui sont encore sous mon nom, capables de composer une armée; comme si elles n'avoient pas assez bien et utilement servi pour mériter cette justice, étant connu à toute la France que les avantages que Sa Majesté a remportés sur les ennemis ont été en partie les fruits de leurs fatigues et de leurs travaux, et comme si Sa Majesté pouvoit avoir trop de régimens qui ont porté partout la gloire de ses armes, avec des succès qui auroient donné la paix à toute l'Europe, si le cardinal Mazarin ne les eût rendus inutiles par sa mauvaise et pernicieuse conduite; qui devoit se souvenir qu'ayant eu deux régimens d'infanterie françoise, un régiment d'infanterie italienne, deux autres régimens d'Allemands et de Polonois, quatre régimens de cavalerie de même nation, ses compagnies de gendarmes et de chevau-légers et ses gardes, qu'il a eus jusque dans le Palais-Royal, qui est une insolence sans exemple, sans faire mention de vingt autres régimens qui étoient pour la garde de ses places ou sous le nom de ses domestiques et affidés; il ne me devoit pas faire reprocher que j'avois assez de régimens pour faire une armée, puisque je ne les ai jamais employés que pour le service du roi et le bien du royaume, et qu'au contraire, on a tout sujet d'appréhender qu'il n'abuse des siens pour troubler par les armes, comme il a fait par ses intrigues, notre repos et notre tranquillité.

J'avoue que j'ai accepté le gouvernement de Guyenne pour celui de Bourgogne, que le roi a donné à M. d'Épernon, sur les instances qui m'en furent faites de la part de la reine, plus pour donner la paix à cette province et satisfaire M. d'Épernon par cet accommodement que par aucune considération; et même j'ai supplié Sa Majesté de n'y point penser, et, un des ministres présens m'ayant demandé si je le disois de bon cœur, et après avoir répondu que oui, la reine dit qu'elle le vouloit absolument, comme une chose nécessaire pour la tranquillité de la Guyenne et pour la satisfaction dudit sieur d'Épernon, qui n'y pouvoit retourner avec succès pour le service du roi et sûreté de sa personne; étant étrange que la condescendance que je rendis en cette occasion, on s'en soit servi comme d'un prétexte pour me calomnier dans le public.

Que si j'ai conservé les places où je commande pour le roi en Bourgogne, c'est parce qu'on ne m'en donnoit aucune en Guyenne, et que, les ayant achetées, il n'étoit pas juste de me les ôter sans m'en donner d'autres en échange, ou m'en payer la récompense que feu M. mon père en avoit donnée à feu M. de Bellegarde.

Pour les sommes immenses que l'on dit avoir été payées pour arrérages de mes pensions, appoinctemens, désintéressemens, montres de troupes qui sont sous mon nom et garnisons, celui qui a dressé cet écrit n'a pas eu de bons mémoires, étant certain que je n'ai eu que des assignations payables seulement en 52 et 53, comme étant sur les impositions de 51 et 52, et qui par conséquent n'ont pu donner lieu au renversement des tables du roi, pour lequel on sait le démêlé que j'ai eu avec le conseil, et au manque de fonds pour la subsistance des troupes, qui est une dépense présente, et qui ne souffre point de retardement; pouvant protester à la compagnie, avec vérité, que de toutes ces assignations je n'en ai pas reçu cinquante mille livres, et que le surplus de ce qui me reste à payer étoit échu devant ma prison pour la plus grande partie, et m'auroit été payé dès ce temps là, si on ne l'avoit diverti par l'ordre et pour le compte du cardinal Mazarin et des siens pour la plus grande partie, suivant les mémoires que je puis donner à la compagnie. Il est étrange qu'on me veuille imputer que je sois à charge à l'État, parce qu'on m'a payé en papier ce que je devrois recevoir en argent, si je ne donnois davantage à la nécessité de l'État qu'à mes intérêts, et particulièrement me trouvant engagé envers mes créanciers de plus de deux millions pour dépense que j'ai faite pour le service de Sa Majesté, et qu'ainsi l'on veuille rejeter sur moi le désordre des finances, comme s'il ne provenoit pas de la profusion qu'en a fait faire le cardinal, et de ce nombre innombrable de comptans que le Parlement se peut faire rapporter, pour connoître qui en a profité; étant certain que rien n'en est venu à mon avance qui m'est due, que la reine m'est encore redevable de deux cent cinquante mille livres que feue madame ma mère et moi lui avons prêtées dans ses plus grandes nécessités, et dont j'ai encore ses promesses en main.

L'injuste prison dans laquelle on m'a mis et détenu pendant treize mois m'a empêché avec beaucoup de regret de faire valoir les bonnes qualités que me donne cet écrit; et si les intentions de ceux qui l'ont fait étoient aussi sincères pour le bien de l'Etat que les miennes, on verroit bientôt cesser toutes les défiances qui m'empêchent d'en user pour le service du roi comme je le voudrois.

Je n'ai point poursuivi le changement qui a été fait dans le conseil; et pour peu que l'on considère la manière avec laquelle M. le premier président et moi avons été depuis, et tout ce qui se passa en cette occasion, on se persuadera difficilement que j'aie témoigné aucune ardeur ni empressement pour demander cet établissement, et que j'aie eu d'autre part à cette mutation que l'obstacle que j'apportai, aussi bien que Son Altesse Royale, à la proposition qui fut faite par M. de Montrésor, et appuyée de M. le coadjuteur, de faire prendre les armes à Paris, d'ôter de force les sceaux à M. le premier président, et d'aller droit au Palais-Royal, cela en présence de M. de Beaufort et quantité de personnes de condition qui peuvent en dire la vérité.

La poursuite que j'ai faite pour l'éloignement des sieurs Servien, Le Tellier et Lyonne, n'est point une continuation d'entreprise sur l'autorité royale, puisque le Parlement a justifié ma conduite par ses remontrances, et le public par ses applaudissemens à une demande non-seulement juste, mais nécessaire pour établir la sûreté de tous les gens de bien et la mienne particulière.

Si cet éloignement eût été exécuté avec autant de sincérité que le bien du royaume le requéroit, la France auroit eu l'accomplissement de ses vœux par mon attachement aux volontés de la reine. Mais ayant vu qu'au même temps que l'on me donnoit cette satisfaction apparente, l'on renouveloit en effet mes anciennes défiances par un commerce continuel avec le cardinal Mazarin et avec mes plus grands ennemis, j'ai cru être obligé de pourvoir à ma sûreté, sans néanmoins manquer aux respects que je dois au roi, dont je ne me départirai jamais, quelque effort que fassent ceux qui veulent troubler l'État pour m'engager à une conduite contraire; et si je n'ai eu l'honneur de voir leurs Majestés qu'une fois, je proteste à votre compagnie que j'en ai tout le déplaisir que l'on se peut imaginer d'un prince de ma naissance, qui se ressent très-obligé des bontés que le roi m'a toujours fait paroître, et dont j'eusse tâché de mériter la continuation par mes soumissions, si pour me ravir cet avantage l'on ne se fût étudié de me donner de nouveaux soupçons par les courriers que l'on envoyoit au cardinal, et les nouveaux établissemens que l'on veut faire dans le conseil sans ma participation et mon consentement, et de personnes nouvellement engagées d'affection et d'intérêt avec le cardinal, puisque c'est par lui qu'ils y entrent; ce qui m'a obligé de ne hasarder pas davantage ma liberté entre les mains des gens dont l'ambition règle toute la conduite, et qui m'ont par conséquent donné juste sujet d'appréhender tout de leurs conseils; et c'est ce qui m'oblige de vous déclarer que toutes les fois qu'ils entreront dans le conseil contre mon consentement, je ne pourrai jamais prendre aucune confiance et ne pourrai avoir aucune sûreté.

Je reconnois que, ces défiances continuant, je

me suis abstenu d'assister aux conseils, pour lesquels néanmoins je n'ai jamais eu que les mêmes sentimens que Son Altesse Royale a témoignés dans cette compagnie, lesquels n'auroient point été exposés à la censure publique, si l'on eût autant affecté de les rendre utiles et glorieux à l'État que soumis à la volonté du cardinal, dont l'on sait que l'on a toujours attendu jusqu'ici les avis pour former les résolutions que l'on avoit à prendre, soit pour les grâces, soit pour les ordres généraux du royaume, ainsi que Son Altesse Royale a témoigné plusieurs fois.

Si j'ai écrit aux parlemens du royaume et à quelques villes, ce n'a été que pour rendre compte de mes actions et pour dissiper les bruits que l'on faisoit courir que je voulois faire une guerre civile, et en conséquence des lettres que l'on en fit écrire par le roi dans toutes les provinces, depuis ma retraite dans ma maison de Saint-Maur; et je m'étonne que, ce procédé ayant été trouvé juste et légitime par votre compagnie, qui a justifié toute ma conduite en cette rencontre, puisqu'elle a reçu favorablement mes lettres, on s'efforce d'y trouver à redire et de le rendre criminel par cet écrit, étant chose très-contraire à la vérité que j'aie écrit pour faire aucune levée de soldats; aussi bien que ce que l'on débite que j'ai renforcé les garnisons des places dont je suis gouverneur, que je les fortifie de nouveau, et que j'oblige les habitans des lieux circonvoisins aux corvées, quoique les garnisons n'excèdent pas le nombre porté par les États du roi, et que j'aie ordre et argent de Sa Majesté pour lesdites fortifications, et qu'il seroit, à souhaiter que tous les gouverneurs des places frontières en usassent de même.

La retraite de ma femme et de ma sœur en mon château de Monrond étant un effet de l'obligation que j'ai eue de travailler à la conservation de ma maison, que je n'ai pas cru après tant de défiances légitimes devoir exposer toute en un même lieu, il n'y a que ceux qui en veulent [inquiéter] la reine qui y puissent trouver à redire, lesquels, s'ils étoient mieux avertis ou moins artificieux, sachant que ma sœur est dans les Carmélites de Bourges, et ma femme dans une de mes maisons qui lui avoit même été donnée pour retraite pendant ma prison, ne prendroient point occasion de donner ombrage au public d'une action non-seulement permise, mais tout à fait indifférente, ni d'interpréter malicieusement la recette que je fais de mes receveurs pour le payement de mes dettes et l'entretien de ma maison.

Lors de ma sortie du Havre, l'on n'a exigé aucune condition de moi pour Stenay, à laquelle l'on jugera bien que je n'ai pu m'obliger, puisqu'elle n'étoit pas en mon pouvoir, M. le duc d'Orléans faisant assez connoître par sa déclaration que je n'ai point manqué à ce que je devois au roi et à ma naissance; car, comme il témoigne, j'offris après le retour de M. de Sillery, qui étoit allé à Bruxelles par ordre du roy, d'en faire sortir les Espagnols par voie de négociation, pourvu que l'on promît de ne point faire de courses entre la ville de Stenay et le Luxembourg, ou bien que, me baillant deux mille hommes, je les contraindrois de s'en retirer; ce que la reine n'ayant pas voulu, on ne peut à présent m'imputer que la garnison de la citadelle de Stenay, qui n'est que de deux cents hommes, ne chasse pas cinq cents Espagnols qui sont dans la ville et qui peuvent être rafraîchis par les troupes de l'archiduc autant de fois qu'il le voudra.

Pour ce qui est du passage de Dun, il est si peu considérable que trois cents hommes en peuvent chasser les ennemis, lesquels ne seroient point en état de le conserver, non plus que Mouzon et les autres places qu'ils conquirent l'année passée, pendant ma prison, si l'on avoit occupé l'armée comme on le pouvoit dès le commencement de la campagne, et qu'on ne la conservât pas pour des desseins que le temps fera connoître être bien contraires à ce que l'on publie par cet écrit.

Quant aux régimens qui sont sous mon nom, et du séjour qu'ils font sur la frontière, ma conduite ne peut mieux être justifiée que par M. le duc d'Orléans, qui déclare que je n'ai rien fait que par ses ordres et pour empêcher la dissipation des troupes qui peuvent être très-utiles au roi, et dont la ruine eût été la suite infaillible de leur jonction à des corps commandés par des généraux et officiers étant entièrement dans la dépendance du cardinal Mazarin; et il paroît assez que le bruit qu'on fait contre le séjour de ces troupes en France n'est qu'un artifice pour me décrier, puisqu'on ne dit rien de celles de MM. de Turenne et de Vendôme, et des régimens de Chach (*sic*) et de Nettancourt, qui sont logés auprès, et qu'on ne fait point marcher pour aller à l'armée.

Les désolations que l'on impute auxdites troupes est un mal général, et non point un particulier, auquel le Parlement ayant pourvu par ses arrêts, j'ai déclaré, comme je déclare encore, que je tiendrai toujours la main à ce que ceux de ces régimens qui auront failly soient punis selon la rigueur des ordonnances.

Si je ne m'étois point si ouvertement déclaré contre le cardinal Mazarin, et par ce que j'ai témoigné dans cette compagnie et au public, et par l'opposition que j'ai faite au commerce des courriers de Cologne, je n'aurois pas besoin de me justifier des pratiques que l'on dit que j'entretiens, et dedans et dehors le royaume. Et si l'on fait réflexion que Cambrai est le passage des courriers que l'on envoie au cardinal, ainsi qu'il paroît par la lettre de M. le maréchal d'Hoquincourt dont Mestayer étoit porteur, il sera difficile de concevoir que j'aie fait prendre la même route pour communiquer avec l'archiduc, et que j'aie exposé trente hommes pour l'escorte de ceux que j'envoyois, qui eussent été autant de témoins contre moi ; ce qui est si ridicule qu'il ne mérite point de réponse.

Je conclurai cette réponse par ce qui est de plus important dans ce discours, dans lequel on m'accuse d'avoir intelligence avec les Espagnols, ce qui est faussement controuvé par mes ennemis ; c'est pourquoi j'en demande réparation, comme du plus grand outrage qui puisse être fait à mon rang et à ma dignité de prince du sang, et supplie la compagnie d'interposer son autorité pour me la faire obtenir, et prier le roi et la reine de nommer les auteurs de cette calomnie, et de vouloir envoyer incessamment les mémoires et ces avis, qu'on dit être certains, tant de ladite intelligence que de l'engagement de soldats extraordinaires dans le royaume pour mon service particulier, me soumettant à votre jugement en cas qu'il se trouve que j'aie rien fait contre le devoir de ma naissance.

Relation véritable de ce qui se passa le mardi deuxième de juillet au combat donné au faubourg Saint-Antoine entre les troupes du cardinal Mazarin, commandées par les maréchaux de Turenne et de La Ferté, et celles de M. le duc d'Orléans et de M. le Prince.

L'armée de M. le duc d'Orléans et de M. le Prince étoit campée à Saint-Cloud et aux environs, lorsque l'on eut avis que celle du maréchal de Turenne, qui étoit auprès de Dammartin, marchoit pour venir à Saint-Denis. M. le Prince commanda aux troupes de se retrancher proche de Suresne et du mont Valérien; mais, à peine avoit-on commencé de travailler aux retranchements que le comte de Tavannes, l'un des lieutenants généraux qui commandoit l'armée, fut averti que les ennemis faisoient un pont à Épinay. Cela l'obligea d'envoyer, le 29 du mois de juin, cent cinquante chevaux et cent cinquante hommes de pieds détachés de tous les corps et commandés par le sieur de Gouville, maréchal de camp, pour reconnoître le pont et s'opposer au passage des ennemis. Gouville y demeura tout le jour et toute la nuit, et fut relevé par le comte de Kinsqui avec pareil nombre d'hommes. Quatre ou cinq heures après que Kinsqui y fut arrivé, il envoya avertir le comte de Tavannes que le pont étoit fait jusque dans l'île, et que le canon y étoit déjà posté. Sur cet avis, il partit de l'armée avec le baron de Lanques, le chevalier Descars, Ravonelle, le comte Dolac et quantité d'autres officiers, les régiments de cavalerie de l'Altesse, Condé, Enghien, Conty et Persan, Condé et Bourgogne d'infanterie, et deux pièces de canon. A une lieue d'Epinay, il laissa l'infanterie et le canon, et alla avec la cavalerie reconnoître le pont. Il trouva qu'il étoit fait jusque dans l'île, que les ennemis travailloient pour l'achever de deçà et qu'ils avoient encore posté sur les hauteurs du canon qu'ils tiroient incessamment. Il se retira dans le plus prochain village de la rivière, où étant arrivé, il fut averti que les ennemis passoient. Il retourna avec la cavalerie, et les obligea de repasser fort promptement, après qu'ils eurent pourtant enlevé un petit corps de garde de trente soldats de l'Altesse. Il fit ensuite marcher ses troupes pour retourner à l'armée, à la réserve de cent cinquante chevaux et de cinquante hommes de l'Altesse commandés par Chasan; mais à peine avoit-il marché une lieue qu'on lui vint dire que M. le Prince venoit à toute bride; ce qui l'obligea de retourner avec sa cavalerie au même poste qu'il avoit tenu en présence des ennemis. M. le Prince, en passant, commanda aux deux régimens de Condé et de Bourgogne de le suivre avec le canon, et alla en diligence tout du long de la rivière reconnoître les ennemis, qui le saluèrent plusieurs fois avec toute leur artillerie. Là le comte de Tavannes et tous les officiers commandés assurèrent Son Altesse qu'ils avoient vu, depuis le matin jusqu'à midi, défiler la cavalerie ennemie, au nombre de quarante escadrons, qui marchoient du côté de Meulan et de Pontoise; et quelques païsans ayant assuré que le roi et toute la cour y alloit passer, M. le Prince tint conseil de guerre avec les officiers généraux; et sur les avis qu'on lui donnoit que les ennemis avoient défilé pour passer la rivière et venir couper ses troupes, il résolut de tenir son armée en état de marcher. Étant arrivé à Saint-Cloud à cinq heures après midi le lundi premier jour de ce mois, il la fit défiler par le pont de pierre et le pont de bateaux, et la fit passer par le bois de Boulogne et par Chaillot pour aller gagner le poste de Charenton. Le bagage s'étant embarrassé aux portes de la Conférence et de Saint-Honoré, et la marche des troupes qui le suivoient en ayant été arrêtée, M. le Prince leur fit faire demi-tour à droite et repasser par le Cours et par Chaillot, en prenant toujours les hauteurs; ce qui retarda la marche de plus de trois heures. Pendant ce temps-là il vint au Palais d'Orléans conférer avec Son Altesse Royale; il ressortit ensuite de Paris par la porte Saint-Martin, et, défilant de la tête de son armée à la queue et faisant marcher le bagage, il arriva le mardi, deuxième de ce mois, au point du jour, à la porte de la Conférence. Il envoya divers partis à la guerre du côté de Saint-Denis; et n'ayant point eu de nouvelles des ennemis, il commanda au comte de Tavannes, au baron de Clinchamp et au baron de Lanques, de faire marcher l'avant-garde de l'armée du côté de Charenton, et de passer par le faubourg de Saint-Antoine. Incontinent après, il renvoya Farnemont en parti. Il étoit à peine monté sur l'éminence de Montmartre, qu'il vit l'armée ennemie qui se mettoit en bataille; il en avertit Son Altesse, qui la vint reconnoître. Après l'avoir reconnue, elle commanda à ses troupes de marcher en diligence et de s'aller poster dans le faubourg de Saint-Antoine, et fit commander par le sieur Beauvau au dernier escadron de l'armée, commandé par La Chambre, major de Clinchamp, de demeurer sur la hauteur de Montfaucon pour observer les ennemis, jusqu'à ce que toute l'armée et tout le bagage fussent passés.

Sitôt que les ennemis virent paroître cet escadron, ils les firent pousser par trois des leurs. Cependant leurs troupes avançoient; et en avançant, elles se mettoient en bataille dans la plaine. Ce que voyant M. le Prince, il fit marcher les siennes en diligence, à la réserve des régimens de cavalerie de Condé, Enghien, Conty, Persan, Meilles, et les compagnies de chevau-légers de Son Altesse Royale et de Valois, commandées par les sieurs de Montmouton et baron de Neufvy. La cavalerie ennemie s'avança au grand trot pour charger ces escadrons; mais, voyant qu'ils faisoient ferme sur la hauteur, elle fit halte, pensant que toute l'armée étoit dans les fonds, et demeura en présence plus d'une heure, pendant lequel temps les nôtres firent diverses escarmouches, et donnèrent loisir au reste de nos troupes de défiler et de s'aller mettre en bataille devant Picpus. M. le Prince ayant gagné le temps qui étoit nécessaire pour cela, il fit défiler les derniers escadrons, et laissa le sieur de Valon à l'arrière-garde, avec la gendarmerie de Son Altesse Royale et cinquante fusiliers, pour favoriser la retraite. Les ennemis les chargèrent avec beaucoup de vigueur; mais ils furent encore plus vigoureusement repoussés par Valon, à la tête de Condé, soutenu par Montmouton et le baron de Neufvy et vingt-cinq gardes de Guyenne de Son Altesse, commandés par le baron de Montesquiou, auxquels M. le Prince joignit cinquante mousquetaires détachés de Languedoc, pour favoriser la retraite de Condé. Les ennemis, voyant que les nôtres se retiroient, les poussèrent fort vertement jusque dans un autre défilé où étoit M. le Prince, qui, se mettant à la tête de Condé, les repoussa avec tant de vigueur, qu'après en avoir tué beaucoup sur la place, il força le reste de se retirer.

Ayant ensuite visité toutes les avenues du faubourg de Saint-Antoine, il alla joindre ses troupes qui étoient en bataille à la tête de ce faubourg et devant Picpus, et leur distribua les postes qu'il falloit garder. Il mit le régiment de l'Altesse sur la gauche du faubourg; Languedoc, Valois et Langeron à la droite de l'Altesse; Condé et Bourgogne à la droite de Languedoc, et Pellenis à la barricade du chemin qui va au bois de Vincennes; et n'ayant pas assez d'infanterie pour garnir tous les postes, il y mit une partie de sa cavalerie, et partagea le reste pour soutenir l'infanterie. L'artillerie, dont six pièces avoient marché après Valois d'infanterie et les gendarmes, et deux pièces à l'arrière-garde, étant arrivée au-dessus de Picpus, Son Altesse commanda à Sedilot de la faire marcher au bout du faubourg Saint-Antoine, et d'y faire poster deux pièces, qui tirèrent sur les ennemis, qui commençoient à défiler dans une plaine au-dessous des moulins, et qui les obligèrent de prendre les fonds; et comme ils eurent passé en partie, Son Altesse donna ordre à Sedilot de faire poster tout son canon aux avenues en dedans du faubourg, savoir: deux pièces à la traverse de la grande rue, deux autres à une barricade à droite venant de la porte Saint-Antoine au faubourg, lesquelles furent menées et exécutées à la portée du pistolet du poste qu'avoient pris en ce lieu là les ennemis, et duquel ils furent chassés par deux fois; et dans cette rue plus bas par la traverse et le poste des ennemis, Son Altesse commanda que l'on y mît le plus de pièces que l'on pourroit; ce qui obligea Sedilot d'y en faire mettre encore trois, qui furent si vivement exécutées que les ennemis, qui paroissoient fort auparavant dans ce poste, se cachèrent et firent mine par plusieurs fois de se retirer.

Les ennemis avoient deux batteries, dont l'une étoit au-dessus de la barricade que gardoit le comte de Tavannes et battoit la grande rue de Saint-Antoine; l'autre battoit la rue qui repond à la grande halle du faubourg.

Ils avoient disposé leurs troupes de sorte que les gardes françoises, la Marine et Picardie devoient attaquer l'Altesse et Languedoc; les gardes suisses et Turenne, Condé, Valois et Langeron, commandé par le sieur de Neufville, lieutenant-colonel.

Le maréchal de Turenne, ayant ainsi disposé l'attaque et observé que nos troupes n'avoient pas eu encore le temps de se ranger dans leurs postes, commanda aux gens détachés de les charger, croyant qu'en cet état il seroit facile de les emporter; mais M. le Prince, dont la prudence ne peut être surprise, prévoyant bien ce dessein, lorsqu'il vit les ennemis à cinquante pas de nos postes, sortit avec les volontaires qui l'accompagnoient et dont les noms seront mis à la fin de cette relation, et les chargea si rudement qu'il les poussa jusque dans leur armée, et donna par ce moyen le temps qu'il falloit aux troupes pour se mettre en état de soutenir l'attaque; après quoi il alla donner ses ordres dans les autres postes.

Cependant qu'il y étoit, on lui vint dire que Languedoc, Valois et Langeron, après une généreuse résistance, avoient été emportés; il revint à toute bride avec les volontaires, et, se mettant à la tête de Condé et Enghien de cavalerie, il chargea les ennemis, qu'il trouva jusqu'auprès de la halle du faubourg. Ce fut là que Son Altesse, accompagnée de MM. les ducs de Nemours, du prince de Tarente, du sieur de Valon, qui commandoit au poste de Valois, et de ses braves volontaires, qui ne le quittèrent jamais durant tout le combat; ce fut là, dis-je, que Son Altesse fit sentir aux ennemis les efforts extraordinaires de son courage; là se fit un carnage horrible des régimens des gardes, de la Marine et de Turenne, qui furent taillés en pièces ; et ce fut en cette rencontre que la valeur infatigable du Prince parut lasse de tuer ceux qui s'étoient si témérairement engagés dans le faubourg. Il poussa jusque dans la plaine les gendarmes et les chevau-légers de la garde, et trois autres escadrons qui soutenoient cette infanterie. Languedoc, Valois et Langeron reprirent, l'épée à la main, leur postes, et en les regagnant ils firent dit-sept officiers prisonniers et prirent cinq drapeaux ; le major de Languedoc fut tué et quarante soldats du régiment. Au commencement de cette attaque, d'Artigolles et Barat, capitaines dans le régiment d'infanterie de l'Altesse, furent détachés avec cent cinquante mousquetaires, à la tête desquels se mit Despouis, lieutenant-colonel, qui attaquèrent le régiment de Picardie, soutenu par la cavalerie ; ils furent repoussés et soutenus par cinquante autres mousquetaires, commandés par Des Moulins, capitaine dans le même régiment ; et, s'étant tous ralliés, ils chassèrent Picardie du poste. Barat y fut tué et d'Artigolles blessé à la cuisse ; et Cocherelle, enseigne-colonelle du même corps, y fit bien son devoir. En même temps d'Ardennes, capitaine dans le même régiment, donna sur la droite avec soixante mousquetaires et chassa les ennemis jusque dans la plaine, et fut blessé d'une mousquetade à la cuisse. C'étoit dans le même moment que les gardes et la Marine, après avoir donné dans l'avenue de Charenton, et mis sur la place onze officiers de Valois et de Langeron, marchoient tambour battant vers la halle du faubourg, lorsque M. le Prince envoya quérir cent mousquetaires de l'Altesse, commandés par Cesan, qui, après avoir mis Brunier et Meaux, lieutenans, à la queue de l'infanterie, de peur qu'elle ne pliât, s'en alla à la tête, l'épée à la main, et soutint la cavalerie avec Neufville, lieutenant-colonel de Langeron, qui se joignit à lui, et, suivant Son Altesse, qui renversa tout ce qu'elle rencontra d'ennemis, eut part à la gloire que Languedoc, Valois et Langeron acquirent en regagnant leurs postes.

Cependant Condé, qui étoit sur la droite, combattoit toujours contre les Suisses, et le combat de part et d'autre étoit furieusement opiniâtre. Peu de temps après, le comte de Tavannes et le baron de Langues, s'apercevant que les ennemis faisoient mine de les vouloir attaquer, et qu'en effet le marquis de Saint-Maigrin, à la tête de chevau-légers et des gendarmes et de ce qu'il y avoit de volontaires, s'avançoit dans un défilé qui étoit près de leur poste, allèrent recevoir si brusquement les ennemis, qu'ils les contraignirent de faire volte-face. Dans cette occasion, le marquis de Saint-Maigrin fut tué et vint tomber entre les jambes du cheval du comte de Tavannes; la plupart des volontaires furent blessés. Cependant, comme les ennemis s'aperçurent dans le milieu du défilé qu'ils n'étoient suivis que par un escadron de trente maîtres, il firent ferme pour se rallier; mais Tavannes et Lanques, qui donnèrent en cette rencontre, comme ils ont toujours fait dans toutes les autres, les preuves de la dernière valeur, les rechargèrent si vertement qu'ils les obligèrent de gagner la campagne.

Les ennemis, après avoir été repoussés dans

toutes leurs attaques, se rallièrent encore et vinrent avec le régiment de Navailles, qui jusque-là n'avoit point combattu, attaquer l'avenue de Charenton; ils la gagnèrent et se postèrent dans toutes les maisons qui étoient près de la barricade. Dans ce temps-là, le régiment de Condé reçut ordre du comte de Tavannes de le venir joindre pour s'opposer à ceux qui l'attaquoient; il n'y fut pas plus tôt arrivé que le marquis de Gerzé commanda, de la part de M. le Prince, à Deslandes, qui faisoit la charge de major de brigade, de prendre cinquante soldats du régiment de Condé pour reprendre le poste que le régiment de Navailles avoit gagné. Deslandes étant arrivé, Son Altesse lui commanda de commencer l'attaque, et le fit soutenir par un escadron d'Allemands. L'attaque fut vigoureuse; mais la défense ne le fut pas moins, et les ennemis ne purent être forcés. Cela obligea Son Altesse d'envoyer quérir par le baron de Gerzé cinquante soldats de l'Altesse et soixante de Valois, avec ce qui restoit des soldats qu'avoit amenés Deslandes, et de faire attaquer tout de nouveau la barricade, laquelle ne put être emportée. M. le Prince, voyant que les ennemis faisoient une si grande résistance, commanda à Deslandes d'aller faire prendre des pics à l'artillerie, de faire percer les maisons de la rue afin de gagner le flanc de la barricade et déposter les ennemis, et en même temps fit venir deux pièces de canon pour battre le front de la palissade; mais Son Altesse, sans attendre que toutes les maisons fussent percées, fit avancer tout le régiment de Bourgogne, à la réserve du sieur de La Garde, premier capitaine, qui gardoit la droite du poste du comte de Tavannes, et qui le défendit lorsque les ennemis allèrent attaquer la barrière. M. le Prince se mit à la tête de Bourgogne avec MM. de Beaufort et de Nemours, de Tarente, de La Rochefoucault, le prince de Marsillac, le chevalier de Foix, Guitault, le marquis de Gerzé, le baron de Gerzé, le marquis de la Rochegifart, le marquis de Flammarins, le marquis de Valancé, le vicomte de Melun, le comte de Montignac, le marquis de Villars, Marquessac, Chevigny, le baron de Loresse, le marquis de Cogné, le marquis de Jonsac, le comte de Toré, Lussan, Magneux, Saintibal, qui toute la journée signala son courage et sa conduite, Dormeni, le comte de Castres, des Fourneaux, Angerville, enseigne des gardes de M. le prince de Conty, La Motthe-Guyonnet, Frementeau, La Martinière, le baron de Migennes, Saint-Mars, gentilhomme de la chambre de M. le Prince et les autres domestiques de Son Altesse, le chevalier de Mercé, Desesche, Bonnefons, du Corail, Campan, Dupuy et Sivrat, gentilshommes de M. de Nemours, ceux de M. de Beaufort, le capitaine des gardes du duc de La Rochefoucault, Du Bourg et les autres volontaires, la plupart pied à terre, à la réserve de Son Altesse : ils attaquèrent la barricade avec tant de vigueur qu'après avoir donné les marques d'une valeur extraordinaire et digne de ceux qui veulent suivre M. le Prince à travers le fer et le feu, ils l'emportèrent ; mais comme ils n'avoient pas de pics pour rompre les portes des maisons qui flanquoient la barricade, ils furent contraints de se retirer. Dans cette attaque, M. de Nemours, qui fit tout ce que l'on peut faire humainement dans la guerre, fut blessé à la main et reçut sur sa cuirasse cinq ou six coups de mousquet, et deux dans son chapeau; le duc de La Rochefoucault, dont on ne peut pas assez louer l'intrépidité, fut blessé d'un coup de mousquet au visage; les marquis de La Rochegifart et de Flammarins, après s'être merveilleusement signalés, furent tués; le comte de Castres, blessé à la cuisse, et depuis mort de ses blessures; Guitault, qui s'étoit fait remarquer dans toutes les occasions, blessé d'un coup de mousquet dans le ventre; le chevalier de Foix, blessé au bras et à la joue; le marquis de Gerzé, blessé au bras; La Motthe-Guyonnet et La Martinière, gentilshommes de Son Altesse, tués; des Fourneaux, blessé à mort; le vicomte de Melun, blessé; et le marquis de Cogné et le baron de Lorsesse et Magneux, dangereusement blessés. Beauvau eut deux chevaux tués sous lui; le marquis de Jonsac, son cheval tué; le prince de Marsillac, le sien blessé d'un coup de mousqueton; Persenay, capitaine des gardes du duc de La Rochefoucault, le bras cassé; le chevalier Desesche, capitaine des gardes du duc de Nemours, Bonnefons son écuyer, et Sivrat, blessés. Enfin, de tous ceux qui furent à cette attaque, il n'y en eut pas un dont les chevaux ne fussent ou tués ou blessés, ou qui n'emportât quelque marque du grand feu que les ennemis faisoient de toutes parts, et de la vigoureuse résolution avec laquelle ils avoient combattu. Le duc de Beaufort, qui durant toute la journée avoit donné des témoignages illustres d'une valeur singulière, reçut en cette occasion quantité de coups sur sa cuirasse; et comme il étoit pied à terre, rudement attaqué par les ennemis et en danger de perdre ou la vie ou la liberté, M. le Prince vint fondre comme un foudre sur les ennemis, et lui donna loisir de remonter à cheval et de se retirer. Son Altesse fit faire ensuite une barricade avec des chariots à cinquante pas de là; et l'on s'amusa le reste du jour à escarmoucher et à tirer force coups de canon.

Le baron de Clinchamp et le sieur de Valon, lieutenans généraux, qui de leur côté firent des merveilles, et qui connoissoient du siége d'Étampes ceux qui les attaquoient, ne les reçurent pas avec moins de vigueur dans leurs postes, et, faisant leur devoir de sages officiers et de braves soldats, furent blessés, le premier d'une mousquetade dans le bras et légèrement à la cuisse; le second fut blessé au côté. Toutes les troupes qui, combattant sous eux et le comte de Tavannes, avoient fait lever le siége d'Étampes au maréchal de Turenne, ne se signalèrent pas moins en le repoussant dans toutes les attaques qu'il fit dans le faubourg, et témoignèrent par leur généreuse résistance qu'elles étoient animées par la présence d'un prince invincible.

Mais devant que nous achevions la relation de tout ce qui se fit hors de la ville, il est juste que le public soit instruit de ce qui se passa dedans, et que l'on sache qu'en cette rencontre Paris n'a pas moins témoigné de zèle pour la conservation de M. le Prince et de ses troupes que Son Altesse fit paroître de chaleur et de courage pour la conservation de Paris, en s'opposant aux violents desseins du cardinal Mazarin, qui vouloit y entrer à main armée, et y laisser avec le fer et le feu des marques de sa tyrannie et de la vengeance qu'il médite, il y a si longtemps, contre tous les bourgeois qui ne l'y veulent point recevoir.

Mademoiselle ayant été avertie dès le matin que le prince étoit aux mains avec les troupes mazarines, s'en alla à l'Hôtel-de-Ville et fit dire au maréchal de l'Hospital et au prévôt des marchands qu'elle vouloit que, sans perdre de temps en de longues délibérations, ils envoyassent promptement un ordre aux bourgeois de prendre les armes, de marcher du côté de la porte Saint-Antoine, et de laisser passer par la ville le bagage de l'armée des princes. Cependant cette généreuse princesse, qui a fait paroître tant de fermeté dans Orléans, lorsqu'elle empêcha que l'armée mazarine n'y fût reçue, excitoit le peuple à secourir en diligence celle des princes, et après avoir obtenu l'ordre qu'elle avoit demandé pour cela, s'en alla dans la rue Saint-Antoine, où se rendirent près de Son Altesse les duchesses de Rohan, de Montbazon et de Châtillon, la jeune comtesse de Fiesque, qui a toujours accoutumé de la suivre dans toutes ses expéditions, mademoiselle de Chevreuse et d'autres dames.

De l'autre côté, M. le Prince ayant envoyé le comte de Fiesque pour avertir M. le duc d'Orléans de l'état des choses, Son Altesse Royale, bien qu'elle eût eu la fièvre toute la nuit, monta incontinent à cheval, accompagnée du duc de Brissac, du maréchal d'Étampes et de tous les gentilshommes et officiers de sa maison; elle alla par les rues rassurant le peuple et l'excitant à donner des témoignages de l'amitié qu'elle a si souvent protestée à Son Altesse; ce qui fut exécuté avec des cris de joie et de nouveaux sermens de périr plutôt que de souffrir le cardinal Mazarin. Son Altesse Royale envoya ensuite un ordre par écrit au gouverneur de la Bastille de faire tirer le canon sur l'armée ennemie, en cas qu'elle approchât; et s'en retournant vers l'Hôtel-de-Ville, elle remercia l'assemblée du bon ordre qu'elle avoit envoyé pour recevoir le bagage de son armée, et son armée même si elle vouloit entrer dans Paris.

Cependant que le duc de Rohan, par l'ordre de M. le Prince, faisoit défiler une partie du bagage par la porte du Temple, et que le duc de Beaufort faisoit défiler l'autre par la porte de Saint-Antoine et marcher quelques compagnies bourgeoises hors de la ville et d'autres sur le boulevard, Mademoiselle monta sur le haut de la Bastille pour voir ce qui se passoit dans le faubourg.

Sur les cinq heures du soir, on vint avertir M. le Prince que les ennemis se retiroient. Il résolut aussitôt, si la chose étoit vraie, de se retirer aussi, afin de donner quelque repos à ses troupes et de les faire repasser par Paris. Comme elles avoient commencé de défiler, il monta dans le clocher de Saint-Antoine, pour observer plus curieusement la marche de l'armée mazarine; et comme il eut remarqué qu'elle se séparoit en deux corps, dont l'un marchoit du côté de Charonne et l'autre du côté de Rambouillet vers le bord de la rivière, il jugea bien que c'étoit à dessein de couper ses troupes entre la ville et le faubourg. C'est pourquoi il commanda au comte Dolac de s'aller poster avec son régiment à l'entrée de la rue qui va à Charonne, afin de favoriser la retraite qu'il avoit commencée, et fit border par les bourgeois le boulevard de Saint-Antoine ; de l'autre côté, il envoya cinquante mousquetaires et vingt-cinq cavaliers, pour garder le défilé qui va vers la rivière, après l'avoir envoyé reconnoître par le vicomte de Lignon. Sitôt que les ennemis qui avoient pris leur marché de ce côté-là parurent dans la plaine, le sieur de Louvières, gouverneur de la Bastille, se ressouvenant, et de l'ordre qu'il avoit reçu de Son Altesse Royale, et de la confiance que les bourgeois avoient eue en lui, lorsque par le traité de paix fait à Ruel ils avoient désiré que pour leur sûreté cette place lui fût mise entre les mains, fit pointer son canon et salua de seize volées les troupes ennemies ; ce fut le sieur du Richau qui l'exécuta par l'ordre de Son Altesse Royale.

Le Mazarin, qui étoit avec Sa Majesté sur la hauteur de Charonne, et qui durant tout le combat s'étoit réjoui du carnage qu'il voyoit faire de part et d'autre, dit au roi que dans peu de temps il auroit le plaisir de mettre Paris au pillage, que la Bastille tiroit sur les troupes des princes, que, sitôt qu'elles seroient taillées en pièces, l'armée victorieuse entreroit dans la ville, et qu'alors il seroit temps de prendre une cruelle vengeance contre tous les habitans ; mais Sa Majesté ayant été avertie que le canon tiroit sur les escadrons de M. de Turenne, et qu'une volée avoit emporté quatre ou cinq cavaliers, ce ministre changea de visage, et par une consternation extraordinaire fit paroître la générosité qui l'accompagne ordinairement dans les dangers.

Il avoit crû la défaite de M. le Prince si certaine, et ses émissaires l'avoient tellement assuré que la ville se déclareroit contre les princes, et qu'il y seroit reçu par l'une des portes qu'un capitaine de ses créatures lui devoit livrer, qu'il avoit envoyé le comte de Miossens déguisé, et qui fut secrètement introduit dans le carrosse de madame de Brienne, pour négocier avec Son Altesse Royale dans les derniers momens de l'occasion, et, selon l'état des choses, lui proposer des conditions plus ou moins fortes d'un accommodement auquel elle auroit été nécessitée de consentir. L'armée de M. le Prince étant presque toute rentrée dans la ville, Son Altesse y entra pour donner les ordres nécessaires pour sa marche, et laissa le prince de Tarente à l'arrière-garde, afin d'achever de faire la retraite. Il fit marcher, entre la cavalerie et l'infanterie étrangères, le canon, et retint pour faire l'arrière-garde le régiment d'infanterie de Bourgogne, qui avoit merveilleusement combattu toute la journée, commandé par le marquis de Sassé, et le régiment de Condé de cavalerie, commandé pour lors par le baron de Stenars de Provence, capitaine du régiment, qui s'étoit signalé avec tous les autres officiers durant le combat. Les ennemis, qui s'étoient avancés, parurent en même temps aux deux endroits du faubourg : l'infanterie dans une rue qui va du côté de Rambouillet, et quelques escadrons proche de la barricade de la grande rue. Le comte de Montignac, le vicomte de Lignon, Fontenailles et le jeune Beloy se détachèrent avec quelques mousquetaires, et allèrent charger si rudement l'infanterie ennemie qui s'avançoit par le défilé, qu'après en avoir tué vingt-cinq ou trente, ils forcèrent le reste à prendre la fuite. De l'autre côté, le prince de Tarente, dont l'expérience et la valeur sont dignes de toute sorte de louanges, et qui dans le commencement du combat eut un cheval tué sous lui d'un coup de canon, tourna tête contre la cavalerie qui s'étoit approchée de la barricade, et la poussa si vertement qu'après en avoir fait demeurer la meilleure partie sur la place, il ôta au reste l'envie de l'inquiéter dans sa retraite.

Comme le prince de Tarente fut entré dans la ville avec l'arrière-garde, les ennemis, qui ne trouvoient plus de résistance dans le faubourg, parurent dans la grande rue, les enseignes déployées; ce qui réchauffa tellement l'ardeur des bourgeois qu'ils prièrent le chevalier de Fruges, qui venoit de se rendre maître de l'Arsenal, de se mettre à leur tête, afin d'aller combattre avec eux; ce qu'il fit avec tant de conduite qu'ils tuèrent plusieurs des ennemis sans perdre aucun bourgeois, durant qu'ils escarmouchoient. Le sieur du Richau, qui commandoit l'artillerie dans la Bastille, pointa deux pièces de canon contre les troupes ennemies qui étoient entrées dans la grande rue du faubourg, et les exécuta si heureusement qu'ayant fait un grand carnage, il obligea les ennemis de se retirer.

Il seroit mal aisé d'exprimer la joie qu'eut tout

le peuple de voir l'armée des princes en sûreté, les acclamations dont il accompagna M. le Prince lorsqu'il rentra dans la ville, les bénédictions qui lui furent données, et les grâces que l'on rendit à Dieu pour l'avoir conservé dans une si périlleuse journée. Mais il seroit encore plus difficile de donner à sa valeur les justes louanges qu'elle mérite. Il suffit de dire que dans une occasion la plus dangereuse et la plus belle que l'on ait vue depuis le commencement de la guerre, il a porté partout la terreur et l'effroi, que les ennemis l'ont rencontré partout, qu'il a essuyé le feu de toutes les attaques, qu'il a par son exemple rehaussé l'ardeur des plus braves, qu'il a par son courage et sa prudence raffermi ceux que le grand nombre et la mauvaise fortune avoient fait ployer, et qu'il a montré que sa présence étoit capable de suppléer à l'inégalité d'une armée plus foible d'hommes que celle qui l'attaquoit; qu'enfin il étoit non-seulement capable de faire combattre et vaincre de vieux soldats, mais d'en faire sur-le-champ, puisque les bourgeois de Paris qui sortirent hors de la ville, le voyant à leur tête, se crurent invincibles et allèrent aussi avant que les vieilles troupes.

Outre tous ceux que j'ai déjà nommés, le comte Dolac, qui reçut quatre coups sur ses armes, les marquis de Sassé, de Clérambaut et de Chavagnac, se signalèrent dans tous les postes où ils se trouvèrent; ce dernier tua le marquis de Nantouillet, qui de son côté avoit fait le devoir d'un homme de cœur. Le prince de Guimené, les ducs de Sully, de Rohan, le marquis de Moui, les comtes de Brancas, de Selles, le chevalier de Béthune, Fontenailles, le jeune Beloy et quantité d'autres accoururent au premier bruit qu'ils entendirent du combat, et témoignèrent beaucoup d'impatience d'en partager la gloire.

Si, dans cette relation, quelqu'un de ceux qui se sont trouvés à l'occasion n'y trouve point son nom, je souhaite qu'il sache que j'en aurai plus de regret que lui-même, lorsque je l'apprendrai, ne désirant rien tant que de rendre à la vérité les témoignages qui lui sont dus. Cependant il prendra part aux louanges que méritent généralement toutes les troupes, qui ont admirablement combattu.

Si cet heureux succès est secondé par les bonnes intentions des bourgeois de Paris, la justice de ce parti triomphera de l'insolence du cardinal Mazarin, et les ennemis de M. le Prince rougiront de honte d'avoir voulu, par des calomniateurs à gages, décrier sa conduite, puisqu'il expose sa personne pour le salut de l'État, tandis que ces lâches envieux de sa gloire tâchent de la ternir par des calomnies sans fondement; puisqu'il court aux dangers, qu'il combat et qu'il défait les mazarins, cependant que ses ennemis font ce qu'ils peuvent pour en maintenir le chef par leurs cabales; puisqu'enfin Paris est le témoin de sa conduite et de leurs impostures, et qu'il vient de donner à nos portes, par une action si fameuse, le démenti solennel à tous ceux qui ne regardent qu'avec envie la prospérité de ses armes et avec regret la future perte de l'ennemi public, pour l'expulsion duquel Son Altesse Royale et M. le Prince ont pris les armes, afin de pouvoir donner ensuite, par la paix générale, le repos après lequel l'État soupire depuis tant d'années.

Les officiers de tous les corps se sont signalés dans cette occasion; tous y ont payé de leur personne et fortifié par leur présence le cœur de leurs soldats, qui pouvoient être étonnés par le grand nombre des ennemis.

Dans le régiment de cavalerie de l'Altesse :

Le baron de Beaupré, commandant le régiment, y fut blessé d'une mousquetade à la tête.

La Marconnière, capitaine, blessé à l'épaule.

De Saslade, capitaine, blessé à travers le corps.

Le baron Menessaire, capitaine, eut un cheval tué sous lui et reçut deux coups dans sa cuirasse.

Le comte de Lussan, capitaine, un coup dans son bufle qui lui fit une contusion, et un coup favorable dans le chapeau.

Descoste, lieutenant du chevalier de La Motthe, eut le bras cassé.

Du Mas, cornette, eut cinq chevaux tués sous lui.

La Croix, maréchal des logis, blessé à mort.

Chambellé, cavalier de la compagnie du comte d'Escars, eut trois chevaux tués sous lui, et, s'en retournant à pied à la charge avec son mousqueton, un coup de canon lui brisa son épée, dont il fut légèrement blessé à la jambe.

Du régiment de l'Altesse d'infanterie :

Outre ceux dont il est parlé dans la relation,

Cesan fut blessé de deux mousquetades très-légèrement.

Basliac, enseigne, fut tué.

De Rives, major de brigade de l'infanterie de Son Altesse Royale, paya fort bien de sa personne; La Renerie et Rissan, capitaines qui suivirent M. le Prince à cheval, eurent leurs chevaux tués ou blessés; d'Alais eut aussi un cheval tué en donnant sur la droite avec Son Altesse.

Du régiment de Languedoc :

Outre le major qui fut tué, Garrigues, capitaine, fut blessé à la cuisse, lorsque M. le Prince commanda que l'on envoyât deux cents hommes au poste de M. de Nemours.

Dans Valois, il y a huit officiers tués.

Il n'est pas juste d'oublier une action héroïque que fit dans le combat un des gendarmes de Son Altesse Royale, dont la compagnie étoit commandée par le sieur Gedouin, qui fit admirablement son devoir. Ce gendarme, après avoir reçu un coup dans la gorge, se rapprochant du sieur Gedouin, et serrant sa plaie, lui dit : « Prenez garde, Monsieur, voilà des ennemis qui veulent vous environner », et mourut en même temps.

Dans Condé de cavalerie :

Gouville, mort, après s'être fort signalé.

Le chevalier de S. Julien, capitaine, qui commanda le régiment après la mort de Gouville et la prison de Choiseul, blessé.

Chazelle, capitaine, prisonnier.

Lionnière, capitaine, prisonnier; il s'est sauvé depuis.

La Roche, lieutenant, fort blessé.

La Lire, maréchal-des-logis, blessé et pris; il s'est sauvé depuis.

Boisjardin, maréchal-des-logis, prisonnier et blessé.

Dans Enghien de cavalerie :

Hauterive, capitaine, blessé.
D'Iso, capitaine, blessé.
Le chevalier de Frezé, capitaine, blessé.
De Gironde, lieutenant, blessé.
Un maréchal-des-logis, mort.

Dans Conty de cavalerie :

Francheville, capitaine, mort.
Desmarets, capitaine, blessé et prisonnier.

Dans Persan de cavalerie :

D'Aseval, capitaine, mort.
De Ganaudun, capitaine, légèrement blessé.
Un lieutenant et un maréchal-des-logis, morts.

Dans Condé d'infanterie :

Le chevalier de Paillé, qui le commandoit en l'absence de Montal, prisonnier, fut tué d'abord; et Deslandes, major de brigade, se signala en commandant le corps jusqu'à l'arrivée de Salerre, qui arriva de Flandres lorsque l'on alloit attaquer la dernière barricade; et fit bien son devoir. Salerre apportoit des nouvelles du secours qui doit être ici dans peu de temps.

Arsenoy, capitaine, blessé.

Sermet, lieutenant, blessé à mort.

Menillet, lieutenant, blessé.

Aubrun, Coulombier, Valgrand, des Aubes, la Prairie, Caumont et du Mesnil, blessés.

Le chevalier Fauvelet et la Plante, blessés à mort.

Quinze ou seize sergens tués ou blessés.

Après que Son Altesse eut fait attaquer trois fois la barricade, Salerre et Deslandes ayant assemblé sept ou huit officiers du corps, qui étoient les seuls en état de combattre, et cent soldats, Deslandes alla demander à Son Altesse si elle désiroit qu'ils attaquassent la barricade, et qu'ils espéroient de l'emporter; mais M. le Prince ne le voulut pas.

Du régiment de Bourgogne, Infanterie :

Du Terrier, capitaine, blessé à mort.

Baudoin, capitaine, blessé à la tête.

Langla, capitaine, blessé au bras.

Blandin, capitaine, blessé à la cuisse d'un coup de canon.

Coulombier, lieutenant, blessé à mort.

Beaumont, le jeune, lieutenant, blessé à mort.

La Palue, lieutenant, blessé à mort.

La Poterie, lieutenant, blessé à mort.

Du Buisson, lieutenant, blessé à mort.

Sainte-Foy, lieutenant, blessé à mort.

Chastillon, lieutenant, blessé.

Beaumont et Desescares, morts.

Souperrant, prisonnier, et treize sergens tués.

Dans Langeron, commandé par Neufville, lieutenant-colonel :

Migneroy, capitaine, y eut la jambe cassée.
Angeliq, aide-major, blessé au visage.
Saint-Léger, prisonnier.
Guypi, blessé à mort. Belleau, major du régiment, fit fort bien son devoir.

Des troupes étrangères :

Dans le régiment de Clinchamp, il y eut un lieutenant et six soldats blessés.

Dans Wittemberg, deux capitaines, deux cornettes, deux caporaux et sept soldats.

Dans Brouë, un capitaine réformé et un soldat.

Dans le régiment de Bossu, le comte de Bossu, mort; le lieutenant-colonel, blessé et prisonnier; deux capitaines, trois lieutenans, deux cornettes, trois caporaux, deux fourriers et dix-neuf soldats.

Dans Kinsqui, le colonel, le lieutenant-colonel et un capitaine blessés et prisonniers; un cornette blessé et cinq soldats.

Dans Westrun, le major blessé, trois cornettes, deux caporaux et dix-neuf soldats.

Dans Chermen, le lieutenant-colonel blessé, un capitaine, un lieutenant, un cornette, deux caporaux.

Dans Holac, deux lieutenans et un cornette blessés.

Infanterie :

Dans Barla, deux sergens et cinq soldats blessés.

Dans Touvenin, deux lieutenans, un enseigne, trois sergens, un adjudant et neuf soldats.

Dans Pellenis, un capitaine, un adjudant, trois sergens et cinq soldats.

Dans Pluyren, un lieutenant, trois sergens et quinze soldats.

Dans Wanghen, deux sergens et quatre soldats tués.

Dans Giey, un capitaine, un enseigne, un lieutenant, trois sergens et neuf soldats.

Dans Lamotthe, un lieutenant, un enseigne, deux sergens, trois soldats.

De tous les corps, tant de cavalerie qu'infanterie françoise et étrangère, on a perdu deux à trois cens soldats ou cavaliers.

Dans l'artillerie :

Sedilot, commandant, blessé au bras droit légèrement.

Neau, commissaire provincial, blessé à la main gauche et au col.

Beaumont, commissaire ordinaire de l'artillerie, y a été tué de deux coups de mousquet, l'un à la tête et l'autre au corps.

Deux canonniers de blessés et deux charpentiers.

Les ennemis

Confessent qu'ils ont perdu dix-huit cens hommes sur la place et trois cens officiers tués ou blessés.

Ils ont perdu vingt drapeaux, qui ont été apportés à Son Altesse Royale, dont il y en a huit des gardes.

Tout le régiment des gardes a été taillé en pièces, trois enseignes tués, Boyer, capitaine, prisonnier.

Villars Testu, commandant la Marine, blessé, tous les officiers tués ou blessés, et tout le régiment entièrement défait.

Le lieutenant-colonel du régiment de Turenne tué, tout le régiment taillé en pièces, tous les officiers tués, blessés ou pris. Esclainvilliers et quantité d'autres officiers prisonniers.

Le marquis de Saint-Maigrin, lieutenant des chevau-légers de la garde, tué.

Le marquis de Nantouillet, tué.

Le comte d'Estrée, blessé.

Le vicomte de Mepas, blessé.

Du Fouilloux, la cuisse cassée.

La plupart des volontaires blessés. Le Manzini, neveu du cardinal Mazarin, est de ce nombre. Comme cette nouvelle lui fut apportée, il fit cent extravagances, et, pleurant devant le roi, lui dit que Sa Majesté lui étoit fort obligée, puisqu'il venoit de perdre son sang pour son service. On en rendroit un notable à l'État si, pour épargner celui de tant de braves François, l'arrêt qui met sa tête à prix, étoit heureusement exécuté.

FIN DE L'APPENDICE.

HISTOIRE

DE LA

GUERRE DE GUYENNE

Commencée sur la fin du mois de septembre 1651
Et continuée jusqu'à l'année 1653

DIVISÉE EN TROIS PARTIES

A Cologne, chez Corneille Egmond, 1694

AU LECTEUR.

Cette histoire fait voir que c'est une chose bien dangereuse que de s'en prendre à son roi. La couronne est un droit si souverain, que la seule pensée de s'y opposer est criminelle; et combien plus lorsqu'elle vient à éclore : tout ce qui d'ailleurs seroit fort recommandable se trouve entièrement obscurci par de si noires vapeurs. Si ceux qui depuis quelques années ont pris les armes en Guyenne contre leur roi les eussent employées pour son service, il y auroit de la peine à remarquer, non plus qu'au soleil, quelque tache en leurs belles actions; ils auroient pu consacrer leur nom et leur vertu à l'immortalité, s'ils eussent soutenu une cause légitime. Les priviléges d'une couronne sont autant de chaînes qui nous doivent doucement attacher à sa défense. Ceux qui ont voulu rompre ces sacrés liens se sont souillés d'une faute qui a effacé toute leur gloire. L'issue de la guerre de Guyenne nous apprend que Dieu est le protecteur des rois et que leur querelle est la sienne, comme ils sont ses plus vives images; aussi il combat tout visiblement pour eux, et ne laisse à leurs ennemis que la seule gloire d'avoir été vaincus par les plus grandes puissances qu'il a établies en terre.

Le prince de Condé, pour lequel l'éloquence la plus sublime est trop rampante, quand elle ose entreprendre de le louer, n'a jamais rien fait d'indigne de sa glorieuse naissance et de ses illustres vertus que lorsqu'il est venu en Guyenne pour porter ses armes contre le roi. Le prince de Conti, son frère, dont l'estime égale l'éclat de sa condition, et que l'on considère par la grandeur de son esprit, fit la même faute; mais il en a eu un sensible déplaisir et s'est jeté entre les bras du roi, qui l'a fait général de son armée de Catalogne. C'est ici que le visage serein du roi et sa faveur est comme la nuée portant la pluie de l'arrière-saison. Les peuples de Guyenne, qui étoient coupables de la même rebellion, ont versé des larmes pour leur faute et ont trouvé dans Paris l'autel de la Miséricorde, de même qu'autrefois les criminels dans Athènes. Tous les officiers qui avoient épousé les intérêts des princes et qui ont été dans le même repentir ont été traités avec la même douceur; s'ils se sont signalés dans les occasions que cette guerre leur a présentées, ils n'ont pourtant rien fait de plus généreux que lorsqu'ils se sont remis à l'obéissance du roi. Le lieutenant général Balthasar, qui a fait pour les princes tout ce qu'humainement on peut faire, ayant mille fois sacrifié sa vie pour la leur, a porté aux pieds du roi cette épée qu'il leur avoit autrefois si souvent présentée toute rouge du sang de ses ennemis; il a cru que le blâme de sa désobéissance ne sauroit être mieux réparé que par cette respectueuse soumission. Le roi l'a maintenu dans les mêmes charges et honneurs qu'il avoit eus auparavant. Enfin, tout a plié en Guyenne sous la puissance de notre monarque; l'Espagne, qui avoit envoyé une armée navale au secours des princes, s'est vue frustrée de ses espérances, après des dépenses et des pertes très-considérables.

Sommaire du contenu de ce livre.

La première partie contient ce qui s'est passé depuis la fin du mois de septembre 1651, jusqu'à ce que le prince de Condé et le comte d'Harcourt sortirent de Guyenne.

La seconde représente ce qui s'est passé en l'année 1652 jusqu'à l'année 1653.

La troisième décrit ce qui est arrivé dès le commencement d'août 1653 jusqu'à la fin de cette année, pendant lequel temps Marchin tenta avec grand soin, mais inutilement, un dernier effort pour ravoir Bordeaux, ou pour prendre l'île de Retz (Ré) avec l'armée navale d'Espagne.

HISTOIRE

DE LA

GUERRE DE GUYENNE

PREMIÈRE PARTIE.

Les grandes conditions se portent ordinairement à des hautes entreprises, pour ne rien faire qui soit indigne de leur naissance, ou qui en ternisse tant soit peu l'éclat et la splendeur. Le désir de la gloire est un feu qui brûle sans relâche durant la vie, et qui ne s'éteint que par la mort. C'est là l'origine de la guerre qui s'est allumée dans la Guyenne, et en voici le motif. Le prince de Condé[1], dont le courage fait pâlir les plus assurés, ne trouvant pas sa sûreté à la cour, et craignant un second emprisonnement de sa personne[2] et de

---

1. Louis II de Bourbon, prince de Condé.
2. Il avoit été emprisonné, le 19 janvier 1650, au château de Vincennes, avec le prince de Conty et le duc de

celle de Marchin [1], qui commandoit pour lors les troupes du roi en Catalogne, se retira de la cour en Guyenne, dans son gouvernement [2]. Il crut qu'il n'y avoit rien de plus légitime que de se mettre à couvert d'un orage dont il avoit déjà été battu. Il envoya un courrier à Marchin pour lui dire de le venir promptement joindre; autrement il seroit de rechef arrêté prisonnier à sa seule considération. Ce prince en usa ainsi par un mouvement tout plein d'affection pour lui. Marchin, qui avoit la mémoire fraîche du rude traitement de sa prison de treize mois, sans qu'on lui pût reprocher autre chose que la fidélité de ses services envers Sa Majesté, appréhenda que, s'il ne pourvoyoit de bonne heure à sa liberté, il verroit fondre sur lui un nouveau malheur, qui seroit plus funeste que le premier. Sa crainte étoit fondée sur ce que le cardinal Mazarin le croyoit plus attaché au Prince qu'à lui. Il étoit encore dans Barcelonne le 22 septembre 1651, où il étoit absolument le maître, ayant les clefs des portes, qu'il faisoit garder par son régiment d'infanterie, ou par celui de Montpouillan; et alors deux armées d'Espagne avoient assiégé la

---

Longueville. Après avoir été transféré successivement de Vincennes à Marcoussis et de Marcoussis au Havre, il avoit enfin recouvré sa liberté le 13 février 1651.

1. Jean-Gaspard-Ferdinand, comte de Marchin ou Marsin, baron de Modaluc et de Ramezée, au pays de Liége, arrêté dans Barcelonne par les soins de l'intendant de Bezons et de Pierre de Marca, évêque de Couserans, «autant de temps, dit Lenet, après que les princes furent faits prisonniers, qu'il en fallut pour envoyer les ordres. »

2. Le prince de Condé partit de sa maison de Saint-Maur le 13 septembre 1651.

ville, l'une par terre, commandée par le marquis de Mortaro et le baron de Secbach, l'autre par mer, commandée par don Jean d'Autriche : ces deux armées prétendoient qu'un long siége les rendroit maîtresses de la place sans l'attaquer par force. Marchin, pensant à sa retraite, n'abandonna pas entièrement les affaires du roi en cette province ; il la voulut conserver aussi bien que sa liberté. Il témoigna à dom Joseph Marguerite [1] et à quelques-uns des principaux officiers de l'armée qui étoient dans Barcelonne qu'il étoit très-nécessaire qu'il en sortît avec quelques troupes pour aller donner ordre à celles qui étoient du côté de Mortaro, et éteindre les divisions qui commençoient à s'allumer dans la plaine d'Urgel. Il pourvut cependant aux moyens nécessaires à la subsistance des troupes qui étoient dans Barcelonne, et il marqua certains endroits où il falloit fortifier la ville. La nuit suivante, il partit sur les onze heures, et emmena plusieurs régimens, qui ignoroient son dessein, et qui le suivirent sur l'espérance qu'ils avoient d'aller en Arragon piller le pays, et faire une diversion considérable pour obliger Mortaro de sortir du cœur de la Catalogne ; mais lorsque ces régimens virent qu'on leur faisoit tenir une route toute contraire, ils entrèrent dans quelque soupçon. Toutefois, considérant que leur général étoit à leur tête, accompagné de Montpouillan [2]

1. Il étoit gouverneur de la Catalogne pour le roi de France. Le 5 janvier 1653, il fut brûlé en effigie sur la place publique de Barcelonne, que la trahison de Marsin avoit fait tomber entre les mains des Espagnols.
2. Armand de Caumont, marquis de Montpouillan, mort

et de son régiment, ils ne voulurent pas s'informer plus avant de ce dessein : ils passèrent donc les monts Pyrénées avec des peines et travaux presque incroyables, et ensuite la rivière de Garonne du côté de Muret [1], et se saisirent de Moissac [2], qu'ils ravagèrent entièrement [3].

Marchin, se trouvant par ce moyen hors de danger, à cause que le roi n'avoit pour lors en

en 1701 lieutenant général des armées des États de Hollande et gouverneur de Naerden. Il étoit mestre de camp, en 1645, à la bataille de Llorens, et maréchal de camp au siège de Lerida, en 1646. On le voit nommé parmi les maréchaux de camp dans la *Liste de l'armée de M. le Prince, le nombre des régimens de cavalerie et infanterie qui la composent, avec les noms des généraux, maistres de camp, capitaines et officiers qui la commandent, et de tous les seigneurs qui jusqu'à présent ont pris son parti* (s. l., 1651), in-4.

1. Ville avec justice royale, dans le comté de Cominges, en Gascogne, diocèse et parlement de Toulouse, intendance d'Auch, élection de Cominges, sur la rive gauche de la Garonne, au confluent de la Louge; aujourd'hui chef-lieu d'arrondissement dans le département de la Haute-Garonne.

2. Ville ancienne en Quercy, diocèse de Cahors, parlement de Toulouse, intendance et élection de Montauban, sur la rive droite du Tarn, non loin de son embouchure dans la Garonne; aujourd'hui chef-lieu d'arrondissement dans le département de Tarn-et-Garonne.

3. *Arrêt de la cour de parlement de Toulouse, rendu toutes les chambres assemblées, le 5 octobre 1651, contre la défection de Marsin et ses troupes, faisant défense de briguer ni monopoler les sujets du roi, et à tous les gouverneurs, officiers et consuls de prendre garde à la sûreté des villes*, Paris, 1651, in-4. *Extrait du procès-verbal des délibérations prises par les gens des trois États du pays de Languedoc, assemblés par permission du roi dans sa ville de Carcassonne ès mois de juillet, août, septembre et octobre mil six cent cinquante et un, du mercredi quatrième d'octobre audit an, président Monseigneur l'archevêque de Narbonne*, Paris, 1651, in-4. Les États protestent contre les armemens de la Guyenne et la défection de Marsin.

Guyenne que le régiment de Champagne, commandé par Saint-Luc [1], qui étoit dans Montauban, alla voir le prince de Condé vers Bordeaux, qui donna les ordres pour la levée de ses troupes et de l'argent pour faire la recrue aux troupes venues avec Marchin de Catalogne, qui à son retour prit l'Augerte [2] et fit contribuer tous les lieux qui sont deçà et delà la Garonne. Guionnet [3], intendant, n'oublia rien de son côté. Le

---

1. François d'Espinay, marquis de Saint-Luc, comte d'Estelan, chevalier des ordres du roi, lieutenant général de ses armées, lieutenant du roi en la province de Guyenne, gouverneur du Périgord et de la ville de Sainte-Foi, en Agénois, mort en avril 1670.

2. Lauzerte, ville avec sénéchaussée en Quercy, diocèse et élection de Cahors, parlement de Toulouse, intendance de Montauban; aujourd'hui chef-lieu de canton, arrondissement de Moissac, département de Tarn-et-Garonne.

3. Il étoit conseiller au parlement de Bordeaux, et l'un des chefs de la petite Fronde dans cette ville. Il avoit été nommé commissaire pour la levée des tailles dans le haut pays. L'auteur de l'*Évangéliste de la Guyenne ou la Découverte des intrigues de la petite Fronde dans les négociations et les mouvemens de cette province depuis la détention de MM. les princes jusqu'à présent*, Paris, veuve J. Guillemot, 1652, in-4, dit « qu'il pilla et désespéra toute la campagne. » Il raconte que La Jaunie, bourgeois de Caudecôte, déclara au prince de Conty, après la prise de cette ville, « que les communautés du haut pays avoient une entière inclination à rendre leurs obéissances à Leurs Altesses, s'ils n'en eussent pas été rebutés par les brigandages du sieur Guyonnet; qu'il avoit pillé avec bravades toutes les communautés; qu'il avoit donné par dérision des quittances aux assesseurs signées *Bien pris*. » Ailleurs il attribue à Guyonnet l'échec du prince de Condé devant Miradoux, échec dont nous aurons à parler plus tard, « plus de la moitié des munitions nécessaires pour l'attaque manquant par sa malice ou par sa faute. »

On a un *Arrêt de la cour de parlement de Toulouse, donné, toutes les chambres assemblées, le 25 novembre 1651, décla-*

Prince, qui avoit jeté la terreur partout, se saisit de Xainctes, et il y laissa Chambon [1] pour gouverneur.

Balthazar, dont la valeur est universellement estimée, étant tout fraîchement revenu de la cour à Montpellier, se plaignoit du peu de satisfaction qu'il y avoit reçu : non-seulement on ne lui paya pas la levée de son régiment de cavalerie et les pensions de maréchal de camp, avec les appointemens de colonel qu'il prétendoit tirer, mais même il ne put être remboursé de quelque argent

---

rant le sieur Guyonnet, conseiller au parlement de Bordeaux, criminel de lèze majesté; défense à tous sujets de le reconnoître, ni de payer les tailles ni arrérages en conséquence de ses ordonnances; et que le présent sera remis ès mains de M. de Saint-Luc, lieutenant du roi en la province de Guyenne, pour exécuter tant le présent arrêt que celui du 23 octobre dernier, Tolose, par les imprimeurs et libraires ordinaires du roi, s. d., in-4. Après la paix, conclue en 1653, Guyonnet fut obligé de quitter Bordeaux.

1. *Chambon avoit fait, pendant les campagnes de 1646 et 1647 en Catalogne, les fonctions de maréchal de bataille. Il s'étoit distingué au siège de Lerida « par sa vigilance et par sa conduite »; et la* Gazette *l'avoit encore nommé parmi ceux qui s'étoient comportés vaillamment à la prise d'Ager. En 1650, il avoit été « blessé périlleusement » le 22 juin, au combat de Blanquefort, dans les rangs de l'armée bordeloise, où il servoit en qualité de maréchal de camp. On voit sa signature au bas de la déclaration de fidélité que la princesse de Condé souscrivit le 2 octobre de la même année. S'il défendit mal la ville de Saintes, et nous le verrons plus loin, il la pilla très-bien; au moins nous lisons dans l'*Évangéliste de la Guyenne *: « Saintes, que l'effroi et la réputation des armes de M. le Prince avoit rangé de son parti par capitulation, reçoit de sa main le sieur de Chambon pour commandant, avec les troupes que Son Altesse estima suffisantes pour le maintien de cette place. Il n'y eut pas demeuré un mois que cette ville et la province de Saintonge crient de tous côtés contre ses persécutions et ses voleries. »*

qu'il avoit avancé pour le roi, en fournissant la rançon de plusieurs officiers et de quatre ou cinq cents soldats que les Espagnols avoient eu de plus pendant cette campagne en Catalogne, bien que l'échange des prisonniers qui se fit de part et d'autre eût été stipulé par le général qui y commandoit les armées du roi [1], et par l'intendant même. Il fut pris prisonnier et obligé de payer sa rançon du sien, sans qu'on eût égard à un grand nombre de prisonniers qu'il avoit faits sur les Espagnols pendant plusieurs années, au profit et à l'avantage du roi. Néanmoins il demeura plus de deux mois à Montpellier après la sortie de Marchin de Catalogne, sans penser d'aller joindre son régiment en Guyenne. Il écrivit à la cour ce qui se passoit, espérant qu'on lui donneroit les moyens de continuer ses emplois avec honneur dans les armées du roi et qu'il serviroit sous le comte d'Harcourt [2], qui lui écrivit que la reine le lui avoit refusé pour le présent; ce qui lui fut si sensible, qu'il se résolut de suivre son régiment et se jeter dans le parti du prince de Condé. Une âme noble ne pouvant digérer le mépris, il fit ce qui étoit du tout contraire à son honneur et à son intention. Il lui étoit fort fâcheux qu'on l'amusât de tant de vaines espérances; il ne pouvoit plus faire la guerre à ses dépens, ni payer de sa personne et de sa bourse. Il partit donc de Montpellier le 18 no-

1. C'étoit Louis de Vendôme, duc de Mercœur, nommé vice-roi de Catalogne en faveur de son mariage avec Laure-Victoire Mancini, nièce du cardinal Mazarin.
2. Henry de Lorraine, comte d'Harcourt, grand écuyer de France.

vembre 1651, avec son train seulement, et joignit son régiment à Montpesat, en Quercy [1]. Le lendemain de son arrivée, il eut ordre de marcher avec les autres troupes qui étoient venues de Catalogne vers Cognac [2], devant lequel les troupes du Prince avoient été contraintes de lever le siége, où Nort [3] fut fait prisonnier avec plus de huit cents hommes par le comte d'Harcourt, qui obligea le prince de Condé à aller lui-même se mettre à la tête de ses nouvelles troupes. Il se posta à Thonay-Charente [4], où il y eut plu-

1. Ville en Quercy, diocèse de Cahors, parlement de Toulouse, intendance et élection de Montauban; aujourd'hui chef-lieu de canton dans l'arrondissement de Montauban, département de Tarn-et-Garonne.

2. Ville et château avec justice royale, chef-lieu d'élection en Angoumois, diocèse de Saintes, parlement de Paris, intendance de la Rochelle; aujourd'hui chef-lieu d'arrondissement dans le département de la Charente. *Relation véritable de ce qui s'est passé à la levée du siége de Cognac par l'armée du roi, commandée par M. le comte d'Harcourt, à la vue du prince de Condé,* Paris, par les imprimeurs et libraires ordinaires du roi, 1652, in-4.

3. Il étoit maréchal de camp dans l'armée du prince de Condé, après avoir été lieutenant-colonel au régiment d'Enghien en 1651. La *Gazette* dit qu'il fut tué; mais c'est incontestablement une erreur, puisqu'elle le cite parmi ceux « qui montrèrent à l'envi leur zèle et leur valeur » en 1655 au siége de Berga, où il remplissoit encore les fonctions de maréchal de camp. Nort avoit servi les princes dans l'armée de Bordeaux pendant la guerre de 1650, et signé la déclaration de fidélité du 2 octobre, après la paix.

4. Port et château sur la Charente, dans la Saintonge avec titre de principauté, diocèse de Saintes, parlement et intendance de Bordeaux; élection de Saint-Jean-d'Angély; aujourd'hui chef-lieu de canton, arrondissement de Rochefort, département de la Charente-Inférieure. *Relation véritable de la défaite de cinq cens chevaux de M. le Prince, lui présent, et la prise de Tonné-Charente par M. le comte*

sieurs rencontres. Le régiment du comte de Doignon [1], venant de Brouage [2] pour le joindre, fut défait; le Prince fut obligé de repasser la Charente et de se poster à la Bergerie, où Marchin le joignit, lui aidant à rassurer ses troupes. Le comte d'Harcourt se saisit dudit Thonay-Charente, où il fit refaire le pont, donnant de continuelles alarmes aux ennemis, jusqu'à l'arrivée de Balthasar avec son régiment, et ceux de Montpouillan, Gaudiez et La Marcousse. Le même jour le Prince décampa; ce qu'il ne pouvoit faire sans beaucoup de difficulté, s'il n'eût été fortifié de ces quatre régimens. Balthazar, ne laissant passer aucune occasion où il se pût signaler, demeura à l'arrière-garde avec deux cents chevaux, et attendit en embuscade quelques deux cents que le comte d'Harcourt avoit détachés de son régiment pour les suivre; il les défit et en prit environ soixante, avec celui qui les commandoit. Le Prince demeura quelques jours à Saint-Sauveur, et ses troupes autour de là; puis après, prenant sa route vers Taillebourg [3], où il fit passer

d'Harcourt, Paris, par les imprimeurs et libraires ordinaires du roi, 1652, in-4.

1. Louis de Foucauld, comte du Dognon, depuis maréchal de Foucauld.

2. Ville forte, port de mer et justice royale, dans la province de Saintonge, mais dans le gouvernement d'Aunis; il y avoit un grand état-major, c'est-à-dire un gouverneur, un lieutenant du roi, un major, un aide-major, etc.; diocèse de Saintes, parlement de Bordeaux, intendance de La Rochelle, élection de Marennes; aujourd'hui commune de Hiers, canton et arrondissement de Marennes; département de la Charente-Inférieure.

3. Bourg avec château sur la Charente, dans la Saintonge, diocèse de Saintes, parlement de Bordeaux, intendance de

la Charente à son armée, prit son principal quartier à Saint-Savigny [1], et fit souvent des courses sur les troupes du comte d'Harcourt, qui attendoit les vieux régimens que le roi lui envoya. Cette nouvelle fut donnée au Prince par Balthazar, qui lui représenta que s'il vouloit empêcher la jonction desdites troupes, il n'avoit qu'à prendre le chemin de Chefboutonne [2], d'où il pourroit poursuivre sa marche vers le comte d'Harcourt, s'il ne rencontroit son secours, qui, n'ayant pas assez de forces pour l'attendre, seroit obligé de combattre ou de quitter son poste de Thonay-Charente avec le pays. Le Prince goûta cette proposition, sans pourtant l'exécuter; et après avoir demeuré quinze jours à Saint-Savigny, il s'alla poster à Brisembourg [3] et à Coyeux.

Le comte d'Harcourt, quelques jours après, ayant reçu ce renfort, passa à Saint-Jean-d'Angély [4]; et le Prince décampa avec intention de conduire son armée en Périgord avant que celle du roi y pût être, croyant qu'elle ne pouvoit

La Rochelle, élection de Saint-Jean-d'Angely; il avoit titre de comté, et appartenoit à la famille de La Trémouille : aujourd'hui commune du canton de Saint-Savinien, arrondissement de Saint-Jean-d'Angely, département de la Charente-Inférieure.

1. Sans doute Saint-Savinien sur la Charente.
2. Bourg en Poitou, diocèse de Poitiers, parlement de Paris, intendance de Niort, près des sources de la Boutonne; aujourd'hui chef-lieu de canton dans l'arrondissement de Melle, département des Deux-Sèvres.
3. Canton de Saint-Hilaire, arrondissement de Saint-Jean-d'Angély, département de la Charente-Inférieure.
4. Ville chef-lieu de justice royale et d'élection dans la Saintonge, sur la Boutonne, diocèse de Saintes, parlement de Bordeaux, intendance de La Rochelle; aujourd'hui chef-lieu d'arrondissement, département de la Charente-Inférieure.

prendre que cette route. Il passa donc à Xainctes et mit l'avant-garde de sa cavalerie entre la rivière de Seugre et le Nay, où Bougy [1] lui enleva

[1]. Jean Révérend de Bougy, marquis de Bougy. Entré dès l'âge de douze ans dans le régiment des gardes, il parvint par ses services au grade de lieutenant général, et mourut en 1658, dans sa quarante et unième année. Il étoit en 1644 lieutenant des gendarmes de Gassion. En 1647, il fit avec le titre de maréchal de bataille la campagne de Flandre sous le maréchal, qu'il vit tomber devant Lens, frappé mortellement d'un coup de mousquet. Voici comment en parle la *Gazette extraordinaire* du 8 octobre : « Le maréchal de Gassion commanda d'arracher les pieux d'une palissade. Comme on lui dit qu'il étoit difficile, vu le feu continuel que faisoient les ennemis de leur courtine, sa promptitude ordinaire le porta à y aller lui-même, assisté seulement du sieur de Bougi, maréchal de bataille, et du sieur Dondas, capitaine au régiment de Bergeré ; et comme il tâchoit d'ébranler l'un de ces pieux pour montrer la facilité qu'il y avoit, les ennemis jetèrent du feu en cet endroit, lequel ayant éclairé aux mousquetaires de la place, il reçut de l'un d'eux une fatale mousquetade dans le côté de la tête qu'il leur présentoit en parlant à ceux qui étoient avec lui, de laquelle il tomba ; mais s'étant relevé et ayant été porté à Arras pour y être traité plus commodément, il y est expiré. » Après la mort de Gassion, qui avoit été son protecteur et son ami, Bougi se donna au cardinal Mazarin, qui lui montroit depuis longtemps un grand désir de se l'attacher. En 1652, il fut envoyé dans la Guyenne sous le comte d'Harcourt, et il eut, comme on le verra, une part importante aux opérations de la campagne. Il alla, après la paix de Bordeaux, servir en Catalogne dans l'armée du prince de Conti. Chargé, le 20 juin 1655, de l'investissement du cap de Quiers, il y fut blessé d'une mousquetade à la jambe. Il contracta dans la montagne, pendant l'hiver de 1657, le germe de la maladie de poitrine dont il est mort. Louis XIV avoit érigé pour lui la terre de Bougy en marquisat ; mais, diverses oppositions ayant été faites à l'enregistrement des lettres patentes, le titre fut reporté sur la terre de Calonges, qui appartenoit à sa femme.

La *Relation du succès emporté sur les troupes de M. le Prince par M. de Bougy, sous les ordres de M. le comte*

le régiment de Duras. Balthazar, qui étoit demeuré à l'arrière-garde entre Cognac et Xainctes, fit grand nombre de prisonniers, avec le comte d'Alègre [1]; le major Bock y fut tué. De là il vint joindre le Prince à Pons [2], qui l'envoya avec ses quatre régimens à Jonsac [3], pour observer la marche du comte d'Harcourt, qui fit attaquer Barbezieux [4]. Le Prince envoya toute son infanterie vers Royan [5] et Tallemont [6], où étoit Vat-

d'Harcourt, avec la défaite de cinq cens chevaux, Paris, par les imprimeurs et libraires ordinaires du roi, 1652, in-4, récapitule de la manière suivante les avantages de ce combat, qui eut lieu le 18 février : « Tous les officiers des régimens de Duras et Enghien, et quelques autres de ceux de Lorges et Albret, y ont été tués ou faits prisonniers, à la réserve du commandant de Duras, qui se sauva, ayant eu le premier l'alarme. On a trouvé vingt-cinq ou trente officiers des ennemis et près de quatre cens chevau-légers prisonniers, le reste étant demeuré sur la place. »

1. Claude Yves, marquis d'Alègre, maréchal de camp, gouverneur d'Évreux, mort en 1664.

2. Ville avec un beau château, en Saintonge, sur la Seigne ou Sevigne, qui la partage en plusieurs quartiers; diocèse et élection de Saintes, parlement de Bordeaux, intendance de la Rochelle; aujourd'hui chef-lieu de canton, arrondissement de Saintes, département de la Charente-Inférieure.

3. Chef-lieu d'arrondissement, département de la Charente-Inférieure.

4. Ville fortifiée, avec un bon château, en Saintonge, diocèse et élection de Saintes, parlement de Bordeaux, intendance de la Rochelle; aujourd'hui chef-lieu d'arrondissement, département de la Charente-Inférieure. Elle fut prise le 15 janvier 1652.

5. Ville avec titre de marquisat, en Saintonge, sur la rive droite et à l'embouchure de la Garonne, diocèse et élection de Saintes, parlement de Bordeaux, intendance de la Rochelle; aujourd'hui chef-lieu de canton, arrondissement de Marennes, département de la Charente-Inférieure.

6. Ou Talmont, bourg dans la Saintonge, sur la Gironde,

teville [1], à la réserve de ceux qu'il avoit laissés dans Pons, Xainctes et autres places. Vatteville devoit (comme il fit) mener cette infanterie à Libourne [2] dans ses vaisseaux, à cause du mauvais temps. Après cet ordre donné, il fit marcher sa cavalerie et se rendit avec Marchin à Jonsac, d'où il partit à minuit avec Balthazar, faisant l'arrière-garde, lequel il laissa dans les villages, et s'en alla à Bourg [3], où il donna les ordres nécessaires avec une merveilleuse présence d'esprit, digne d'un prince de ce sang et de ce nom.

Le comte d'Harcourt n'oublia rien après la prise de Barbezieux. Il fit une marche incroyable à dessein de le surprendre, comme il fit; toutefois le mauvais temps et le peu de conduite du chevalier d'Aubeterre [4] l'empêchèrent de les ruiner entièrement. Le prince ayant pris

entre Royan et Mortagne, diocèse de Saintes, parlement de Bordeaux, intendance de la Rochelle, élection de Marennes; aujourd'hui canton de Cozes, arrondissement de Saintes, département de la Charente-Inférieure.

1. Le baron de Watteville représentoit le roi d'Espagne auprès du parti des princes. A ce titre, il avoit le commandement supérieur des troupes et de la flotte espagnoles. Il avoit aussi le gouvernement de Bourg.

2. Ville avec sénéchaussée et présidial dans le Bordelois, en Guyenne, sur la rive droite de la Dordogne, diocèse, parlement, intendance et élection de Bordeaux; aujourd'hui chef-lieu d'arrondissement, département de la Gironde.

3. Ville fortifiée au pays des Landes, en Gascogne, diocèse, parlement, intendance et élection de Bordeaux; aujourd'hui chef-lieu de canton, arrondissement de Blaye, département de la Gironde.

4. Léon d'Esparbez de Lussan, dit le chevalier d'Aubeterre, lieutenant général, mort le 27 avril 1707, à l'âge de quatre-vingt-huit ans, le plus ancien des lieutenans généraux.

son quartier à Saint-André [1] pour faire passer ses troupes à Guittre [2] et à Libourne, Balthazar, arrivant avec l'arrière-garde, rencontra le prince et Marchin qui venoient de reconnoître le chemin par où l'ennemi pouvoit venir. Il ordonna à Baltazar de demeurer à Saint-Antoine [3] pour couvrir son quartier avec ses quatre régimens, lui disant qu'il avoit détaché un parti de ses gardes vers Mont-André [4], sur le grand chemin de Barbezieux; ce qui obligea Balthazar de faire son logement plutôt que d'envoyer des partis; et voyant que Saint-Antoine n'étoit qu'un petit village incapable de loger ses quatre régimens, il envoya le sien à un quart de lieue de là, mais il y demeura avec les trois régimens de Gaudiez, Montpouillan et La Marcousse. Aussitôt qu'il eut mis pied à terre pour souper, pendant que la garde s'assembleroit devant son logis pour les y poster par après, et comme il étoit à table, un aide-major lui vint dire que les gens d'armes venoient pour loger là; ce qui étoit impossible. Balthazar,

1. Saint-André de Cubzac, bourg dans le Bordelois, en Guyenne, sur la rive droite de la Dordogne, mais à quelque distance de la rivière, diocèse, parlement, intendance et élection de Bordeaux; aujourd'hui chef-lieu de canton, arrondissement de Bordeaux, département de la Gironde.

2. Bourg dans le Bordelois, en Guyenne, sur la rive droite de l'Isle, diocèse, parlement, intendance et élection de Bordeaux; aujourd'hui chef-lieu de canton, arrondissement de Libourne, département de la Gironde.

3. Saint-Antoine-d'Artigue-Longue, commune du canton de Saint-André-de-Cubzac.

4. Bourg en Saintonge, diocèse et élection de Saintes, parlement de Bordeaux, intendance de la Rochelle; aujourd'hui chef-lieu de canton, arrondissement de Jonsac, département de la Charente-Inférieure.

sachant que les gens d'armes et la cavalerie légère avoient leurs quartiers vers Fronsac[1] et Guittre, lui dit qu'il se trompoit, que ce n'étoit pas là leur lieu; se doutant d'abord de la méprise, il dit à ce maréchal des logis qui devoit être de garde de lui bailler son cheval, d'en prendre quelque autre, et d'aller voir promptement ce que c'étoit; où il découvrit que c'étoient les maréchaux des logis de l'armée du comte d'Harcourt et quatre cents chevaux, avec les chevau-légers du roi, commandés par le chevalier d'Aubeterre, qui eut ordre de son général de faire le logement à Saint-André, ne croyant pas que le prince y fût avec ses troupes. Ce chevalier, sans en donner avis au comte d'Harcourt, crut enlever le quartier de Balthazar, sans attendre les autres brigades, en quoi il fut très-imprudent; car les ennemis ne savoient rien de leur marche, et, s'il eût attendu, tout le quartier avec Balthazar étoit enlevé, comme aussi le prince, qui étoit au lit et qui n'avoit pas seulement sa compagnie des gardes auprès de lui. Ce chevalier donna dans le quartier, où il courut grand risque d'être pris prisonnier, de même que La Vallée[2], un de

1. Ville avec titre de duché, chef-lieu du Fronsadois, dans le Bordelois, en Guyenne, sur la rive droite de l'Isle, diocèse, parlement, intendance et élection de Bordeaux; aujourd'hui chef-lieu de canton, arrondissement de Libourne, département de la Gironde.

2. On le voit en 1642 volontaire à la bataille de Villefranche, et en 1644, gentilhomme du maréchal de la Mothe, il est chargé, le 15 juin, de porter à Barcelonne deux cornettes prises pendant le siège de Lérida par les Espagnols. Une relation imprimée en 1652, que nous citons plus loin, l'appelle la Vallée des Essarts.

ses capitaines, et plusieurs autres officiers. Par bonheur il se sauva par un jardin. Ce fut alors que Balthazar fit voir ce que peut la vraie générosité : il n'eut autre loisir que de monter le cheval de son maréchal des logis, et, n'ayant encore ramassé que vingt cavaliers, il alla au-devant de l'ennemi, qui le poussa néanmoins hors du quartier; après cela il grossit sa troupe, revint dans le village, où ayant trouvé les troupes du roi, il les chargea si rudement qu'il les contraignit d'abandonner la place. Bougy arriva avec une autre brigade, qui obligea Balthazar à céder au nombre pour un peu de temps; mais, son régiment étant arrivé à mesure que les troupes du comte d'Harcourt s'amusoient au pillage, il regagna son quartier, ayant déjà averti le prince de ce qui se passoit, qui envoya Angerville[1]; lequel, pendant que Balthazar étoit aux mains avec ceux de son parti contraire, lui demanda ce qu'il diroit au prince; il lui répondit : « Ce que tu vois. » Bougy et le chevalier d'Aubeterre firent ferme derrière l'église; mais ils furent relancés avec honte et obligés de regagner le chemin par où le comte d'Harcourt venoit. Le prince, arrivant là dessus avec Marchin, admira

1. Claude Létendart, seigneur d'Angerville-la-Martel. Il étoit enseigne des gardes du prince de Conty. Après la paix, il suivit son maître en Catalogne, et servit avec distinction au siège du Cap de Quiers et à celui de Castillon, où il fut blessé, en 1655. La faveur du Prince fit ériger la terre d'Angerville en baronnie au mois d'avril de la même année. On a de ce spirituel gentilhomme une mazarinade intitulée : *Harangue burlesque faite à Mademoiselle au nom des bateliers d'Orléans, contenant le narré de son entrée dans la ville*, Orléans, Gilles Hottot, 1652, in-4.

DE LA GUERRE DE GUYENNE.

l'action de Balthazar, qui repoussa avec si peu de monde des ennemis qui étoient si puissans, et qui par ce moyen le garantit de leurs mains. Le prince désiroit d'attaquer les troupes du roi avant qu'elles fussent toutes arrivées; mais il n'avoit personne avec lui que Balthazar et ses gens. Ce dernier, voyant que c'étoit en vain d'espérer que le prince pût avoir ses gens d'armes, gardes et cavalerie légère, fit charger son bagage et l'envoya à Bourg, pendant qu'il faisoit tête à l'ennemi. Après minuit, le comte d'Harcourt arriva et fit marcher son armée en bataille entre Saint-Antoine et Saint-André, le prince attendant toujours sa cavalerie pour la mener à la charge, jusqu'à ce que le comte d'Harcourt fut dans Saint-André. Alors le prince envoya de Rumigny, volontaire, au marquis de Garcée [1], qui étoit avec sa cavalerie, [avec ordre] de marcher promptement vers Libourne et de passer à l'Isle [2] ; et lui se retira à Bourg en fort bon ordre, laissant Balthazar faire l'arrière-garde, qui perdit cent soixante cavaliers en cette rencontre, sans toutefois qu'aucun de ses officiers y fût pris ni tué. Gaudiers [3] y fut blessé, dont il mourut quelques jours après [4].

1. Est-ce François de Garges, premier capitaine au régiment de Piémont, mort en Hollande dans l'année 1666 ?
2. En Périgord, sur la rivière de la Drôme, diocèse et élection de Périgueux, parlement et intendance de Bordeaux; aujourd'hui conton de Brantôme, arrondissement de Périgueux, département de la Dordogne.
3. Alexandre de Levis, marquis de Gaudiez. Il avoit fait, comme volontaire, la campagne de 1647, en Catalogne; il s'étoit distingué au siége d'Ager et à la prise du fort de Constantin. En 1648, il avoit été blessé à la bataille de Lens.
4. Cette affaire eut lieu le 16 janvier 1652. La *Gazette*

Ensuite de cela le prince fit passer la cavalerie de Balthazar à Bourg, et envoya Marchin à Li-

ne la raconte pas du tout comme Balthazar. Nous abrégeons son récit : « Pendant que Bellefonds continuoit le siége de Barbezieux, le comte d'Harcourt, qui étoit parti dès le 13, fit marcher ses troupes toute la nuit du 15 au 16, et, les ayant fait repaître à Monguyon, il décampa ce jour-là, 16, dès le matin, pour loger à Saint-André, sur la Dordogne, qui étoit le seul passage qu'eussent ceux du parti contraire pour aller à Libourne; mais le chevalier d'Aubeterre étant parti avec quelques volontaires, le régiment de Mercœur et les maréchaux des logis, à peine fut-il arrivé à une lieue près des logemens, qu'il apprit que ceux du parti contraire entroient dans les quartiers destinés pour l'armée du roi; de quoi il envoya aussitôt avertir le comte d'Harcourt, qui fit donner si à propos dans le village de Saint-Antoine, où étoient les régimens de Balthazar, de Marcousse, de Gaudiez et de Montpouillan, et un autre, qu'ils furent défaits par le sieur de Bougy et le chevalier d'Aubeterre, qui avoient reçu l'ordre de cette attaque, soutenus du reste de la cavalerie royale; le colonel Gaudiez ayant reçu en cette occasion deux coups de feu qui le mirent en danger de la vie. (*Gazette du 27 janvier.*) Le Correspondant de Renaudot parle ailleurs de douze cens hommes tués.

Le *Récit d'un combat donné entre M. le prince de Condé et le comte d'Harcourt, avec les noms des morts et des prisonniers, ensemble la prise des châteaux d'Ambleville et de Barbézieux, en Angoumois*, Paris, jouxte la copie imprimée à Poitiers par Antoine Mesnier, 1652, in-4, confirme la version de la *Gazette* : « Le comte d'Harcourt, ayant appris que M. le Prince avoit pris ses quartiers au même lieu que nous avions destiné pour les nôtres, fit dire au chevalier d'Aubeterre de ne se point avancer que l'armée ne l'eût joint; mais celui qui fut chargé de lui porter cet ordre ne l'ayant pu trouver, le comte d'Harcourt eut avis dans sa marche que ce maréchal de camp, avec les troupes qu'il avoit, se voyant soutenu par une brigade de cavalerie qui s'étoit avancée sous les ordres du sieur de Bougy, commandant la cavalerie, s'étoit résolu de charger les troupes qui étoient dans le quartier de Saint-Antoine, et l'avoit fait si heureusement qu'il les eut enlevées avant l'arrivée de l'armée. Cependant M. le Prince, prévoyant que, s'il donnoit le temps à M. le comte

bourne pour y loger ceux qui étoient conduits par Garcée, qui, le même jour, donna avis au prince que la perte étoit très-petite. Sitôt qu'il eut reçu cette nouvelle, il partit de Bourg et se rendit aussi à Libourne; de là il alla à Montpont[1] et à Périgueux, le long de l'Isle, qui n'étoit pas gayable, logeant toutes ses troupes entre Birgirac[2] et Périgueux, dans laquelle dernière place il laissa pour gouverneur le marquis de Chanlot[3], et en ôta le marquis de Bourdeilles[4].

d'Harcourt de mettre son armée en bataille, il lui seroit fort difficile d'éviter l'orage qui se préparoit, résolut sa retraite pendant que quelques escadrons qu'il avoit envoyés au secours de ce quartier enlevé la favoriseroient par le moyen du défilé du village à la tête duquel ils s'étoient postés; mais comme ils appréhendoient qu'un long séjour leur produiroit des effets dangereux, ils prirent le même parti que leur général. Ce ne fut pourtant pas avec assez de diligence pour éviter que les premiers escadrons de notre avant-garde n'incommodassent fort leur retraite, qui se fit avec tant de précipitation, qu'outre la perte de la meilleure partie des régimens de Balthazar, la Marcousse, Gaudiez, et celui de cavalerie de Mouspouillan, qui furent enlevés dans le quartier avec tous leurs équipages, ils avouent leur perte être de plus de douze cens hommes. Le marquis de Gaudiez, colonel d'un régiment de cavalerie du parti, y a été blessé et est demeuré. » Le prince de Condé se retira vers Saint-André et fut suivi jusqu'à la nuit.

1. Chef-lieu de canton, arrondissement de Ribérac, département de la Dordogne.

2. Ville avec sénéchaussée, en Périgord, diocèse de Périgueux, élection de Sarlat, parlement et intendance de Bordeaux; ses fortifications avoient été rasées en 1621; aujourd'hui chef-lieu d'arrond ; départ. de la Dordogne.

3. Il étoit un des secrétaires de l'assemblée de la noblesse tenue en 1651, du 6 février au 25 mars, dans le couvent des Cordeliers, à Paris. Son nom est écrit *Chanlost* au procès-verbal. Madame de La Guette l'écrit *Chanleau*. Bussy Rabutin l'appelle *Pied de Fer*, sieur de *Chanlot*.

4. François Sicaire, marquis de Bourdeilles, gouverneur

Balthazar, après le retour du prince, partit de Benavent [1] avec deux cents chevaux, à dessein d'attaquer Sauvebeuf [2] dans son quartier près de Périgueux et de le surprendre ; où étant arrivé, il fit passer sa cavalerie, pendant qu'il dînoit avec le marquis de Chanlot. Comme ils étoient à table, on leur vint dire que les troupes de Sauvebeuf marchoient, et que les coureurs étoient près de la ville ; car ils ne craignoient point du tout la garnison, laquelle jusqu'alors n'avoit pas osé sortir sur eux. Balthazar chargea ces coureurs ; et l'infanterie d'abord lâcha le pied. Ils furent tous pris prisonniers avec leur bagage. Lisac,

et sénéchal du Périgord depuis 1641. Il avoit été nommé lieutenant général des armées, pendant la guerre de 1650, pour servir sous le maréchal de la Meilleraye. Au mois de novembre 1651, il avoit été autorisé par la cour à lever quatre régimens, dont deux devoient porter le nom de Bourdeilles ; il étoit désigné pour remplir les fonctions de lieutetenant général dans l'armée du comte d'Harcourt. La même année, la noblesse du Périgord l'avoit élu pour la représenter aux États-Généraux, dont la réunion étoit fixée au 8 septembre dans la ville de Tours. Il ne servit pas, et il ne se rendit pas aux États, qui d'ailleurs ne furent pas assemblés ; il resta dans ses terres. Il mourut au mois de mai 1672.

1. Il n'y a point de Bénavent. D'ailleurs Balthazar vient de dire que le prince de Condé l'avoit laissé à Bourg avec sa cavalerie.

2. Charles-Antoine de Ferrières, marquis de Sauvebœuf. Il avoit une certaine réputation militaire qui engagea les Bordelois à lui donner le commandement de leur armée, après la mort du marquis de Chambaret, en 1649. Il reprit les armes en 1651 avec le parti des princes ; mais il ne put supporter d'être sous les ordres du duc de Bouillon. Il accepta en conséquence la mission de se rendre en Espagne auprès du baron de Vatteville, et on lui donna, pour suppléer à son insuffisance, le marquis de Silleri, qui reçut des instructions secrètes.

commandant du régiment de Sauvebeuf, qui fut aussi en marche pour changer de quartier avec deux cents chevaux, n'en fut pas quitte à meilleur marché que les autres ; il fut fait prisonnier avec la plupart de ses officiers et cavaliers. Balthazar amena tous ses prisonniers à Périgueux [1], d'où il partit à minuit avec quatre cents hommes de pied de la garnison pour enlever Sauvebeuf, lequel s'étoit retiré le soir même vers Bourdeilles [2], aussitôt qu'il apprit la défaite des siens. Si cette nouvelle fut agréable au prince de Condé, elle ne le fut pas moins aux habitans de Périgueux, qui furent par ce moyen délivrés d'un ennemi qui avoit juré leur ruine.

Au même temps, le comte d'Harcourt détacha son infanterie, à la réserve de son régiment, et quelque cavalerie sous la conduite de Plessis Bellière [3]

[1]. On trouve dans la *Défaite des troupes du marquis de Sauvebœuf par celles de M. le Prince, sous la conduite du sieur Balthazar,* Paris, Nicolas Vivenay, jouxte la copie imprimée à Bordeaux, 1652, in-4, le passage suivant : « Le sieur Balthazar fit apporter tout le butin qu'il avoit dans la ville de Périgueux, et, ayant fait assembler les bourgeois, leur dit que sachant que ce butin avoit été pris sur eux, il prioit chacun de reprendre ce qui lui appartenoit. » Il est étrange que l'histoire ait laissé ce souvenir au pamphlet.

[2]. Bourg avec un vieux château, en Périgord, diocèse et élection de Périgueux, intendance et parlement de Bordeaux ; aujourd'hui canton de Brantôme, arrondissement de Périgueux, département de la Dordogne.

[3]. Jacques de Rougé, marquis du Plessis-Bellière. Il étoit en 1647 premier capitaine au régiment de Brézé et gouverneur d'Armentières. Assiégé par les Espagnols, il ne se rendit qu'après trois semaines de la plus vigoureuse défense. « Le roi, dit la *Gazette,* lui fit grand accueil à Amiens, jusqu'à l'embrasser plusieurs fois ; et la reine lui dit que, puisqu'il savoit si bien défendre les méchantes places, elle auroit soin de lui en faire bientôt tomber une bonne entre les

et Folleville [1] pour aller assiéger Xaintes. Ils trouvèrent le prince de Tarente [2] avec trois ou quatre cents chevaux près de Pons, qu'ils défirent, et les poursuivirent jusqu'audit Xaintes, devant laquelle place ils mirent le siége. Chambon, qui en étoit gouverneur, la rendit au bout de cinq ou six jours, ne faisant pas grande

mains. » (25 *mai*.) Du Plessis-Bellière fut en effet nommé gouverneur de la Bassée; et il commanda, l'année suivante, la seconde ligne de l'aile gauche à la bataille de Lens. Il suivit en 1651 le comte d'Harcourt dans la Guyenne, et il se distingua à la levée du siége de Cognac et à la prise de la tour de Saint-Nicolas de La Rochelle. C'est lui qui avoit la direction du siége de Saintes. Après la prise de Taillebourg, en mars 1652, il conduisit ses troupes au roi sur les bords de la Loire et prit part au combat de Bleneau. Il fit la campagne de 1653 en Catalogne. En 1654, il eut le commandement de l'armée qui fut envoyée sur les côtes de Naples, et il fut tué au mois de novembre près de Castellamare, « en signalant ce zèle et ce grand courage qu'il avoit montrés en tant d'occasions pour le service de Sa Majesté. » (*Gazette extraordinaire* du 26 décembre.)

1. Aide de camp au siége de Renti, en 1638, sergent de bataille en 1648 devant Furnes, le chevalier de Folleville étoit en 1650 maréchal de camp et lieutenant général pour le roi au gouvernement de Verlys, petite, mais importante place, sur la frontière du Barrois et de la Champagne. Il commandoit en 1652 les troupes du prince de Condé au camp de Marle. En 1654, il servit comme lieutenant général dans l'armée expéditionnaire de Naples que commandoit Du Plessis-Bellière. La *Gazette* dit qu'il mourut en 1693 colonel du régiment de Flandre; mais Roussel ne le nomme pas.

2. Henri-Charles de la Trimouille, prince de Tarente. *Lettre du roi envoyée à MM. les gouverneur, prévôt des marchands et échevins de sa bonne ville de Paris, de Saumur le 22 février 1652, avec la relation véritable de ce qui s'est passé dans la défaite de la cavalerie du prince de Tarente dans la plaine de Perdillac, près Xaintes*, Paris, P. Rocollet, 1652, in-4.

résistance, quoiqu'il eût une forte garnison. Néanmoins la capitulation qu'on lui avoit faite, ne lui fut pas tenue; car on lui prit tous ses soldats. Il fut très-mal reçu du prince, qui jugea bien que son action étoit sans excuse, de quelque prétexte qu'il la voulût couvrir. Ce Chambon avoit auparavant changé sa religion et quitté en même temps le service de Dieu et du roi[1].

[1]. Le siége de Saintes commença le 6 mars, et la ville se rendit le 11. La *Relation contenant les particularités de ce qui s'est passé entre l'armée de M. le prince de Condé et celle du comte d'Harcourt*, Paris, Antoine Clément, 1652, in-4, fait honneur à Chambon d'une résolution que l'événement n'a point prouvée : « Chambon, dit-elle, est résolu de brûler la ville et eux ensemble plutôt que de n'employer pas ses forces à conserver cette place. » Au contraire, l'*Évangéliste de la Guyenne* parle de la défense de Saintes absolument comme Balthazar : « Le sieur Chambon est celui-là même qui vient de remettre Saintes entre les mains du marquis de Montauzier. Quoiqu'il eût su que Miradoux, qui n'est qu'une bourgade dénuée de toutes commodités, sans eau et presque sans murailles, avoit tenu dix-sept jours contre les attaques de M. le Prince, ce vertueux exemple n'a fait aucune impression sur cet esprit accoutumé au pillage et à la trahison. L'honneur que lui avoit fait M. le Prince de lui confier la garde de la ville capitale d'une province n'a nullement flatté la bassesse de son cœur. Il croit avoir bien mérité de Son Altesse quand il a tenu trois jours par grimace, et qu'après avoir fait abattre les faubourgs des Dames et de Saint-Eutrape, deux des plus beaux qui fussent dans le royaume, il a capitulé lâchement, nonobstant la résistance des sieurs Du Plessis et de Chambelay, l'un commandant l'artillerie et l'autre le régiment d'Enghien. »

On voit, par la *Relation* que nous venons de rapporter, qu'en effet le faubourg de Saint-Eutrope avoit été détruit et qu'il n'en restoit plus que quelques maisons, que Du Plessis-Bellière empêcha de brûler en y envoyant cent hommes du régiment des gardes.

Après la capitulation, Chambon se retira à Bordeaux. L'opinion s'étoit prononcée contre lui; il y fut mal reçu. « Les Ormistes, dit la *Gazette*, sous la date de Bordeaux, le

Après la reddition de Xainctes, Taillebourg se rendit aussi [1]. Le prince, étant à Birgirac, sut que Biron [2] avoit fait quelque levée. Il envoya Marchin avec ses gens-d'armes et ses gardes pour détruire ce parti; et s'étant avancé du côté

24 avril, par une continuation de leur violence, qui n'épargne personne, arrêtèrent, ces jours passés, le sieur de Chambon, maréchal de camp, qui avoit commandé dans Saintes pour le prince de Condé; et avec quelques gens attroupés qui le tirèrent d'un carrosse dans lequel ils l'avoient conduit à l'entrée de la rue de Saint-Jammes, après l'avoir blessé d'un coup d'épée et de quelques autres d'un marteau, le menèrent à une potence dressée sur les fossés de l'hôtel de ville, où ils lui mirent la corde au cou en résolution de le pendre, comme ils l'eussent fait si, dans le temps qui lui avoit été donné pour se confesser, il ne fût venu ordre du prince de Conty de le conduire à l'hôtel de ville, où il est très-malade de ses blessures. » Il semble résulter de ce passage que Chambon avoit changé de religion en passant de la réforme au catholicisme.

Lettre du roi envoyée à M. le maréchal de Lhospital, gouverneur de la ville de Paris, sur la réduction de la ville de Xaintes à son obéissance, de Blois, le seizième jour de mars 1652, Paris, par les imprimeurs et libraires ordinaires du roi, 1652, in-4.

1. Taillebourg capitula le 23 mars. *Lettre du roi envoyée à M. le maréchal de Lhospital, gouverneur de la ville de Paris, sur la réduction de la ville et château de Taillebourg, ensemble les articles de capitulation accordés par MM. Du Plessis-Bellière et Montauzier, lieutenans généraux de l'armée du roi*, de Sully, le dernier jour de mars 1652, Paris, par les imprimeurs et libraires ordinaires du roi, 1652, in-4.

2. François de Gontaut, marquis de Biron, mestre de camp du régiment de Périgord, capitaine de cent chevau-légers, lieutenant général, mort le 22 mars 1700. On peut lire la *Défaite des troupes du sieur de Biron par celles de M. le Prince, sous la conduite du comte de Marchin, ensemble les particularités des victoires passées*, Paris, Nicolas Vivenay, 1652, in-4.

de Ville-Réal [1], Biron sortit de son château avec quelque cavalerie, ayant laissé son infanterie à un pont pour favoriser sa retraite. Il rencontra à la pointe du jour Marchin, qui s'étoit logé dans un petit village avec ses gardes; et les gens-d'armes étoient dans un autre, ne s'attendant pas d'être surpris. Beauvais, son capitaine des gardes, se sacrifia pour sauver son maître, et lui donna moyen de monter à cheval et de se retirer; car il fut fort blessé et eut la cuisse rompue, qu'il lui fallut couper pour tout remède. Bernardon fut fait prisonnier. Néanmoins Biron se retira avec grand désordre; car cinquante gens-d'armes du prince, croyant que leur général étoit ou mort ou prisonnier, suivirent Biron, qu'ils trouvèrent en deçà du pont. Son infanterie, le voyant venir en désordre, quitta le pont, dont la plupart furent tués. Biron reçut quelques coups d'épée, et, après avoir été dépouillé, fut laissé comme mort sur la place. Mais, après que les ennemis s'en furent retournés, il eut moyen de se retirer en cet état auprès de sa femme, qui le croyoit mort en effet, d'autant que quelques fuyards lui avoient donné cette mauvaise nouvelle [2].

1. Chef-lieu de canton, arrondissement de Villeneuve-sur-Lot, département de Lot-et-Garonne.

2. Suivant le pamphlet dont nous avons donné le titre plus haut, la défaite du marquis de Biron eut lieu le 4 février. Balthazar se trompe donc de date. « M. de Biron ayant été piqué de ce que M. le Prince avoit envoyé M. de Marchin avec son régiment pour ravager ses terres, il auroit fait effort de surprendre les troupes dudit sieur de Marchin avec la levée de trois ou quatre cens fantassins que ledit sieur de Biron avoit pratiquée dans ses mêmes terres, et le

Peu de jours après, le prince de Condé se rendit à Libourne, où étoit la princesse sa femme [1], qui, neuf mois après, s'accoucha à Bordeaux d'un fils. Il fut baptisé dans Saint-André. Le chevalier de Thodias, premier jurat de la ville, fut son parrain, et la duchesse de Longueville [2] sa marraine; il s'appeloit Louis de Bordeaux, duc de Bourbon. La joie de cette naissance fut bientôt rabattue, puisque, quelques mois après, la mort ravit cet illustre enfant, et ne laissa à la terre que ses fragiles dépouilles [3].

Le prince de Conti [4], qui égale sa vertu à sa naissance, étant, avec peu de troupes, du côté d'Agen, prit Caudecôte [5] et d'autres lieux. Tandis que Saint-Luc se fortifioit, il se retira au deçà de Stahort [6], et se couvrit de la rivière; il fit savoir au prince de Condé, son frère, qu'il avoit besoin

régiment de cavalerie qu'il avoit fait longtemps auparavant, composé de quatre cens maîtres... Les uns disent que M. de Biron y a été tué; les autres qu'il est blessé de trois coups de pistolet et qu'il est resté parmi les morts, où il fut dépouillé, ayant fait le mort, sans être reconnu. Après cet orage, il se sauva chez quelqu'un de ses amis. » (*La Défaite du sieur de Biron*, etc.)

1. Claire-Clémence de Maillé-Brézé, princesse de Condé.
2. Anne-Geneviève de Bourbon-Condé, duchesse de Longueville.
3. Il mourut à Bordeaux, le 11 avril 1653.
4. Armand de Bourbon-Condé, prince de Conti.
5. Bourg au pays de Lomagne, en Gascogne, diocèse de Lectoure, parlement de Toulouse, intendance d'Auch; aujourd'hui canton d'Astaffort, arrondissement d'Agen, département de Lot-et-Garonne. La capitulation de Caudecoste est datée du 2 février. *Relation véritable de la réduction de la ville de Caudecoste, et la capitulation faite avec Monseigneur le prince de Conty*, jouxte la copie imprimée à Bordeaux; Paris, Simon de La Fosse, 1652, in-4.
6. Peut-être Staffort ou Astaffort.

de nouvelles forces pour l'attaquer. Ce généreux prince y alla lui-même avec ses gens-d'armes et ses gardes. Saint-Luc, qui ne s'y attendoit pas, fut défait ; il se sauva, avec une partie de sa cavalerie, à Leytoure [1], et le régiment de Champagne dans Miradoux [2]. Le prince le poussa jusque dans la porte, où il eut son cheval tué. Il avertit Marchin et Balthazar de cette défaite, et leur envoya dire d'observer les troupes du comte d'Harcourt. Il crut qu'avec le canon qu'il fit venir d'Agen il pourroit forcer le débris des troupes de Saint-Luc qui étoient dans Miradoux ; mais la saison, qui étoit très-fâcheuse, et l'affoiblissement de ses gens, qui se faisoit tous les jours remarquer, servoient d'obstacle à son dessein. Néanmoins il s'y opiniâtra, ne le voulant pas prendre à composition. Le comte d'Harcourt, ayant appris cette nouvelle, se mit en chemin avec quatre mille chevaux. En passant au-dessus de Périgueux, Balthazar en défit cent cinquante de son arrière-garde. Il prit sa marche vers

1. Ville ancienne et forte, dans l'Armagnac, en Gascogne, capitale de la Lomagne, avec château et évêché, sénéchaussée et présidial, sur une colline au bas de laquelle coule la rivière de Gers ; parlement de Toulouse, intendance d'Auch ; aujourd'hui chef-lieu d'arrondissement, département du Gers.

2. Ville avec justice royale, au pays de Lomagne, en Gascogne, diocèse de Lectoure, parlement de Toulouse, intendance d'Auch, élection de Lomagne ; aujourd'hui chef-lieu de canton, arrondissement de Lectoure, département du Gers. Le régiment de Champagne étoit commandé par Lamothe Vedel, lieutenant colonel par commission du 8 avril 1643, maréchal de camp du 6 janvier 1652, mort au mois de juillet de la même année. Sommé de se rendre par le prince de Condé, Lamothe Vedel ne fit que cette réponse : « Je suis du régiment de Champagne. »

Dome [1]. Balthazar passa à Bergirac et alla joindre Marchin du côté de Montpensier [2], où il étoit avec la cavalerie légère du prince pour obliger Biron à rendre son château, comme il l'avoit promis ; mais, sachant que le comte d'Harcourt étoit à Dome, il y alla, et Marchin se retira vers Lauzun [3]. Balthazar, avec deux cens chevaux choisis, vint du côté de Dome pour empêcher ce passage, s'il pouvoit, aux gens du roi ; mais déjà plus de la moitié avoit passé et se venoit camper près d'un ruisseau, où il y eut grande escarmouche, quoique Balthazar n'eût que quarante chevaux, ayant laissé les autres au delà du ruisseau ; il se retira en un moulin, où Bellefonds [4] eut la cuisse percée. Sauvebeuf, Bougy et le chevalier de Créquy [5] y étoient aussi ; ils eurent beaucoup d'officiers blessés. Néanmoins ils ne purent jamais, avec le grand nombre

---

1. Ville en Périgord, sur un rocher, près de la rive gauche de la Dordogne ; gouvernement particulier dépendant du gouvernement général de Guyenne et Gascogne, diocèse et élection de Sarlat, parlement et intendance de Bordeaux ; aujourd'hui chef lieu de canton, arrondissement de Sarlat, département de la Dordogne.

2. Monpazier, ville en Périgord, sur le Drot, diocèse et élection de Sarlat, parlement et intendance de Bordeaux ; aujourd'hui chef-lieu de canton, arrondissement de Bergerac, département de la Dordogne.

3. Ville et juridiction dans l'Agénois, en Guyenne, avec titre de comté, diocèse et élection d'Agen, parlement et intendance de Bordeaux ; aujourd'hui chef-lieu de canton, arrondissement de Marmande, département de Lot-et-Garonne.

4. Bernardin Gigaut, marquis de Bellefonds, depuis maréchal de France.

5. François de Créquy, marquis de Marines, connu d'abord sous le nom de chevalier et marquis de Créquy, maréchal de France le 8 juillet 1668, mort le 4 février 1687.

des leurs, lui faire quitter son poste; enfin ils eurent quelques propos ensemble, où Balthazar leur annonça la défaite de Saint-Luc. Le lendemain le comte d'Harcourt continua sa marche vers Cahors. Marchin passa avec ses troupes à Villeneuve d'Agenois [1] et la Garonne au-dessus d'Agen. Balthazar passa la même et alla avec les siens à Caudecôte. Ces deux chefs se rendirent auprès du prince devant Miradoux pour y recevoir ses commandemens. Marchin demeura auprès de lui; l'autre eut ordre d'observer toujours les troupes du roi, qui commencèrent à passer à Accueillar [2], à la faveur du château, où il y avoit garnison de Saint-Luc. Il donna cette nouvelle au prince, qui lui ordonna de rechef de le venir trouver avec Marchin, qui étoit allé visiter les quartiers de la cavalerie, pour conférer ensemble Balthasar lui représenta que les troupes du comte d'Harcourt ne pouvoient pas toutes passer en quatre jours (comme il étoit vrai), et qu'il étoit d'avis de les aller chercher à Accueillar avec toutes ses forces, à la réserve de quelque peu de monde pour tenir ceux de Miradoux toujours enfermés; sinon de se poster à Flamma-

1. Sur le Lot, diocèse et élection d'Agen, parlement et intendance de Bordeaux; aujourd'hui chef-lieu d'arrondissement, département de Lot-et-Garonne.

2. Il faut lire Auvillars; ville, vicomté et justice royale au pays de Lomagne, en Gascogne, à une petite distance de la rive gauche de la Garonne; diocèse de Lectoure, parlement de Toulouse, intendance d'Auch, élection de Lomagne; c'étoit le principal bureau des traites foraines pour la communication du Languedoc avec la Guyenne et la Gascogne; il y avoit un château d'assez bonne défense; aujourd'hui chef-lieu de canton, arrondissement de Moissac, département de Tarn-et-Garonne.

rin [1], entre Accueillar et Miradoux, où le comte d'Harcourt par force devoit passer en défilant, s'il vouloit donner secours aux siens; mais son sentiment ne fut pas suivi, ce qui coûta cher au prince [2]. Balthazar s'en retourna, après cette conférence, vers ses gens. Ce jour-là le prince lui envoya dire par Rumigny, volontaire, de venir avec ses quatre régimens, parce que Marchin répugnoit à ce que Balthazar avoit dit, et fut d'avis de tenir le siége et de se porter à Stahort; ce qui fut exécuté. Le prince mit toute sa cavalerie dans cinq ou six lieues à l'entour, Balthazar, avec les siens, à La Romieu [3], à une lieue près de Leytoure, où il fit faire bonne garde, afin que le comte d'Harcourt ne pût passer la rivière sans qu'il en fût averti. Quel-

1. Au pays de Lomagne, diocèse de Lectoure, parlement de Toulouse, intendance d'Auch; aujourd'hui canton de Miradoux, arrondissement de Lectoure, département du Gers. *Flamarens*.

2. Le *Journal de tout ce qui s'est passé entre l'armée du roi, commandée par M. le comte d'Harcourt, et celle de M. le Prince, depuis le 22 février jusqu'à présent, avec les particularités et la marche de leurs armées ès pays de Guyenne, Périgord, Saintonge et autres lieux*, Paris, Jacques Clément, 1652, in-4, confirme l'opinion de Balthasar : « Le comte d'Harcourt envoya le sieur de Valcourt, maréchal de bataille et lieutenant colonel de son régiment d'infanterie, pour s'assurer d'Auvillars. Valcourt arriva si à propos qu'au moment qu'il fit débarquer ses gens, une partie considérable des troupes de M. le Prince, commandées par Marsin, faisoit sommer cette ville; mais il s'en étoit avisé trop tard pour recevoir l'effet qu'il s'étoit promis, et pour s'apercevoir de la faute que M. le Prince avoit faite de n'avoir pas apporté plus de diligence pour occuper ce port comme la seule ressource qui restoit à M. le comte pour secourir Miradoux. »

3. Larroumieu, canton et arrondissement de Condom, département du Gers.

ques jours après, Marchin l'alla voir, et lui dit qu'il étoit trop avancé, et le prioit de se retirer vers la Plume [1] et de loger où il voudroit, ce qui causa une grande perte; car le lendemain de son délogement le comte d'Harcourt passa la rivière, sans que les compagnies des gardes qui étoient logées au Birgam [2] en eussent avis, ne faisant ni garde ni parti. Marchin, sous prétexte de soulager les habitans de La Romieu, avoit fait déloger Balthazar avec ses troupes; il s'en repentit trop tard. Sauvebœuf, qui eut l'avant-garde ce jour-là avec une brigade, alla investir les gardes [3] au Birgam. Le prince en eut la nouvelle, et donna les ordres pour assembler tous ses quartiers; mais il n'étoit plus temps. Il alla avec quelques-uns vers le Birgam, envoya le chevalier de Roquelaure [4] devant lui, qui rencontra le comte d'Harcourt, lequel s'en alloit droit à Stahort, où le prince fit garder le pont et la ville, et se retira vers Agen avec quelques régimens, la rivière entre lui et le comte d'Harcourt. Le prince trouva des bateaux dans les-

1. Ville chef-lieu de la vicomté de Brullois, au pays de Lomagne, en Gascogne, diocèse de Lectoure, parlement de Toulouse, intendance d'Auch, élection de Lomagne; aujourd'hui chef-lieu de canton, arrondissement d'Agen, département de Lot-et-Garonne.

2. On lit Perguain dans le *Journal de ce qui s'est passé entre l'armée du roi... et celle de M. le Prince*, etc. C'est assurément Preignan dans l'Armagnac, en Gascogne, près de la rive droite du Gers, diocèse, élection et intendance d'Auch, parlement de Toulouse; aujourd'hui canton et arrondissement d'Auch, département du Gers.

3. C'étoient les gardes de tous les généraux.

4. Antoine de Roquelaure, reçu chevalier de Malte en 1626.

quels il fit passer la Garonne aux siens. Le chevalier de Roquelaure fut fait prisonnier. Le comte d'Harcourt poussa jusqu'au pont d'Agen, où le prince avoit mis son infanterie, qui le fit retirer, d'autant qu'il ne pouvoit passer pour aller à eux. Il prit près de quatre cens chevaux et tout le bagage [1], et s'en retourna vers le Birgam, où les gardes se rendirent lâchement, quoiqu'elles y eussent pu sortir la nuit et se retirer [2]; et Balthazar, étant entre la Plume et le port Sainte-Marie [3], ayant appris cette nouvelle, fit passer la Garonne audit port Sainte-Marie à tous les gens d'armes, et lui s'en alla avec trois cents chevaux jusqu'auprès d'Agen, entendant incessamment tirer de ce côté-là; où étant arrivé, il trouva beaucoup de cavalerie du comte d'Har-

[1]. « M. le comte ne trouva que deux ou trois escadrons en deçà, qui se retirèrent dans le faubourg d'Agen à la faveur de quelque infanterie. M. le comte de Lillebonne, lieutenant général, et le chevalier de Créquy, maréchal de camp,... attaquèrent le faubourg si vigoureusement, qu'après une résistance fort opiniâtre ils forcèrent trois barricades, y firent quantité de prisonniers et poussèrent le reste à la rivière, dans laquelle un grand nombre, qui ne trouva pas de bateaux, fut noyé. » (*Journal de ce qui s'est passé entre l'armée du roi... et celle de M. le Prince*, etc.) Cette petite affaire eut lieu le 14 mars.

[2]. « Le lendemain, M. le comte, ayant eu avis que les assiégés s'opiniâtroient à se défendre, partit d'Estissac pour y aller donner ses ordres; mais il trouva qu'à la persuasion de M. de Saint-Luc et des extrémités qu'ils y avoient souffertes, n'y ayant point d'eau dans ce lieu, ils commençoient à parler de se rendre, comme en effet ils se rendirent le même jour et sortirent le lendemain, tous prisonniers de guerre. » (*Journal de ce qui s'est passé entre l'armée du roi... et celle de M. le Prince*, etc.)

[3]. Chef-lieu de canton, arrondissement d'Agen, département de Lot-et-Garonne.

court qui s'étoit écartée çà et là, ne croyant pas qu'il y eût encore des ennemis au deçà de la Garonne : il en prit bon nombre, avec lesquels il se retira vers le port Sainte-Marie, où il passa aussi [1].

Le prince de Condé, après avoir rallié et rassuré ses troupes, demeura quelques jours à Agen, et de là il alla à Thonins [2] avec les troupes de Balthazar. Il obligea le Mas d'Agenois [3] de recevoir garnison; il en fit de même à Marmande [4]; de là il revint à Agen, où voulant

1. Le siége de Miradoux commença le 27 février; il dura quatorze jours. Ce fut un des échecs les plus éclatans du prince de Condé. On s'en occupa beaucoup à Paris; on en parla dans les deux partis avec passion, et les pamphlétaires ne manquèrent pas cette occasion de débiter leurs cahiers. Nous avons donné plusieurs extraits de la pièce la plus intéressante qui ait été publiée alors. Nous empruntons à une autre, la *Relation de la défaite du marquis de Saint-Luc, avec la levée du siége de la ville de Mont-de-Marsan*, jouxte, la copie à Bordeaux, Paris, Jean Brunet, 1652, in-4, quelques lignes sur la situation topographique de Miradoux : « Miradoux est situé sur une montagne roide et presque inaccessible de tous les côtés, excepté de celui de Flammarin, où la hauteur continuant rend l'accès égal, d'où pourtant l'abord est défendu par une vigne entourée de fossés et de haies, et n'ayant qu'un chemin fangeux par lequel il faut défiler pour aller à l'attaque. »

2. Tonneins, dans l'Agénois, sur la Garonne, diocèse et élection d'Agen, parlement et intendance de Bordeaux; aujourd'hui chef-lieu de canton, arrondissement de Marmande, département de Lot-et-Garonne.

3. Bourg et juridiction dans le Condomois, en Gascogne, sur la rive gauche de la Garonne, diocèse et élection de Condom, parlement et intendance de Bordeaux; aujourd'hui chef-lieu de canton, arrondissement de Marmande, département de Lot-et-Garonne.

4. Ville et juridiction dans l'Agénois, en Guyenne, sur la rive droite de la Garonne, diocèse et élection d'Agen,

faire entrer le régiment de Conti, les habitans s'y opposèrent; enfin il pria le prince de Conti, son frère, de venir prendre sa place, étant appelé du côté de Paris pour y moissonner de nouvelles palmes. Il recommanda à Marchin, à Balthazar et aux autres officiers généraux de lui obéir comme à lui-même. Il partit donc d'Agen lui sixième, et s'alla rendre à l'armée qui l'attendoit; à son arrivée il défit une partie des troupes du roi, commandées par le maréchal d'Hocquincourt [1].

Le prince de Conti, ne trouvant pas sa sûreté dans Agen, qui avoit déjà traité avec le comte d'Harcourt, revint au port de Sainte-Marie, où Marchin étoit déjà, et pria Balthazar, qui étoit à Thonins, d'envoyer un parti vers l'armée du côté de la Plume pour en prendre langue, assurant ce parti de le faire soutenir par trois cens mousquetaires, en se retirant au port de Sainte-Marie. Balthazar donna son ordre par écrit à

parlement et intendance de Bordeaux; aujourd'hui chef-lieu d'arrondissement, département de Lot-et-Garonne.

1. Charles de Monchy, marquis et maréchal d'Hocquincourt.

C'est le combat de Bleneau, qui eut lieu le 7 avril. On ne compte pas moins de douze ou quinze pièces, *Courriers, Relations*, etc., sur ce combat. La plus importante est l'*Inventaire des choses plus mémorables trouvées au butin de l'armée mazarine après sa défaite, et qui avoient été par eux volés* (sic) *en divers lieux, ensemble les cruautés incroyables par eux commises*, Paris, André Chouqueux, 1652, in-4°. L'auteur parle de seize cens calices et autant de saints ciboires! La plus authentique est la *Lettre du roi envoyée à M. le maréchal de Lhospital, gouverneur de la ville de Paris, sur ce qui s'est passé entre l'armée du roi et celle des princes*, Paris, par les imprimeurs et libraires ordinaires du roi, 1652, in-4.

don Lucas, qui partit avec trente chevaux et rencontra lesdites troupes qui marchoient, et en prit quelques-uns de l'avant-garde; mais étant vu par le gros, ils furent poussés jusqu'audit port Sainte-Marie, où il ne trouva pas le secours qu'on lui avoit promis pour lui favoriser le passage. Il fut contraint de se retirer dans une maison, où il se défendit tant qu'il eut de poudre et de balles; ils furent tous pris, à la réserve de don Lucas et de trois ou quatre autres, qui se jetèrent dans la rivière, où ils trouvèrent des bateaux et se mirent dedans, et leurs chevaux passèrent à la nage.

Après cette action, qui se fit à la vue du prince de Conti et de Marchin, ce prince se retira à Clérac [1], qui avoit aussi ses députés près du comte d'Harcourt. Comme le prince de Conti se reposoit, un des siens lui vint dire qu'il n'y faisoit pas bon pour lui, ayant entendu le murmure du peuple, duquel Castelmoron [2], quoique gouverneur, n'étoit pas le maître. Là dessus arriva Marchin, auquel on dit force paroles injurieuses, ne le voulant pas laisser entrer. Le prince de Conti sortit de Clérac, et fit très-bien; car il courut risque d'être arrêté. Ils vinrent tous deux à Thonins, où ils demeurèrent

1. Bourg dans l'Agénois, sur la rive droite du Drot, diocèse et élection d'Agen, parlement et intendance de Bordeaux; aujourd'hui canton de Tonneins, arrondissement de Marmande, département de Lot-et-Garonne.

2. François de Caumont, marquis de Castelmoron, seigneur de Montpouillan, maréchal de camp, gouverneur de la principauté de Montbéliard et du comté de Betfort. La *Relation de la défaite du marquis de Saint-Luc*, etc., nous apprend qu'il étoit en qualité de volontaire au siège de Miradoux.

deux ou trois jours. Les gens d'armes tirèrent du côté de Birgirac, donnèrent l'alarme partout, quoiqu'il n'y eût point d'ennemis qui les poursuivissent. Balthazar voulut mettre garnison dans Esguillon [1]; mais il n'étoit plus temps; l'on se révoltoit contre eux presque partout. Le prince de Conti donna les ordres à Thonins et se retira avec les quatre régimens de Balthazar à l'Évignac [2]; et de là il s'en retourna à Bordeaux, où sa présence étoit plus nécessaire, laissant la conduite de ses troupes à Marchin et à Balthazar. Ce dernier se tint sur la rivière du Drot, et Marchin à Saint-Macaire [3]; et cependant les troupes des princes se promenoient fort librement entre la Dordogne et la Garonne. Quelques jours après, le prince de Conti fit venir la plupart de ses troupes à Libourne, où il résolut d'aller attaquer Plessis-Bellière, qui étoit à Mareuve [4], du côté

[1]. Aiguillon, ville avec titre de duché-pairie, en Agénois, au confluent du Lot et de la Garonne, sur la rive droite de la dernière rivière, diocèse et élection d'Agen, parlement et intendance de Bordeaux; aujourd'hui canton de Port-Sainte-Marie, arrondissement d'Agen, département de Lot-et-Garonne.

[2]. Levignac, au pays de Lomagne, comté de Lisle-Jourdain, en Gascogne, près de la rive droite de la Save, diocèse et parlement de Toulouse, intendance d'Auch, élection de Lomagne; aujourd'hui canton de Seiches, arrondissement de Marmande, département de Lot-et-Garonne.

[3]. Ville en Guyenne, sur la Garonne, diocèse, parlement, intendance et élection de Bordeaux; aujourd'hui chef-lieu de canton, arrondissement de la Réole, départemeut de la Gironde.

[4]. Apparemment Marennes, ville chef-lieu d'élection, avec un tribunal d'amirauté, en Saintonge, à l'embouchure de la Seudre dans l'Océan, diocèse de Saintes, parlement de Bordeaux, intendance de la Rochelle; aujourd'hui chef-

de Brouage ; mais ce dessein fut sans exécution. Il s'en retourna à Bordeaux, et Marchin à Saint-Macaire, à la fin du mois de mars 1652. Balthazar, ayant mis ses gens en quartier, vint à Bordeaux, où il reçut de l'argent pour la recrue de ses troupes, qu'il renforça autant qu'il lui fut possible. Le comte d'Harcourt, étant avec ses gens à Nérac [1], vint du côté du Bedos [2] se mettre en bataille près de Bordeaux, d'où il écrivit une grande lettre aux jurats, par laquelle il les portoit à quitter les armes qu'ils avoient injustement prises, et à se remettre dans l'obéissance du roi [3]; mais après une longue escarmouche, où Balthazar lui prit plusieurs des siens, voyant que les jurats de Bordeaux ne lui faisoient aucune réponse, il s'en retourna, et alla du côté de Condom [4], où il mit ses troupes en quartier, qui y

---

lieu d'arrondissement, département de la Charente-Inférieure.

1. Chef-lieu du duché d'Albret, avec château, dans le Condomois, en Guyenne, sur la Baïse, diocèse et élection de Condom, parlement et intendance de Bordeaux; aujourd'hui chef-lieu d'arrondissement, département de Lot-et-Garonne.

2. N'est-ce point plutôt Budos, château non loin de Langon, qui fut surpris par la Serre Balthazar dans le mois de juillet suivant?

3. On a publié la *Lettre de M. le comte d'Harcourt à MM. de Bordeaux, tant du parlement que de l'hôtel de ville, pour les attirer au parti de Mazarin, avec leur réponse portant refus de ses propositions*, Paris, Alexandre Lesselin, 1652, in-4. Cette lettre est datée du camp de Podensac le 27 avril, et signée le comte d'Harcourt. Nous n'en garantirions pas l'authenticité.

4. Capitale du Condomois, élection, évêché, présidial et sénéchaussée, en Gascogne, parlement et intendance de Bordeaux; aujourd'hui chef-lieu d'arrondissement, département du Gers.

demeurèrent jusqu'au temps qu'il forma le siége de Villeneuve [1], où elles furent employées. Balthazar mena les siennes contre Birgirac et Sarlac [2], où il demeura presque tout le mois de mai. Le comte de Chateauneuf [3], avec son régiment, et Desroches, qui commandoit les gardes du prince de Condé [4], n'étant pas bien dans Périgueux, vinrent ensemble loger à Montclar [5]. Folleville, qui s'étoit détaché de Plessis-Bellière avec six ou sept cens chevaux, étant vers la Tour blanche [6], passa la rivière de l'Isle près de Saint-Ashir [7], d'où il n'y a qu'environ trois lieues jusqu'à Montclar; il fut favorisé par Laborie, qui s'étoit mis avec soixante fusiliers dans une fer-

1. Le siége de Villeneuve d'Agen, commencé dès les premiers jours de juin, fut levé le 27 juillet.

2. Ville, évêché et élection, dans le Périgord, sur le ruisseau de Sarlat, parlement et intendance de Bordeaux; aujourd'hui chef-lieu d'arrondissement, département de la Dordogne.

3. Jean de Rieux, comte de Châteauneuf, vicomte de Donges.

4. Il étoit lieutenant des gardes du duc d'Enghien en 1644. La *Gazette* le cite comme ayant servi avec distinction au siége de Mardick. Devenu capitaine des gardes du Prince, il sortit de France avec son maître à la fin de 1652. Il fut fait prisonnier à la bataille des Dunes, en 1658, et laissé à Mardick sur sa parole.

5. Saint-Georges de Monclar, canton de Villamblard, arrondissement de Bergerac, département de la Dordogne.

6. En Angoumois, diocèse et élection d'Angoulême, parlement de Paris, intendance de Limoges; aujourd'hui canton de Verteillac, arrondissement de Ribérac, département de la Dordogne.

7. Saint-Astier, bourg en Périgord, sur la rive droite de l'Isle, diocèse et élection de Périgueux, parlement et intendance de Bordeaux; aujourd'hui chef-lieu de canton, arrondissement de Périgueux, département de la Dordogne.

rière [1], pour que Balthazar ne les pût secourir, lequel avoit, le jour auparavant, donné ordre à Chateauneuf et à Desroches de partir le lendemain et de se rendre à sept heures du matin à Saint-Taluir [2], où il les joindroit; mais à huit heures du matin il étoient encore dans Montclar. Folleville entra dans leur quartier d'un côté. Chateauneuf dit à Desroches de sortir du lieu, et cependant il vouloit aller voir ce que c'étoit; mais il fut tué. Desroches se retira à Birgirac. Folleville ne prit que très-peu de leurs gens, d'autant qu'ils étoient à cheval. Le capitaine Sarlate, Bohémien, se trouvant dans Montclar avec une bande de ses gens, fut pris; et ce fut tout le butin qu'eut Folleville en cette rencontre, où il faillit se perdre avec tous les siens, si Laborie n'eût pas tenu bon dans la ferrière où [3] étoit Balthazar, lequel fut averti, lorsqu'il étoit en marche avec six compagnies pour aller à Saint-Taluir, où il avoit donné le rendez-vous à toutes les troupes, que Folleville avoit enlevé le quartier de Montclar. Il y alla à toute bride, le trouvant encore devant le quartier. Mais il ne pouvoit aller à eux sans, au préalable, dénicher Laborie; il mit pied à terre avec tous les siens

---

1. Nom de lieux ainsi nommés, dit le *Dictionnaire de Trévoux*, parce qu'apparemment il y avoit autrefois des mines ou des manufactures de fer. Peut-être faut-il lire *feriage*; ce seroit alors un petit domaine tenu en fief.

2. Il n'y a point de Saint-Taluir; au moins nous n'en connoissons pas. Il s'agit probablement de Saint-Alvère, chef-lieu de canton, arrondissement de Bergerac, département de la Dordogne. Saint-Alvère est en effet entre Saint-Georges-de-Monclar et Sarlat, d'où partoit Balthazar.

3. C'est-à-dire *devant laquelle*.

et le força dans la ferrière, où tout fut tué, à la réserve de Laborie et quelques autres; quinze de ceux de Balthazar furent aussi tués. Si Folleville eût secouru Laborie, comme il lui avoit promis, au lieu de se retirer, il eût pris Balthazar et tous les siens. Ce dernier le poursuivit jusqu'à Saint-Astin [1], où Folleville fit repaître dans la prairie.

Balthazar commanda Faget, son major, avec trente chevaux, et Gaston [2] avec autant, de passer à toute bride; qu'il les soutiendroit pour les surprendre : car il croyoit être en sûreté là, y ayant garnison dans Saint-Astin; mais Faget et Gaston manquèrent le coup, qui donna loisir à Folleville et aux siens de monter à cheval, où l'on escarmoucha, la rivière de l'Isle entre deux, jusqu'à ce que Folleville demanda à parler. Balthazar lui dit qu'est-ce qu'il désiroit; il dit qu'il vouloit faire l'échange des prisonniers, et le pria de lui rendre son cousin et quelque cinquante prisonniers qu'il lui avoit pris à sa retraite, avec un cornette et un lieutenant; ce qui ne lui fut pas accordé. Balthazar disoit qu'il les lui échangeroit tant pour tant, et qualité pour qualité; mais comme il n'avoit qu'un capitaine des Bohémiens qui fût son prisonnier, que cela ne se pouvoit, et que Laborie n'étoit pas officier; qu'il avoit raison de le vouloir retirer, puisqu'il l'a-

---

1. Il faut lire Saint-Astier évidemment. Folleville, après son coup de main sur Saint-Georges-de-Monclar, s'étoit rapproché de Plessis-Bellière, et pour cela il avoit repassé la rivière de l'Isle au même lieu où il l'avoit déjà passée.

2. Est-ce lui qui étoit enseigne de la mestre de camp en 1642, et qui fut blessé au siége de Tortone?

voit abandonné, contre sa promesse, et qu'il n'avoit tenu qu'à lui qu'il n'eût été secouru. Ce discours déplut si fort à Folleville qu'il fit venir douze ou quinze des siens, auxquels il fit signe de tirer sur Balthazar, qui le blessèrent légèrement en plusieurs endroits. Folleville se retira; l'autre lui cria qu'il se souviendroit au premier rencontre de sa lâcheté, comme il fit à Montancé[1], car il le défit entièrement. Peu de jours après, on donna avis à Balthazar qu'il étoit très-nécessaire qu'il pourvût à Birgirac, à cause de la mort du maréchal de La Force[2], et que les habitans ne vouloient plus tenir pour les princes; et comme il étoit seul en campagne (Marchin étoit dans Bordeaux avec le prince de Conti) il prit quatre cents chevaux et vint à Birgirac. Il envoya au-devant le colonel La Roque[3], pour dire à la porte que c'étoit Balthazar qui passoit pour aller en parti contre les troupes du comte d'Harcourt. La garde, qui le connoissoit, ne s'informa de rien. Aussitôt il se saisit des portes et de la place, ce

---

1. Château et hameau sur la rivière de l'Isle, commune de Montren, canton de Saint-Astier, Dordogne. On trouvera un peu plus loin le récit de cette affaire.

2. Jacques Nompar de Caumont, duc et maréchal de La Force, mort le 10 mai 1652.

3. La Roque-Saint-Chamarent, mestre de camp de cavalerie et maréchal de bataille. Il fit les campagnes de 1643 et 1645 en Catalogne, à la tête du régiment de Saint-Simon. En 1648, il se distingua au siége d'Ypres et fut cité dans la *Gazette* pour sa conduite à la bataille de Lens. Il étoit en garnison à Périgueux quand, le 16 octobre 1653, cette ville s'arracha à la domination des princes. Il fit alors sa soumission et rentra au service du roi. Est-ce François de Baynac, comte de La Roque en Périgord, mort vers 1667 lieutenant des gendarmes du duc d'Orléans?

qui surprit fort Castelnau [1], qui étoit allé accompagner le corps de son père que l'on portoit à La Force, car il s'imaginoit qu'il le vouloit tirer de là pour en avoir le gouvernement. Il demeura deux jours dans la ville, en attendant les ordres du prince de Conti. Cependant les bourgeois prêtèrent de nouveau serment de fidélité à Castelnau, qu'ils lui obéiroient comme à feu son père, le maréchal, en tout ce qu'il leur ordonneroit. Balthazar, après cette protestation, sortit de la ville avec ses troupes et s'en alla du côté de Sarlac, se logeant à Bugué [2], où il demeura huit jours. Il feignit de vouloir attaquer Sarlac; mais ce fut pour ne donner pas de l'appréhension à ceux de l'Air-de-Mary [3], auxquels il en vouloit. Quelque temps auparavant, ils furent attaqués par Chanlot, qui ne les put prendre. Il détacha le colonel La Roque avec cent cinquante chevaux, avant qu'il partît, qui enlevèrent deux compagnies du régiment de Sauvebeuf. Après cela il prit sa marche vers l'Air-de-Mary, envoya cent chevaux devant pour entrer pêle-mêle avec ceux qui seroient aux champs, ou du moins empêcher

1. Henri Nompar de Caumont, marquis de Castelnau, second fils du maréchal; duc de La Force, en 1675, après la mort de son frère aîné; mort en 1678.

2. Autrefois Bugo de Saint-Circq, bourg en Périgord, sur la rive droite de la Vezère, diocèse et élection de Périgueux, parlement et intendance de Bordeaux; aujourd'hui le Bug ou le Bugue, chef-lieu de canton, arrondissement de Sarlat, département de la Dordogne.

3. Nous n'avons trouvé, ni dans les anciens dictionnaires ni dans les cartes modernes, rien qui ressemble à ce nom, à moins que ce ne soit Sainte-Marie, canton de Saint-Pierre de Chignac, arrondissement de Périgueux. La position de Sainte-Marie ne s'oppose pas, en tout cas, à cette conjecture.

que personne ne se jetât dans la place. Faget fit généreusement, bien qu'il ne pût se saisir de ce lieu; plusieurs furent tués ou blessés à la porte. Chanlot envoya deux pièces d'artillerie à Balthazar; mais ils se rendirent le lendemain à composition.

Balthazar partit le jour d'après, passa à Périgueux, et s'en alla à Saint-Astier, où il y avoit garnison pour le roi; il fit mettre pied à terre à sa cavalerie, et força ladite garnison, qui, après avoir perdu la ville, se sauva dans l'église, qui étoit très-forte; mais les ennemis y entrèrent avec eux, où ils se rendirent au nombre de cent cinquante hommes [1]. Balthazar laissa là son bagage et ses gens, et vint avec trois cents chevaux devant Beauséjour [2], où le comte de Grignaux [3] avoit mis quatre-vingts hommes de garnison, qui se rendirent aussi, après s'être défendus trois heures. Ce comte sollicita Folleville de secourir son château; on leva la milice de tous les endroits. Balthazar fit venir six cents hommes du Pariage, si bien qu'ils ne l'osèrent point attaquer. Marchin partit de Bordeaux pour Périgueux, et vint en passant à Beauséjour. A son retour, Balthazar lui mit en tête de prendre le château de Grignaux [4]. Ils partirent ensemble

---

1. *La Marche du sieur de Balthazar dans le Périgord, ensemble la prise de Saint-Astier et de quelques châteaux*, jouxte la copie imprimée à Bordeaux, Paris, Nicolas Vivenay, 1652, in-4.
2. Commune de Gironde, canton et arrondissement de la Réole, département de la Gironde.
3. André de Talleyrand, comte de Grignols.
4. Grignols ou Saint-Léon de Grignols en Périgord, sur la rive gauche de l'Isle, diocèse et élection de Périgueux,

avec leurs troupes, et envoyèrent ordre aux gens d'armes et aux gardes de se rendre devant Grignaux, où ayant demeuré trois jours, Marchin eut nouvelle de Bordeaux qu'il s'y tramoit quelque trahison; alors Chavaignac [1] arriva, ayant été envoyé de la part du prince de Condé pour assurer les Bordelois. Il eut nouvelle que le comte d'Harcourt avoit détaché l'Ilebonne [2] avec quinze cents chevaux, et qu'il passoit à Dome la Dordogne; que Montausier [3] et Folleville venoient de l'autre côté. Marchin jugea l'affaire de Bordeaux plus nécessaire, et partit avec Chavaignac pour y aller, ayant prié Balthazar de se vouloir retirer au derrière de Birgirac, qui lui promit de faire tout ce qui seroit nécessaire, et lui dit, puisque l'on avoit envoyé de l'argent d'Espagne, qu'il fît donner une demi-montre aux troupes, qui l'importunoient sans cesse, ce qu'il promit; mais après que tous les corps des régimens eurent envoyé leurs députés à Bordeaux, il en traita mal quelques-uns; ce qui eût causé une révolte générale sans le crédit et pouvoir que Balthazar avoit sur les troupes, qu'il remit; car il empêcha par là ce désordre.

Balthazar, au lieu de se retirer avec ses troupes vers Birgirac, envoya incontinent un parti du

parlement et intendance de Bordeaux; aujourd'hui canton de Saint-Astier, arrondissement de Périgueux.

1. Gaspard, comte de Chavagnac, celui dont on a des *Mémoires*.
2. François-Marie de Lorraine, comte de Lillebonne, troisième fils du duc d'Elbeuf.
3. Charles de Sainte-Maure, marquis, puis duc de Montausier.

côté de Limeuil [1], le long de la Dordogne, qui lui rapporta que l'alarme que l'on avoit donnée à Marchin étoit fausse; ce qui l'obligea d'attaquer Grignaux. Il eut avis que Montausier et Folleville s'étoient joints et venoient à lui, et qu'ils avoient déjà passé la Drone à Ribirac, ce qu'il crut; et pour n'avoir pas sur les bras l'Ilebonne avec ses quinze cents chevaux, il résolut d'envoyer son bagage à Montréal [2], près de Birgirac, avec quelque peu de cavalerie, et prit mille chevaux avec lesquels il alla au-devant de Montausier et Folleville, croyant de les rencontrer entre l'Ile et la Drone. Marchant depuis la pointe du jour jusqu'à la nuit, il vint à quatre lieues d'Angoulême, où il apprit que Montausier n'avoit pas joint Folleville, mais que cette jonction se feroit dans trois jours. Ce dernier se mit aussi à couvert derrière Aubeterre [3]; ce qui fit retourner Balthazar devant Grignaux, où il avoit laissé cinq cents hommes du Pariage. Il continua le siége et envoya à Argense [4], qui étoit dans Mon-

[1]. Ville en Périgord, sur la rive droite de la Dordogne, diocèse et élection de Périgueux, parlement et intendance de Bordeaux; aujourd'hui canton de Saint-Alvère, arrondissement de Bergerac, département de la Dordogne.

[2]. Bourg et juridiction dans le Condomois, en Gascogne, diocèse et élection de Condom, parlement et intendance de Bordeaux; aujourd'hui chef-lieu de canton, arrondissement de Condom, département du Gers.

[3]. Ville avec titres de comté et de marquisat, en Périgord, sur la Dronne, château et abbaye, diocèse de Périgueux, parlement de Bordeaux, intendance de Limoges, élection d'Angoulême; aujourd'hui chef-lieu de canton, arrondissement de Barbézieux, département de la Charente.

[4]. François Joumart, baron de Dirac, seigneur de Sufferte, de Montançais et d'Escourières, deuxième fils de Gaspard

tancé avec quelques hommes de guerre (ce château étant situé sur la rivière de l'Isle et lui appartenant), que, s'il vouloit accepter la neutralité, qu'il ne tiendroit qu'à lui, selon la parole qu'il en avoit donnée à Beauvais Chantirac son cousin ; sinon qu'il seroit attaqué après la prise de Grignaux. Argence fit réponse qu'il accepteroit la neutralité s'il n'étoit secouru le 15 juin 1652 ; il ne demanda que sept jours. Il devoit être secouru par Montausier et Folleville. Ces deux chefs arrivèrent le 16 dudit mois avec environ treize cents chevaux et autant de gens de pied ; les régimens de cavalerie étoient Roannez, Armaignac, Folleville, Rochefort, Saint-Abre, Villevert, la compagnie des gens-d'armes du comte d'Harcourt, et trois escadrons de noblesse faisant trois cents chevaux, commandés, l'un par le comte de Grignaux, le second par Mont-André[1], et le troisième par Noëil, qui furent tous trois, savoir : le premier, tué ; le second, prisonnier, et le dernier, blessé à mort ; leur infanterie étoit les régimens de Montausier, de Périgord, et celui d'Harcourt, avec quelque milice.

Balthazar se rendit près de Montancé une heure plus tôt que les troupes du roi, avec mille chevaux des meilleurs qu'il eût, et avec le régiment d'Enghien d'infanterie, faisant trois cents hommes, lesquels il posta sur le gué et dans le moulin qu'Argence tenoit, par où le secours devoit entrer. Le comte d'Harcourt écrivit deux ou

---

Joumart et de Gabrielle Tison, dame d'Argence, de Dirac et de La Roche-André.

1. Charles-Louis de La Rochefoucauld de Fonsègue, marquis de Montendre, seigneur de Montguyon et d'Agure.

trois jours auparavant à Montausier et Folleville; les lettres furent prises par un parti de Balthazar, qui contenoient qu'il falloit prendre garde de ne rien faire par imprudence devant lui, qu'il connoissoit un rusé et fort bon homme de guerre, et quelques autres particularités.

Lorsque les troupes furent en présence, la rivière entre deux, l'on escarmoucha depuis les quatre heures après midi jusqu'à la nuit. Montausier, auquel on avoit enseigné un gué, au-dessus de Montancé, y fit passer trente hommes du régiment d'Harcourt, qui entrèrent à l'insu de Balthazar. Il envoya Chanlot avec ses gens-d'armes de ce côté là, croyant que toutes les troupes de Montausier y passeroient pour venir à lui; mais ce n'étoit plus leur dessein. La nuit, il fit passer un parti au travers de la rivière, avec ordre de se mêler parmi les troupes du roi, pour voir s'ils se retireroient. Ils prirent quelques officiers, qui lui dirent qu'ils ne pensoient pas à cela, mais bien de le venir attaquer dès qu'il feroit jour; ce qui plut à Balthazar, qui dit que par ce moyen on lui épargneroit la peine d'aller à eux. Sitôt qu'il fut jour, l'escarmouche recommença. Pendant que Montausier et Folleville faisoient plier leur bagage et avancer l'infanterie, Balthazar ordonna de faire passer six de ses escadrons, avec ordre de se mettre sur le bord de la rivière en bataille, jusqu'à ce qu'il eût fait passer tout le reste; mais au lieu de se tenir là, ils s'avancèrent vers les troupes du roi dans la prairie, où ils furent fort rudement chargés par Montausier, qui les renversa l'un sur l'autre dans la rivière, et leur fit trouver des gués là où il n'y en avoit jamais eu. Le colonel La Roque, qui les commandoit, eut ordre de prendre la queue des troupes. Il y eut deux capitaines du régiment de Balthazar tués, et six ou sept officiers. Le combat fut âpre du côté de Montausier; il y en eut aussi bon nombre de tués; lui-même fut blessé, avec le marquis d'Ars[1], et le comte de Grignaux. Ensuite de cela les troupes du roi se vouloient retirer pour joindre leur infanterie. Balthazar passa lui-même avec soixante chevaux, et attaqua le régiment d'Armaignac, qui avoit l'arrière-garde, qu'il chargea plus de vingt fois, sans que Folleville vînt à son secours; car Montausier étoit déjà blessé et hors de combat. A la fin, les ayant enfoncés entièrement, Accueillier[2], qui les commandoit, fut fait prisonnier, et tout le régiment ou tué ou pris.

Quand Balthazar vit que leur cavalerie avoit joint l'infanterie, il fit avancer tout son régiment, et les autres troupes où étoit Chanlot; alors il chargea tout ensemble et mit en déroute les troupes du roi. De toute l'infanterie il ne s'en sauva aucun : tous furent pris prisonniers; toute la noblesse fut tuée ou prise; on faisoit payer la rançon à celle qui échappa de l'épée. Folleville s'enfuit avec une cinquantaine de cavaliers et ne ramassa que deux cents chevaux de toute cette cavalerie, dans quatre ou cinq jours; car un chacun s'étoit fait un chemin particulier pour se

---

1. La *Gazette* dit qu'il étoit fils du marquis d'Hervault, lieutenant pour le roi dans la province de Touraine. Il eut un bras cassé à la bataille de Senef, en 1677.

2. Ici encore il faut lire Auvilars. Le nom patronymique de ce commandant d'Armagnac étoit Dauvet.

sauver. L'on porta quelques jours après Montausier à Angoulême, dans sa maison, où il demeura longtemps très-incommodé de ses blessures [1]. Le comte d'Harcourt, qui avoit assiégé Villeneuve, fut fort étonné lorsqu'il apprit cette

[1]. Cette affaire eut lieu le 17 juin. Voici comment en parle la *Gazette* : « Sur les six heures du matin, le 17, le colonel Balthazar ayant passé la rivière de l'Isle au milieu de la prairie, après quelques escarmouches, les deux parties en vinrent à une attaque générale, en laquelle les troupes du colonel Balthazar furent d'abord poussées jusques en leur quartier, et contraintes de repasser la rivière en grand désordre ; mais enfin l'épouvante s'étant mise parmi les troupes du sieur de Montausier, elles prirent la fuite et furent poursuivies par ceux du parti contraire. Ledit sieur de Montausier, qui a fait des merveilles en toutes les attaques, y a été blessé de deux coups d'épée à la tête et d'un coup de mousqueton au bras, dont il lui a cassé l'os ; ayant été dégagé par son écuyer, qui depuis l'a conduit à Angoulême, où il a été reçu avec autant de joie que le bruit de sa mort avoit causé de tristesse parmi tous les bourgeois. Le sieur de Folleville, qui s'y est aussi porté généreusement, a rallié une partie de ses gens à Villebois, à dessein de tirer bientôt sa revanche. » (6 *juillet* 1652.) La *Gazette* avoit dit, le 29 *juin*, que « tout ce que Folleville et Montausier avoient pu amasser de troupes, et la noblesse de Saintonge, d'Angoumois et de Périgord, faisoient environ mille chevaux et quinze cens fantassins. » On lit dans la *Défaite des troupes du comte d'Harcourt, que les sieurs de Montosier et Folleville commandoient, par celles de M. le Prince, sous la conduite du sieur Balthazar, avec les noms des morts, blessés et prisonniers, et la perte de tous leurs chevaux et bagages*, Paris, jouxte la copie imprimée à Bordeaux, J. Brunet, 1652, in-4 : « Toute l'infanterie a été tuée ou prise, avec tous les commandans, entre autres les commandans d'Armagnac, de Folleville et de Jonsac. Il y a plus de cinq cens cavaliers qui ont été tués sur la place ou blessés ; et tout le bagage a été pris. Le sieur de Montausier est blessé à mort, ayant eu le bras rompu de deux coups de pistolet et ayant reçu trois coups d'épée sur la tête. Le sieur de Montandré, maréchal de camp, est resté parmi les prisonniers. »

entière défaite, parce qu'il avoit besoin de ces troupes-là, et qu'il ne pouvoit espérer secours d'ailleurs, qui est le principal sujet de n'avoir pas réussi à son siége. Argence, voyant la déroute des siens, demanda la neutralité, mais trop tard; les ennemis firent venir du canon de Périgueux et l'obligèrent de se rendre à discrétion. Grignaux souffrit quinze ou vingt volées de canon, et se rendit aussi. Toutes les autres places qui tenoient encore pour le roi alloient du même branle, et les troupes des princes jouirent paisiblement de tout le Périgord.

Après cet exploit, Balthazar vint à Birgirac, n'ayant plus rien à faire de l'autre côté. Il essaya souvent de secourir Villeneuve d'Agenois, avec Théobon le père [1], qui étoit fort en peine de son fils, qui y commandoit. Il défit souvent les fourrageurs et les partis qui sortoient du camp. Marchin vint aussi à Birgirac, où il alla, avec Balthazar, et Théobon tenter un secours qui ne réussit pas. Cependant les grandes pluies incommodèrent fort les assiégeans; et le mécontentement que le comte d'Harcourt reçut de la cour [2] ne

1. N. Rochefort de Saint-Angel, marquis de Théobon, brave gentilhomme huguenot, dit Tallemant des Réaux (*Historiette du maréchal de La Force*).

2. Elle lui refusoit le gouvernement de Brisack, que Mazarin avoit donné au marquis de Tilladet après la mort du maréchal de Guébriant. Un pamphlétaire, l'auteur des *Véritables motifs de la retraite du comte d'Harcourt et les justes raisons qui l'ont obligé de quitter le commandement de l'armée mazarine*, Paris, Jacob Chevalier, 1652, prête au comte d'autres griefs : « Le cardinal ne consentoit pas à lui accorder pour lui-même le gouvernement de Guyenne, et pour son fils une abbaye; il avoit donné, après le combat de Bleneau, au maréchal d'Hocquincour deux services en

servit qu'à le refroidir, joint que Théobon fils [1] fit plus de résistance dans cette place que ce comte ne s'étoit imaginé. Ce siége avoit déjà duré près de six semaines; à la fin, Marchin y jeta deux cents chevaux, auxquels il fit passer le Lot, qui traversèrent le quartier de Saint-Luc [2].

vaisselle d'argent, et au comte de Broglie quatre chevaux; il vouloit mettre le comte à la tête de l'armée de Guyenne; enfin la reine avoit donné à Turenne une rose de diamants de cent mille écus.

1. Sa défense de Villeneuve d'Agen fut célébrée par les frondeurs, qui publièrent presque en même temps la *Relation de ce qui s'est passé à Villeneuve d'Agénois par les généreux exploits des habitans de ladite ville sous la conduite de M. le marquis de Théobon, avec le nombre des morts et des prisonniers faits par l'armée du comte d'Harcourt*, sur un imprimé à Bordeaux; Paris, Nicolas Vivenay, 1652, in-4, et la *Levée du siége de Villeneuve d'Agénois, écrite par un gentilhomme de ladite ville d'Agénois à un bourgeois de la ville de Bordeaux*, Paris, Nicolas Vivenay, sur un imprimé à Bordeaux, 1652, in-4. Théobon avoit été en 1650 un des trois généraux de l'armée bordeloise. En ce temps il lui naquit un fils, à qui la ville fit l'honneur que Paris avoit fait en 1649 au fils du duc de Longueville, et qu'elle fit elle-même au second fils du prince de Condé en 1652, c'est-à-dire à qui elle donna son nom. On l'appela Charles Bordeaux de Rochefort. Le marquis de Théobon fut tué en 1672 au passage du Rhin.

2. Nicolas Vivenay a publié la *Relation du secours jetté dans Villeneuve d'Agénois par M. le comte de Marchin, lieutenant général des armées du roi sous l'autorité de M. le Prince, avec la prise de La Serre Balthazar, près de Bazas*, sur un imprimé à Bordeaux, Paris, 1652, in-4. On y lit : « Sur la fin du mois de juillet, les pluies, qui avoient été extraordinaires en ce pays, firent grossir prodigieusement la rivière du Lot. L'impétuosité de l'eau fit rompre le pont de bateaux que le comte d'Harcourt avoit fait dresser pour la communication de son armée; et puis l'inondation se répandant aux environs le contraignit de changer de poste et d'éloigner un peu ses quartiers.... On crut que le chemin seroit plus assuré et le passage plus facile du côté de la

Huit jours après, le comte d'Harcourt, qui avoit auparavant résolu de tenir le siége, décampa de devant cette place [1], et alla avec son armée à Mont-Languin [2], d'où ensuite il partit, lui septième, et s'en alla à Brisac [3], laissant l'armée entre les mains de Sauvebeuf, Lillebonne et Marin [4], lieutenans généraux. Ces chefs, en atten-

rivière, où le marquis de Saint-Luc étoit campé. C'est pourquoi le comte de Marchin commença à faire passer ses troupes le 30 juillet à la pointe du jour.... Elles rencontrèrent d'abord une garde de cinquante maîtres, qui, après quelque résistance, furent contraints de plier. En poursuivant leur chemin, elles continuèrent de vaincre..... Ainsi elles arrivèrent devant Villeneuve vers les sept heures du matin. »

1. Le siége de Villeneuve fut levé le 2 août.
2. Monflanquin, ville et juridiction dans l'Agénois, sur la rivière de Lez ou Lève, diocèse et élection d'Agen, parlement et intendance de Bordeaux; aujourd'hui chef-lieu de canton, arrondissement de Villeneuve d'Agen, département de Lot-et-Garonne.
3. Il partit de Monflanquin vers le 10 juillet. Cette désertion fit beaucoup de bruit, on le comprend. Parmi les pièces dont elle fournit le sujet aux pamphlétaires, deux sont assez curieuses : L'*Eslection du comte d'Harcourt au gouvernement de l'Alsace et de la ville et forteresse de Brissac* (sic), *et Philisbourg par les garnisons*, Paris, Louis Hardouin, 1652, in-4, et le *Manifeste du sieur de Charlevois sur sa détention et son retour ensuite à Brissac*, Paris, Jacob Chevalier, 1652, in-4.
4. Marin Sainte-Colombe, capitaine au régiment de Saint-Simon en 1644; il fit la campagne de 1645 en Catalogne avec le grade de maréchal de bataille. C'étoit un brave officier. Nous lisons dans la *Relation véritable contenant la défaite de l'arrière-garde de l'armée du comte d'Harcourt par les troupes de Monseigneur le Prince, commandées par le sieur Marsin, avec la prise de la ville de Miradoux, où il a été fait douze cens prisonniers de guerre*, Paris, Jean Brunet, 1652, in-4 : « Le sieur Marin fut fort carressé de Son Altesse, comme un homme qui véritablement sait fort bien le

dant les ordres de la cour, marchèrent du côté de Saint-Basille [1], après que Plessis-Bellière les eut joints, et prirent cette place, où La Magdelaine [2], capitaine du régiment de Conti d'infanterie, commandoit.

métier de la guerre. Ainsi il peut espérer dans ladite armée un emploi digne de son mérite. » Marin commandoit bien dans Miradoux; mais il n'y fut pas fait prisonnier, encore moins pensa-t-il prendre du service dans le parti des princes. Après la paix, il suivit le prince de Conti en Catalogne; et on le voit, au mois de novembre 1654, contribuer comme lieutenant général à la prise de Puycerda.

1. Sainte-Bazeille, bourg dans le Bazadois, diocèse de Bazas, parlement et intendance de Bordeaux, élection de Condom; aujourd'hui canton et arrondissement de Marmande, département de Lot-et-Garonne.

2. Lieutenant au régiment d'Enghien en 1644; il fut blessé à la bataille de Fribourg. En 1668, il concourut à la défense de Candie comme major de la brigade de Saint-Paul dans l'armée du maréchal de Navailles, et reçut, dans une sortie de la fin du mois de décembre, une blessure dont il mourut peu de temps après.

SECONDE PARTIE.

Après la retraite du comte d'Harcourt, son armée, dont il étoit l'âme pour lui inspirer la vraie générosité, se trouva toute couverte de deuil; la face de la province fut changée, comme lorsque le ciel s'obscurcit de nuages. Le départ de Du Plessis-Bellière pour la Catalogne[1], avec ses troupes, y jeta de nouvelles frayeurs. Alors Marchin convertit ses appréhensions en assurances. Il crut qu'il n'y avoit plus de puissance qui fût capable de lui résister. Il ramassa les troupes qu'il avoit laissées en divers endroits, à la réserve des régimens de Balthazar et le sien, et prit sa marche vers Bourg, à dessein d'assiéger Blaye; mais le baron de Vatteville n'y voulut point entendre ni fournir les choses nécessaires, puisque Marchin, en la prenant, la vouloit pour lui, et Vatteville la vouloit pour le roi d'Espagne. Se voyant ainsi frustré de son dessein, il se saisit de plusieurs châteaux, et envoya Balthazar, qui étoit resté à Bazas pour s'opposer aux troupes

---

1. Non pour la Catalogne, mais pour les bords de la Loire, où il conduisit des troupes au roi un peu avant le combat de Bleneau.

du roi, au cas qu'elles vinssent au secours de Blaye, [disant] que son entreprise n'avoit pas réussi par la négligence des Espagnols, et qu'il le prioit de lui envoyer ce qu'il pourroit faire de son côté. Balthazar lui répondit d'y venir sans délai; que la plupart des troupes du roi étoient déjà bien avant dans la Catalogne; qu'il attaqueroit cependant Castelnau [1], qui incommodoit ceux de Bazas, l'assurant qu'il ne tiendroit qu'à lui de porter ses armes partout où il voudroit. Cet avis obligea Marchin à remonter le long de la Garonne avec ses troupes, excepté les régiments de Montpouillan et de la reine, qu'il envoya pour prendre le château de Pilles [2], et un autre qui incommodoit fort Birgirac, avec ordre de le venir rejoindre; ce qu'ils firent après s'être rendus maîtres des deux châteaux, et arrivèrent devant Castel-Jaloux [3]. Balthazar cependant envoya des partis vers Agen, où il étoit averti que les lieutenans généraux commandant les troupes du roi s'étoient assemblés pour conférer de ce qu'ils feroient. Il arriva qu'en se séparant, Bougy, l'un d'eux, avoit fait

---

1. On ne compte pas moins de trois Castelnau dans le Bazadois. Peut-être s'agit-il ici de Castelnau de Mesmes ou Maines, sur la rivière de Ciron, diocèse de Bazas, parlement et intendance de Bordeaux. C'est au moins le plus rapproché de Bazas, dont il n'est distant que de trois lieues environ.

2. En Périgord, sur la rive gauche de la Dordogne, diocèse et élection de Sarlat, parlement et intendance de Bordeaux; aujourd'hui Cours de Piles, canton et arrondissement de Bergerac, département de la Dordogne.

3. Ville avec présidial en Bazadois, sur l'Avance, diocèse de Bazas, parlement et intendance de Bordeaux, élection de Condom; aujourd'hui chef-lieu de canton, arrondissement de Nérac, département de Lot-et-Garonne.

commander trois cens chevaux pour l'escorter à Marmande, où il devoit prendre son poste; il leur donna rendez-vous le lendemain à neuf heures du matin au port Sainte-Marie. Un parti de ceux de Balthazar y fut plus tôt. Bougy, croyant de parler aux siens, leur demanda en quels régimens ils étoient; celui qui se saisit de sa personne lui dit qu'il étoit du régiment d'un de ses bons amis, qui l'attendoit à Bazas. Il fut amené à Balthazar, qui lui promit de procurer sa liberté auprès du prince de Condé, et l'envoya à Paris, à condition qu'il obtiendroit de la cour qu'il lui fût permis d'aller trouver ce Prince pour son échange[1]. Le capitaine La Serre, étant dans Castel-Jaloux avec sa compagnie, avoit mis une partie de ses gens dans Castelnau. Il y voulut aller pour savoir lui-même ce qui se passoit; mais il fut pris prisonnier pour la seconde fois de Balthazar, qui lui reprocha en présence de Bougy même, lui montra ses lettres, par lesquelles il s'étoit obligé, par trois fois qu'il avoit été son prisonnier, qu'il viendroit le joindre avec sa compagnie et plusieurs autres. Il le fit mettre en prison, et lui dit qu'on se passeroit

---

[1]. On lit dans une lettre de Bordeaux le 7 novembre, publiée par la *Gazette* : « Le sieur de Bougy, l'un des lieutenans généraux de l'armée de Sa Majesté, passant avec sept personnes à Saint-Laurent, vis-à-vis le port Sainte-Marie, fut pris par quelques coureurs des troupes du colonel Balthazar, et conduit prisonnier en la ville de Bazas. » Et dans une autre, du 14 : « Le sieur de Bougy, qui avoit été amené prisonnier à Bazas, fut conduit ici le 10 par l'ordre du prince de Conti, qui le reçut fort bien, le traita splendidement à souper le lendemain, et lui accorda la liberté à condition qu'il iroit en cour et ne retourneroit point à l'armée du roi, qui est dans le haut pays. »

de lui ; qu'il eût seulement à payer trois fois sa rançon [1]. Ensuite de cela, Balthazar alla lui-même au siége de Castelnau, considérant que la prise de cette place lui étoit très-avantageuse et qu'elle raffermiroit ceux de Bazas dans le parti des princes. Le régiment de Théobon et celui de cavalerie de Balthazar, le premier commandé par Montgoural, lieutenant-colonel, et l'autre par Faget, capitaine et major, firent les approches. Ces officiers emportèrent d'abord les dehors ; mais dans les nouvelles attaques ils disputoient l'honneur du commandement. Ce différend, qui s'alloit vider par le sang, fut vidé par l'arrivée de Balthazar, qui, reprenant à soi le commandement, leur ôta tout sujet de contention et les obligea de tourner leur animosité à la ruine des assiégés. Son arrivée alluma le courage des siens, et sa valeur parut d'une sage conduite ; car, voyant que l'endroit où le canon avoit été mis en batterie n'étoit pas propre pour faire une brèche suffisante, il en fit dresser deux

1. Il avoit été capitaine dans le régiment de Balthazar ; « mais, ayant lâchement abandonné son service, il se jeta dans le parti ennemi. Il retint néanmoins injustement le nom de ce grand capitaine plutôt pour un témoignage de sa perfidie que pour une marque de sa valeur. » On l'appeloit en effet La Serre-Balthazar. En dernier lieu, « après s'être saisi du château de Budos, il se jeta dans Langon, où la vie lui fut donnée à condition qu'il rendroit ce château. Cependant, après cela, il revenoit encore dans le pays pour achever de le perdre. C'est pourquoi Balthazar envoya à Bazas un parti de quelques maîtres. Ceux-ci, avec quelques volontaires de la ville et les communes du pays, ayant appris que La Serre étoit à deux lieues de là, l'allèrent attaquer ; et après lui avoir rompu un bras d'un coup de mousquet, ils l'emmenèrent prisonnier dans Bazas. » (*Relation du secours jeté dans Villeneuve d'Agénois*, etc.) »

autres, l'une vers la courtine, du côté du soleil levant, et l'autre à celle du midi, pour abattre la galerie, qui du haut de la tour carrée incommodoit la tranchée; il pressa les attaques avec tant de vigueur et d'opiniâtreté que dans quatre jours il se rendit maître de la place. Les conditions furent que les meubles qui appartenoient au duc d'Épernon [1], au seigneur du lieu et à quelques particuliers de Bazas, seroient rendus. Balthazar, sans entrer dans la place, y laissa Saint-Micault [2] pour exécuter ses ordres; il ne cherchoit qu'à faire de nouveaux progrès. Pour cet effet, il partit avant le jour avec sa cavalerie, envoya le canon et l'infanterie à Antignac [3], où étoit Marchin, et se présenta devant Castel-Jaloux, d'où le régiment de Rouillac, qui y étoit en garnison, sortit avec les habitans pour l'escarmoucher. Il les repoussa tellement que peu s'en fallut qu'il n'entrât pêle-mêle avec eux. La

1. Bernard de Nogaret de La Valette, duc d'Epernon.
2. Pierre-Emmanuel Royer, comte de Saint-Micaut. Il se distingua, le 5 avril 1642, au siége de Collioure, dans une attaque où il commandoit cent hommes des régiments d'Enghien et de Conti. En 1644, capitaine dans Enghien et aide de camp, il fut blessé à la bataille de Fribourg; puis blessé encore une fois à la bataille de Lens en 1648. Après l'arrestation des princes, en 1650, il se jeta dans Bellegarde avec le comte du Passage; il essaya ainsi le premier en Bourgogne d'une résistance qui fut aisément vaincue par le duc de Vendôme. Gouverneur de Bazas en 1653, il rendit cette place aux troupes du roi le 16 avril. Pour le récompenser de ses services, le prince de Condé lui donna la mestre de camp du régiment de Condé à la création, en 1660.
3. En Saintonge, diocèse et élection de Saintes, parlement de Bordeaux, élection de La Rochelle; aujourd'hui canton de Saint-Genis, arrondissement de Jonzac, département de la Charente-Inférieure.

frayeur saisit si fort lesdits habitans, qu'ils se rendirent une heure après. Il accorda sauf-conduit au régiment de Rouillac, et prit à discrétion la compagnie de La Serre, lequel étoit déjà son prisonnier. Il envoya cette nouvelle à Marchin, et le conjura de venir déjeuner dans Castel-Jaloux. Il s'y rendit à sept heures du matin, et après une petite conférence il donna les ordres pour l'attaque du château, où il y avoit une forte garnison; il laissa Du Plessis, maréchal de camp, avec toute son infanterie, et prit sa marche vers Condom, où Balthazar avoit bonne intelligence, croyant de l'emporter, d'une façon ou d'autre, avant que les troupes qui étoient venues de Catalogne eussent joint Sauvebeuf et les autres lieutenans généraux. Il apprit en chemin que Du Plessis avoit été tué devant le château de Castel-Jaloux; ce qui l'obligea d'y envoyer Beauvais-Chantirac, aussi maréchal de camp. Poursuivant sa marche avec quinze cens chevaux, il arriva devant Condom. Le marquis d'Aubeterre [1] demanda à parler aux consuls, auxquels il remontra le danger où Condom s'exposoit s'ils ne lui ouvroient pas les portes; mais son discours fut sans fruit. Gouhas et Montcassin [2] étoient dans la ville, et leurs troupes à une lieue de là. Marchin désira de parler à Mont-

1. Pierre Bouchard d'Esparbez de Lussan, marquis d'Aubeterre, capitaine de cent hommes d'armes des ordonnances, gouverneur des provinces d'Agénois et Condomois. La *Gazette* le nomme parmi ceux qui « firent des mieux » à la bataille de Fribourg, en 1644.

2. Alexandre Montcassin, major du régiment de Picardie en 1629, lieutenant colonel en 1654. Il fut assassiné, cette année-là, par un lieutenant nommé Salmatoris.

cassin à cause de la particulière connoissance qui étoit entre eux; ils s'entretinrent quelque temps. Après s'être civilement séparés, Marchin dit à Balthazar qu'il falloit se retirer et rejoindre l'infanterie, afin de se rendre maître du château avant que les troupes venues de Catalogne eussent joint les autres pour lui tomber sur les bras, comme Montcassin l'en avoit assuré et donné cet avis en ami, et qu'il y avoit trois mille chevaux et autant d'infanterie. Balthazar lui répliqua que cela ne pouvoit pas être, et quand bien toutes les troupes du roi seroient ensemble, qu'elles ne pourroient faire que quatre mille hommes; mais qu'il falloit aller au devant d'elles et les charger avant leur jonction. Ce dessein étoit sans doute le meilleur; mais il ne fut pas suivi. Lorsqu'ils furent à Castel-Jaloux, Sauvebeuf et Mérinville [1] se présentèrent à une demi-lieue de ce lieu; le premier envoya par son trompette un cachet de défi à Marchin, que s'il vouloit sortir de son poste et venir dans la plaine où il étoit, qu'il lui livreroit bataille. Le jour auparavant Marchin avoit mis ses troupes en ordre devant Castel-Jaloux, à la réserve de quelques régimens qu'il avoit laissés devant le château, dans

---

[1]. Charles de Montiers, comte de Mérinville, comte de Rieu, capitaine des chevau-légers du Dauphin, lieutenant général, gouverneur de Narbonne, mort le 30 septembre 1689. Maréchal de camp en 1648, il commanda un corps détaché dans le camp de Tarragone. En 1653, il porta au roi, avec le comte de Montesson, la nouvelle de la pacification de la Guyenne. Après la paix, il retourna en Catalogne, et eut le commandement de l'armée dans l'année 1654, en l'absence du maréchal d'Hocquincourt et de don Joseph de Marguerit.

la créance qu'il seroit attaqué ; et comme il vit ce cartel, il fit réponse par le retour du trompette à Sauvebeuf qu'il savoit fort bien ce qu'il avoit à faire en ce rencontre, ayant déjà commandé des armées en chef ; qu'il étoit devant Castel-Jaloux, dans une belle plaine, où il feroit son devoir, et que Sauvebeuf verroit de faire le sien. Ce trompette étoit encore dans le camp de l'ennemi quand Marchin eut nouvelle que Sauvebeuf se retiroit sans attendre la réponse à son cartel. Balthazar crut obliger Marchin de les suivre, étant supérieur en infanterie ; à quoi il ne voulut consentir. Il les suivit avec deux escadrons, chargeant plusieurs fois l'arrière-garde ; et si Marchin l'eût soutenu avec le reste de ses troupes, il défaisoit celles du roi. La garnison du château, voyant la honteuse retraite des siens, se rendit le lendemain.

Après cette réduction, Marchin mit toutes ses troupes en quartier dans le Bazadois, en attendant d'autres canons pour l'attaque du Mas d'Agenois, qu'il assiégea quinze jours après, et le prit par assaut le cinquième jour. La Barthe [1], lieutenant-colonel du régiment de Guyenne, qui y commandoit, se sauva dans l'église, avec plusieurs autres officiers et habitans de la ville, où ils se rendirent prisonniers de guerre.

Le duc de Candale [2], qui ne faisoit que d'arriver pour commander l'armée du roi, auroit infailliblement secouru la place, si Merinville

---

1. Jean-Louis de La Barthe, seigneur de Giscaro. Il devint plus tard colonel du même régiment.
2. Jean-Louis-Charles Gaston de Nogaret de La Valette, duc de Candale.

avec ses troupes n'eût mieux aimé ses quartiers de rafraîchissement.

Ensuite de cette prise, Balthazar fit passer à cent cinquante chevaux la Garonne, à Thonins, dans un bateau qu'il avoit trouvé caché, où il apprit que le régiment des Gallères, et celui de cavalerie de Biron, qui n'avoient pu entrer dans Marmande, parce que les bourgeois s'y étoient opposés et avoient témoigné à Marsin qu'ils ne vouloient point de garnison, s'étoient retirés à Gontaut [1], lieu fermé de bonnes murailles, où, à la pointe du jour, Balthazar se trouva. Il commanda Faget et Gaston, avec cinquante chevaux, d'aller droit à la porte; qu'assurément elle seroit ouverte, parce que l'on ne se douteroit de rien, encore moins d'avoir vu passer la Garonne, car ils croyoient avoir tous les bateaux. Comme ils furent à la porte, il n'y avoit que le guichet ouvert, par où les chevaux ne pouvoient entrer; ils chargèrent la garde. Balthazar, soutenant les siens, fit mettre pied à terre; mais tout y étoit sous les armes, et le guichet ensuite fut fermé; ce qui l'obligea de se retirer à deux cens pas de là, et sommer la place de se rendre, leur offrant une composition; mais au lieu de l'accepter, ils mirent le feu et brûlèrent toutes les maisons et faubourgs hors de la ville. Balthazar manda à Marchin de lui envoyer de l'infanterie; qu'il tâcheroit de prendre ces deux régimens avant qu'il eût passé la Garonne avec le reste de ses troupes; ce qu'il

---

1. Canton et arrondissement de Marmande, département de Lot-et-Garonne.

fit, et lui envoya son régiment et celui de Conti, commandé par Bourgogne [1]. Il mit une pièce d'artillerie en batterie, qui tira tout un jour. Le lendemain, Marchin arriva; et sur le soir ils prirent la place, où tout fut fait prisonnier de guerre. Deux jours après, Balthazar alla avec quelques troupes vers Monsegnau [2], où il exhorta les habitans de se rendre, si mieux ils n'aimoient le pillage. Saint-George [3], qui en étoit gouverneur, lui dit que le duc de Candale étoit en marche pour le venir secourir, et qu'il étoit dans le dessein de périr plutôt que lui rendre la place; il se défendit six jours, au bout desquels il se rendit par capitulation.

Après cette prise et les autres exploits que Marchin et Balthazar avoient faits, ce dernier dit qu'ils avoient plus de pays qu'il ne leur en falloit pour les quartiers d'hiver de toutes ses troupes; qu'ils étoient très-fatigués; que la cam-

[1]. Louis de Bourgogne, mestre de camp du régiment de Conti. Il avoit été, en 1649, gouverneur de Brie-Comte-Robert pour la Fronde. Il fit la campagne de Catalogne en 1654, et « témoigna, dit la *Gazette*, beaucoup d'expérience et de valeur à la prise de Villefranche de Conflans », qui se rendit le 4 juillet. (*Extraordinaire du 24 juillet.*) Est-ce lui qui étoit, en 1646, capitaine et major au régiment de la reine?

[2]. N'est-ce point Monségur, ville et juridiction dans le Bazadois, en Guyenne, sur la rive gauche du Drot, diocèse de Bazas, parlement et intendance de Bordeaux, élection de Condom; aujourd'hui chef-lieu de canton, arrondissement de La Réole, département de la Gironde?

[3]. Il avoit fait, comme volontaire, la campagne de 1646 en Flandre, sous le maréchal de La Ferté. On le trouve, en 1678, brigadier d'infanterie et colonel du régiment du roi, après avoir été capitaine dans le même régiment. Son père étoit lieutenant des gendarmes du cardinal de Richelieu.

pagne avoit été longue; qu'il falloit songer de les faire bonnes et se maintenir pour la campagne prochaine, plutôt que de les consommer à gagner du terrain; que pour lui, qu'on lui donnât le régiment de Conti d'infanterie avec le sien de cavalerie, qu'il prendroit encore le régiment de Guitaut et de Leyran, qui étoient ruinés, il n'y avoit pas soixante chevaux en tous les deux, qu'il feroit remettre en état de service, et prendroit son quartier d'hiver l'épée à la main. Marchin embrassa ce dessein, tournant sa marche vers Sarlat, qu'il prit pendant que le duc de Candale suivoit Balthazar, qui passa à La Réolle le 19 décembre 1652, et alla ce même jour à Bazas, et d'une diligence incroyable arriva le 21 du même mois à Roquefort [1], et sans s'y arrêter, poussa sa marche, se saisit du château de Pojol [2]. Ceux du Mont-de-Marsan, avec lesquels il avoit intelligence, lui envoyèrent dire qu'il y entreroit avec son train et dix ou douze des siens pour l'accompagner. Il partit à la pointe du jour de Pojol, y laissant La Serre (auquel il avoit de rechef pardonné), avec soixante hommes de pied; il croyoit que le duc de Candale iroit plutôt au secours de Sarlat qu'après lui. Pourtant il avoit assuré Marchin, en se séparant d'avec lui, qu'il repasseroit la Garonne pour le rejoindre s'il étoit suivi par

1. Dans le Marsan, en Gascogne, au confluent de deux rivières, dont la Douze est la principale; diocèse d'Aire, parlement de Bordeaux, intendance de Bayonne; aujourd'hui chef-lieu de canton, arrondissement de Mont-de-Marsan, département des Landes.

2. Peut-être le Pujo, canton de Villeneuve, arrondissement de Mont-de-Marsan, département des Landes.

le duc, qui seroit en peine de quel côté aller, voyant ses deux différentes marches; que pour lui, il ne s'en mît point en peine, qu'il s'en démêleroit fort bien s'il étoit poursuivi. Comme il étoit en chemin pour aller au Mont-de-Marsan, Gaston, qui étoit resté à Bazas, le vint trouver, et lui dit que le duc de Candale venoit après lui avec toute sa cavalerie; auquel il répondit qu'on ne demandoit pas mieux, que Marchin prendroit Sarlac sans être inquiété. Cet avis lui fit changer ses ordres, et, au lieu que sa cavalerie devoit loger à la Rivière [1], il envoya Gaston pour la mener dans Grenade [2], où il avoit cent-vingt hommes du régiment de Conti. Ce duc marcha jour et nuit, croyant les trouver écartés dans les villages. Il y rencontra les régimens de Guitaud et Leyran, qui n'avoient pas voulu aller à Grenade avec les autres, pour être plus au large dans leurs quartiers, et qui furent enlevés. On donna cette nouvelle à Balthazar au Mont-de-Marsan, où il n'oublia rien pour engager le peuple dans le parti des princes, tant par argent qu'autrement; mais, comme le peuple s'alarme facilement, l'enlèvement de ses deux régimens commençoit à éteindre la flamme qui s'étoit allumée dans leurs cœurs pour l'intérêt des princes. Balthazar ne se soucioit pas beaucoup de cette perte, puisque les deux corps n'étoient pas considérables. Le duc de Candale fit sommer ceux de Grenade de se rendre, desquels il n'obtint rien. Il fit la même chose à ceux du Mont-

---

1. Commune d'Astaffort, arrondissement d'Agen.
2. Sur l'Adour, chef-lieu de canton, arrondissement de Mont-de-Marsan, département des Landes.

de-Marsan, leur écrivant qu'il avoit taillé en pièces toutes les troupes de Balthazar, et qu'ils eussent à se saisir de sa personne. Il s'arrêta devant Grenade un peu trop : car, si Mérinville, qui étoit avec ce duc, eût donné, ils eussent enlevé tous ces gens-là, ou, s'ils fussent plus tôt allés au devant du Mont-de-Marsan, ils auroient prévenu Balthazar, qui en sortit un moment avant leur arrivée. Il s'en alla à Tartas[1], où les habitans le reçurent, d'autant qu'ils croyoient que ceux du Mont-de-Marsan avoient aussi embrassé son parti. Il envoya l'Artet à Grenade pour faire venir son régiment à Tartas, avec ordre d'y laisser l'infanterie pour garder ce poste; mais ils y vinrent tous ensemble, à huit heures du matin. La Serre, duquel il espéroit qu'il tiendroit ferme dans Pojol, puisque le duc de Candale ne pouvoit s'y arrêter, et qu'il iroit, comme il fit après, vers Sarlac, s'alla rendre à lui, et trahit pour la quatrième fois son colonel, qui lui avoit pardonné tout le passé.

Le jour de Noël, le duc de Candale, après avoir écrit à ceux de Tartas d'arrêter Balthazar prisonnier, ou de ne lui donner point de retraite, ce qui n'étoit plus en leur pouvoir, se vint présenter à une demi-heure de la ville, et envoya inutilement aux habitans d'exécuter ses ordres. Poyanne[2] le devoit joindre; mais il aima

---

[1]. Ville avec sénéchaussée dans la Gascogne, sur la Midous, diocèse d'Acqs, parlement de Bordeaux, intendance d'Auch, élection des Landes; elle étoit fortifiée; aujourd'hui chef-lieu de canton, arrondissement de Saint-Sever, département des Landes.

[2]. Henri de Baylens, marquis de Poyanne, chevalier des ordres du roi, lieutenant général pour le roi en Navarre et

mieux se tenir dans Dax [1]. Le froid, qui étoit extraordinaire, obligea ce duc de se retirer le même jour au Mont-de-Marsan, laissant Tartas à Balthazar, qui ne se contenta pas de cela. Il l'accompagna, et prit plusieurs des siens à la retraite. Il fit loger ses troupes dans les faubourgs du Mont-de-Marsan, où il lui enleva quelque quatre-vingts chevaux. Il eut ce même jour la nouvelle que Marchin était devant Sarlac, qu'il faisoit battre; il partit après avoir reçu cet avis de Tracy [2], et prenant toutes ses troupes, lesquelles il avoit fort fatiguées après Balthazar, qui fut cause qu'il ne pouvoit y être à temps; et ayant manqué l'un et l'autre par la ruse de Balthazar, Sarlac se rendit à Marchin le premier jour de l'an 1653, qui y établit son principal

---

Béarn, gouverneur de Dax, Navarrens et Saint-Sever; mort à Dax en 1667.

1. Capitale du pays des Landes, en Gascogne, sur la rive gauche de l'Adour, avec un évêché, un présidial et une sénéchaussée; parlement de Bordeaux, intendance d'Auch; ville fortifiée, dépendant du gouvernement général de Navarre et Béarn; il y avoit un grand état-major; aujourd'hui chef-lieu d'arrondissement du département des Landes.

2. Il étoit, en 1647, commissaire général dans l'armée d'Allemagne et maréchal de camp. Il fut, avec Croissy, chargé de la négociation du traité signé le 20 avril entre le roi et le duc de Bavière. On lit dans les *Demandes des princes et seigneurs qui ont pris les armes avec le parlement et peuple de Paris*, s. l., 1649, in-4: « M. le duc de Longueville demande... qu'on mette en liberté le sieur de Trassi. » Il étoit donc en prison. Pourquoi? Nous ne le savons pas. Après l'arrestation des princes, en 1650, il alla rejoindre la duchesse de Longueville à Stenay; et l'auteur de l'*Apothéose de madame la duchesse de Longueville, princesse du sang*, s. l., 1651, in-4, le nomme parmi les gentilshommes qui « représentent la valeur de Mars. » Il s'appeloit Pierre de Pellevé, baron de Tracy.

quartier, y laissant pour gouverneur Chavaignac [1], avec le régiment d'Enghien et le sien d'infanterie. Deux mois après, le régiment de Marchin se noircit d'un crime dont la pensée fait horreur : le major Faujan eut intelligence avec Marin, sous prétexte d'aller voir Maesmir, aussi capitaine dans Marchin, qui commandoit au Mas d'Agenois, avec lequel il fit en sorte qu'il se révolta le premier, feignant d'avoir été surpris la nuit par Marin. De là, ce Faujan de nom et d'effet alla à Monségur [2], où étoient les deux régimens de Montpouillan, avec lesquels il complota si bien, que peu de jours après ils se révoltèrent aussi, et remirent la place au duc de Candale. Il vint ensuite à Bordeaux; et racontant cette nouvelle à Marchin et au prince de Conty, comme s'il n'en eût rien su, Marchin le renvoya à Sarlac, lui recommandant fort d'avoir soin de la place. Il ne demanda pas mieux, et ayant gagné son régiment, fit commettre l'action la plus inhumaine qui peut monter en l'esprit des hommes : il fit couper la gorge au régiment d'Enghien, à l'issue du souper que les officiers de l'un et de l'autre corps firent ensemble. Marin Chastellior [3] et les officiers de ses

---

1. François, comte de Chavagnac, frère aîné de celui dont on a des *Mémoires*. Il étoit maréchal de bataille au siége de Lerida, en 1646.

2. Ville et juridiction dans le Bazadois, sur la rive gauche du Drot, diocèse de Bazas, parlement et intendance de Bordeaux, élection de Condom; aujourd'hui chef-lieu de canton, arrondissement de La Réole, département de la Gironde.

3. Il s'agit assurément de Sainte-Colombe-Marin; mais pourquoi Balthazar l'appelle-t-il *Chastellior ?* Peut-être y a-t-il là une faute d'impression.

troupes qui étoient venus avec lui la nuit seulement avec dessein de se rendre maîtres de Sarlac, frémirent de ce carnage, après lequel ce régiment, qui avoit trempé ses mains dans le sang de ses amis, s'en alla au logis de Chavaignac, qui, à cause de sa goutte, s'étoit mis au lit avec sa femme [1], qu'il avoit ci-devant fait venir de l'Auvergne. Il jugea bien au bruit que l'on fit qu'il y avoit trahison dans la ville; mais il n'en connoissoit pas l'auteur, s'étant fort assuré de la fidélité de ces deux régimens. Il sort promptement du lit; voyant que son logis étoit assailli à grands coups de mousquets et pistolets par les officiers du régiment de Marchin et des principaux habitans de la ville, qui crioient: « Tuez Chavaignac! » il se cacha dans la maison, attendant l'événement de sa vie. Sa femme, se levant en chemise et cherchant aussi quelque lieu où elle pût être à couvert de cet orage, reçut trois ou quatre coups de pistolets, dont elle mourut deux jours après: l'on peut croire qu'on la prit pour son mari. Néanmoins l'action fut si noire, que toute bonne âme en demeura saisie de frayeur. Chavaignac alla porter le deuil de sa femme à Agen, où il fut conduit prisonnier par Marin au duc de Candale, qui le renvoya au bout de quelques jours à Bordeaux, sur sa parole, afin de faciliter son échange avec Bougy, prisonnier de Balthazar, qui lui fut accordé [2].

1. Charlotte d'Estaing; elle étoit sa cousine.
2. On a vu plus haut que la *Gazette* ne parloit point de cet échange. — Sur ce sanglant épisode de Sarlat, on peut consulter notre édition des *Mémoires de madame de La Guette*, pages 131-33, Bibliothèque elzevirienne, P. Jannet, 1856.

En ce temps-là les troupes des princes qui étoient du côté de Sarlac furent battues et chassées de leurs quartiers par les troupes du roi, commandées par Bousquet [1]. Le marquis d'Aubeterre se retira, après avoir vu périr à ses côtés tous ses officiers et domestiques, qui ne le voulurent jamais abandonner. Duvouldy [2], qui commandoit les gens d'armes, y fut fait prisonnier lorsqu'il croyoit s'être sauvé, avec plusieurs officiers de ce corps, qui s'étoient mal défendus en ce rencontre. Toutes les places qui avoient tenu le parti des princes se remirent à l'obéissance du roi, excepté celles qui ne le pouvoient pas faire. Le comte de Doignon, ne se croyant plus assuré dans Brouage et l'île d'Oleron, ni ailleurs, après qu'il eut reçu de grandes sommes d'argent d'Espagne, traita avec le roi, qui le fit maréchal de France, en lui remettant ses places; ce qui porta grand préjudice au parti des princes.

Durant ces discordes, Balthazar étoit à Tartas, qu'il avoit fait fortifier. Il n'épargna rien pour cela, d'autant qu'il avoit été averti que la cam-

1. Bosquet, du Bosquet, quelquefois Bocquet. Lieutenant au régiment d'Houdancourt en 1637, il étoit en 1640 lieutenant colonel au régiment de Bourdonné, et aide de camp devant Arras. En 1646, le duc d'Enghien le laissa pour commander dans Furnes, qu'il venoit de prendre; Bosquet étoit maréchal de bataille. Il fut nommé gouverneur de Furnes en 1648. Nous le trouvons maréchal de camp, en 1654, au siége de Puycerda. Le 10 août 1658, il fut appelé, pour la troisième fois, au gouvernement de Furnes.

2. Il étoit lieutenant des gendarmes d'Enghien et maréchal de camp Il avoit servi, en 1648, comme aide de camp à la bataille de Lens. Quel rapport de parenté avoit-il avec le financier du Vouldy, beau-frère de Cornuel?

pagne se commenceroit par l'attaque de cette place; mais ce dessein fut rompu par un meilleur, que Choupes [1], venant de Bordeaux, avoit proposé à la cour, ou en soi-même, ou par autrui. Ensuite de cela, toutes les troupes du roi alloient de ce côté-là. Le 17 janvier 1653, Balthazar envoya ordre au reste du régiment de Conti qu'il avoit laissé à Bazas, et à Saint-Micaut, de s'en aller en toute diligence à Roquefort [2], que le baron de Marsan [3] voulut rendre au chevalier d'Aubeterre, qui étoit au Mont-de-Marsan avec cinq cens chevaux, le régiment Sainte-Mesme et celui de Saint-Luc d'infanterie; où étant arrivé, ce chevalier leur donna sur la queue, et défit la compagnie de cavalerie de Saint-Micaut.

Les habitans ne voulurent pas laisser entrer le régiment de Conty, qui se posta dans le faubourg, et les troupes du roi devant la ville, jusqu'à la nuit, qu'ils se retirèrent à la Bastide et à Saint-Justin [4]. Balthazar, ayant eu avis de tout cela, partit la nuit de Tartas, et se rendit, lui avec Prugues [5] et vingt autres, à neuf heures du

---

[1]. Émard ou mieux Aymar de Chouppes, lieutenant de roi du Roussillon, gouverneur de Belle-Isle, lieutenant général. Il a laissé des *Mémoires* qu'on ne lit peut-être pas assez.

[2]. Ville dans le Marsan, en Gascogne, au confluent de deux rivières, dont la Douze est la principale; diocèse d'Aire, parlement de Bordeaux, intendance de Bayonne; aujourd'hui chef-lieu de canton, arrondissement de Mont-de-Marsan, département des Landes.

[3]. François de Montesquiou, seigneur de Marsan. Il vivoit encore en 1662.

[4]. Bourg en Gascogne, diocèse d'Aire, parlement de Bordeaux, intendance d'Auch; aujourd'hui commune du canton de Roquefort.

[5]. Il commandoit le régiment de Guitaut.

matin, à Roquefort. Il y entra, quoi que le baron de Marsan eût su faire. Il trouva donc les troupes du roi qui étoient revenues devant la ville, comme le jour précédent, et les siens dans le faubourg, qu'il fit entrer aussitôt, se saisit du château et de l'église, et sortit avec les vingt chevaux qu'il avoit amenés, et deux cents hommes de pied, qui saluèrent les troupes que commandoit le chevalier d'Aubeterre, qui fut fort surpris, ne sachant ce que c'étoit. Il se retira bien vite, et s'en alla vers Villeneuve [1] et Saint-Sever [2], laissant trente hommes du régiment de Sainte-Mesme dans le château de Saint-Justin, que Balthazar força le jour suivant, les faisant prisonniers de guerre. De là il alla à la Bastide pour y mettre le débris des régimens de Guitaut et de Leyran en garnison, avec soixante hommes du régiment de Conty. Il demeura quatre heures avec eux, leur donnant ordre de se bien barricader dans le lieu et dans l'église, afin de n'être pas enlevés une seconde fois ; mais il ne les eut pas sitôt quittés que le chevalier d'Aubeterre les enleva, bien qu'ils fussent dans l'église, et se rendirent très-lâchement. Aussi Balthazar ne les regretta point, ne lui ayant pas donné le temps depuis la minuit jusqu'à neuf heures du matin, qu'il se rendit de Roquefort à la Bastide avec cavalerie et infanterie pour les secourir ; mais

---

1. Villeneuve-de-Marsan, dans la Gascogne, diocèse d'Aire, parlement de Bordeaux, intendance d'Auch; aujourd'hui chef-lieu de canton, arrondissement de Mont-de-Marsan, département des Landes.
2. Sur la rive gauche de l'Adour ; chef-lieu d'arrondissement du département des Landes.

les troupes du roi furent déjà à Villeneuve et au Mont-de-Marsan.

A son retour à Roquefort, il trouva Baas[1], maréchal de camp, qui venoit de Bordeaux, auquel il laissa six compagnies de cavalerie de son régiment avec celui de Conty, qui mit la place en état de se bien pouvoir défendre, et s'en retourna à Tartas, qu'il rendit très-fort; où étant, le chevalier d'Aubeterre détacha un parti du Mont-de-Marsan de vingt-sept chevaux vers Tartas. Balthazar en fut averti, leur donna la chasse, lui treizième, et de vingt-sept en prit vingt-quatre, qu'il renvoya ensuite au chevalier, qui l'en avoit sollicité. Il mit ensuite ses troupes en quartier d'hiver; ce qui lui fut ordonné par le duc de Can-

---

1. Major au régiment de Persan, le baron de Baas eut part, en 1650, au mouvement de la Bourgogne. La princesse de Condé le dépêcha de Bordeaux au baron de Vatteville le 11 juin de la même année, avec pouvoir de la comprendre dans le traité de la duchesse de Longueville et de Turenne avec les Espagnols. Il étoit maréchal de bataille dans l'armée des princes. En 1651, il prit possession de la grosse tour de Bourges pour le prince de Conti. On le voit en 1653 adjoint au vicomte de Virelade, qui alloit négocier la paix de Bordeaux à Bègle avec le duc de Candale. La *Gazette* le nomme parmi ceux qui servirent avec distinction devant Arras en 1654. Il fut nommé, en 1657, sous-lieutenant des mousquetaires de la garde du roi, qui venoient d'être rétablis. En 1658, il suivit le duc de Navailles en Italie, fit la campagne en qualité de lieutenant général, et reçut du duc de Modène le gouvernement de Mortare. L'année suivante, il resta chargé du commandement de l'armée après le départ du duc de Navailles. Il passa, en 1660, au service du duc de Modène, et eut la direction générale de l'artillerie et de toutes les places. Enfin nous le retrouvons en 1674 vice-roi des îles d'Amérique.

Le baron de Baas étoit originaire du Béarn, où il possédoit la seigneurie de Sirvois.

dale et de Tracy, Balthazar faisant contribuer pour la subsistance des siens les Landes jusqu'à Dax, même les faubourgs de Saint-Sever et du Mont-de-Marsan. Il prit le château de Cauna [1], tout contre Saint-Sever, où il mit garnison, qui harceloit fort ce pays. Il défit, cet hiver, plusieurs partis et compagnies du régiment du chevalier d'Aubeterre. Doron, un de ses capitaines, fut défait, et lui prisonnier avec deux de ses compagnies et quarante chevaux de Poyanne. Au commencement du mois de juin, ce chevalier ayant ramassé toutes les troupes que le duc de Candale lui avoit laissées, vint à Saint-Sever, où il passa avec quelques méchantes pièces d'artillerie, prit sa marche vers Saint-Justin et s'en saisit, d'autant que le commandant ne voulut point attendre de souffrir le canon. Le régiment de Sainte-Mesme, qui avoit eu ordre d'aller vers la Picardie, voulant se faire payer de quelque argent que Saint-Sever lui devoit, fut enlevé par Balthazar; cinq ou six capitaines y furent tués ou prisonniers; tout le bagage fut pris et quelque deux cents hommes. Le reste s'étoit retiré dans une maison, où ils se défendoient; mais ils obtinrent de Balthazar qu'ils se retireroient et ne serviroient d'un mois, ce qu'ils lui baillèrent par écrit. Et pendant qu'on traitoit il se passa plus de trois heures. Quelque fuyard, dès la pointe du jour, lorsqu'ils furent attaqués, avertit le chevalier d'Aubeterre, qui avoit trois régimens de cavalerie; et au lieu que Balthazar le croyoit encore à

1. Commune dans le canton et arrondissement de Saint-Sever, sur la route de cette ville à Tartas, département des Landes.

Saint-Justin, il étoit à Villeneuve, à deux lieues de Saint-Sever, qui lui tomba sur les bras, où il étoit devant ses gens, eut avis de Cauna, où il avoit fait dessein de repaître, lorsqu'on lui vint dire que l'ennemi étoit bien près d'eux; et en même temps il vit deux escadrons de l'autre côté de la rivière qui alloient vers Cauna. Il renvoya celui qui lui porta cette nouvelle, et fit dire aux siens de gagner la rivière[1] et ne s'y point amuser; qu'il les attendoit au gué, où on disputeroit le passage, et que les cinquante Irlandois qu'il avoit devoient cependant couler le long de la rivière vers Mugron[2]; ce qu'ils firent, et se sauvèrent par ce moyen. Balthazar passa la rivière avec l'Artet, où jamais il n'y eut gué, parce qu'il se voyoit coupé deçà et delà la rivière. Étant passé, il joignit les siens au gué de Sappose, où il prit les mieux montés et fit la retraite. Il perdit environ trente cavaliers, les plus mal montés, et pas un officier. Il n'avoit eu que quatre-vingts chevaux en tout, cinquante Irlandois, et La Croix, qui commandoit dans Cauna avec vingt fusiliers, qu'il renvoya dans son château. Cependant le chevalier d'Aubeterre le poursuivit jusque dans les Landes, à une demi-lieue près de Tartas, qui, à son retour à Saint-Sever, écrivit au duc de Candale qu'il avoit entièrement défait quatre cents chevaux à Balthazar et toute son infanterie, quoiqu'on savoit très-bien que depuis le com-

---

1. La rivière de la Douze.
2. Ville au pays des Landes de Gascogne, diocèse de Dax, parlement de Bordeaux, intendance d'Auch; aujourd'hui chef-lieu de canton, arrondissement de Saint-Sever, département des Landes.

mencement que le duc de Candale avoit enlevé les deux régimens de Guitaud et de Leyran, il ne lui étoit resté que son régiment de cavalerie, duquel la moitié étoit dans Roquefort et l'autre dans Tartas, qui faisoit peut-être trois cents chevaux, avec lesquels il lui donnoit bien de la peine durant l'hiver dans toutes les rencontres, où il eut toujours l'avantage, quoique ce chevalier eut cinq ou six régimens des meilleurs de l'armée du roi contre un seul; il avoit celui du Grand-Maistre et les deux de Créquy, les sieurs Poyanne et Bougy. Il donna souvent de ses nouvelles à son général du contraire de ce qui se passoit; mais, par un désir de paroître, il faisoit gloire de déguiser la vérité[1].

Ce chevalier fit ensuite le siége de Cauna avec les deux pièces de canon, le faisant battre huit jours sans le pouvoir prendre. A la fin les Irlandois que Balthazar y avoit mis se saisirent de La Croix, commandant, et le livrèrent avec le château; car autrement il ne devoit espérer qu'une

---

1. Voici le récit que nous trouvons dans la *Gazette*, Extraordinaire du 18 juillet : « Le 16 juin, Balthazar fit quelques prisonniers du régiment de Sainte-Mesme à Loubans, hameau à un quart de lieue de Saint-Sever. » Le lendemain, le chevalier d'Aubeterre le fit attaquer par quarante coureurs et six officiers. « Les ennemis prirent la fuite à l'abord des nôtres, et, comme s'ils eussent eu mille chevaux à leurs trousses, avec tant de précipitation, que le colonel Balthazar et deux autres chefs traversèrent la rivière à la nage à deux cens pas du gué par lequel ils s'étoient proposé de se sauver... Tellement que depuis Saint-Sever jusqu'à Tartas, ce ne fut que fuite, prise ou tuerie de la cavalerie ennemie. » L'infanterie fut ensuite défaite entièrement avec l'aide des habitans de Saint-Sever, « sans qu'il s'en sauvât un seul qui ne fût pris ou tué. »

honteuse retraite de devant ce méchant lieu. Pendant ce siége, la cavalerie de Tartas affoiblit grandement ses troupes par le nombre des prisonniers qu'elle fit des siens; ceux de Roquefort l'incommodèrent aussi de leur côté, et tous ensemble l'obligèrent à quitter son poste. Il passa à Sainte-Croix [1], et y fit mettre le feu dans les blés, où il le pouvoit. Un parti de Tartas lui prit ce jour-là cent vingt hommes des régimens de Saint-Luc et de Sainte-Mesme. Le jour suivant, il tira vers Pontous [2], où il fit le même dégât et perdit plus de quatre-vingts chevaux, que ceux de Tartas lui prirent. Lorsqu'il fut à Pontous, il s'y barricada, au lieu d'assiéger Tartas. Poyanne et lui envoyèrent au duc de Candale pour avoir encore de l'infanterie, l'assurant de la prise de Balthazar et de Tartas; mais ils se morfondoient à Pontous, sans y faire autre chose. En ce temps-là les affaires des princes empiroient du côté de Bordeaux. Bourg étoit assiégé par les ducs de Vendôme [3] et de Candale, par mer et par terre. Don Joseph Ozorio, qui y commandoit, se défendit très-mal et se rendit par capitulation [4]. Il se retira avec sa garnison en Espagne, où il fut arrêté et mis dans le château de Saint-Sébastien; et après l'examen des commissaires il eut la tête tranchée. Et en effet, il étoit coupable; car la

1. Bourg en Gascogne, près de la rive gauche de la Douze, diocèse de Dax, parlement de Bordeaux, intendance d'Auch; aujourd'hui canton de Tartas, département des Landes.
2. Au pays des Landes, en Gascogne, près de la rive droite de l'Adour, diocèse de Dax, parlement de Bordeaux, intendance d'Auch; aujourd'hui canton de Tartas.
3. César, duc de Vendôme, fils légitimé de Henri IV.
4. Le 5 juillet 1653. La tranchée avoit été ouverte le 29 juin.

place étoit forte. Marchin, peu de jours auparavant, y avoit jeté du secours et quantité de vivres par la rivière de la Dordogne, à la face de l'armée navale de Vendôme. Les Irlandois qui étoient à l'Ormont[1], étant sollicités par le colonel Hamilton, que Marchin avoit congédié et donné passe-port pour s'en aller à Paris, se rendirent au duc de Vendôme, et le château de même. Marchin, se voyant assailli dans Bordeaux de tous les côtés, ne savoit comment faire subsister ses troupes, l'argent ayant manqué, les Bordelois n'en voulant plus fournir, jugeant ne pouvoir être secourus par le marquis de Sainte-Croix, que l'on attendoit avec une armée navale d'Espagne, mais qui ne venoit point. Cette espérance avoit fait refroidir les habitans dans le parti des princes, d'où ils en avoient du repentir, appréhendant que de là naîtroit leur malheur et leur ruine. Marchin, pour ne pas secouer par lâcheté le faix pesant des affaires des princes, le vouloit soutenir de tout son pouvoir. Il écrivit au marquis d'Aubeterre, qui étoit à Villeneuve-d'Agenois, de venir, et lui-même alla le 10 mai 1653 à Tartas, pour conférer avec Balthazar sur ce sujet. A son retour à Bordeaux, les troupes du roi commencèrent à s'avancer vers cette place. Les conspirations et trahisons le tenoient dans une continuelle crainte, surtout celle de Théobon ; le dessein étoit fort étrange, puisqu'il vouloit faire massacrer jusqu'aux princes et prin-

---

[1]. Bourg et juridiction dans le Bordelois, diocèse, parlement, intendance de Bordeaux ; aujourd'hui canton du Carbon-Blanc, arrondissement de Bordeaux, département de la Gironde.

cesses[1]. Marchin en donna avis à Balthazar, auquel le prince de Conty, Marchin et Lenet[2] envoyèrent des lettres pour le marquis de Sainte-Croix et Vatteville, le priant de les leur envoyer par quelqu'un de ses gens à Saint-Sébastien; ce qu'il fit avec beaucoup de peine, et eut réponse qu'ils seroient plus tôt dans la rivière de la Garonne qu'il ne seroit dans Bordeaux, quand il partiroit de Tartas aussitôt qu'il auroit reçu leurs lettres. Balthazar, sur cet avis, donna ordre pour son départ, envoya quérir Pruyères[3] de Roquefort à Tartas, et lui donna des gens pour les amener avec lui pour attaquer Saint-Justin; mais qu'il le falloit prendre dans deux fois vingt-quatre heures, et qu'il amuseroit cependant le chevalier d'Aubeterre à Pontous, afin qu'il ne tombât sur eux avant que d'avoir pris ce château; ce qui fut

1. Les pamphlets ne nous fournissent rien sur cette conspiration de Théobon. Dom Devienne dit : « Le marquis de Théobon, quoique zélé frondeur, s'étant brouillé avec le comte de Marsin, envoya un homme de confiance à Blaye concerter avec le duc de Saint-Simon les moyens de lui livrer la ville. On se douta de son dessein. Se voyant découvert, il sortit de Bordeaux, où il continua néanmoins d'entretenir des intelligences avec les conseillers Mosnier et Desbordes. » Ces intelligences lui permirent d'organiser le complot, où Filhot, trésorier de France à Montauban, joua le principal rôle; mais il s'agissoit d'ouvrir les portes de Bordeaux aux troupes du roi, et pas du tout de massacrer les princes et les princesses. Jacques Filhot fut, dans cette circonstance, un fidèle et courageux citoyen, dont le prince de Condé lui-même voulut plus tard récompenser la générosité par une pension de mille écus.

2. Pierre Lenet, procureur général au parlement de Dijon, l'un des plus actifs agents du prince de Condé. Tout le monde a lu ses *Mémoires*.

3. Il faut apparemment lire de Prugues.

exécuté. Ce chevalier, ayant appris qu'on l'attaquoit, y accourut avec six escadrons, et, quand il fut au Mont-de-Marsan, on lui annonça la prise. Le capitaine Antoine[1], qui commandoit avec deux compagnies, y fut fait prisonnier de guerre. Le chevalier s'en retourna à Pontous. Balthazar choisit cent chevaux des siens et partit pour Bordeaux sans être poursuivi de ce chevalier, qui donna du chagrin au duc de Candale, lequel apprit que Balthazar venoit pour se jeter dans Bordeaux. Il alla au-devant avec quatre cents chevaux ; mais il ne le put empêcher d'y entrer à plein midi. Ce chevalier, sachant le départ de Balthazar, prit toute sa cavalerie et son infanterie, et alla à dessein de se saisir du faubourg de Tartas, où il se vouloit poster. Étant arrivé, les ennemis sortirent de la place et le repoussèrent avec perte des siens ; plusieurs officiers y furent faits prisonniers et menés dans la ville ; il n'eut que la peine de retourner à Pontous, où il demeura sans oser plus rien entreprendre. Ceux qui étoient affectionnés au parti des princes furent ravis de l'arrivée de Balthazar à Bordeaux, et les autres en eurent du déplaisir, parce qu'il avoit beaucoup de crédit parmi le peuple. Il alla voir Marchin le premier, qui lui fit connoître le mauvais état où il étoit, et il lui dit que Choupes étoit allé à la cour avec la permission du prince de Conti, qui témoignoit être las de la guerre, et qu'il se vouloit retirer à Rome. Balthazar lui

---

1. Il étoit capitaine au régiment de Champagne. Après la pacification de la Guyenne, il passa en Catalogne, et emporta de force, avec sa seule compagnie, le château de Bourassan, en 1656.

dit qu'il s'étonnoit que ce prince songeât à abandonner les intérêts du prince de Condé, son frère, et ceux de Bordeaux; qu'il se falloit défendre, alléguant que les troupes du roi n'étoient pas assez puissantes encore pour les attaquer, et moins pour les prendre, et que tout cela n'étoit rien, pourvu que Choupes ne tramât autre chose à la cour de la part du prince de Conti. Marchin lui dit qu'il étoit dans cette appréhension, puisque Choupes étoit de retour à l'armée du roi. Après ce discours ils allèrent ensemble voir ce prince, la princesse de Condé et la duchesse de Longueville, et quelques jours se passèrent en conférences sur ce qui étoit à faire. L'on attendoit à toute heure le secours de Saint-Sébastien, et surtout le jour de Saint-Jacques, auquel les Espagnols ont accoutumé de faire éclater leurs grands exploits; mais cette espérance fut semée en l'air, où on ne moissonne que du vent. Alors la plupart des courages furent abattus, de sorte que les intérêts des princes n'étoient plus dans leur souvenir. Leurs ennemis prirent le ruban blanc et crioient par toutes les rues de Bordeaux : «Vive le roi et la paix[1]!» Sur

1. Il y eut plusieurs démonstrations de ce genre dans le mois de juillet. Le 10, par exemple, quelques jeunes gens, à la tête desquels étoit un nommé Desbat, allèrent devant le Palais crier qu'il falloit demander la paix. Desbat fut arrêté; mais les bouchers obligèrent le prince de Conti lui-même de le relâcher. Le 17, dit la *Gazette*, les bourgeois informés qu'on vouloit mettre Balthazar dans l'hôtel de ville; «les plus lestes d'entre eux, composés de la jeunesse, s'assemblèrent pour l'empêcher, et ne permirent qu'au prince de Conti d'y entrer.» Pendant l'assemblée du 20, à l'archevêché, dont Balthazar va parler tout à l'heure, on plaça des drapeaux

cette nouvelle, le duc de Vendôme fit avancer ses vaisseaux jusqu'à la portée du canon, pour voir s'ils pourroient être reçus, puisqu'on se déclaroit si ouvertement contre les princes. Balthazar sortit avec plusieurs officiers, et, comme il étoit aimé du peuple, il eut le pouvoir de faire tirer les canons de la ville et des vaisseaux sur ceux du duc de Vendôme, desquels plusieurs furent tués et blessés; ce qui l'obligea à faire retirer ses vaisseaux. Balthazar revint dans la ville, et fit en sorte que le comte d'Auteuil[1], gou-

---

blancs sur la porte du Caillau et sur les clochers de Saint-Michel, de Saint-Pierre et de Saint-Remi. On avoit préalablement enlevé du clocher de Saint-Michel le drapeau rouge des Ormistes.

1. Charles Combauld, deuxième du nom, seigneur de Fercourt, la Boisière et autres lieux, baron d'Auteuil, mort en 1670. « Il a l'honneur d'être un peu fou par la tête, dit Tallemant des Réaux.... Pour cajoller le cardinal de Richelieu, cet homme alla faire l'histoire de tous les ministres d'État; et il veut à toute force que chaque roi ait un premier ministre. Depuis, M. le Prince d'aujourd'hui, je ne sais par quelle rencontre, l'alla mettre auprès du duc d'Enghien, où il ne fut pas longtemps. » (*Historiette de la présidente Perrot.*) Tallemant ajoute : « Il fit une belle généalogie, bien imprimée, et prit l'épée. » Cette généalogie parut en 1629, à Paris, chez Mathurin Hesnault. Elle est signée de Pierre d'Hozier et porte pour titre : *Généalogie et alliances des sires de Lardour, dits depuis de Combauld, sortis autrefois puinés de la première race de Bourbon non royale dès devant l'an 1200, et après rendus aisnés d'icelle par la chute en femmes des deux branches aisnées, et aujourd'huy par l'extinction de toutes les autres, seuls restés de la ligne masculine, justifiée par les histoires manuscrites et imprimées, chartres d'église, titres publics et particuliers, et par autres bonnes et certaines preuves dont la plupart est énoncée dans l'arrêt de la Cour des Aydes de Paris donné avec légitime contradicteur pour la confirmation et maintien de la noblesse de cette famille, inscrit en la seconde partie du livre, in-4°.*

verneur du duc d'Enghien[1], fit un tour par la ville avec ce jeune prince pour fortifier et animer le peuple, et à leur retour ils en informèrent la princesse. Ensuite de cela, Marchin, Lenet, d'Auteuil et Balthazar avoient résolu de mettre en sûreté le duc d'Enghien; que ce dernier le mèneroit avec sa cavalerie à Tartas, et de là à Castellion en Espagne. Ce dessein fut arrêté par l'assurance que tous les bourgeois de Bordeaux donnèrent qu'ils ne feroient pas d'accommodement sans y comprendre le duc d'Enghien, la princesse sa mère, et la duchesse de Longueville. Il se fit une assemblée des principaux de la ville dans l'archevêché, où le prince de Conti, les princesses, le duc d'Enghien, Marchin, Balthazar et tous les officiers généraux assistèrent. Ceux de la ville proposèrent qu'il ne fût plus parlé de l'Ormée[2], qu'on eût à les abandonner;

Le baron d'Auteuil étoit chevalier de l'ordre du roi. Il avoit reçu le collier le 4 février 1628, des mains du maréchal de La Châtre.
1. Henry Jules de Bourbon-Condé, duc d'Enghien.
2. Faction populaire, qui prenoit son nom d'une place plantée d'ormes, située aux environs de l'église de Sainte-Eulalie, et où elle tenoit ses assemblées publiques. Elle avoit une juridiction qui s'appelloit *Chambre de l'Ormière*, et dont les sentences étoient sans appel. Son règlement obligeoit chacun de ses membres à exposer sa vie et ses biens pour soutenir qu'ils avoient le droit de donner leurs voix dans les assemblées générales de la maison commune; à soumettre tous leurs différends à des arbitres choisis dans la compagnie; à prêter de l'argent sans intérêt à ceux des coassociés qui seroient dans le besoin; à défendre les veuves et les enfans de ses confrères, etc. (*Article de l'union de l'Ormée et de la ville de Bordeaux*, Paris, sur un autre imprimé à Bordeaux, 1652, in-4.) Le prince de Conty avoit d'abord opposé l'Ormée au parlement et à ceux qui recevoient la di-

qu'il falloit songer à un prompt accommodement, alléguant la famine, bien qu'il y eût du blé pour plus de six mois, et qu'on donneroit avis au prince de Condé. Peu de jours après chacun demandoit des passe-ports aux ducs de Vendôme et de Candale; comme Marchin, qui envoya La Guette[1] à l'Ormont, qui lui en apporta un du duc de Vendôme qui ne le satisfit point du tout. Enfin, Marchin dressa un état des articles qu'il demandoit. Balthazar, le voyant, lui dit qu'il falloit, puisqu'ainsi étoit, faire la capitulation pour toutes les places et troupes qu'ils avoient en Guyenne, et non pas pour Bordeaux seul; qu'ils iroient tous ensemble joindre le prince de Condé, ou qu'ils se retireroient en Espagne, et que c'étoit lui rendre un bon service; qu'il ne falloit plus rien espérer de Périgueux, de Villeneuve, de Birgirac, de Sainte-Foi[2], non plus que de Tartas et de Roquefort, lesquelles places ne seroient jamais secourues des Espagnols, puisque Bor-

rection de Marsin pour le prince de Condé; mais bientôt la faction ne voulut plus obéir qu'à ses chefs, dont les principaux étoient Villars et Dureteste. Elle remplit la ville de troubles et de confusion. Le 2 juillet, entre autres, elle attaqua l'hôtel de ville, et, pour empêcher la populace de piller la maison du président Pichon, il fallut y porter le Saint-Sacrement. (*Relation véritable de tout ce qui s'est fait et passé dans la ville de Bordeaux à l'hôtel de ville par ceux de l'Ormière, avec la prise de trois pièces de canon et autres bagages*, Bordeaux, Guill. de La Court, 1652, in-4.

1. Jean Marius, ou Mario, écuyer, sieur de La Guette. Les *Mémoires* de madame de La Guette sont bons à consulter en cet endroit.

2. Ville fortifiée, sur la Dordogne, dans l'Agénois, diocèse d'Agen, parlement et intendance de Bordeaux; aujourd'hui chef-lieu de canton, arrondissement de Bergerac, département de la Dordogne.

deaux et Bourg, où consistoit tout leur salut, ne l'avoit pas été. Baas étoit de cet avis; mais Marchin disoit qu'il falloit ménager les intérêts des princes : c'est qu'il croyoit d'avoir par là une meilleure composition; ce qui ne se pouvoit faire qu'au préjudice du marquis de Chanlot, gouverneur de Périgueux, de Balthazar et de quelques autres qui avoient encore des places; de sorte que Balthazar lui dit que de cette façon il ne vouloit pas être compris dans ce traité. L'on envoya les articles aux ducs de Vendôme et de Candale.

Balthazar demanda la permission au prince de Conti de faire son accommodement, puisqu'on s'y prenoit si mal; ce qu'il lui donna par écrit. Il envoya l'Artet à Begle [1], auquel le duc de Candale avoit fait dire souvent de songer à lui, l'assurant que tous les autres officiers généraux qui avoient pu faire le leur n'avoient pas attendu l'extrémité comme lui, et qu'il avoit envoyé naguères un gentilhomme à Tartas pour lui faire cette proposition, qu'il le serviroit encore dans cette occasion. Le duc de Vendôme avoit employé deux capucins pour lui proposer la même chose, sans avoir rien pu obtenir de lui. Enfin l'Artet lui rapporta pour la seconde fois que le duc de Candale lui promettoit et donnoit sa parole par écrit qu'on le maintiendroit dans ses charges et honneurs, qu'on lui

---

1. C'est un petit village au sud-est de Bordeaux, près de la rive gauche de la Garonne, où étoit le quartier général du duc de Candale. Les négociations pour la paix y avoient été entamées quelques jours auparavant par le vicomte de Virelade.

entretiendroit les vingt compagnies de cavalerie et trente d'infanterie qu'il avoit pour lors dans Tartas et Roquefort, auxquelles places on donneroit l'amnistie en bonne forme, et qu'on lui payeroit quelque argent qu'il avoit avancé pour le roi, la levée de son régiment de cavalerie, ses pensions et autres choses qui lui étoient légitimement dues; que Bougy et Saint-Germain seroient ses répondans, et qu'on lui tiendroit de bonne foi tout ce que dessus. Il remit ses places entre les mains du duc de Candale, suivant sa parole donnée, sur l'espérance qu'on effectueroit ce que ce duc lui avoit promis. Il prit ses gens et s'en retourna à Tartas, disant avant de partir qu'il ne tenoit plus pour les Espagnols [1]. Cette nouvelle surprit fort Marchin, qui appréhendoit; mais il étoit très-certain que Balthazar ne dit rien au duc de Candale qui lui pût nuire, moins au duc d'Enghien et à madame la Princesse, pour le grand respect qu'il avoit toujours porté à l'un et à l'autre. Il dit au duc de Candale qu'on avoit beau leur refuser ce qu'ils demandoient par les articles que Marchin leur avoit envoyés, ou les attaquer par force, qu'on n'avanceroit rien du tout; que les habitans de Bordeaux avoient juré de ne les point abandonner, et qu'il croyoit qu'on feroit fort bien de leur donner une bonne et sûre retraite; ce qu'il leur fut ac-

1. Il partit pour Tartas le 26 juillet 1653. La *Gazette* du 5 août contient une lettre de Lormont le 30 juillet, où l'accommodement de Balthazar est annoncé tout simplement en ces termes: « Balthazar prend parti dans nos troupes. » et Dom Devienne dit: « Le colonel Balthazar prit parti dans l'armée royale avec six cents fantassins et quatre cents chevaux. »

cordé ponctuellement. Ainsi la réduction de Bordeaux dans l'obéissance de son roi se fit à la fin du mois de juillet [1]. Chanlot, qui étoit dans Périgueux, avoit eu ordre depuis peu de Marchin de tenir toujours bon pour son maître, lui promettant un puissant secours; à quoi Chanlot s'attacha fort vigoureusement; mais le colonel La Roque, qui y étoit, prévoyant quelque funeste malheur, en sortit avec son régiment de cavalerie; enfin un habitant tua Chanlot d'un coup de fusil. La garnison se rendit prisonnière [2]; de sorte qu'il ne resta aucune place en Guyenne qui ne se soumît à l'obéissance de son roi, et qui ne sentît une vive douleur de s'être séparée de son prince.

Puisqu'en cette histoire il est si souvent parlé de Balthazar, et qu'il ne s'est point passé d'occasion en Guyenne où il n'ait signalé son courage, sans doute le lecteur sera bien aise d'être plus amplement informé de lui, puisqu'il trouvera de quoi contenter sa curiosité. Le Palatinat l'a vu naître, quoiqu'il soit originaire de Bohême. Gucheo Balthazar, son père, ayant suivi la fortune de Frédéric V, roi de Bohême, comte et électeur palatin du Rhin, duquel il étoit capitaine des gardes du corps, fut tué à la bataille de Prague [3]. L'Allemagne a senti la première le fruit de ses armes; car il en sortit du sein de ses parens à l'âge de seize ans pour aller apprendre le métier de la guerre sous cet incompa-

---

1. La paix de Bordeaux fut signée le 31 juillet 1653.
2. On peut voir sur cette affaire de Périgueux les *Mémoires de madame de La Guette*, pages 128 et 129.
3. Le 8 novembre 1620.

rable conquérant, le roi de Suède [1], qu'il servit fidèlement jusqu'à ce que le ciel ravit à la terre cet invincible monarque. Dans ces commencemens il fit connoître que son courage le porteroit à ne rechercher sa satisfaction que sur le faîte de l'honneur et de la gloire, de même que les cèdres ne se plaisent que sur les fronts des montagnes. Pour cet effet, ne pouvant destiner le service de son épée qu'aux grands monarques, il le vint offrir à notre roi Louis le Juste, après la bataille de Nortlingen [2], sous le duc de Weymar [3], où il avoit reçu trois blessures et donné des preuves de son courage dans ce combat, de même que dans tous les autres qui ont coûté tant de sang à l'Allemagne. Il fut encore porté à venir au service de France par la réputation qu'y avoit acquise le colonel de Balthazar, son grand-oncle, qui étoit maréchal de camp sous le roi Henri le Grand, lequel fut tué, l'an 1590, à la fameuse bataille d'Ivry. Il joignit le colonel Gassion [4] en Lorraine, avec sa compagnie, à la prière du maréchal de La Force, qui commandoit l'armée du roi; lequel, après le siège de Dole [5], vint avec son régiment en Picardie, où il empêcha que Gassion et tout son corps ne fût enlevé, de même que de Genfelt. Il étoit ce jour-là de garde, ayant une autre compagnie outre la

---

1. Gustave Adolphe, tué à la bataille de Lutzen, le 16 novembre 1632.
2. 27 août 1634.
3. Bernard, duc de Saxe-Weymar, mort le 18 juillet 1639.
4. Jean de Gassion, maréchal de France, blessé mortellement devant Lens et mort à Arras en 1647.
5. Le siège de Dôle fut levé le 15 août 1636.

sienne. Là, il s'opiniâtra tellement qu'il repoussa vingt fois ceux de Jean de Wert à l'entrée du quartier, où il prit beaucoup des siens; ce qui donna loisir au colonel Gassion de monter à cheval avec son régiment, qui obligea les ennemis à se retirer [1]. Ce colonel, qui fut après maréchal de France, a, par ses beaux exploits, gagné les admirations de tout le monde, et a pu compter autant de victoires que de combats. Balthazar, au siége d'Aire [2], soutint l'avant-garde de l'ar-

[1]. Sous le titre de *Défaite de trois cents chevaux allemands dans le Thiérache*, la *Gazette* extraordinaire du 26 décembre 1636 raconte ainsi qu'il suit cet exploit de Balthazar : « Cette contenance des ennemis, et leur nombre, qui excédoit celui des nôtres, qui n'étoient en tout que deux cent cinquante chevaux..... tenoient en suspens le jugement du sergent-major, expert en telles matières, lorsque les capitaines Ravonelle, Lalande et Balthazar le firent résoudre à détacher quinze chevaux de chaque compagnie; lesquels, ayant un ordre de donner et conduits par le capitaine Balthazar, coururent à toute bride, l'épée en une main et le pistolet dans l'autre, sur le premier escadron des ennemis, et étoient suivis au grand trot du reste des François, faisant aussi trois escadrons. Les ennemis attendirent à deux pas les nôtres, sur lesquels ils firent leur décharge et en blessèrent sept; mais cela ne les empêcha pas de forcer le premier escadron ennemi.... et, le premier escadron rompu, les deux autres prirent l'épouvante et la fuite, où les nôtres tuèrent quatre-vingt-dix des ennemis sur place, contraignant le reste à se jeter dans la rivière d'Oise, dans laquelle il se noya, de compte fait, quarante-trois; soixante-douze demandèrent quartier, qui leur fut accordé. »

[2]. Juillet 1641. Aire se rendit le 17. « Le duc de Guise, qui commandoit l'avant-garde, et Lamboy sous lui, détachèrent le régiment de dragons de Cristnie et ceux de cuirassiers de Dunquel à toute bride, leurs coureurs à leur tête, soutenus premièrement de toute la cavalerie et ensuite de toute l'infanterie, le plus vite qu'ils pouvoient marcher, et comme tous ceux (des nôtres) qui étoient avancés étoient gens détachés et sans aucunes troupes, ils se retirèrent avec

mée de l'Amboy, qui poursuivoit les maréchaux de La Mailleraie [1] et de Rantzaulx [2], avec les ducs d'Enghien [3] et de Nemours [4], qui étoient allés reconnoître la marche de l'armée espagnole ; il renversa quatre régimens, qui faisoient douze cens chevaux ; il prit prisonnier le colonel d'Oncle, qui les commandoit, beaucoup d'autres officiers et grand nombre de cavalerie, avec six étendards, à la vue du cardinal Infant [5]. Le roi, jugeant par là à quel point son épée étoit fatale à l'Espagnol, l'envoya dans le Roussillon, sous

toute la diligence possible jusqu'à la queue d'un petit bois, où ils trouvèrent deux escadrons du régiment de Gassion, l'un commandé par les sieurs de Jamberg et Balthazar, l'autre par le sieur de Bergéré, frère du sieur de Gassion, et les gardes du maréchal de La Meilleraye, qui se trouvèrent au milieu, commandés par les sieurs de Saint-Luc, capitaine, et Foucault, lieutenant ; laquelle compagnie ayant fait sa décharge de fort près, et tous les trois escadrons ayant chargé en même temps, ledit sieur de Gassion étant à leur tête, tuèrent quatre-vingts ou cent ennemis sur la place, prirent le colonel Dunquel, blessèrent le colonel Savary, prirent encore deux capitaines, trois cornettes et plusieurs officiers et soldats, avec trois étendards, et arrêtèrent la fureur des ennemis, qu'ils menèrent, battant et tuant, jusque dans le milieu de leur gros. Le comte de Rantzau fut porté par terre en cette mêlée et relevé à l'instant. » (*Gazette* extraordinaire du 17 août 1641.)

1. Charles de La Porte, duc et maréchal de La Meilleraye, mort en 1664.

2. Josias, comte de Rantzau, maréchal de France, mort en octobre 1650.

3. Louis II de Bourbon-Condé, duc d'Enghien, le grand Condé.

4. Henry de Savoie, duc de Nemours, tué en duel par le duc de Beaufort en juillet 1652.

5. Ferdinand d'Autriche, fils de Philippe III, roi d'Espagne, cardinal-archevêque de Tolède, gouverneur des Pays-Bas, dit le cardinal infant.

le maréchal de Brezé [1], avec six compagnies tirées du régiment de Gassion, dont il étoit lieutenant-colonel. Alors on le vit dans une seule action par huit fois mêlé avec les ennemis, qu'il mit en désordre, et, si tant soit peu il eût été soutenu, le marquis de Saragosa, qui les commandoit, n'auroit point secouru Perpignan. De là, il passa en Catalogne, où il servit plusieurs campagnes sous la Mothe-Houdancourt [2], à la première desquelles le marquis de Povaro, duc de Cardonne, voulut traverser la Catalogne avec trois mille cinq cens chevaux, et former un corps considérable à Roses pour le secours de Collioure et de Perpignan. Le premier jour de sa marche, il défit une partie de l'arrière-garde, étant avec Hocquincourt, maréchal-de-camp. Ce dernier, trois jours après, chargea de rechef les ennemis proche de Grenouilles, où il en défit beaucoup. Dom Vinzenço de La Mare, qui étoit lieutenant général de la cavalerie, y fut fait prisonnier, avec plusieurs autres. Le marquis Povaro fit tourner bride à son avant-garde et repoussa fort vigoureusement d'Hocquincourt, qui fut renversé sous son cheval; mais l'arrivée de Balthazar avec un escadron le sauva. Ce fut lui qui repoussa encore avec plus de violence quatre escadrons qui poursuivoient les nôtres. Cela obligea les ennemis à camper non loin de là et à songer

[1]. Urbain de Maillé, marquis de Brézé, maréchal de France, mort le 13 février 1650.

[2]. Philippe, comte de La Mothe-Houdancourt, duc de Cardone, maréchal de France, mort en 1657.

Balthazar fit sa première campagne de Catalogue en 1642. Il étoit alors capitaine dans le régiment de Gassion, que commandoit le baron d'Alais.

à rebrousser chemin ; mais ils ne firent pas assez de diligence, car ils furent devancés et défaits entièrement par La Motte-Houdancourt, proche de Villefranche [1], à trois lieues de Tarragone, avec douze cens chevaux, où Balthazar se fit particulièrement remarquer, les ayant chargés avec tant d'assurance, qu'un escadron de près de quatre cens chevaux et trente officiers se rendirent à lui. C'est ce qu'il eut pour sa part du butin ; et La Mothe, par un service si important, acquit le bâton de maréchal de France. L'on envoya tous les prisonniers avec leur général à Barcelonne, au maréchal de Brezé. Ce glorieux conquérant put rendre témoignage de la générosité avec laquelle Balthazar contribua à sa victoire de Leyde [2], quand il empêcha un désordre qui commençoit à paroître dans les rangs, et qu'il fit que tous les soldats se rangèrent sous son étendard. Il fut fait colonel d'un régiment qui n'a jamais été payé qu'aux dépens des ennemis qui ont eu le courage de lui résister [3].

Après cela il fut employé dans les deux campagnes que le comte d'Harcourt fit en Catalogne, et, se trouvant devant Leyde, il affronta le marquis de Leganez, qui étoit avancé avec six mille chevaux pour reconnoître les lignes devant lesquelles il avoit une compagnie de son régiment en garde aux fourches de Leyde, où il se mêla

---

1. Le 23 mars 1642. La *Gazette* cite Balthazar parmi ceux qui s'y sont le plus distingués (extraordinaire du 16 avril).

2. Lerida. Il s'agit probablement de l'affaire du 25 mai 1644, où Balthazar défit deux cornettes de cavalerie des Espagnols.

3. En décembre 1643.

plus de dix fois parmi les ennemis, pour leur empêcher de gagner la hauteur, et avec trois escadrons en défit huit à la vue des deux armées. Le comte d'Harcourt dit à sa louange que, depuis qu'il faisoit la guerre, il n'avoit jamais vu aucun mieux faire que Balthazar avoit fait en cette ocsion [1]. Il fut ensuite détaché avec son régiment pour suivre les ennemis qui marchoient et qui se portoient à Fragues, où il les empêcha de faire des courses; il détourna un grand coup, et qui eût infailliblement incommodé notre camp. Frère Jean Palvesine fut détaché pour prendre Pons, et couper par ce moyen les vivres au comte d'Harcourt du côté des montagnes; Balthazar, l'ayant prévenu, se rendit à Pons le premier, d'où, après une longue escarmouche [2], il obligea les ennemis de se retirer à Gramont, où il avoient

1. « Le 5 avril, les coureurs (du marquis de Leganès) ayant passé nos vedettes, le colonel Balthazar, avec notre garde, qui étoit de son régiment, soutint et repoussa ces coureurs, lesquels, étant soutenus, repoussèrent aussi les nôtres, que le comte d'Harcourt fit soutenir par quarante maîtres dudit régiment de Balthazar et quelques officiers du régiment de Mérinville, et autres qui le suivirent, avec lesquels il se mêla plusieurs fois parmi l'escadron entier des ennemis, dont plusieurs furent tués ou faits prisonniers; mais comme le nombre en étoit plus grand que le sien, le comte d'Harcourt envoya sa compagnie des gardes pour le soutenir, et avec ce renfort les ennemis furent poussés jusque dans leur gros, laissant trente des leurs sur la place et dix ou douze prisonniers, la plupart officiers. » (*Gazette* extraordinaire du 26 octobre 1646.)

2. La *Gazette* dit que Balthazar avec son régiment anima si bien les habitans de Pons, qu'en se défendant ils tuèrent et firent prisonniers cinquante ou soixante des ennemis, dont le reste fut contraint de se retirer. (Extraordinaire du 18 décembre.)

quatre mille hommes. Six jours après, don Juan Pacheco devoit mener un convoi à Belpuch, où étoit le marquis de Leganez, se préparant pour secourir Leyde. Balthazar étoit à Barbezieux, à une petite lieue de Belpouch, pour observer la marche de l'armée espagnole, avec ordre de venir dans le camp s'ils venoient pour l'attaquer, ainsi qu'il avoit promis au comte d'Harcourt, et qu'il y entreroit à bonnes enseignes, au dépit des ennemis, comme il fit. Il avoit ce jour-là séparé son régiment, qu'il avoit envoyé à Lignola, du côté de Ballaguer, à la réserve de soixante-dix chevaux et quinze officiers. Alors un lieutenant, qui étoit en sentinelle au clocher, lui vint dire qu'il voyoit venir dix ou douze escadrons du côté de Gramont; il crut que c'étoient les quatre mille hommes qui venoient joindre leur armée à Belpuch. Néanmoins il dit qu'il ne partiroit point de là sans savoir au vrai ce que c'étoit, ne voulant pas donner une fausse alarme au comte d'Harcourt. Il attendit donc l'ennemi, qui avoit détaché des coureurs, desquels il en prit trois, qui lui dirent que c'étoit don Juan Pacheco, avec deux cent vingt chevaux, qui menoit un convoi à Belpuch. Il demanda ce qu'étoient les autres escadrons. Ils lui dirent qu'il y avoit deux cents prisonniers françois qu'ils avoient faits dans le pays, six cents bœufs et cent mulets chargés de vivres. Il se résolut de les attaquer, disant aux siens qu'il n'y avoit que cent chevaux, pour les encourager, et, quand bien ils seroient battus, qu'il falloit se retirer à Lignola, où étoit son régiment, qui étoit déjà averti, et que, si les ennemis le poursuivoient jusque-là qu'ils seroient toujours défaits ; mais qu'il n'étoit pas en peine de cela. Il marcha à eux avec deux petits escadrons de trente-cinq maîtres chacun. Les ennemis, les voyant si foibles, allèrent au devant de lui. Don Juan Pacheco le manqua de son premier coup. Balthazar lui tua son cheval et le laissa par terre, défit les deux premiers escadrons, et son second escadron défit les deux autres; ils délivrèrent les deux cens prisonniers françois, tuèrent ou prirent tous les ennemis, à la réserve de cinq, et tout le convoi. Cette action, et tant d'autres qu'il fit, lui accrut une haute réputation. Trois jours après, le marquis de Leganez marcha vers Leyde, tirant à gauche, du côté de la tour de Segre, par où il étoit venu. Et en effet tout son bagage prit ce chemin-là, Balthazar, côtoyant toujours son avant-garde avec quatre-vingts chevaux, où il prit, à la barbe de toute l'armée, une compagnie de cavalerie qui avoit la pointe de tout. Ce capitaine lui dit qu'ils alloient attaquer les lignes, que cet ordre étoit venu du roi d'Espagne. Il le crut, et avec raison, se retira dans les lignes, et présenta cette compagnie avec les officiers au comte d'Harcourt, qui lui dirent la même chose; mais ils ne les attaquèrent pas ce soir-là, qui fit croire à ce comte que ce n'étoit pas là leur dessein. Le lendemain les ennemis demeurèrent dans la plaine sans rien faire. Sur le soir, Balthazar envoya Henri, un de ses capitaines, en parti, avec ordre d'amener quelque prisonnier pour apprendre des nouvelles, quoique ce fût à Mérinville d'avoir ce soin[1], puis-

---

1. La *Gazette* n'est pas d'accord avec Balthazar sur cette

qu'il commandoit le quartier de Villenovette. Ce capitaine voulut exécuter l'ordre de son colonel, et ne pouvant pas prendre aucun des ennemis, les trouvant en marche à dix heures du soir, il se mêla parmi eux, toujours à dessein de faire prise; mais, voyant qu'ils n'étoient plus guères loin du fort de Rebé, il s'en vint et porta cette

négligence de Mérinville. Voici sa relation : « Le comte d'Harcourt ne laissa pas d'envoyer le soir du 20 deux parties, l'une d'un régiment de Balthazar et l'autre de celui d'Aletz, pour apprendre des nouvelles de l'ennemi; ensuite de quoi le sieur Henri, capitaine dudit régiment de Balthazar et qui commandoit l'une de ces parties, vint avertir le comte de Mérinville, maréchal de camp, qui commandoit le quartier de Villenovette, qu'il avoit vu environ cinq cents mousquetaires et huit escadrons de cavalerie qui marchoient droit à nos lignes, du côté du fort de Rébé, qui étoit dans le même quartier, près du pont qui servoit de communication à ce quartier-là et à celui du sieur de Couvonges... Sur quoi ledit sieur de Mérinville fit tirer les trois coups de canon qui servoient de signal pour faire tenir l'armée en état de combattre, en fit donner en même temps avis au comte d'Harcourt, et, sans attendre son ordre, marcha du côté où étoit l'alarme, à savoir, à ce fort de Rebé, ayant à cette fin fait prendre les armes à tout ce qui étoit dans son quartier. Mais la diligence des ennemis fut telle qu'ils ne s'étoient pas seulement approchés de nos lignes, mais les avoient déjà forcées, pour le peu de résistance que firent ceux qui étoient en garde, cette diligence des ennemis ayant empêché qu'on eût le temps de la renforcer; de sorte qu'ils prirent aisément et comme en un instant par le derrière ledit fort de Rébé, que les nôtres avoient ouvert du côté de la place, comme il se pratique ordinairement, afin d'en rendre l'accès libre à ceux des lignes qui le devoient défendre; tellement que le comte de Mérinville, trouvant les ennemis dans nos lignes et dans le fort, les chargea avec les régimens d'Alets et de Balthazar, qui repoussèrent courageusement tout ce qui étoit entré dans ces lignes, à la réserve de ceux qui étoient dans le fort, pour ce qu'ils s'étoient barricadés à l'endroit qui étoit ouvert. » (Extraordinaire du 13 décembre 1646.)

nouvelle à Balthazar, qui la dit à Mérinville, et qu'il ne devoit pas perdre de temps pour mettre tout le monde sous les armes, et des gens dans le fort Rebé; ce qu'il négligea. Cependant il dit à Henri, son capitaine, d'aller en toute diligence avertir le comte d'Harcourt; ce qu'il fit. Balthazar faisoit monter à cheval son régiment, croyant que Mérinville eut donné ordre pour toutes choses. On lui vint dire que le fort de Rebé étoit attaqué. Balthazar y accourut avec son régiment et la compagnie de chevau-légers de Candale, commandée par Pensens[1]; il trouva le fort pris, six cens chevaux des ennemis dans les lignes, qu'il chargea et les en chassa, et comme ils ne purent point trouver l'ouverture par où ils étoient entrés, il se sauvèrent tous à pied, hors ceux qui furent ou pris ou tués, abandonnèrent tous leurs chevaux. Ensuite il alla devant le fort avec sa cavalerie; mais il étoit du tout impossible qu'il en pût faire sortir les ennemis, qui y avoient mis quatre mille hommes de pied. Là-dessus arriva Henry, qui lui dit que le comte d'Harcourt venoit avec son infanterie. Balthazar, trouvant le temps long, dit qu'il craignoit qu'il ne vînt trop tard, aussi bien que Couvonges[2]. Il prit le régiment suisse de Lochman,

1. Il étoit lieutenant des chevau-légers du duc de Candale. La *Gazette*, qui l'appelle Pincin, dit qu'il fut blessé.
2. Antoine de Stainville, comte de Couvonges. Il étoit lieutenant général de l'armée sous le comte d'Harcourt. En 1640, le duc de Longueville et le cardinal de La Valette lui avoient donné le commandement de la citadelle de Turin, qu'assiégeoient les princes de Savoie. Il étoit gouverneur de Casal en 1644. Blessé en s'efforçant de repousser l'attaque du marquis de Leganès, il mourut peu de jours après, à Cervera.

avec lequel, et son régiment de cavalerie, il fit un dernier effort pour chasser les Espagnols hors du fort de Rebé, mais en vain. Il perdit Henry, Beneset [1], Aubry, trois de ses capitaines, et beaucoup d'autres qui y furent tués; Pensens fut blessé. Après cela arriva le comte d'Harcourt, auquel Balthazar dit qu'il croyoit qu'il ne devoit pas donner séparément, mais bien attendre Couvonges et faire une attaque générale; à moins de cela il n'avanceroit rien, et que, pour lui, il avoit presque perdu tous ses gens. Il ne laissa pas pour cela de donner avec le régiment de Champaigne, le sien de cavalerie et ses gardes. Le comte d'Origny [2], maître de camp de Champaigne, fut tué, avec les deux Belays [3], capitaine et cornette de ses gardes, avec plusieurs officiers d'Harcourt. Ainsi il fut repoussé; car les ennemis rafraîchissoient de temps en temps les leurs. Couvonges et le comte de Broglio [4] vinrent avec les troupes qui étoient de leur quartier. Le premier fut blessé au bras, et en mourut à Cervère quelques jours après. Le comte de Broglio servit très-bien à la retraite, jusqu'au pont, d'où

1. Il s'étoit distingué, au mois de décembre 1645, dans une petite affaire qui avoit eu pour résultat la défaite de huit cents chevaux et de quatre cents mousquetaires des garnisons de Fraga et de Lerida. (*Gazette* extraordinaire du 1er janvier 1646.)

2. Pierre Bourgeois, comte d'Origny. Il étoit mestre de camp de Champaigne du 10 mai 1644.

3. La *Gazette* dit Bellée. Ils étoient frères.

4. Charles Broglio, comte de Santena, dit le comte Carles, marquis de Dormans, lieutenant général, mestre de camp d'un régiment étranger, gouverneur de la Bassée, naturalisé en 1656, mort le 17 mai 1702. Il étoit un des favoris du cardinal Mazarin.

les ennemis ne poursuivirent plus, se contentant d'avoir hautement secouru la place [1].

L'année suivante, Balthazar fit plusieurs belles actions sous le prince de Condé ; il jeta la frayeur parmi les ennemis par divers enlèvemens de quartiers [2], qui lui acquirent la charge de maréchal de camp. Le prince de Condé parla de sa valeur avec des avantages qui sont dus à peu de personnes. Il fit voir au prince que, s'il l'eût cru plutôt que ceux qui se venoient rendre, il eût défait toute l'armée espagnole. Ceux là lui rapportèrent que le bruit étoit parmi eux que les ennemis venoient pour le combattre à Belpouch ; Balthazar lui envoya qu'ils se retiroient le lendemain de Lasborges, où ils étoient, et s'en alloient à Leyde, et qu'il falloit marcher devant la mi-

[1]. La *Gazette* dit : Après l'attaque infructueuse du fort de Rebé, « le sieur de Sainte-Colombe, maréchal de bataille, qui étoit resté au quartier du roi pour le commander, donna avis au comte d'Harcourt que le secours des ennemis étoit entré dans la ville.... Ce qui obligea le comte, voyant que la place étoit secourue et qu'il étoit pour lors impossible de la prendre, avec tout le déplaisir que chacun se peut imaginer en un homme de son courage et de sa réputation, à se retirer avec ses troupes, une pièce de canon et la plus grande partie des bagages de l'armée, ne pouvant faire emmener le reste, non pas faute de temps ni pour être trop pressé des ennemis, mais manque de chevaux pour les conduire ; car il eut encore le loisir de faire brûler les munitions de guerre et de bouche, et fit ainsi sa retraite en si bon ordre, que les ennemis n'osèrent le poursuivre. » Le secours espagnol entra dans Lerida le 21 novembre 1646.

[2]. La *Gazette* du 7 septembre 1647 rapporte que le 15 août Balthazar défit un corps de garde de vingt-cinq maîtres des ennemis devant Lerida, prit une quantité de bétail qui paissoit autour de la place, sur les fossés, et battit un corps de cavalerie de quatre cents hommes, dont il en tua soixante et en prit autant.

nuit pour être plus tôt aux fourches de Leyde, ce qui se pouvoit facilement sans bagage; que les ennemis ne pouvoient passer que par là; ce qui fut véritable, car ils partirent après la minuit en grand désordre. A la pointe du jour, le gouverneur d'Arbec fit tirer trois coups de canon pour signe de leur retraite. Le prince, qui les vouloit atteindre, fut déçu par ce faux rapport; ce qui l'obligea de prendre le régiment d'Ardenne, accompagné du maréchal de Gramont [1], de Marchin et d'autres volontaires. Après avoir donné ordre à son armée de marcher en diligence jusqu'aux fourches de Leyde, il vint joindre Balthazar dans la plaine, et, avec ces deux régimens, il fit souvent charger l'arrière-garde des ennemis, pour les amuser et donner temps aux siens de se rendre aux fourches; mais ils vinrent une demi-heure trop tard, les ennemis défilant en sa présence et gagnant l'horte de Leyde, où ils étoient à couvert. Balthazar prit force prisonniers, et les chevaux de main du marquis d'Aytonne, desquels il fit présent au prince; il chassa les ennemis, le lendemain, de l'horte, à coups de canon, et les obligea de passer au-delà de Leyde.

Balthazar servit plusieurs campagnes, sous le maréchal de Schomberg [2], le cardinal de Sainte-Cécile [3] et le duc de Mercœur. Le roi, à l'entrée de sa majorité, ayant su de tous ses généraux l'avantage qu'il pouvoit tirer de sa longue

---

1. Antoine II, duc et maréchal de Gramont.
2. Charles de Schomberg, duc d'Hallwin, maréchal de France.
3. Michel Mazarin, cardinal de Sainte-Cécile.

expérience, avoit jeté les yeux sur lui pour les plus beaux emplois de la guerre; mais l'envie, qui s'attache à la vertu, eut assez de pouvoir que d'interrompre le cours de son bonheur. Un vif ressentiment le saisit et lui fit abandonner ce service qu'il avoit si glorieusement rendu à la France; mais le roi, l'ayant ramené par des voies très-douces dans son premier chemin, l'envoya encore en Catalogne, pour servir en qualité de lieutenant général sous le prince de Conti, et en chef en son absence, avec carte blanche, dans la campagne de 1654. Ce prince, après la prise de Villefranche [1], le détacha avec quinze cents chevaux pour aller devant en l'Empourdan. Il arriva le premier jour au Boullou, d'où il partit à la minuit avec mille chevaux, laissant les autres avec le bagage pour le suivre quand il feroit jour. Comme il fut entre Figuières et Ville-Bertrand, il apprit que Roses étoit assiégé avec douze cents hommes de pied et huit cents chevaux, commandés par le baron de Buthier, lieutenant général, et par le général de l'artillerie, lesquels déjà avoient fait quelques progrès. Il ne put entrer dans sa pensée qu'avec si peu de gens ils eussent la hardiesse d'entreprendre le siége de cette place; toutefois, pour s'en rendre plus certain, il s'en alla entre Castillon et Roses, où il apprit qu'ils y étoient; il en donna avis au prince de Conti, le pria de venir en toute diligence avec peu de monde, afin d'y être plus tôt, et qu'il lui donnoit assurance de la défaite des ennemis. Ce prince, ravi de cette nouvelle, lui manda que,

---

1. Qui eut lieu le 5 juillet 1654.

pour être présent au combat, il marcheroit incessamment.

Balthazar avoit envoyé des partis vers Roses, qui lui amenèrent quelques prisonniers, qui lui dirent que les ennemis avoient su qu'il avoit passé le col de Pertuis au point du jour, et qu'ils se retiroient, l'infanterie par le marais, et la cavalerie par le grand chemin, le long de l'étang à Castillon. Il l'écrivit au prince de Conti, et mit au bas de sa lettre que, puisqu'il ne pouvoit être présent, comme il l'eût bien désiré, il s'en alloit droit aux ennemis. Cependant, sur les dix heures de nuit on lui vint dire que l'infanterie des ennemis demeuroit dans Castillon et que la cavalerie se retiroit le long de la mer. Il fit sonner à cheval pour aller après; à quoi tous les officiers qui y étoient commandant les régimens, savoir : le marquis de Langey [1], La Roque, Almeras [2], et autres, lui dirent que leurs chevaux n'en pouvoient plus, que les ennemis étoient déjà à plus de quatre lieues d'eux, qu'ils étoient trop forts, et que, pour lui, il n'avoit pas les cinq cents chevaux qui étoient avec le bagage. Mais tout leur raisonnement étoit trop foible pour empêcher sa résolution. Il leur dit qu'il les suivroit plutôt avec son régiment seul jusqu'à Barcelone; qu'il aimoit mieux que tous les chevaux crevassent que de perdre cette occasion. Comme ils virent

---

1. Réné de Cordouan, marquis de Langey.
2. Capitaine au régiment des gardes et maréchal de bataille, il avoit été au siége de Rethel en 1650 et en 1651, à la levée du siége de Cognac. La même année, il avoit reçu une blessure devant la tour Saint-Nicolas de La Rochelle, que le comte d'Harcourt prit sur le parti des princes.

qu'il n'en vouloit pas démordre, huit cents chevaux le suivirent, et on en laissa deux cents qui ne pouvoient plus aller. La nuit, il rencontra un petit parti, commandé par un alfier, qui fut pris, qui lui dit la route que les siens tenoient, et qu'ils étoient déjà à Verges, où ils étoient arrivés deux heures après la minuit. Balthazar marcha sans cesse, et arriva à sept heures du matin devant ledit lieu de Verges. La garde les voyoit venir; elle en avertit ses généraux, qui crurent du tout impossible que les François y pussent être; néanmoins ils firent sonner à cheval, et se mirent en bataille devant le village. Balthazar les attaqua, n'ayant que trois escadrons, à cause d'un défilé par où les siens ne pouvoient passer qu'un à un; il les obligea de se retirer entre le lieu et la rivière, où ils firent grande résistance; toutefois il leur fit aussi passer la rivière, et sur le bord il en demeura plusieurs de part et d'autre. Balthazar passa avec ses trois escadrons, fit ensuite passer les autres, qui poussèrent les ennemis jusque dans un village à une demi-lieue de là, où ils se défendirent très-bien en jouant de leur reste. On ne pouvoit aller à eux que par une rue étroite, ni les couper à droite ni à gauche. Balthazar les força avec tant de vigueur qu'ils ne se purent mettre à couvert de ses coups; il les chassa hors de ce village, avec grande perte. Étant relancés de là, ils ne songèrent plus à lui résister; ceux qui ne vouloient point être prisonniers, abandonnèrent leurs chevaux, et se sauvèrent dans les montagnes. Il y eut cinq cents chevaux qui furent ensuite partagés et distribués dans les régimens. La plupart des chevaux qui se purent sauver à la course crevèrent, à cause de la grande chaleur de l'été. Voici les noms des principaux officiers qui furent faits prisonniers en cette défaite :

Don Joseph Dassa, commissaire général des troupes d'ordonnance;

Ballador, commissaire général des troupes de Bourgogne;

Don Francisco de Zuniga, grand d'Espagne;

Don Juan de Sosses, capitaine des Ordens;

Don Hierome Sandoval, capitaine des Ordens;

Don Francisco...., capitaine des troupes de Roussillon;

Don Petro Duriard, capitaine des troupes de Roussillon;

Don Christoval, capitaine;

Don Fabricio, Neapolitain, capitaine des troupes de Flandre;

Alexandre Morero, capitaine;

Don Juan Carmillo, lieutenant;

Francisco Forcado, lieutenant;

Servois Arnaud, lieutenant;

Sigarro, lieutenant;

Don Hieronimo Lasso, lieutenant;

Francisco Valero, lieutenant;

Francisco Valentin, lieutenant;

Douze ou quinze cornettes [1].

---

1. « Le prince de Conty campa le 26 juillet à Saint-Jean-de-Pojet, à une lieue du col de Pertuis, où sur la mi-nuit il reçut une lettre du colonel Balthazar, par laquelle il mandoit que les ennemis avoient investi Roses avec douze cents hommes de pied et huit cents chevaux choisis.... Le colonel Balthazar ajoutoit qu'il alloit aux ennemis.... Le prince

Beaucoup d'officiers réformés aussi faits prisonniers; et ç'a été la seule occasion que les troupes du roi ont eue, cette campagne, contre celles des ennemis, qui se fit le 27 juillet 1654. Ceux qui font cas de l'honneur jugeront cette digression nécessaire, puisqu'elle représente l'exemple d'un grand capitaine qui est si fort accoutumé aux victoires, et qui assaisonne son courage d'un jugement et d'une prudence qui n'est pas commune. La France lui est particulièrement obligée, puisque son épée lui a acquis tous les jours de nouvelles palmes [1].

marcha dans la plaine jusqu'à Figuières.... Il reçut là une autre lettre du colonel Balthazar, qui l'avertissoit que, sur l'avis que les ennemis avoient eu de l'approche de Son Altesse, ils s'étoient retirés de devant Roses dès le samedi au soir, 25; qu'ils avoient jeté leur infanterie dans Castillon et filé avec toute leur cavalerie le long de la mer, vers Ampurias, où il les ayant promptement suivis avec neuf cents hommes des mieux montés et laissé le reste au bagage, il les avoit joints à Verges, sur les bords de la rivière de la Ter, qui passe à Girone, où il les avoit attaqués et obligés à traverser la rivière, de l'autre côté de laquelle, l'ayant passée après eux, il les avoit de rechef rompus; mais qu'ils s'étoient retirés à une demi-lieue de là, dans un village où on ne pouvoit aller à eux que de front; nonobstant quoi il les y avoit enfoncés après un combat opiniâtre, et poussés encore au delà, jusqu'au pied d'une montagne et d'un défilé, avec tant de vigueur, qu'ils furent entièrement défaits; en sorte qu'il n'étoit pas resté cent chevaux des huit cents qu'ils avoient; quatre cents desquels ont été pris et plus de cent crevés de la chaleur et travail, outre près de deux cents hommes et chevaux qui étoient restés sur la place dans ce village où ils avoient fait ferme, quelques-uns s'étant retirés à pied sur la montagne. » (*Gazette* extraordinaire du 12 août 1654).

La *Gazette* donne aussi les noms des officiers prisonniers; mais il y a quelque différence entre les deux listes.

1. Nous ne savons pas pourquoi Balthazar ne parle pas

Le roi et le cardinal Mazarin lui écrivirent de La Fère, où la cour étoit quand elle reçut la nouvelle de cette action, dans les termes du monde les plus obligeans; et le roi fit bien connoître, par la manière qu'il en parla, l'estime particulière qu'il avoit pour Balthazar, lequel il envoya ensuite en Allemagne, pour être au couronnement de l'empereur [1], et pour y ménager une partie des électeurs. L'empereur, voulant marquer à Balthazar la considération qu'il avoit pour lui, lui fit présent d'une paire de timballes, que le général Papenheym lui présenta de sa part; et l'électeur palatin [2], voyant un si illustre sujet, le fit burgraef de Daltzey, et généralissime de toutes ses troupes; ce que Balthazar accepta l'an 1657, après en avoir eu l'agrément du roi. Il se retira néanmoins dans une terre qu'il acheta dans le canton de Berne en Suisse, où quelques années après, le roi, sachant le zèle qu'il avoit toujours eu pour son service, se servit encore de lui pour aller auprès des princes de Lunebourg, où il s'acquitta de sa commission à son

---

d'une autre affaire qui eut lieu le 1er août, et que la *Gazette* raconte à peu près en ces termes: « Le prince de Conty commanda au colonel Balthazar et au marquis de Langey de prendre seize cents chevaux et d'aller attaquer les ennemis.... Ils les chargèrent à Armentière, où ils étoient au nombre de trois mille hommes, si vigoureusement qu'ils en mirent cinq cents sur la place et en firent près de cent prisonniers, parmi lesquels se trouvent trois lieutenants généraux. » (*Lettre du camp de Saint-Pierre Pescadeux.* Gazette du 15 août 1654.)

1. Ferdinand III, qui fut couronné en 1657.

2. Charles-Louis, comte palatin du Rhin, mort en 1680. Il étoit fils de celui qui avoit reçu de l'empereur le palatinat après la défaite de Frédéric V, le maître du père de Balthazar.

ordinaire, c'est-à-dire mieux qu'aucun autre n'eût pu faire [1].

[1]. Nous ne voyons pas qu'il soit fait mention de cette ambassade dans la *Liste des ambassadeurs, envoyés, ministres et autres agens politiques de la cour de France auprès des principales puissances européennes, et de ceux de ces puissances auprès de la cour de France, depuis le commencement des rapports diplomatiques entre elles jusqu'à la révolution française*, par M. Guérard, s. l. (Paris), Pihan de La Forest, 1833, in-8.

TROISIÈME PARTIE.

La Guyenne a été durant plus de deux années un triste théâtre, où l'on a représenté de sanglantes tragédies. Chacun sait que la guerre est un gouffre de malheurs : elle porte la terreur et l'effroi partout où elle passe ; elle change les campagnes en déserts et les villes en solitudes ; elle mêle les larmes des enfans avec le sang de leurs pères ; elle ravit l'honneur aux femmes et la vie aux maris ; elle élève ses trophées sur des montagnes de morts, et sur la misère et la ruine des peuples. Que si la Guyenne n'a pas souffert tous ces maux, ceux qu'elle a ressentis suffisent pour l'obliger à condamner tous les motifs qui ont allumé la guerre dans son sein, et à remercier Dieu, avec tout le respect qui se peut trouver dans les âmes les plus abattues, de ce qu'il a daigné éteindre ce feu, fléchir le cœur du roi, et lui inspirer cette bonté de pardonner à une province rebelle une faute qui la rendoit digne d'une peine exemplaire. L'on ne sauroit assez exprimer la joie qu'elle a eue en sortant de ce cruel hiver de la guerre, pour entrer dans le gracieux printemps de la paix, où chacun peut en toute liberté servir Dieu, couler doucement ses jours dans sa famille, et manger en repos son pain à l'ombre de son figuier et de sa vigne; où l'un vaque sans crainte à l'étude des belles-lettres, l'autre aux affaires du palais, l'autre aux fonctions du commerce, l'autre s'emploie à cultiver ses terres, l'autre à faire des bâtimens, l'autre à mesurer à loisir les allées de son jardin, et ensevelir les amertumes de cette vie dans l'innocence des soins d'une vie champêtre. Tel fut le bonheur de la Guyenne après que Bordeaux fut soumis à l'obéissance du roi. Le traité fait au nom de Sa Majesté par le duc de Vendôme, grand amiral de ses armées de mer, et le duc de Candale, général de ses armées de terre en Guyenne, avec le prince de Conti, la princesse de Condé, le duc d'Enghien, la duchesse de Longueville, le comte de Marchin, le comte de Maure [1], généraux des armées des princes, le marquis d'Aubeterre, lieutenant général, Balthazar, lieutenant général, commandant de la cavalerie légère des princes, les jurats et les peuples de Bordeaux, fut ponctuellement exécuté; et l'on vit chacun prendre sa route ainsi qu'il l'avoit désiré. Le prince de Conti, ennuyé d'une guerre qui incommodoit si fort une province où il avoit été reçu avec tous les témoignages de respect et d'affection qu'il pouvoit souhaiter, particulièrement dans Bordeaux, accepta l'amnistie, vint en Languedoc dans sa maison de la Grange-

---

1. Louis de Rochechouart, comte de Maure, un des héros ridicules de la Fronde, mort le 9 novembre 1669.

des-Prés[1], proche de Pézénas[2]; de là il alla à la cour, où, en se défaisant de tous ses bénéfices d'église en faveur du cardinal Mazarin, il épousa une de ses nièces[3], le 22 février 1654. Ensuite il vint commander les armées du roi en Catalogne, en qualité de capitaine général et de viceroi en cette province, passa sa campagne du côté des Monts Pyrénées, et fut de retour sur la fin de la même année pour tenir les États du Languedoc, convoqués à Montpellier, en l'absence du duc d'Orléans[4]. La princesse de Condé, avec le duc d'Enghien, et Lesnet, qui avoit eu le soin des finances des princes, s'en allèrent le 2 août 1653, par terre, tous seuls, sans escortes ni amis, de Bordeaux en l'armée navale d'Espagne, qui étoit venue depuis peu au-dessous de Blaye, et, après avoir conféré avec Marchin et les généraux de cette armée, montèrent sur le vaisseau nommé *Saint-Salvador*[5], qui les porta heureusement, nonobstant les tempêtes et le mauvais temps, jusqu'à Dunkerque, et allèrent en Flandre joindre le

---

1. C'étoit la plus belle maison du Languedoc. Elle avoit été bâtie par le grand connétable de Montmorency sur les bords de l'Hérault, au nord-est de Pézénas.

2. Ville avec titre de comté, en Languedoc, diocèse d'Agde, parlement et intendance de Toulouse; aujourd'hui chef-lieu d'arrondissement du département de l'Hérault.

3. Anne-Marie Martinozzi.

4. Gaston de France, duc d'Orléans, oncle de Louis XIV. Il étoit gouverneur du Languedoc.

5. La *Gazette* dit, sous la date de Bordeaux le 14 août : « Nouvelles sont venues que la princesse de Condé s'est embarquée sur le navire appelé le *Salvador*, et que le marquis de Sainte-Croix, grand amiral d'Espagne, a fait mettre le pavillon de l'amiral sur le vaisseau qui la doit porter en Flandre. »

prince de Condé. La duchesse de Longueville se retira dans une de ses terres. Maure accepta l'amnistie. Balthazar, comme il a été ci-devant dit, traita pour lui et pour les troupes qui étoient dans Tartas; il fut maintenu dans toutes les charges qu'il avoit eues au service des princes, et ses troupes furent envoyées pour le roi en Catalogne, où il alla passer la campagne en qualité de lieutenant général sous le prince de Conti. Le marquis d'Aubeterre se retira chez lui. Après que Villeneuve eut suivi l'exemple de Bordeaux; ce qui resta des troupes des princes eut ordre pour aller par la France joindre le prince de Condé en Flandre. Les jurats et peuples de Bordeaux, se sentant extraordinairement travaillés de la longue et dure guerre qu'ils avoient supportée, embrassèrent la paix avec une joie inconcevable, comme le seul bien qui devoit mettre fin à leurs malheurs; ils témoignèrent ne désirer rien tant au monde que d'être bons serviteurs du roi. Il n'y eut que Marchin qui, sous le prétexte qu'il avoit pris de se retirer en son pays de Liége, rechercha tous les moyens possibles pour rallumer la guerre dans la Guyenne, en laquelle il avoit laissé de puissans amis, qu'il avoit priés de dissimuler par prudence toutes choses, jusqu'à ce qu'ils le vissent venir avec des forces considérables pour rétablir les affaires des princes, dont il leur avoit donné les assurances comme infaillibles. Il s'avisa d'un moyen qu'il tint secret, et résolut, pour le faire réussir, d'aller droit à Madrid le proposer au roi d'Espagne; et pour en faciliter par anticipation partie de l'effet, après qu'il eut conduit de Bordeaux en l'armée navale d'Espagne, la princesse, le duc d'Enghien et Lesnet, que le marquis de Sainte-Croix, capitaine général qui la commandoit, et don Thomas de Bagnovelles, vice-amiral, les eurent reçus dans la Capitane, Marchin fit promettre, en la présence de cette princesse, dans le conseil de guerre qui fut tenu, que ces deux généraux avec leur armée se rendroient maîtres de l'île de Casault[1], comme la chose étoit fort facile, à cause que l'armée de Vendôme n'étoit pas pour lors en état de s'opposer à la leur, qui étoit toute fraîche et plus forte, et que tout s'employoit pour rétablir dans Bordeaux l'autorité royale, où plusieurs voyoient avec déplaisir l'éloignement de ceux qui y avoient régné, et appréhendoient pour leurs personnes, vies et biens, voyant redresser le Château Trompette[2], objet qui blessoit mortellement leurs esprits. Marchin se mit dans une frégate de l'armée navale d'Espagne, nommée pour sa vitesse *Tregualeguas*; et, étant sorti de l'embouchure de la rivière de Garonne, se sépara en mer de la princesse, qui prit sa route pour Flandre, et lui pour Espagne. Il arriva à Saint-Sébastien le 14 août, et le 21 à Madrid, où il fut reçu avec beaucoup de témoignages d'amitié du roi d'Espagne, de toute la cour, et de don Louis de Haro, son favori et pre-

1. L'île de Cazau est dans la Gironde, au-dessous du Bec-d'Ambez, dont elle commande la sortie.
2. Il avoit été pris par le marquis de Sauvebœuf pour les Bordelois au mois d'octobre 1649, et rasé par ordre du parlement. (*Relation véritable de ce qui s'est fait et passé à la prise et réduction du Château Trompette, avec les articles qui ont été accordés au sieur de Hautmont le 18 octobre 1649*, Paris, Nicolas de Lavigne, 1649, in-4.)

mier ministre. Ce roi lui fit connoître l'estime particulière qu'il faisoit de sa personne. Marchin lui proposa le projet qu'il avoit fait en Guyenne, dans une longue audience que le roi lui donna seul à seul; il lui parla généralement de toutes les choses qui s'étoient passées, et, bien qu'il imputât la perte des affaires des princes à la faute et négligence de Sainte-Croix et don Thomas, qui s'en étoient allés courir la mer à chercher des pinasses à Saint-Auton, au lieu de les venir secourir dans le temps que le roi leur avoit marqué, néanmoins, estimant que ces généraux pourroient réparer ce manquement en l'occasion présente, comme ils lui avoient témoigné et promis, il dissimula tout ce qui pouvoit blesser la fidélité de ces deux généraux, qui pour cet effet l'avoient prié de leur rendre ses bons offices à la cour, où ils croyoient être entièrement perdus d'honneur, réputation, vie et biens; d'ailleurs Marchin avoit considéré que le décri en cette rencontre ruineroit son dessein, et que, si le roi envoyoit d'autres généraux en la place de ces deux, comme il y étoit bien résolu, il se mettroit à l'hasard d'en avoir de pires, et perdroit le temps que les maximes espagnoles ont de coutume d'y employer. Ainsi, obligeant par prudence Sainte-Croix et don Thomas près de la personne du roi, Sa Majesté étouffa le vif ressentiment qu'elle avoit déjà conçu contre eux pour avoir manqué au secours qu'ils pouvoient donner à Bordeaux, en considération de Marchin et de la force de ses raisons, leur accorda la grâce et les remit dans la jouissance de leurs charges et honneurs. Après cela le roi prit conseil de don Louis et résolut que l'affaire proposée par Marchin, comme très-bonne, seroit exécutée de la façon qu'il l'avoit projetée. Pour cet effet, Sa Majesté fit expédier ses ordres et délivrer à Marchin, qu'elle avoit auparavant honoré de la charge de capitaine général de ses armées. Les ordres qui portoient que Marchin conduiroit le dessein qu'il avoit projeté et proposé au roi consistoient en deux cas séparés : le premier, que, si l'armée navale d'Espagne s'étoit saisie de l'île de Casault, ainsi que Sainte-Croix et don Thomas lui avoient ci-devant promis, Marchin leur feroit donner bataille et les assisteroit de tout son pouvoir contre celle du roi de France, laquelle ils tenoient déjà gagnée, par cette raison que, l'armée de Vendôme ayant déserté, et celle du duc de Candale s'étant retirée des environs de Bordeaux, et pris sa route en Catalogne, Flandre et Italie, les Bordelois, ne pouvant souffrir le rétablissement du Château Trompette, tourneroient infailliblement du côté des princes, pour lesquels ils avoient encore des inclinations ; qu'ensuite Marchin essaieroit de se rendre maître de Bordeaux et des villes voisines que les armes victorieuses de leur roi avoient réduites à son obéissance ; que pour l'effet de ce dessein il emploieroit les puissans amis qu'il y avoit laissés, qui l'assisteroient en cette occasion, avec les troupes d'infanterie que le roi d'Espagne avoit déjà fait tenir dans la vieille Castille et un régiment de cavalerie de quatre à six cents maîtres des vieux cavaliers démontés des troupes de Flandre, que le prince de Condé avoit envoyés par mer en Espagne, où pendant la dernière campagne de 1653 ils avoient été en quartier d'été près de Saint-Sébastien avec leurs chevaux de remonte, que le roi leur avoit fait venir d'Andalousie, lequel régiment Marchin prétendoit faire passer par Castelleon, et le renforcer de quelques troupes de cavalerie ci-devant des princes qui étoient en garnison dans le comté de Foix, et qui avoient pris parti en celle du roi de France, dont les chefs et principaux officiers lui en avoient donné leur parole, et de l'aller joindre près de Bordeaux, pour y recevoir ses ordres; ce qu'ils auroient sans doute fait si la chose eût réussi. Le second cas étoit que, si Marchin trouvoit des obstacles au précédent, et que l'armée d'Espagne eût demeuré oisive pendant son absence, le roi ordonnoit à Sainte-Croix et à don Thomas de suivre l'ordre que Marchin leur donneroit par écrit de sa part pour s'en aller faire descente dans l'île de Ré, pour tâcher de forcer et de prendre le fort Saint-Louis et Saint-Martin, où ils prétendoient de faire un port et havre assuré pour leur armée navale, et pour les vaisseaux marchands, qui auroient sans doute incommodé La Rochelle et les autres lieux circonvoisins, et même Bordeaux, devant lequel il eût été nécessaire d'entretenir une armée navale pour sa conservation au service du roi, étant très-certain que toute armée navale bien forte première en rivière occupe et est maîtresse absolue de Bordeaux.

Marchin ne fut pas assez tôt expédié comme il le désiroit; d'autre part, le roi d'Espagne différoit à le faire rembourser de l'argent qu'il avoit avancé pour le service des princes lorsqu'il étoit à Bordeaux, et que les mauvaises affaires qui s'augmentoient tous les jours l'y avoient accablé, qui montoit à quarante-six mille écus. Son séjour à Madrid fut d'environ vingt jours, à la fin desquels le roi lui fit payer la moitié de cette somme et lui remit l'autre à son retour dans Saint-Sébastien, où il arriva le 12 ou 15 de septembre 1653. Et pendant le séjour que le mauvais temps et les pluies lui firent faire tout le reste de ce mois et le commencement de l'autre, il ne reçut que la moitié de ce qui lui avoit été promis, qui étoit 12,000 écus et 3,000 pistoles. Cela n'empêcha pas qu'au premier beau temps il ne s'embarquât sur un vaisseau marchand qu'il fit équiper, et y fit mettre quantité de pain, vin, eau douce, chairs salées, affûts de canons, pics, pieux, pioches, pelles, et autres choses nécessaires pour l'entreprise de ces deux îles. Le long séjour que Marchin fit à Madrid, où le roi d'Espagne lui fit perdre trop de temps, et à Saint-Sébastien, où la rigueur du temps retarda son départ, fit connoître au duc de Vendôme et au duc de Candale, qui étoient à Bordeaux, que ce roi avec les princes vouloient encore exciter de nouveaux troubles dans une province qui commençoit à goûter les douceurs du calme et de la paix, et, pour se garder de surprise, envoyèrent quérir du côté de La Rochelle plus de mille matelots, qu'ils jetèrent en diligence sur leurs vaisseaux, avec de l'infanterie qu'ils tirèrent de quelques régimens qu'ils avoient retenus en cas de besoin de l'armée de terre, fortifièrent le fort Cézar[1], et firent paroître au peuple de Bor-

---

1. C'étoit un fort que le duc de Vendôme avoit fait con-

deaux plus de démonstrations de douceur qu'ils n'avoient ci-devant fait, afin de les mieux porter à l'obéissance, et ne pas effaroucher des esprits qui pouvoient encore allumer de nouvelles séditions. Marchin, avant que de partir de Saint-Sébastien, eut quelque avis de cela. Ce qui le surprit le plus, fut la nouvelle qu'on lui donna que l'armée navale d'Espagne, au lieu de faire quelque exploit de guerre, et particulièrement la descente et la prise de l'île de Casault, avoit, pendant son absence, toujours demeuré oisive, et s'en vouloit même retourner en Espagne avec toute sa honte; ce qui lui fit augurer qu'ayant à faire à des personnes qui avoient si peu de soin de leur honneur, il ne feroit que perdre son temps et verroit ruiner les affaires des princes, contre les bonnes intentions que le roi d'Espagne lui avoit témoignées.

Il se mit sur la rivière au commencement du mois d'octobre, et sut, en arrivant à l'armée, que quelques-uns de ses vaisseaux avoient investi dans le canal de Mortagne[1], qui étoit vis-à-vis, deux galères et un brigantin de l'armée du duc de Vendôme, depuis dix ou douze jours, que

---

struire en 1652 dans l'île de Cazau, pour arrêter tous les vaisseaux aux approches du Bec-d'Ambez, et auquel il avoit donné son nom.

1. Mortagne, ou Saint-Étienne-de-Mortagne, en Saintonge, diocèse de Saintes, parlement de Bordeaux, intendance de La Rochelle, bourg au bord de la Gironde, avec titre de principauté, appartenant à la maison de Lorraine-Armagnac; aujourd'hui canton de Cozes, arrondissement de Saintes, département de la Charente-Inférieure. Le canal étoit une passe pour les vaisseaux dans les sables de la Gironde.

ce général y avoit envoyés quérir, des blés, avec deux longues barques, pour ravitailler Bordeaux, et que, par le conseil de guerre que Sainte-Croix et don Thomas avoient tenu, ils avoient résolu de ne les point attaquer, mais seulement de les laisser là, dans la créance qu'ils avoient qu'ils y crèveroient; ce qui parut à Marchin très-ridicule, et, les ayant joints, il fit assembler aussitôt le conseil de guerre, dans lequel il leur fit prendre de meilleurs desseins et changer de créance.

Enfin il les fit conclure à faire deux attaques, l'une par mer et l'autre par terre, la dernière au moyen de la descente qu'ils feroient d'environ six cents hommes, avec lesquels ils iroient forcer Mortagne, et enlever non-seulement les troupes d'infanterie qui le gardoient, mais aussi les deux galères, brigantin et longues barques. Sainte-Croix et don Thomas avoient un sentiment contraire; mais Marchin les sut si bien ramener qu'il les rangea dans le sien, et les anima par des discours les plus émouvans que le désir de la gloire et de bien faire lui pouvoit inspirer. Il ménageoit ses paroles pour ne les pas irriter, de peur que leur foible courage ne les obligeât à le quitter et s'en aller en Espagne sans lui rien dire, ainsi qu'ils en avoient envie et l'en avoient fait menacer.

Sainte-Croix et don Thomas ne voulurent pas quitter leur capitaine et vice-amiral, et voulurent avoir l'attaque par mer, comme la plus facile et la moins dangereuse. Marchin fut bien aise d'avoir celle de terre, où il y avoit plus de danger et de travail. Il montra aussitôt l'exemple d'un invincible courage aux officiers et aux soldats espagnols qui le suivoient; il se jeta bien avant dans la boue au bord de la rivière, et donna, avec les officiers et les six cents hommes qui avoient été tirés des vaisseaux, si à propos et avec tant de vigueur qu'il surprit les troupes du roi qui étoient dans Mortaigne, commandées par Bonneval[1], maréchal de camp, qui se retirèrent un peu en confusion, abandonnant le lieu et les galères, jusqu'à leurs équipages, que ces lâches Espagnols pillèrent, et qui pour lors avoient une extrême passion de combattre, ne voyant personne. Les habitans abandonnèrent aussi ce lieu, qui étoit très-fort et riche. Cette action si hardie remplit d'étonnement et de frayeur tous les lieux circonvoisins. Après cela, Marchin proposa aux Espagnols d'aller en l'île de Casault, leur en fit voir l'ordre par écrit de leur roi, et pour donner bataille à l'armée navale du duc de Vendôme; leur représenta la faute qu'ils avoient faite de n'y être pas allés plus tôt, comme ils le lui avoient promis; que le roi en seroit fâché; que son courroux s'allumeroit de nouveau contre eux, lequel ensuite de sa prière et de ses raisons il avoit apaisé; qu'il y avoit encore assez de temps pour réparer leur faute passée; que les occasions s'offroient; que déjà leur descente à Mortaigne leur avoit été favorable; qu'ils ne devoient rien oublier pour leur gloire, pour l'intérêt de l'armée et pour celui de leur roi et du prince. Sur ce discours, ces deux géné-

---

[1]. Henry II, comte de Bonneval, gentilhomme de la chambre du roi, premier chambellan du duc d'Orléans. Il avoit été du parti des princes; mais il avoit accepté l'amnistie en 1652. Il mourut le 28 juillet 1656.

raux dirent qu'il falloit obéir aux ordres de leur roi, et qu'ils étoient sensiblement obligés à Marchin des bons offices qu'il leur avoit rendus à la cour. Pour cet effet, ils firent avancer leur armée à la portée du canon de Blaye; mais, après avoir bien consulté leurs affaires, ils revinrent à leur première foiblesse et dirent à Marchin que leur armée étoit beaucoup travaillée des incommodités qu'elle avoit souffertes pendant tout l'été dans la rivière; qu'elle étoit diminuée de quantité de personnes, dépourvue de provisions pour son entretien, obligée, pour aller en l'île de Casault, de passer en un endroit nommé la Passe, où les grands vaisseaux couroient risque d'y périr par les brûlots que Vendôme leur enverroit; ils jugeoient, pour la conservation de leur armée, qui étoit unique, si chère et si considérable à leur roi, qu'il étoit plus expédient au bien de son service que son ordre ne fût pas exécuté en ce rencontre. Par là Marchin fit un très-mauvais jugement de ces deux généraux, dont le premier étoit homme bigot et de peu de mine, et l'autre un subtil et rusé, qui vouloit que chacun déférât à ses sentimens; mais, à dire vrai, ils étoient tous les deux mauvais soldats et fort peu capables, indignes de l'honneur que le roi leur avoit fait. Comme Marchin n'eut rien plus à leur proposer sur une affaire qu'il tint désespérée, il les laissa un peu en suspens, et à songer pendant deux ou trois jours; mais ils témoignoient toujours plus de foiblesse, et la bassesse de leur courage étoit sans exemple. La peur saisit ces deux généraux d'armée sur une imagination que le duc de Vendôme les viendroit surprendre et enlever la nuit dans un descendant de marée; ce qu'ils vouloient éviter[1]. En même temps ils levèrent l'ancre et allèrent la mouiller plus bas devant Tallemont, et le lendemain devant Royan, où, tout allumés de courroux, dirent à Marchin que le duc de Vendôme étoit plus fort qu'eux; que s'il venoit il les battroit; qu'ils ne vouloient pas davantage se tenir en cette rivière; mais que, comme le vent étoit fort bon pour aller à Saint-Martin dans l'île de Ré, qu'ils s'étoient avisés d'y aller faire une tentative s'il le trouvoit bon; que, s'ils réussissoient, l'armée ou du moins une partie s'y pouvoit rafraîchir, sans craindre celle de Vendôme; sinon, qu'ils retourneroient au Passage en Espagne, et témoigneroient au roi que toutes les choses dépendant de leurs soins avoient été faites avec assez de bon jugement et de cœur; que, s'ils n'avoient pas réussi en l'un ou en l'autre endroit, il falloit que Sa Majesté imputât cela au malheur qui s'y étoit rencontré. Ce discours fut fort agréable à Marchin, qui crut être assez heureux si, des deux cas qu'il avoit projetés, cette armée s'efforçoit à rechercher les moyens pour faire succéder le dernier, que ces deux généraux rencontrèrent à l'hasard, pour ne leur avoir pas été dit par Marchin; il se servit en même temps de l'occasion, et leur présenta l'ordre par écrit de

---

1. On lit dans la *Gazette*, sous la date de Bordeaux le 30 octobre 1653 : « Le duc de Vendôme se prépare pour attaquer les ennemis, qui firent, le 20 de ce mois, échouer quelques-uns de nos petits vaisseaux au canal de Mortaigne, et s'emparèrent du château, qui n'est d'aucune défense; l'armée s'étant à cette fin avancée jusqu'à l'île de Casau, et le sieur Marin faisant filer les troupes dans le Médoc pour border la rivière pendant le combat. »

leur roi, qui les obligeoit d'aller avec Marchin faire descente, périr ou réussir dans l'île de Ré, à peine de désobéissance. Cet ordre, au lieu de les animer, leur fut une occasion de refroidissement ; et, repassant sur leur proposition, se repentirent de l'avoir faite ; crurent même que Marchin avoit inventé cet ordre, qu'ils voulurent contrôler. Jamais on ne vit d'inégalité pareille à la leur. Enfin ils résolurent de faire pour toute leur campagne une seule chose, qu'ils crurent très-facile, que Marchin accepta, et les y convia de bonne grâce, avec les ordres du roi ; qu'ils ne pouvoient arguer, non plus que Marchin croire, que Sa Majesté, contre les bons sentimens qu'elle lui avoit témoignés de parole et par écrit, leur eût commandé par d'autres ordres secrets de ne rien faire ; il ajouta qu'ils n'avoient rien à craindre pour leurs personnes ni pour leurs vaisseaux ; qu'il avoit pensé à un expédient admirable pour leur sûreté, qui étoit qu'ils n'avoient qu'à mener en pleine mer leur armée et près de l'île de Ré ; que là ils lui donnassent trois mille hommes des six qu'ils avoient dans leurs vaisseaux, et qu'ils s'en allassent ensuite reposer au Passage ou au port de Saint-Sébastien, pendant qu'au péril de sa vie il mettroit pied à terre dans l'île de Ré ; qu'il forceroit et emporteroit le fort Saint-Louis et Saint-Martin, ou qu'il feroit un fort dans l'île avec ce qu'il y trouveroit, et les pieux, canons et autres choses nécessaires qu'il faisoit porter dans son vaisseau marchand qui le suivoit expressément, si mieux ils n'aimoient avoir part de la gloire qu'il espéroit de remporter en leur présence. Ce discours eut tant de pouvoir sur l'esprit de ces deux généraux, outre qu'ils appréhendoient d'encourir de nouveau la disgrâce de leur roi, qu'ils forcèrent leur naturel à conclure d'aller attaquer l'île de Ré. Pour cet effet ils firent lever l'ancre à leurs vaisseaux, et sortir la veille de Toussaint de l'embouchure de la rivière de Garonne, et, trouvant le vent favorable et en poupe, commencèrent à prendre leur route le long des côtes de La Rochelle. Mais ils témoignèrent qu'un esprit d'étourdissement les avoit saisis. Le baron de Vatteville leur avoit envoyé, depuis deux ou trois jours, que le grand vaisseau nommé *la Règle*, armé de septante pièces de canon de fonte verte, chargé de quantité de provisions et de munitions de bouche et de guerre, d'hommes et autres choses nécessaires, partiroit de Saint-Sébastien et viendroit joindre leur armée, la veille ou le jour de Toussaint, en la rivière de Garonne, d'où ils lui avoient fait savoir l'action de Mortaigne, et qu'ils s'en alloient en l'île de Casault. Ce vaisseau partit, ainsi que Vatteville leur avoit mandé, prit sa route sur les côtes de Bayonne et d'Arcachon, pour avoir le même vent qu'avoit ce même jour l'armée navale d'Espagne, quand ces deux généraux prirent leur route de l'île de Ré; n'aperçoit point de vaisseaux ni de barques sur mer de l'un ni de l'autre parti; croit toujours que son armée étoit dans la rivière de Garonne; y entrant facilement par l'embouchure le jour des Trépassés, pousse sa route en même temps que les marées montent; découvre de bien loin et du côté de Blaye quantité de vaisseaux; il s'imagine qu'ils sont de son armée, en repos et à l'ancre, n'observe pas autrement leurs étendards en mouillant l'ancre sur la fin de la dernière marée; il fait une décharge de coups de canon pour saluer l'armée. Aussitôt la marée commence à descendre, et avec elle quatre ou cinq grands vaisseaux et quelques brûlots de l'armée de Vendôme, qui vont droit à lui. Il croit encore que ce sont des siens qui viennent pour le visiter et tirer de ses flancs quelques munitions pour rafraîchir; il s'apprête pour les recevoir à bras ouverts; mais aussitôt qu'il s'en voit investi et forcé à coups de canon, et par les brûlots qu'on lui oppose, de se rendre à ses ennemis, il reconnoît son abus, et, tout surpris, change néanmoins de sentiment, se résout à la mort plutôt que de se rendre, et à combattre. Il se défend vigoureusement pendant quelque temps; après lequel, sa première chaleur s'étant éteinte, voyant que la partie n'étoit pas égale, qu'il étoit malheureusement surpris par l'armée de France, et abandonné par celle d'Espagne, ne sachant où elle pouvoit être, ni quel secours il devoit espérer, et qu'en s'obstinant au combat, il trouveroit sa perte tout entière sans aucune satisfaction ni avantage au service de son roi et du prince, il est forcé à se rendre, avec autant de déplaisir qu'il avoit au commencement de son premier mouvement témoigné de générosité pour se défendre. Ce vaisseau fut pris et mené à l'armée navale de France, où il est estimé à plus de cent mille écus. Le capitaine qui le montoit y fut blessé à mort, et beaucoup d'autres officiers qui furent faits prisonniers de guerre, avec toute l'infanterie qui y étoit, au nombre de près de mille [1]. La cause de cette perte fut imputée à Sainte-Croix et à don Thomas, avec justice, parce qu'au lieu de suivre les ordres du roi et exercer leur charge, ils s'attachèrent à faire le contraire, et cela à cause de leur peu de courage. Marchin, voyant que tout y étoit désespéré, et qu'on ne pouvoit plus rien faire dans ce pays pour le service du roi d'Espagne et des princes, se retira à la fin en Flandre.

[1]. Suivant la *Gazette*, le vaisseau venoit de Dunkerque, et non de Saint-Sébastien. C'étoit le *San Salvador*. « Bordeaux, 13 novembre : Le *San Salvador*, revenant de Dunkerque, où il avoit mené la princesse de Condé, fut pris dans la rivière de Bordeaux, avec une flûte. Il étoit armé de trente-six canons. La flûte portoit des vivres pour nourrir l'armée navale ennemie pendant un mois. »

FIN DE L'HISTOIRE DE LA GUERRE DE GUYENNE.

ERRATA

Page 63, note 2 : Henri Massuy; lisez *Massuès*.
— 67, lig. 20 : Persa; lisez *Persan*.
— 123, lig. 5 : Sainte-Meause; lisez *Sainte-Maure*.
— 131, lig. 21 : Châtillon-sur-Loire; lisez sur *Loing*.
— 213, lig. 13 : château Porcsin; lisez *Portien*.
— 216, note 5 : duc de Bamville; lisez *Damville*.
— 266, lig. 20 : Lorsesse; lisez *Loresse*.
— 291, lig. 2 : Secbach; lisez *Seebach*.

TABLE ALPHABÉTIQUE

DES NOMS DE PERSONNES ET DE LIEUX CITÉS DANS CE VOLUME

Ablon, 186.
Accueillar ou *Auvillars*, 317.
Accueillier. Voy. Auvillars.
Agen, 314, 315, 319, 320, 321, 322, 343. 357.
Aiguillon (Marie-Madeleine de Vignerot, duchesse d'), 95.
Aiguillon, 324.
Alais (D'), 276.
Alais-le Vicomte, 215.
Albret (François-Alexandre d'), sire de Pons, 13.
Albret (Anne-Poussart du Vigean, marquise d'), 13.
Alègre (Claude-Yves, marquis d'), 300.
Almeiras, 390.
Amboise, 110.
Angeliq, aide-major de Langeron, 279.
Angers, 109, 110.
Angerville, enseigne des gardes du prince de Conty, 265.
Angerville en Beauce, 97.
Angerville eu Gatinois, 97.
Angoulême, 333, 337.
Anjou (Philippe de France, duc d'), 108.

Anne d'Autriche, 2, 7, 8, 18, 53, 57, 76, 78, 89, 107, 227, 234.
Antignac, 346.
Antoine, capitaine de Champagne, 368.
Apremont (Le baron d'), 148.
Arc-sur-Tille, 29.
Ardennes, capitaine de l'Altesse, 262.
Argense (François Joumart, baron de Dirac, seigneur d'), 333, 334, 338.
Argenteuil, 151, 152.
Arnaud-Servois, 392.
Arnauld de Corbeville, général des carabins, 48, 57, 61.
Ars (Le marquis d'), 336.
Arsenoy, capitaine de Condé, 278.
Artigolles (D'), capitaine de l'Altesse, 262.
Aseval (D'), capitaine de Persan, 277.
Aubeterre (Pierre Bouchard d'Esparbez de Lussan, marquis d'), 347, 358, 366, 397, 399.

Aubeterre (Léon d'Esparbez de Lussan, chevalier d'), 301, 303, 304, 359, 360, 361, 362, 363, 367, 368.

Aubeterre, 333.

Aubrun, du régiment de Condé, 278.

Aubry, conseiller au parlement de Paris, 167.

Aubry, capitaine de Balthazar, 386.

Aumont (Antoine d'), marquis de Villequier, 45, 73, 100, 102, 104.

Auteuil (Charles Combauld, baron d'), 370, 371.

Auvillars (N. Dauvet, marquis d'), commandant d'Armagnac, 336.

Aytonne (Le marq. d'), 388.

Baas (Le baron de), 361, 373.

Bagnovelle (Don Thomas de), 400, 401, 406, 413.

Baillican, 214, 217.

Balaguer, 382.

Ballador, 392.

Balthazar (Le colonel de), 376.

Balthazar, Gucheo, 375.

Balthazar, 294, 297, 298, 300, 301, 302, 304, 305, 306, 308, 309, 315, 316, 317, 318, 319, 320, 321, 322, 324, 325, 327, 328, 331, 332, 334, 335, 336, 338, 342, 343, 344, 345, 347, 348, 350, 351, 353, 355, 357, 358, 359, 360, 361, 362, 364, 367, 368, 370, 372, 373, 375, 377, 380, 382, 386, 387, 388, 390, 394, 397, 399.

Bar (Guy de), gouverneur du Havre, 57, 59.

Baradas (Jean-Marc, chevalier de), 182.

Barat, capitaine de l'Altesse, 262.

Barbezieux, 300, 301.

Barcelonne, 105, 291.

Basliac, enseigne de l'Altesse, 276.

Baudoin, capitaine de Bourgogne, 278.

Bazas, 342, 344, 352, 353, 359.

Beaufort (François de Vendôme, duc de), 6, 9, 37, 38, 48, 49, 50, 53, 54, 57, 58, 62, 108, 112, 113, 114, 115, 116, 117, 118, 131, 134, 153, 166, 167, 170, 171, 172, 185, 188, 191, 194, 207, 212, 265, 266, 269.

Beaujeu (Claude-Paul de Beaujeu de Villiers, comte de), 102, 149.

Beaumont, le jeune, lieutedant de Bourgogne, 278.

Beaumont, commissaire ordinaire de l'artillerie, 280.

Beaumont, du régiment de Bourgogne, 278.

Beaupré (Le baron de), commandant de l'Altesse, 275.

Beauséjour, 331.

Beauvais, capitaine des gardes de Marsin, 313.

Beauvais-Chantirac, 334, 347.

Beauvau (Le sieur), 258, 266.

Bedos ou *Budos*, 325.

Begle, 373.

Belays ou Bellée, officiers des gardes du comte d'Harcourt, 386.

Belleau, major du régiment de Langeron, 279.
Bellefonds (Bernardin Gigaut, marquis de), 316.
Bellegarde, 26, 27, 28, 31, 32, 38.
Beloy, le jeune, 272, 274.
Belpuch, 382, 387.
Benavent, 308.
Bénézet, capitaine de Balthazar, 386.
Bergerac, 312, 316, 324, 326, 327, 329, 332, 338, 343, 372.
Beringhen (Henry de), 63.
Bernardon, 313.
Béthune (Le chevalier de), 274.
Beuvron (François III de Harcourt, marquis de), 20.
Birgam. Voir *Preignan.*
Biron (François de Gontaut, marquis de), 312, 313, 316.
Blandin, capitaine de Bourgogne, 278.
Blaye, 99, 342, 343.
Bleneau, 126, 127, 129, 131.
Blois, 110, 113, 216.
Bock, le major, 300.
Boisjardin, maréchal des logis de Condé, 277.
Bonne, 64.
Bonnefons, écuyer du duc de Nemours, 265, 266.
Bonneval (Henri II, comte de), 407.
Bonny, 122.
Bordeaux, 32, 33, 34, 35, 41, 42, 47, 104, 105, 121, 122, 293, 314, 324, 325, 331, 332, 356, 357, 366, 368, 369, 372, 397, 402, 406.

Bossu (Le comte de), 160.
Bougy (Jean Révérend de), 299, 304, 316, 343, 344, 357, 364, 374.
Bouillon (Frédéric-Maurice de La Tour d'Auvergne, duc de), 34, 65, 66.
Bouillon, 175, 217.
Bourbon (Louis de Bordeaux de Bourbon Condé, duc de), 314.
Bourdeilles (François-Sicaire, marquis de), 307.
Bourdeilles, 309.
Bourg en Bordelois, 301, 305, 306, 307, 342, 365, 372.
Bourges, 96, 98, 106, 130, 251.
Bourgogne (Louis de), 351.
Bousquet, 358.
Boutteville (François-Henry de Montmorency, comte de), 45, 67.
Boyer, capitaine aux gardes, 158, 281.
Brancas (Le comte de), 273.
Brézé (Urbain de Maillé, marquis et maréchal de), 11, 83, 379, 380.
Briare, 121, 126.
Brienne (Henri-Auguste de Loménie, comte de), secrétaire d'État, 64, 78, 231.
Brienne (Madame de), 271.
Briole (De), mestre de camp du régiment de Condé, cavalerie, 179, 181, 182, 204.
Brisembourg, 298.
Brissac (Louis de Coss duc de), 171, 268.
Broglio (Charles), comte de Santena, 64, 386.
Brouage, 99, 297, 358.

Tavannes. 27

Broué (Le colonel), 111, 137.
Broussel (Pierre de), conseiller au parlement de Paris, 168.
Brueil, 64, 69, 74.
Brunier, lieutenant de l'Altesse, 263.
Bruxelles, 68, 80, 111, 232, 238.
Bruyère, 126, 127.
Bugue ou *Bugo de Saint-Circq*, 330.
Busancey, 102.
Bussy (Roger de Rabutin, comte de), 40, 41, 67, 122, 123, 179, 180, 181.
Bussy (Honorée de), 25.
Buthier (Le baron de), 389.

Cahors, 317.
Campan, 265.
Candale (Louis-Charles-Gaston de Nogaret de La Valette, duc de), 11, 349, 351, 352, 353, 354, 356, 357, 361, 362, 363, 365, 368, 372, 373, 397, 404.
Carmillo (Don Juan), 392.
Casault (Ile de), 400, 402, 405, 407.
Castel-Jaloux, 343, 344, 346, 347, 348.
Castellion, 371.
Castelmoron (François de Caumont, marquis de), 323.
Castelnau (Henri-Nompar de Caumont, marquis de), 330.
Castelnau-Mauvissière (Jacques, marquis de), 102.
Castelnau, 343, 344, 345.
Castres (Le comte de), 265, 266.

Caudecôte, 314, 317.
Caumont, du régiment de Condé, 278.
Cauna (Le château de), 362, 363, 364.
Cesan, capitaine de l'Altesse, 263, 276.
César (Le fort), 404.
Chabot (Henry de, plus tard duc de Rohan), 11, 15, 109, 110, 171, 173, 269, 273.
Chaillot, 19, 257.
Châlons-sur-Marne, 43, 217.
Chambellé, cavalier de l'Altesse, 275.
Chambon, gouverneur de Saintes, 294, 310.
Chamboy (Le baron de), 55.
Chamilly (Nicolas Bouton, comte de), 100.
Champlâtreux (Jean Molé, sieur de), conseiller au parlement de Paris, 87, 90.
Chanlot (N. Pieddefer, marquis de), 307, 308, 330, 335, 336, 373, 375.
Chantilly, 95, 96.
Charenton, 155, 156, 208, 209, 257, 258, 269.
Charonne, 157, 158, 270.
Chasan, officier du régiment de l'Altesse, 256.
Chastillon, lieutenant de Bourgogne, 278.
Château-Landon, 123.
Château-Porcien, 35.
Château-Renard, 124.
Château-Trompette, 400, 402.
Châteaudun, 112.
Châteauneuf (Charles de L'Aubespine, marquis de),

garde des sceaux, 50, 56, 69, 89, 90, 93.

Châteauneuf (Jean de Rieux, comte de), 40, 326, 327.

Châteauneuf-sur-Loire, 180.

Châtelus (César-Philippe, comte de), 39.

Châtillon (Isabelle de Montmorency Boutteville, duchesse de), 45, 268.

Châtillon-sur-Loing, 46, 131, 133.

Châtillon-sur-Marne, 214.

Châtres, 134, 138.

Chaumes, 206, 210.

Chavagnac (François, comte de), 278, 356, 357.

Chavagnac (Gaspard, comte de), 39, 179, 332.

Chavagnac (Charlotte d'Estaing, comtesse de), 357.

Chavigny (Léon Le Bouthilier, comte de), secrétaire d'État, 69, 71, 99, 121, 131, 171, 173.

Chazelle, capitaine de Condé, 276.

Chefboutonne, 298.

Chevigny, 265.

Chevreuse (Marie de Rohan, duchesse de), 48, 56, 66.

Chevreuse (Charlotte-Marie de Lorraine, Mademoiselle de), 48, 65, 268.

Choiseuil (Claude, comte de), 156.

Chouppes (Émard, marquis de), 359, 368, 369.

Christoval (Don), 392.

Clérac ou *Clairac*, 323.

Clérambaut (Le marquis de), 273.

Clermont en Argonne, 63, 83, 149, 215, 218, 243.

Clinchamp (Bernardin de Bourqueville, baron de), 111, 112, 132, 135, 136, 151, 152, 155, 158, 192, 194, 204, 205, 258, 267.

Cocherelle, enseigne colonelle de l'Altesse, 262.

Cognac, 296, 300.

Cogné (Le marquis de), 265, 266.

Coligny (Jean de Saligny, comte de), 28, 67, 111, 180.

Cologne (L'électeur de), 63, 64.

Cologne, 64, 81, 242.

Colombe, 152.

Comminges (Jean-Baptiste-Gaston de Pucchpeirou, comte de), lieutenant des gardes de la reine, 21.

Compiègne, 4, 35, 175, 187, 211.

Condé (Henry II de Bourbon, prince de), 83.

Condé (Louis II de Bourbon, prince de), 2, 4, 10, 12, 15, 16, 17, 18, 19, 20, 21, 23, 49, 58, 59, 60, 62, 65, 66, 68, 69, 70, 71, 74, 76, 81, 82, 85, 89, 90, 92, 93, 96, 97, 100, 110, 111, 118, 121, 123, 125, 126, 128, 131, 132, 136, 141, 150, 152, 155, 158, 160, 162, 166, 168, 170, 171, 173, 176, 177, 179, 183, 185, 186, 190, 194, 195, 205, 207, 208, 211, 212, 214, 216, 217, 218, 219, 223, 231, 235, 241, 255, 256, 257, 259, 260, 261, 265, 267, 268, 269, 271, 273, 276, 278, 289, 293,

297, 298, 301, 303, 305, 314, 319, 321, 378, 387.

Condé (Charlotte-Marguerite de Montmorency, princesse douairière de), 15, 25, 41, 46.

Condé (Claire-Clémence de Maillé Brézé, princesse de), 34, 47, 72, 105, 251, 314, 369, 371, 374, 397, 398, 400.

Condom, 325, 347.

Conty (Armand de Bourbon, prince de), 3, 15, 17, 20, 21, 48, 60, 62, 65, 69, 72, 78, 79, 80, 93, 96, 98, 104, 173, 314, 322, 323, 324, 329, 330, 356, 367, 368, 371, 373, 389, 397, 399.

Corbeil, 149, 151, 186, 203, 205, 206.

Cosne, 122, 131.

Cossé (Timoléon, comte de), 159.

Couberg, 206.

Coulombier, lieutenant de Bourgogne, 278.

Coulombier, du régiment de Condé, 278.

Courtray, 179.

Couturier, 20.

Couvonges (Antoine de Stainville, comte de), 385, 386.

Coyeux, 298.

Croissy (Fouquet de), conseiller au parlement de Paris, 68, 98.

Croissy (De), cornette des gardes de la reine, 21.

Créquy (François de Créquy, marquis de Marines, dit le chevalier de), 316.

D'Oncle ou Dunkel (Le colonel), 378.

Dammartin, 209, 210, 211, 255.

Damville (François-Christophe de Levis Ventadour, duc de), 215.

Dassa (Don Joseph), 392.

Dax, 355, 362.

Des Aubes, du régiment de Condé, 278.

Des Cars (Le chevalier), 256.

Des Fourneaux, 265, 266.

Des Moulins, capitaine de l'Altesse, 262.

Descoste, lieutenant de l'Altesse, 275.

Desesche (Le chevalier), capitaine des gardes du duc de Nemours, 265, 266.

Desescares, du régiment de Bourgogne, 278.

Deslandes, major de brigade, 264, 277, 278.

Desmarets, capitaine de Conty, 277.

Despouis, lieutenant colonel de l'Altesse, 262.

Desroches, capitaine des gardes du prince de Condé, 326, 327.

Dieppe, 34.

Dijon, 26, 31.

Dome, 316, 332.

Dormeni, 265.

Dourlens, 63.

Du Buisson, lieutenant de Bourgogne, 278.

Du Corail, 265.

Du Dognon (Louis de Foucault, comte), 297, 358.

Du Mas, cornette de l'Altesse, 275.

DES NOMS, ETC. 421

Du Mesnil, du régiment de Condé, 278.
Du Plessis, maréchal de camp, 347.
Du Richau, commandant de l'artillerie dans la Bastille, 272.
Du Terrier, capitaine de Bourgogne, 278.
Dunkerque, 398.
Dupuy, gentilhomme du duc de Nemours, 265.
Duriard (Don Petro), 392.
Duvouldy, lieutenant des gendarmes d'Enghien, 358.

Egli Ponti (Jean d'), 44.
Elbeuf (Charles de Lorraine, duc d'), 187, 214.
Enghien (Henry-Jules de Bourbon Condé, duc d'), 34, 371, 374, 397, 398, 400.
Épernay, 217.
Epernon (Bernard de Nogaret de La Valette, duc d'), 11, 12, 84, 245, 346.
Épiney, 151, 152, 256.
Esguillon. Voy. *Aiguillon*.
Estrée (Le comte d'), 281.
Etampes (Le maréchal d'), 268.
Étampes, 133, 135, 136, 138, 147, 148, 149, 150.

Fabert (Abraham), 64, 65.
Fabricio (Don), 392.
Faget, major de Balthazar, 328, 331, 345, 350.
Faujan, major de Marsin, 356.
Fauvelet (Le chevalier), du régiment de Condé, 278.
Fescamp, 208, 209.

Fiesque (Charles-Léon, comte de), 55, 268.
Fiesque (La comtesse de), 136, 268.
Fismes, 213.
Flammarens (Agésilan de Grossoles, marquis de), 160, 265, 266.
Flammarens, 318.
Foix (Le chevalier de), 265, 266.
Folleville (Le chevalier de), maréchal de camp, 72, 73, 100, 310, 326, 327, 328, 331, 332, 333, 334, 335, 336.
Fontainebleau, 42.
Fontenailles, 272, 274.
Forcade (Francisco), 392.
Fouquet (Nicolas), procureur général au parlement de Paris, 170.
Francheville, capitaine de Conty, 277.
Frédéric V, roi de Bohême, 375.
Frementeau, 265.
Frezé (Le chevalier de), capitaine d'Enghien, 277.
Fronsac, 303.
Frontenac (La comtesse de), 136.
Fruges (Le chevalier de), 272.
Fuensaldagne (Alfonse Pérès de Vivero, comte de), 36, 64, 169, 214, 215, 218, 238.
Furstemberg (Le comte de), 137.

Gamarre (Don Estevan de), 36, 104, 238.
Gareée (Le marquis de), 305, 307.

Garrigues, capitaine de Languedoc, 276.
Gassion (Jean de), maréchal de France, 376, 377.
Gaston, capitaine de Balthazar, 328, 350, 353.
Gaudiez (Alexandre de Lévis, marquis de), 305.
Genlis, 29.
Gédouin (De), maréchal de camp, 203, 216, 276.
Genaudun (De), capitaine de Persan, 277.
Gergeau, 111, 114, 115, 116, 117, 118, 119, 120, 180.
Gerzé (Le marquis de), 264, 265, 266.
Gerzé (Le baron de), 264, 265.
Gien, 111, 114, 121, 133.
Gironde (De), lieutenant d'Enghien, 277.
Gondy (Jean-François-Paul de), archevêque de Corinthe, coadjuteur de Paris, 6, 9, 38, 48, 50, 56, 57, 58, 60, 62, 71, 86, 88, 110, 248.
Gontaut, 350.
Gonzague (Anne de), princesse palatine, 48, 49.
Gouhas, 347.
Gouville (Philippe d'Argouges, marquis de), 39, 156, 255, 276.
Grammont (Antoine II, duc et maréchal de), 74, 388.
Grancey (Jacques-Roussel, comte de), 46.
Grandpré (Jean-Armand de Joyeuse, comte de), 35, 65.
Gravelines, 46.
Grenade, 353, 354.
Grignaux ou Grignols (André de Talleyrand, comte de), 331, 334, 336.
Grignaux, le château, 331, 333, 334, 338.
Guémené (Louis VII de Rohan, prince de), 62, 273.
Guignes en Brie, 177.
Guionnet, conseiller au parlement de Bordeaux, 293.
Guise (Henri de Lorraine, duc de), 207, 209.
Guise, 35.
Guitaut (François de), capitaine des gardes de la reine, 21, 22.
Guitaut (Guillaume de Puechpeirou-Comminges, comte de), 28, 67, 265, 266.
Guittre, 302, 303.
Gustave-Adolphe, roi de Suède, 376.
Guypi, du régiment de Langeron, 279.

Hamilton (Le colonel), 366.
Harcourt (Henry de Lorraine, comte d'), 43, 51, 53, 95, 105, 295, 296, 297, 298, 300, 301, 303, 304, 305, 309, 315, 317, 318, 319, 320, 322, 323, 325, 329, 332, 334, 337, 338, 340, 342, 380, 381, 383, 385, 386.
Haro (Don Louis de), 400, 401.
Hauterive, capitaine d'Enghien, 277.
Henry, capitaine de Balthazar, 383, 385, 386.
Hocquincourt (Charles de Monchy, marquis d'), 45, 64, 107, 109, 124, 126, 127,

130, 134, 137, 138, 253, 322, 379.

Holac (Le comte de), 256, 273.

Houdan, 112.

Illiers ou Saint-Jacques d'Illiers, 113.

Innocent X, 110.

Iso (D'), capitaine d'Enghien, 277.

Ivry, 177.

Jametz, 149.

Jean de Vert, 377.

Jonsac (Le marquis de), 265, 266.

Jonsac, 300, 301.

Juan d'Autriche, 105, 291.

Kinsqui (Le colonel), 151, 256.

L'Air-de-Mary, 330.

L'Artet, 354, 363, 373.

L'Echelle (De), lieutenant-colonel du régiment de Valois, 144.

La Bachelerie, 122.

La Barthe (Jean-Louis de), 349.

La Bastide, 359, 360.

La Bergerie, 297.

La Capelle, 35, 100.

La Chambre, major de Clinchamp, 258.

La Chapelle St-Denis, 61.

La Charité-sur-Loire, 106, 122, 131, 179.

La Cottière, 124.

La Croix, commandant de Cauna, 363, 364.

La Croix, maréchal des logis de l'Altesse, 275.

La Ferté-Imbault (Jacques d'Étampes, marquis de), 46.

La Ferté Senneterre (Henry de Saint-Nectaire, marquis de), 46, 63, 82, 151, 152, 155, 157, 162, 185, 191, 194, 201, 202, 207, 232.

La Force (Jacques Nompar de Caumont, duc et maréchal de), 329, 376.

La Garde (De), premier capitaine de Bourgogne, 265.

La Grange-le-Roi, 205.

La Guette (Jean-Marius ou Mario, sieur de), 372.

La Lire, maréchal des logis de Condé, 277.

La Londe (Gaston de Bonnechose, marquis de), 146.

La Louvière (N. Broussel, sieur de), lieutenant du gouverneur de la Bastille, 270.

La Magdelaine, capitaine de Conty, 341.

La Marconnière, capitaine de l'Altesse, 275.

La Mare (Don Vinzenco de), 379.

La Martinière, 265, 266.

La Meilleraye (Charles de La Porte, duc et maréchal de), 378.

La Mellières (De), 159.

La Mothe-Guyonnet, 265, 266.

La Mothe Houdancourt (Philippe de), maréchal de France, 53, 54, 62, 72, 379, 380.

La Moussaie (Amaury de Goyon, marquis de), 24, 25, 101.

La Palue, lieutenant de Bourgogne, 278.

La Plante, du régiment de Condé, 278.

La Plume, 319, 320, 322.

La Poterie, lieutenant de Bourgogne, 278.

La Prairie, du régiment de Condé, 278.

La Renerie, capitaine de l'Altesse, 276.

La Réolle, 352.

La Rivière (Louis Barbier, abbé de), 15, 20, 21.

La Rivière, 353.

La Roche, lieutenant de Condé, 277.

La Rochefoucault (François VI, duc de), 57, 61, 65, 71, 87, 88, 96, 98, 153, 158, 171, 265, 266.

La Rochegifart (Le marquis de), 265, 266.

La Rochelle, 404.

La Romieu ou *Larroumieu*, 318, 319.

La Roque (Le colonel), 329, 330, 336, 375, 390.

La Serre (Le capitaine), 344, 352, 354.

La Tour-Blanche, 326.

La Vallée, 303.

La Vieuville (Charles, marquis de), 89, 90, 93.

La Vrillière (N. Phélippeaux, marquis, puis duc de), secrétaire d'État, 57, 61.

Laborie, 326, 327.

Lagny, 207, 208, 209.

Laigue (Le marquis de), 37.

Lamboy, général autrichien, 378.

Langeron (Philippe Andrant, comte de), 106.

Langey (Réné de Cordouan, marquis de), 390.

Langla, capitaine de Bourgogne, 278.

Langres, 28, 222.

Lanques (Clériadec de Choiseul, marquis de), 111, 115, 126, 154, 155, 158, 256, 258, 263.

Lasso (Don Hiéronimo), 392.

Launay Liais, 40.

Lauzerte, 293.

Lauzun, 316.

Le Catelet, 35, 41.

Le Fouilloux, 159, 285.

Le Gros-Mesnil, 61.

Le Havre de Grâce, 14, 33, 36, 38, 43, 51, 57, 59, 251.

Le Mas d'Agénois, 321, 349, 356.

Le Pallié, 28, 222.

Le Tellier (Michel), secrétaire d'État, 21, 50, 56, 57, 74, 75, 90, 108, 215, 248.

Le Vieux, échevin de Paris, 188, 189.

Lectoure, 315.

Leganez (Le marquis de), 380, 382, 383.

Lenet (Pierre), 367, 371, 398, 400.

Léopold Guillaume, archiduc d'Autriche, 64, 218.

Levignac, 324.

Levis (Roger de), comte de Charlus, 180.

L'Hôpital (François de Vitry, maréchal de), 166, 167, 268.

Libourne, 301, 302, 306, 307, 314, 324.

Ligne (Le comte de), 177, 185, 204, 211, 214.

Lignon (Le vicomte de), 270, 272.

DES NOMS, ETC.

Lillebonne (François-Marie de Lorraine, comte de), 332, 333, 340.

Limeuil, 333.

Limours, 15, 215, 216.

Lionnaire ou Lionnière, capitaine au régiment de Condé, 156.

Lionne (Hugues de), secrétaire d'État, 60, 74, 90, 108, 248.

Lisac, commandant du régiment de Sauvebœuf, 308.

Lisle en Périgord, 305.

Longueville (Henry II d'Orléans, duc de), 3, 6, 7, 14, 15, 16, 17, 19, 20, 21, 60, 62, 91, 92, 93, 95.

Longueville (Anne-Geneviève de Bourbon-Condé, duchesse de), 3, 6, 16, 33, 48, 49, 65, 68, 72, 96, 98, 105, 251, 314, 369, 371, 397, 399.

Loresse (Le marquis de), 265, 266.

Lormont, 366.

Lorraine (Charles IV, duc de), 147, 148, 149, 176, 185, 191, 194, 205, 207, 211, 212, 213.

Lucas (Don), 323.

Lussan (Le comte de), capitaine de l'Altesse, 265, 275.

Madrid, 400, 404.

Maesmir, capitaine de Marsin, 356.

Magneux, 265, 266.

Mancini (Paul), 159, 281.

Mancini (Laure-Victoire, duchesse de Mercœur), 9, 10, 25, 81.

Mantes, 112.

Mareuve, 324.

Marey (Guillaume de Roux et de Médavi, comte de Clermont et de), 113, 116, 117, 128.

Marcoussy, 39, 43.

Marguerit (Don Joseph de), 291.

Marin - Sainte - Colombe, 340, 356.

Marle, 72, 73, 74, 82, 84, 93, 100, 111.

Marmande, 321, 344, 350.

Marquessac, 265.

Marsan (François de Montesquiou, seigneur de), 359, 360.

Marsillac (Le prince de), 265, 266.

Marsin (Jean-Gaspard-Ferdinand, comte de), 105, 290, 292, 295, 297, 301, 302, 304, 306, 312, 313, 315, 316, 317, 318, 319, 322, 323, 324, 325, 329, 331, 332, 338, 339, 342, 343, 346, 347, 349, 350, 351, 352, 353, 355, 356, 366, 367, 368, 371, 372, 374, 388, 397, 398, 399, 401, 406, 413.

Martinozzi (Marie-Anne, depuis princesse de Conty), 11, 25, 398.

Maure (Louis de Rochechouart, comte de), 397, 399.

Mazarin (Jules), cardinal, 5, 7, 9, 13, 15, 18, 20, 21, 26, 42, 43, 45, 47, 49, 51, 52, 53, 57, 60, 63, 65, 69, 74, 81, 84, 106, 107, 108, 110, 120, 134, 141, 149, 157, 166, 168, 170, 172, 173, 174, 217, 219, 222, 227, 231, 234, 242, 245,

268, 269, 270, 290, 394, 398.

Meaux, lieutenant de l'Altesse, 263.

Meaux, 207, 208, 209.

Melun (Le vicomte de), 265, 266.

Melun, 186.

Menessaire (Le baron), capitaine de l'Altesse), 275.

Menillet, lieutenant de Condé, 278.

Mepas (Le vicomte de), 281.

Mercé (Le chevalier de), 265.

Mercœur (Louis de Vendôme, duc de), 9, 10, 11, 81, 388.

Mérinville (Charles de Montiers, comte de), 348, 349, 354, 383, 385.

Meudon, 153.

Meulan, 153, 257.

Migennes (Le baron de), 265.

Migneray, capitaine de Langeron, 279.

Milly, 26, 71.

Miossens (César-Phébus d'Albret, comte de, depuis maréchal d'Albret), 22, 271.

Miradoux, 315, 317.

Moissac, 292.

Moisy-l'Évêque, 205.

Molé (Mathieu), premier président du parlement de Paris, 18, 56, 69, 77, 87, 89, 90, 93, 248.

Mondejeu (Jean de Schulemberg, comte de), 64.

Monflanquin, 340.

Monsegnau, 351.

Monségur, 356.

Mont-de-Marsan, 352, 353, 354, 355, 359, 361, 362, 368.

Mont-l'Évêque, 211.

Mont-Valérien, 255.

Montal (Charles de Montsaulnin, comte de), 103.

Montancé, 329, 333, 334, 335.

Montargis, 122, 123, 147, 182.

Montauban, 293.

Montausier (Charles de Sainte-Maure, marquis de), 332, 333, 334, 335, 336, 337.

Montbazon (Marie de Rohan, duchesse de), 49, 59, 268.

Montcassin (Alexandre de), 347.

Montelar, 326, 327.

Montendre (Charles-Louis de La Rochefoucauld de Fonsèque, marquis de), 334.

Montendre, 302.

Montereau-faut-Yonne, 133, 182.

Montfaucon, 156, 258.

Montfaucon, en Berry, 180.

Montgoural, lieutenant colonel de Théobon, 345.

Montignac (Le comte de), 265, 272.

Montmorency (Henri II, duc et maréchal de), 90.

Montmorency, 163.

Montmouton (Le sieur de), 258, 259.

Montpellier, 294, 295.

Montpensier (Anne-Marie-Louise d'Orléans, duchesse de), 117, 118, 119, 135, 136, 162, 215, 268, 269.

Montpensier ou *Montpazier*, 316.

Montpesat, en Quercy, 296.

Montpont, 307.

Montpouillan (Armand de Caumont, marquis de), 291.

Montréal, en Gascogne, 333.

Montrond, 32, 33, 34, 40, 41, 47, 96, 98, 105, 106, 114, 178, 179, 180, 182, 238, 251.

Morero (Alexandre), 392.

Mortagne, 405, 406, 407.

Mortare (Le marquis de), 105, 291.

Mouson, 36, 41, 238, 252.

Mouy (Le marquis de), 273.

Mugron, 363.

Muret, 292.

Nantouillet (Louis du Prat, marquis de), 159, 273, 281.

Navailles (Philippe de Montault de Bénac, duc et maréchal de), 54, 64.

Neau, commissaire provincial de l'artillerie, 280.

Nemours (Charles-Amédée de Savoie, duc de), 33, 38, 39, 45, 69, 96, 98, 104, 111, 112, 113, 114, 115, 117, 118, 125, 131, 153, 161, 171, 172, 261, 265, 266, 276, 378.

Nérac, 325.

Néronde, 180.

Nesmond (François-Théodore de), président à mortier au parlement de Paris, 169.

Neufville, lieutenant colonel de Langeron, 261, 263.

Neufvy (Le baron de), 258, 259.

Noëil, 334.

Nort, maréchal de camp, 296.

Notre-Dame de la Victoire, 211.

Origny (Pierre-Bourgeois, comte d'), 386.

Orléans (Jean-Baptiste-Gaston, duc d'), 15, 18, 20, 21, 37, 39, 47, 48, 49, 50, 51, 52, 54, 55, 56, 57, 58, 60, 61, 66, 72, 75, 77, 79, 82, 83, 88, 97, 98, 105, 107, 108, 112, 118, 121, 131, 132, 136, 166, 168, 170, 171, 173, 183, 184, 187, 194, 198, 208, 210, 211, 212, 215, 216, 228, 231, 235, 236, 243, 252, 255, 268, 398.

Orléans, 111, 114, 116, 117, 118, 135.

Ouzouer, 206.

Ozorio (Don Joseph), 365.

Pacheco (Don Juan), 382.

Paillé (Le chevalier de), commandant de Condé, 277.

Palluau (Philippe de Clérembault, comte de), 59, 105, 115, 116, 117, 178, 180, 181, 183.

Palvesine (Frère Jean), 381.

Papenheym (Le général), 394.

Paris, 4, 12, 20, 33, 36, 38, 40, 42, 51, 52, 53, 55, 61, 65, 68, 71, 74, 76, 79, 91, 105, 107, 109, 112, 118, 121, 132, 133, 135, 148, 150, 156, 163, 166, 169, 170, 172, 175, 183, 189, 192, 207, 211, 213, 267.

Patay, 114, 115.

Pensens, commandant des chevau-légers de Candale, 385.

Périgueux, 307, 309, 326, 331, 372, 375.

Persenay, capitaine des gardes du duc de la Rochefoucauld, 266.

Persan (N. Vaudeter, marquis de), 40, 67, 105, 178, 182, 214.

Picpus, 154, 155, 156, 158, 161, 259.

Piètre, échevin de Paris, 188, 189.

Pilles (Le château de), 343.

Plessis-Bellière (Jacques de Rougé, marquis du), 309, 324, 326, 341, 342.

Plessis-Praslin (César de Choiseuil, maréchal du), 43.

Poissy, 153.

Poitiers, 105, 107, 108.

Pojol ou *Pujo*, 352, 354.

Pons, 300, 301, 310.

Pont-de-l'Arche, 5, 7, 11.

Pontoise, 37, 61, 95, 170, 175, 187, 190, 213, 257.

Pontous, 365, 367, 368.

Port-Sainte-Marie, 320, 321, 322, 323, 344.

Povaro (Le marquis de), 379.

Poyanne (Henri de Baylens, marquis de), 354, 364, 365.

Preignan, 319, 320.

Priolo (Benjamin), 91, 92.

Prugues, commandant du régiment de Guitaut, 359, 367.

Quintin (Brandelys de Goyon, marquis de), 220.

Rambouillet (Le jardin de), 160, 269, 271.

Rantzau (Josias, comte de), maréchal de France, 378.

Ravonelle, 256.

Ré (Ile de), 403, 409, 410.

Rébé (Le fort de), 384.

Reims, 43, 44, 217.

Rethel, 35, 41, 44, 214.

Ribeirac, 333.

Richelieu (Armand-Jean de Vignerot du Plessis, duc de), 13.

Richelieu (Jean-Baptiste Amador de Vignerot du Plessis, marquis de), 200.

Rieux (François de Lorraine, comte de), 187.

Rissan, capitaine de l'Altesse, 276.

Rives (De), major de brigade, 276.

Rochefort, valet de chambre du prince de Condé, 122.

Rohan (Le duc de). Voy. Chabot.

Rohan (Marguerite de), 110, 268.

Roquefort, 352, 359, 360, 361, 364, 365, 367, 372, 374.

Roquelaure (Antoine, chevalier de), 319, 320.

Rose (Raynold de), lieutenant général, 169.

Royan, 300, 409.

Rozay, 206.

Ruel, 270.

Rumigny (De), 305, 318.

Ruvigny (Henry Massuès, sieur, puis marquis de), 63, 227.

Saint-Aignan (François Honorat de Beauvilliers, comte de), 41.

Saint-Alvère, 327.

Saint-Amand-Montrond, 41.

Saint-André de Cubzac, 302, 303, 305.

Saint-Antoine d'Artigue-Longue, 302, 305.

Saint-Astier, 326, 328, 331.

Saint-Auton, 401.

Saint-Cloud, 151, 152, 155, 255, 257.

Saint-Denis, 61, 151, 154, 163, 170, 255, 257.

Saint-Dizier, 217.

Saint-George, gouverneur de Monségur, 351.

Saint-Géran (N. de La Guiche, comte de), 180.

Saint-Germain, 374.

Saint-Germain-en-Laye, 3, 5, 37, 53, 134, 213.

Saint-Ibal, 265.

Saint-Jean-d'Angély, 298.

Saint-Julien (Le chevalier de), capitaine de Condé, 276.

Saint-Justin, 359, 362, 367.

Saint-Léger, du régiment de Langeron, 279.

Saint-Luc (François d'Espinay, marquis de), 293, 314, 315, 317, 339.

Saint-Macaire, 324, 325.

Saint-Mars, gentilhomme de la chambre du prince de Condé, 265.

Saint-Maur, 72, 74.

Saint-Mégrin (Jacques Estuer de La Vauguyon, marquis de), 159, 263, 281.

Saint-Micaut (Pierre Emmanuel Royer, comte de), 346, 359.

Saint-Sauveur, 297.

Saint-Savigny, 298.

Saint-Sébastien, 404, 405, 410.

Saint-Sever, 360, 362, 363.

Saint-Simon (Claude de Rouvroy, duc de), 23.

Saint-Taluir. Voy. Saint-Alvère.

Sainte-Bazeille, 341.

Sainte-Cécile (Michel Mazarini, cardinal de), 388.

Sainte-Croix (Le marquis de), 366, 367, 400, 401, 406, 413.

Sainte-Croix, 365.

Sainte-Foi, 372.

Sainte-Foy, lieutenant de Bourgogne, 278.

Sainte-Maure (Guy de), 123.

Sainte-Menehould, 214, 215, 216.

Salaire ou Salerre (Le sieur de), 160, 277, 278.

Sandoval (Don Hiérôme), 392.

Saragosa (Le marquis de), 379.

Sarlat, 326, 330, 352, 353, 354, 355, 356, 358.

Sarlate (Le capitaine), 327.

Saslade (De), capitaine de l'Altesse, 275.

Sassey (Le marquis de), mestre de camp de Bourgogne, 117, 271, 273.

Saumur, 109, 110.

Sauvebeuf (Charles-Antoine de Ferrières, marquis de), 308, 309, 316, 319, 340, 348.

Schomberg (Charles de), maréchal de France, 388.

Sedan, 36, 64, 217, 227.

Sedilot, commandant de l'artillerie, 260, 280.

Seebach (Le baron de), 291.

Séguier (Pierre), chancelier de France, 21, 69, 90, 93, 114, 171, 176.

Selles (Le comte de), 273.

Senlis, 211.

Sens, 182.

Sermet, lieutenant de Condé, 278.

Servien (Abel), marquis de Sablé, secrétaire d'État, 21, 74, 90, 108, 248.

Sigarro, 392.

Sillery (Louis Brulart, marquis de), 68, 232, 251.

Sirot (Claude de Letouf, baron de), 112, 119.

Sivrat, gentilhomme du duc de Nemours, 265, 266.

Sognolle, 206.

Soissons, 213.

Soisy, 205.

Somme-Suip, 44.

Sosses (Don Juan), 392.

Souperrant, du régiment de Bourgogne, 278.

Soûrdis (Charles d'Escoubleau, marquis de), 116.

Stahort, 314, 318.

Stenars (Le baron de), commandant le régiment de Condé, cavalerie, 271.

Stenay, 24, 26, 28, 29, 31, 33, 34, 36, 48, 49, 65, 68, 80, 82, 83, 85, 100, 149, 232, 238, 243.

Sully (Maximilien-François de Béthune, duc de), 112, 171, 273.

Sully-sur-Loire, 96, 120.

Suresne, 151, 255.

Taillebourg, 297, 312.

Talmont, 300, 409.

Tarente (Henri-Charles de La Trémouille, prince de), 218, 261, 265, 271, 272, 310.

Tartas, 354, 355, 358, 359, 361, 363, 364, 365, 366, 367, 368, 371, 372, 373, 374.

Tavannes (Gaspard de Saulx, maréchal de), 142.

Tavannes (Noël de Saulx, marquis de), 30.

Tavannes (Jacques de Saulx, comte de), 19, 23, 25, 26, 27, 28, 30, 33, 38, 39, 40, 53, 54, 61, 65, 67, 70, 71, 72, 73, 74, 100, 102, 104, 111, 115, 119, 125, 126, 127, 128, 132, 133, 134, 135, 136, 139, 140, 143, 146, 150, 151, 152, 153, 155, 158, 159, 161, 162, 163, 185, 191, 194, 195, 200, 202, 204, 205, 218, 219, 220, 255, 256, 257, 258, 260, 263, 264, 265, 267.

Tavannes (Françoise Brulart, comtesse de), 30.

Théobon (N. Rochefort de Saint-Angel, marquis de), 338, 339, 366.

Thodias (Le chevalier de), 314.

Thonins ou *Tonneins*, 321, 322, 323, 324, 350.

Tigery (Anne de Saulx, comtesse de), 193, 196, 218.

Tonnay-Charente, 296, 297, 298.

DES NOMS, ETC.

Toré (Le comte de), 265.
Toulouse, 90.
Tournon, 177.
Tours, 110.
Tracy (Pierre de Pellevé, baron de), 355, 361.
Tresme (René Potier, duc de), 70, 218, 222.
Trie, 13, 92, 93, 95.
Trilleport, 211.
Troyes, 206.
Turenne (Henry de La Tour d'Auvergne, vicomte de), 28, 29, 30, 31, 34, 35, 36, 44, 65, 66, 114, 120, 124, 126, 127, 128, 129, 131, 134, 136, 137, 138, 147, 148, 150, 153, 154, 156, 157, 160, 161, 162, 163, 177, 178, 182, 185, 186, 191, 194, 200, 201, 202, 205, 207, 208, 209, 210, 213, 215, 217, 220, 252, 255, 261, 267, 271.

Valançay (Dominique d'Étampes, marquis de), 180, 265.
Valentin (Francisco), 392.
Valero (Francisco), 392.
Valgrand, du régiment de Condé, 278.
Vallon (Le comte de), 82, 113, 132, 233, 259, 261, 267.
Vatteville (Le baron de), 300, 342, 367, 411.
Veilly sur l'Aisne, 213.
Vendôme (César, duc de), 9, 133, 365, 370, 372, 373, 397, 404, 408.
Vergas en Espagne, 391.
Vervins, 214.

Villars (Le marquis de), 265.
Villars-Testu, commandant le régiment de la marine, 281.
Villebois, 193, 194.
Villechauve (Charles de Morainville de), 114.
Villefranche en Espagne, 389.
Villefranche sur la Meuse, 103.
Villeneuve d'Agénois, 317, 326, 337, 338, 366, 372, 399.
Villeneuve de Marsan, 360, 363.
Villeneuve-Saint-Georges, 147, 150, 177, 182, 185.
Villeréal, 313.
Villeroy (Nicolas de Neuville, duc et maréchal de), gouverneur du roi, 50, 56, 74.
Villiers (De), 179.
Vincennes, 22, 23, 36, 37, 39, 43, 208, 209.
Viole (Pierre), président à mortier au parlement de Paris, 47, 57, 61, 90.
Vitry-le-Brûlé, 215.
Vittemberg (Le duc de), 185, 188, 191, 204, 207, 211, 212, 213.

Weymar (Bernard, duc de Saxe), 376.

Xaintes, 294, 299, 300, 301, 310, 312.

Ypres, 179.

Zuniga (Don Francisco), 392.

Fin de la Table alphabétique des Noms, etc.

TABLE DES MATIÈRES

CONTENUES DANS CE VOLUME.

Préface. . . . . Pag. v
Sommaire. xxix
Mémoires du comte de Tavannes. . . . 1
Appendice. — Lettre du cardinal Mazarin envoyée à la reine touchant sa sortie hors du royaume. 227
Déclaration de Monseigneur le duc d'Orléans, envoyée au parlement pour la justification de la conduite de M. le Prince. 231
Discours que le roi et la reine régente ont fait en leur présence aux députés du parlement, au sujet de la résolution qu'ils ont prise de l'éloignement pour toujours du cardinal Mazarin hors du royaume, etc. . . 234
La déclaration de Son Altesse Royale sur le sujet du discours lu au Palais-Royal, etc. 241
Relation véritable de ce qui se passa le mardi deuxième de juillet au combat donné au faubourg St-Antoine. 255
Histoire de la guerre de Guyenne. 289
Table alphabétique des noms de personnes, etc. 415

Fin de la Table des matières.

Paris. Imprimé par E. Thunot et Cie, rue Racine, 26, avec les caractères elzeviriens de P. Jannet.